中文社会科学引文索引（CSSCI）来源集刊

CHINA STUDIES

2022年总第28期

No.28

周晓虹　翟学伟　主编

商务印书馆
创于1897
The Commercial Press

卷首语

作为新兴的社会科学研究领域,"中国研究"(China studies)可以看作 1949 年后由中华人民共和国的横空出世所引发的一种必然的学术反应。而当 1978 年由改革开放所引发的"第二次革命"兴起之后,这门首先发端于"西方"的学术至少在如下两个方面发生了变化:一是研究阵容不断壮大,尤其是有越来越多的中国学者加入了对其生活于其间的社会的研究;二是逐渐脱离了冷战时期作为"中国观察学"所带有的实用主义倾向和意识形态的束缚,研究领域不断扩展,并在近十年以来显示出走向繁荣的迹象。

不过,考虑到"渐进式改革"所引发的自然生态与社会景观的剧烈变迁,考虑到中国社会空间固有的复杂性和多样性,我们不能不承认,作为科学的"中国研究"似乎才刚刚起步。与这个巨大有机体浓缩了 19 世纪、20 世纪和 21 三个世纪,凝聚了农业、工业及"后工业"三种社会的博大厚重相比,与它的庞大的人口及其散发的无尽的能量相比,与它的让人兴奋又令人困惑的矛盾性相比,现有的"中国研究"依然显得单薄、单调和单纯。从能够切近它的适当的研究方法,到足以解释它的经得住验证的理论,都仍然处于摸索阶段;从对于其制度和状况的具体描述,到对于其文化和哲学的抽象归纳,也依旧给人以支离破碎之感。

基于这种认识,我们决定出版《中国研究》。这份在中国本土编辑的以"当代中国"为研究客体的学术刊物,将成为中国学界面向全球的开放的学术园地,承担起海内外学术同仁沟通和交流的媒介作用,为促进中国研究领域的日益精进而努力。

《中国研究》将本着开放和务实的精神,坚持宏观视野和问题取向。这是它的办刊宗旨。

开放性是指它的跨学科性和综合性。《中国研究》将努力突破单一学科的局限和研究领域的禁区。政治、经济、社会、文化和环境等,都既属于它的研究范围,也成为它的研究视角。开放性同时也包括研究主体(研究者)的多样性,不同学术背景和志向的学者,只要他(她)坚守学术共同体所公认的伦理规范,将得到同样的尊重。需要强调的是,鉴于学术界目前的状况和出于学术事业发展的考虑,我们特别鼓励和支持学术新人的艰苦劳作。

务实性是指它的实证性和经验性。《中国研究》奉行"多谈些问题,少谈些主义"的主张,希冀将重点置于中国的基层社会,从微观的问题或现实经验入手,在对许多单个领域、地域进行切实调查和深入研究的基础上,追求最终的对中国社会整体的通透认识。它当然期望博大而混沌的中国最终能产生宏大而精确的理论,但也努力避免"宏大理论"先行或抽象概念主导下的天马行空式的空谈。务实性还表现在鼓励朴实平易的文风和学风,倡导平和的学术批评氛围。

《中国研究》是全球中国学界展示睿智的公共空间,而不是少数编辑、学者的封闭领地。为此,我们热切希望整个中国学界的广泛参与,希望有广泛而深层的互动。同时,我们也真诚欢迎来自学术界的监督和批评。这种严肃的监督和批评是《中国研究》健康成长的重要前提。

《中国研究》编辑委员会

2005 年 5 月

目　录

学术论文

书评与随笔

特邀文稿

社会学本土化的演进与本位

周飞舟*

摘要：本文通过回顾中国社会学本土化的演进历程，梳理了社会学发展过程中的三波本土化争论，指出燕京学派促成了本土化讨论的前提，而此后的本土化讨论在议题方面进行了拓展。但是本土化的核心问题在于建立中国社会学的本位，要建立本位，一方面需要对西方社会学理论和方法的哲学预设进行系统而深入的反思，另一方面需要结合中国当代的经验研究，对中国传统社会思想和文化进行反思。

关键词：中国社会学　本土化　演进与本位

社会学本土化或社会学中国化是一个伴随中国社会学发展而不断掀起讨论热潮的老问题。之所以如此，是因为这个问题与一般的社会学议题不同，并非一个经验或实证问题，而是必然与讨论者的立场和意识形态观念相联系，所以这些讨论从高潮到平息，与其说是讨论者找到了答案或形成了共识，还不如说是讨论者更加了解和明确了彼此的立场、观点以及分歧。本土化的另一个特点是与中国社会发展的形势紧密相连。在中国从积贫积弱、发愤图强、改革开放到迈向繁荣富强的进程中，本土化讨论的起伏和走向既反映了社会学学科本身的特点，也与社会变动和发展的脉搏与节奏相呼应。近些年来的社会学本土化讨论热亦是如此，中国经济和社会的迅速发展与中美关系的变幻都构成了我们理解此问题不可或缺的宏观背景。基于社会学本土化问题的这两个特点，本文的讨论旨在梳理此问题讨论内容的演进，进一步澄清争论问题的立场分歧，并明确提出社会学本土化讨论中一直隐晦不彰的本位问题，以推动中国社会学对于自身发展的反思。

---

* 周飞舟，北京大学社会学系主任（feizhou@ pku. edu. cn）。

一、 社会学本土化的前提

在中国社会的语境中,社会学本土化是指社会学理论和方法在中国社会的引进、发展过程中,不断适应中国社会,从而发展出具有自身主体性的中国社会学理论和方法。在关于本土化问题的争论中,学者们的基本共识只集中在社会学理论和方法是西方舶来品这一基本的客观事实方面。当然,即使对这一点也有学者存在不同的看法。如景天魁认为中国存在本土的社会学理论,称之为"中国本土社会学"(景天魁,2017)。按照这种观点,社会学本土化就不只是一个从外部引进的过程,而是一个内外交流和内外合一的过程。景天魁的这种观点是基于他对"社会学"与众不同的界定。实际上,如果按照他的这种界定,社会学"便等同于任何时代、任何地区、任何人以任何'学术性'方式形成的一些关于'社会'的学说。现代科学意义上的'社会学'不过是各种'社会学说'中的一些种类而已"(谢立中,2020)。而且在西方,社会学的起源也不应追溯至孔德,可能应上溯至古希腊时期了。因此,在本文中,我们不对社会学进行如此广义的理解,而是将社会学理解为起源于欧洲工业革命时代,以孔德、斯宾塞以及三大家为代表人物的学科意义上,而非"学说"或"社会思想"意义上的社会学。这种"狭义"的社会学有其成长的特殊"水土"和前提预设,这正是我们讨论本土化时需要关注的核心特征。

对于社会学这样一门舶来的学科,其在中国的发展是以欧美的理论和方法为主导,还是以中国的社会现实为主导,是社会学本土化的核心争论问题。那么,什么叫作"主导"? 表现在社会学的哪些方面? 在社会学的具体研究中又如何体现? 因此,看似抽象的本土化争论,实际上和社会学的学科发展、经验研究和具体问题紧密联系在一起。从中国社会学发展的历史来看,本土化的讨论共经历了三波浪潮,其中所涉及的问题错综复杂,我们需要仔细加以梳理,才能看清本土化问题的实质。

社会学正式进入中国,可以从上世纪初严复先生翻译的斯宾塞《群学肄言》(*The Study of Sociology*)一书出版算起。1914 年,美国传教士葛学溥在上海沪江大学最早建立社会学系,开启了社会学在中国发展的正式历程。此后,随着第一批留学欧美的社会学人才回国,社会学的教学和研究机构开始在全国迅速发展起来。在当时的社会科学诸学科里,社会学发展的主要标志是当时社会调查运动的兴盛。社会调查最早也是由以美国传教士为主体的社会学家主持的,如燕京大学步济时的北京人力车夫状况调查、清华学校社会科学系教授狄特莫的北京百姓生活调查等等。在陶孟和、严景耀、李景汉等人身体力行的倡导下,北平工人生活水平调查、中国犯罪问题状况调查、河北定县农村调查成为社会调查运动的典型代表。这些社会调查,运用欧美社会学方法,注重统计和问卷调查,以求全面、准确、深入地反映社区和社会群体的风貌与整体状况,也持有强烈的同情底层人民、改造中国社会的人道和实用目的,产生了很多成功运用西方社会科学方法研究中国社会的成果。

　　本土化问题的出现始于 20 世纪 30 年代,当时叫作"社会学中国化",倡导此讨论与使命的学者以中央大学的孙本文和燕京大学的吴文藻为代表(周晓虹,2019)。与单兵作战的孙本文相比,吴文藻创立了理论方法俱备、优秀人才辈出的燕京学派,代表了第一代社会学家本土化的努力,需要我们进行深入的梳理和讨论。

　　燕京学派所提倡的社会学本土化有鲜明的时代特点。以吴文藻为代表的社会学家,强调的并非中国社会学的主体性问题,也没有强调发展中国社会学自己的、不同于欧美的理论和方法,而是恰恰相反,主张真正以欧美社会学的科学精神来深入研究中国社会。燕京学派对当时所谓"社会调查派"的批评,主要是指他们片面追求教条式的"科学"研究,将社会学理解为"测量"之学,将科学测量理解为"在实地调查之前,脑中应只有一张白纸"(吴文藻,2010:3)。也就是说,燕京学派和社会调查派都主张运用欧美社会科学的理论和方法对中国社会进行研究,分歧只是在于对理论和方法的理解。燕京学派不满足于只是运用测量和统计手段来"描述"中国社会的状况,而是主张要进入"解释"的层次,所以吴文藻将燕京学派的主要研究手段命名为"社区研究",以区别于当时盛行的"社会调查"。之所以要强调"研究",是因为要遵循科学研究寻找因果关系的原则,通过实地调查进行假设检验,就是所谓"以试用假设始,以实地研究终"。由此看来,燕京学派实际上不满足于社会调查派表面上的"西方化",力图更为彻底地将西方社会科学原则引入中国社会的研究,这甚至成为燕京学派在当时学界颇为独特之处(张静,2017)。

　　燕京学派的这种主张当然不是自己的创造,而是受到当时欧美学界主流的社会学、人类学研究的影响。吴文藻担任燕京大学社会学系主任期间,邀请美国芝加哥学派的社会学家派克和英国功能学派的人类学家拉德克里夫-布朗来访,除了讲学授课之外,派克还亲自带领费孝通等学生在北京进行实地调

查,这都极大地影响了燕京学派的走向。费孝通回忆当时布朗在燕京大学的演讲内容:

> 多年以来,人所咸知的社会调查,已倡行于世界各处,中国也已受了这风气的影响。我愿意向诸位贡献一点意见,指出另外一种不同的研究之可能性,这种研究我将名之为"社会学调查"。概括的说,社会调查只是某一人群社会生活的闻见的搜集;而社会学调查或研究乃是要依据某一部分事实的考察,来证验一套社会学理论或"使用的假设"的。(费孝通,2009a,第三卷:5)

这种假设+检验的研究逻辑,显然就是实证科学的逻辑。吴文藻提倡的社区研究,就是以此来修正当时社会调查"搜集见闻"的弊端。那么,这种更进一步的"科学化""西方化"主张为何会成为燕京学派"社会学中国化"的主要内容呢?

社区研究主要强调的有这样三个方面:一是"地域性",强调调查要有一个固定的地点、范围和边界,就是所谓"社区"。在中国,最合适的社区就是"村落"。有了固定的区域,就可以避免当时一些教育调查、工商调查、人口调查的浮泛特点,能够"沉下去"。二是"整体性",调查的对象除了地域、人民之外,也包括物质、语言、组织制度和精神(生活态度、宗教价值、精神理想),这构成了一个"整体"。其间的要素是互相联系、互相依赖的。不但在空间的维度上有整体性,而且在时间的维度上也有整体性,因此社区研究不但是"立体的",还是连续的、活动的,不只是"社区的照像",还是"社区的活动电影"(吴文藻,2010:465)。三是"解释性",从各部分相互联系、相互依赖和相互作用的考察出发,社区研究就能够解释社区中某要素或多要素存在、活动的原因和意义。实际上,以上三个方面是层层递进的,地域性是整体性研究、解释性研究的基础,而解释性则是地域性和整体性研究的目的。

与社区研究的主张紧密配合的,是吴文藻提倡的"比较法"或"比较社会学"。吴文藻主张的社会学,实际上就是社区的比较研究,进而上升到制度的比较研究、文化的比较研究。当然这些都是建立在扎实、深入的社区研究基础上的。

总体来说,社区研究吸收、综合了美国芝加哥学派和英国功能学派人类学的理论与方法,虽然也有吴文藻根据其学术理念和中国国情所进行的改造,如对历史维度的重视、对"社区"概念的新阐释①,但是在"西方化"和"科学化"的道路上无疑走得更远。但有意思的是,正是在这个路径上,燕京学派与同时期的中国社会学相比,对中国社会的研究程度更加深入,的确产生了具有"社会学中国化"意义的研究成果。

我们以贯彻燕京学派主张最力、成就最为突出的费孝通来说明这个带有悖论性的现象。费孝通先生一生中最为典型和深入的社区研究作品都是在 20 世纪三四十年代完成的,先后包括《花篮瑶社会组织》《江村经济》和《禄村农田》三部作品。用费先生自己的话说:"我所编的《花篮瑶社会组织》,虽则挂了社区研究的名字,而实在还是一种社会调查报告。《江村经济》可说是我个人从社会调查到社会学调查或社区研究的过渡作品,而这一本《禄村农田》则至少是我想贯彻社区研究方法的一个企图。至于究竟成功到什么程度,自己不敢说了。"(费孝通,2009a,第三卷:5)

与《江村经济》相比,《禄村农田》是费先生在英国师从人类学家马林诺斯基之后回到云南期间的作品,对于社区研究的理论和方法把握更加成熟,也弥补了一些费先生自己认为的《江村经济》一书中的缺憾。这段时期是费先生学术研究的高峰期,不但自己亲身深入村庄进行研究,而且领导了"魁阁"的研究团队,团队中大部分都是燕京学派成员或与之颇有渊源的研究者。"魁阁"可以说是伦敦政治经济学院"风格"的社区研究团队。这些研究者们一面深入农村进行社区研究,一面在马林诺斯基式的"席明纳"(seminar)中进行集体讨论,个人负责编定论文(谢泳,2005:58)。"魁阁"产出了中国社会学史上最重要的一批社区研究作品,除了费先生本人之外,还有史国衡的《昆厂劳工》,谷苞的《化城镇的基层行政》,张之毅的《易村手工业》《玉村农业和商业》《洱村小农经济的研究》,田汝康的《芒市边民的摆》《内地女工》,胡庆钧的《呈贡基层权力结构的研究》,等等。这些作品所达到的高度和深度,超越了当时社会学研究的大部分成果。正是在这些研究的基础上,费先生才有《生育制度》《乡土中国》《中国士绅》这样的理论性作品问世,并提出了诸如"差序格局""社会继替"这类深刻描述中国社会结构特征的本土概念。

"差序格局"的概念作为第一波社会学本土化的理论成果,直至今天也未被超越。这个概念可以看作是自吴文藻提倡社区研究以来,从燕京到"魁阁"的社区研究的结晶。没有人能够否认"差序格局"是个典型的本土化概念,但

① 对于这个问题,细致深入的讨论可以参见陆远(2019:81—85)。

通过回顾燕京学派的发展史,我们可以清楚地看到,这个概念的确是在熟练掌握西方社会学理论与方法,深入研究中国社会后得到的结果。我们由此可以对第一波的社会学本土化进行一个总结,这波本土化浪潮恰恰是进一步推动了西方社会学理论和方法在中国社会的应用而将研究推向深入的。就燕京学派而言,如果没有吴文藻等学者不断地邀请欧美社会学和人类学家来华讲学、有计划有步骤地送优秀学生出国学习、有组织有团队地开展社区研究,就不会产生"差序格局"这样的经典概念。这启发我们,社会学本土化的发展是有前提、有条件的,就是必须充分和深入了解西方社会学理论与方法,并将其深入应用到中国社会的研究中,做到这两个"深入",才能触及本土化的深层问题。以燕京学派为代表的第一波本土化浪潮,实际上是以"西方化""科学化"的方式为社会学本土化做好了前提准备。

二、 社会学本土化的议题

社会学本土化的第二波浪潮发生在 20 世纪七八十年代的港台地区。此间大陆的社会学因 1952 年的院系调整、学科取消而陷入沉寂,研究传统也中断了。港台地区的社会学本土化理念相对集中地反映在杨国枢、文崇一、金耀基等多位社会学家、人类学家的论文中,一时间形成了本土化的讨论热潮。虽然学者们的主张和立场也不太一致,但与民国时期相比,港台的本土化研究进行了议题方面的开拓。

港台学者不满足于用西方理论和方法对中国社会进行研究,有学者称之为"学术洗脑"(杨国枢,2012),同时也发现使用西方理论和方法研究中国社会现实有着很大的局限与错位,不具有所谓"本土契合性",因此主张对中国本土的理论概念进行系统的分析和研究。在这一波本土化浪潮中,我们看到的主要研究成果就是对中国社会的本土概念如"报""孝""耻""关系""人情""面子"等进行的社会学分析和研究。这无疑是中国社会学家在"知识上的自觉和反省"(杨国枢、文崇一,1982),但是这些研究所依靠的理论和方法却仍然是西方社会学、人类学和心理学。例如用交换理论来分析"孝""关系"等本土概念,就如同用解剖学分析中国的经络穴位一样,分析的过程变成解构的过程。在用权力、利益交换、博弈或支配解释了"孝""关系"之后,研究也就结束了,中国本土概念变成了西方理论分析的附属物,没有了存在的"价值",结果本土化的努力变成了"本土虚无化"。由此我们可以理解为何港台的本土化浪潮其兴也勃,其亡也忽,一波反对"学术洗脑"的努力反而变成了彻底的"学术洗脑",其价值可能仅在于留给我们的警醒而已。

大陆自80年代社会学恢复重建开始,重复性地进行了一遍民国时期社会学翻译、学习、应用和再学习、再应用的发展历程。八九十年代国内的主要社会思潮是现代化和全球化,在思想潮流方面也和民国时期流行社会进化论颇为相似,社会学正是处于时代潮流的最前沿。就翻译而言,80年代初全民阅读的"走向未来丛书""汉译世界学术名著丛书"中的社会学著作占了重要的比例,社会学院系的教学几乎完全以翻译或编译材料为内容。90年代,随着第一批留学人员的陆续回国,社会学又走在了引领学科"规范化"的前沿,同时也大量引进以美国社会学研究为主的统计调查和研究方法,国内主要大学的社会学院系不断开设社会学理论、方法的培训班,力图与国际先进的社会学方法和研究"接轨"。到21世纪,学科内的"接轨"与大学学校层面的学科建设结合在一起,逐渐以国内和国际的大学排名依据为主要指标,对人才培养、科学研究和队伍建设进行不断重塑。在一定程度上,虽然中国的改革开放走出了一条具有中国特色的社会主义道路,但是社会科学的研究取向乃至大学教育的学科建设走的却是一条"接轨"名义下的"全盘西化"之路。社会学本土化讨论的第三波浪潮正是在这样的局面下兴起的。

关于社会学中国化、本土化的呼声从恢复重建以来就没有中断过,周晓虹对此做过一次较为详细的回顾(周晓虹,2019)。但是在社会科学与国际接轨的大潮下,这些零星的讨论有的没能触及实质问题,有的虽然深刻却不合时宜,至少在社会学界反响甚微。真正引起学者们讨论、由大量学者参与的热潮是从2017年开始,到2018年谢宇发表《走出中国社会学本土化讨论的误区》时达到了高潮。对于这一波讨论,很多学者对此进行了评论,笔者也发表过一篇《行动伦理与"关系社会"——社会学中国化的路径》(周飞舟,2018)参与其中。因此,对于此波讨论的过程和主要问题,本文不再赘述,下面仅从与前面两波本土化浪潮比较的角度来梳理一下本次讨论的特点。

这一波本土化讨论有明确的历史定位。很多学者都回顾了中国社会学本土化的历史,并以自己的分析框架对其进行概括和总结(王宁,2017;翟学伟,2018)。如谢立中将社会学本土化总结为四个类型:"对象转换型""补充-修正-创新型""理论替代型"和"理论-方法全面替代型"。这四种类型也具有时间上的先后关系。最早的本土化就是转换研究对象,将中国的材料和经验作为研究对象或研究问题,在研究本土对象和问题的过程中,对西方的理论和方法进行补充与修正,优秀的本土化研究可以提出一些新概念,如"差序格局"就是如此,这也对应于燕京学派最早的"社会学中国化"努力。"理论替代型"则试图用本土的概念和理论来解释中国人的社会文化与行为,如港台的第二波本土化以及大陆社会学家如翟学伟等人的工作俱是如此。但是由于这种"理论替代型"本土化是用西方社会学的思维或方法来研究本土概念和理论,其背后仍然接受了西方理论的基本预设,很难将本土概念和理论推向新的层次,反而容易将其中蕴含的本土文化意义消解和解构掉。第四种类型"理论-方法全面替代型"是谢立中提出的理想化的类型,也指出了社会学本土化的努力方向。所谓"全面替代"是指在思维模式和研究方法上也形成不同于西方的本土体系(谢立中,2017)。谢宇在其关于本土化讨论的论文中则将本土化分成了三类,分别叫作"议题本土化""应用本土化"和"范式本土化",可以分别对应于谢立中的第一、第二和第四种类型。在谢宇看来,议题本土化和应用本土化在中国已经完成,而范式本土化则是个"伪问题"。如果社会学是一门真正的科学,则在基本的思维方式和研究方法上是不分地域的,所以不存在范式上的本土化问题(谢宇,2018)。谢立中和谢宇的观点分歧主要在于所谓的"范式本土化"方面。由此我们可以说,当前发生的第三波本土化讨论与历史上最大的不同之处在于明确提出了所谓本土化的"思维方式"或"研究范式"问题。

　　深入到"思维方式"和"研究范式"的层面进行讨论,显示出大陆社会学家比民国时期和港台讨论更加深入的反思与自觉意识。针对谢宇的"伪问题"论,贺雪峰针锋相对地提出了中国社会科学的"主体性"问题。所谓"主体性",是在本土化的基础上更进一步,将中国社会和文化作为"主体"来吸收、借鉴西方理论和经验,一切以中国的历史和现实为标准(贺雪峰,2020)。贺雪峰的观点并非社会学的现实状态,可以说中国社会学距离建立自己的主体性还差得很远,但这是中国社会学家一直所具有的一种"自觉"意识的反映。这种"自觉",较早来源于费孝通先生在 20 世纪 90 年代初所提倡的"文化自觉",后来有郑杭生提倡的"理论自觉"和洪大用提倡的"实践自觉"(郑杭生,2009;洪大用,2021)。无论是哪一种"自觉",都是对"主体性"的一种反思。这种反思包括两个方面。一个方面是对西方社会学理论和方法的基本预设进行反思:社会学作为一门学科,其理论与方法背后有没有西方特定的历史、文化和意识形态的影响? 这样的影响是以怎样的形式表现在社会学理论和方法中,又是以怎样的形式被移植、加工而在中国的社会学研究中得以应用的? 这种应用对我们认识中国社会现实、发展关于中国社会的理论造成了什么样的影响？另一个方面是对中国社会的现实和历史传统进行反思：明白自己是什么样的人，来自哪里，中国当今的社会现实中有多少是仍然"活着的传统"？对这些问题的回答，既是"自觉"的开始，也是建立真正具有主体性的社会学的开端。

这一波的本土化讨论并非无中生有，而是中国社会学落后于中国社会现实的表现。作为一门研究社会现实的实证科学，社会学即使不能为社会发展提供明确的预测或指导，也应该能够对社会现实做出深入的理解并以此来促进社会学的发展。中国社会在改革开放以来的迅速变化和发展早已超出了西方社会诸多发展与转型理论的研究范围，正在开创社会发展的新格局、人类文明的新形态。中国社会学对此有力不从心之感，从90年代以费孝通先生为领军者的城乡发展研究领域的研究就可以看出端倪。费先生提倡"文化自觉"，并非对文化的偏好使然，而是他痛感于用原有的西方理论和方法不足以深入社会现实、解释社会发展、捕捉社会心态（周飞舟，2017）。社会学恢复重建已逾40年，无论是教学、科研，还是学科和学术体制都齐全而完备，但是学科和学术的目标却是忙于"排名"和"接轨"，不但不能把握时代脉搏，而且在"议题"和"应用"方面也越来越以西方人关心的问题、使用的方法、信奉的理论为指针。所以，本土化讨论与社会现实的关联，从来没有像今天这样紧密和紧迫。

三、 社会学本土化的本位

社会学本土化的讨论虽然可以分为学术和实践两个层面，即社会学是否应该具有"中国特色"与社会学能否为中国社会的改革和建设服务，但这两个层面在我们考察的时候又紧密联系在一起，即我们很难单独讨论一个层面的问题（周晓虹，2020）。中国社会学的本土化讨论，可以说是从实践层面发端，上升到学术层面的反思，再不断回到实践层面，在学术和实践的互动中持续推进的过程。

作为中国社会学恢复重建的先驱人物，费孝通先生最先认识到社会学在实践层面的困境并开始反思本土化的问题。我们回顾费先生晚年的研究经历，可以明显地将其分为20世纪80年代和90年代两个"十年"的阶段。在80年代，费先生感受到高龄和时间的压力，将自己最后的生命阶段定位于"志在富民"，在"行行重行行"中栖栖于城乡发展和边区开放研究。他对小城镇和城乡关系的分析、对乡镇企业"三大模式"的分类、对中华民族"多元一体格局"的讨论都显示了社会学对社会现实深刻的洞察、理解和概括能力,也体现了中国社会学"学以致用"的特点。但在同时,广泛而深入的社会学调查也给他带来一些对社会学研究的反思。费先生发现,无论是在东部沿海的发达地区还是在西部内陆的少数民族聚居区,区域之间的发展差异很难用物质条件、制度和政策因素来加以解释。例如苏南的做法很难在苏北生效,甘肃临夏的经商传统只保留在以回族为主的少数民族人群内部。不同的区域、不同的乡村可能的确要找到适合自己发展的模式。那么决定这些"适合自己"的模式的要素是什么呢? 费先生在晚年的论文中这样写道:

> 日常生活中这些"意会"的部分,是一种文化中最常规、最平常、最平淡无奇的部分,但这往往正是这个地方文化中最基本、最一致、最深刻、最核心的部分,它已经如此完备、如此深入地融合在人们生活中的每一个细节,以至于人们根本无需再互相说明和解释。从社会运行的角度来看,这种真正弥散在日常生活中的文化因素,看似很小很琐碎,实际上却是一种活生生的、强大的文化力量,它是一个无形的、无所不在的网,在人们生活的每个细节里发生作用,制约着每个人每时每刻的生活,它对社会的作用,比那些貌似强大、轰轰烈烈的势力,要深入有效得多;它对一个社会的作用,经常是决定性的。根据这些年的实际调查经验,我觉得在地方社会中,越是我们"外人"看不出、说不清、感觉不到、意识不到、很难测量和调控的文化因素,越可能是一些深藏不露的隐含的决定力量,越可能是我们实际工作中的难点,也越值得我们社会学研究者关注。在研究不同的地区发展的差异时,这种被人们"视而不见"或"熟视无睹"的东西,往往正是我们揭开当地社会经济发展秘密的钥匙。(费孝通,2009b,第十七卷:451—452)

这些"外人"看不出、"内人"不言而喻的东西,虽然是揭开秘密的钥匙,但却是社会学研究者"视而不见"的东西。作为社区研究方法的领军者,费先生以强大的社会学想象力洞察到隐藏于中国人与人关系之中的秘密,由此而展开了高于实践层面的学术反思,这就是他在90年代不断提倡的"文化自觉"。费先生说,"所谓文化自觉,就是要有自知之明",作为中国人,就是要能够知道"'外人'看不出、说不清、感觉不到、意识不到、很难测量和调控的文化因素"。

其言下之意,就是我们过去的社会学研究,是把自己当作了"外人"。我们研究自己的社会,就像一个从事社区研究的人研究社区一样,只是从外人的角度来进行研究,虽然我们可以努力达到燕京学派那样的高度,但燕京学派也是"外人",终究是"隔"了一层。这一层不在于我们掌握的理论和方法有多么科学、多么先进、多么高深,因为这一层是"内外之别",企图依靠理论和方法来取得突破无异于缘木求鱼。要突破这层"内外之别",就要对社会学的理论和方法进行反思和拓展,建立中国社会学的本位意识,而这必须依靠社会学的本土化来完成。

要明确社会学的本位,需要展开两方面的工作。一是要对西方社会学理论和方法的预设进行系统而深刻的反思。这本来是引进任何外来的理论和方法时的必要工作,但是中国社会学发展的百年过程中,大量引进西方人文社会科学理论的两个高潮期是五四运动以后和改革开放以后的各约20年的时间,这两个时间段分别面临着救亡图存和百业待兴的重大历史使命,很多西方理论被奉为救亡和发展的秘籍、经典而引入中国,思想界和学术界无暇也无力对其进行深度的审视和反思。当前中国的发展进入快速、平稳的阶段,也是反思、概括和总结自身发展道路的阶段,在这个时期进行本土化的理论反思工作正当其时。二是要对中国的传统社会思想进行系统而细致的学习,结合当前社会的经验研究,以本位的立场吸收西方理论和方法,推进新的社会学研究范式的产生。这两个方面的工作又可以看作是社会学本土化的"破"和"立"的一体两面,或者用叶启政的话来说,叫作本土化的"消极的"和"积极的"的两个层面,即"针对外来西方社会学知识体系的反省和批判"与"社会学知识体系之在地传统的建立"(叶启政,2006:20)。叶启政本人的努力主要体现在他所说的"消极的"层面即对外来社会学"哲学人类学的存有预设"进行的反思,达到了迄今为止本土化反思的最高水平,对我们理解本土化问题深具启发性。

在方法论层面,社会学持有一种被叶启政称为"现世世俗观"的预设。所谓"现世",是指社会学的观察和研究对象只限于此世、当下的社会现实;所谓"世俗",是指社会学以此世、当下的社会现实中人所秉持的观念为唯一的价值标准,既不讨论超越的、上帝的或至善的价值观念,也避免掺入研究者本人的价值观念,这样来达到一种"客观""价值中立"地反映"真实"的社会现实的研究境地。社会学研究实际上是把自己当作一面完全反映客观事实的"镜子",并以此作为社会学成为一门"科学"的标准。我们可以看出,叶启政所指出的这种"现世世俗观"预设实际上是极端科学主义倾向在社会研究中的反映。研究者通过拒绝反思自己的价值立场或"搁置"自己的价值立场而使得自己相信"达到"了客观、科学的标准。实际上,这种对客观、科学标准在社会研究中近乎迷信的态度本身就是不客观、不科学的(叶启政,2006:106)。"现世世俗观"预设导致的另一个问题是社会学深具一种"庸俗"的性格,以现实中"均值人"的行动取向和价值观念作为社会现象的研究依据。这使得社会学研究看上去颇具民众的基础,但如同资本主义社会的商业化逻辑一样,社会学研究看重的并非民众中最具理想理念、最具行动潜力的那少部分群体,而是现实中实际呈现出来的最为普通、最为大众的那部分群体的特性,而偏离"众数"的小部分,则被看作落后的或者过于超前的、"理想的"而排斥掉了。

社会学的这种"现世世俗观"预设基于其更基本的哲学人类学层面的预设,叶启政称之为"占有满足观",即"社会最主要的'功能'性意义即在于提供最有利的条件来充实人们的欲望,保证并拓展欲望的满足"(叶启政,2006:108)。这是西方社会学理论对人和人性的基本假设。人的欲望被作为理解人和社会现象的基础而得到肯定,并进一步肯定基于此基础上的开发和创造,将其作为社会发展的根本动力。作为社会动力的欲望也需要受到理性的操控,但是对欲望进行理性操控的最终目标也是如何更好地操控环境以扩张欲望的满足,这也与启蒙时代以来资本主义的高度发展彼此呼应。

基于"占有满足观"之上的社会学理论取向可以概括为"外化结构观",即人类社会秩序得以形成的根本原因不是人性中的复杂要素,而是一套外在的结构。用叶启政的话来说,"社会秩序之所以可能,乃必须有赖一个外于个体,且处于个体之上的一个'人工人'(artificial man)的实体来维持"(叶启政,2006:110)。这个"人工人",可以是共同体、社会、国家,也可以是一种抽象化的社会结构。基于此预设之上的社会学研究主要的关注对象就是结构如何形成、如何作用、如何形塑人的行动。虽然社会学理论也强调"行动"、自由意志与人的能动性的一面,但是由于人的自由意志的内核是"占有满足",所以最终又"外化"为一套满足此占有欲的社会结构。即使一些社会学家专注于讨论人的自由意志与能动性,也会演变成人对于外在限制和结构的反抗与斗争,这种反抗与斗争实际上也可以看作另一种形式的"社会化"或"内化"。因此,无论是人的占有满足欲的"外化",还是社会结构的"内化",形式上都是外在结构如何适应人的占有满足欲,实质上都是对外在结构的研究。就如同我们做了"理性人"的假设之后,研究内容就变成了结构和模型的种种变化而再也与人无关一样。

　　叶启政所指出的上述三个"存有预设"是一种追根溯源式的检视,深入到了西方社会学理论和方法生成的"水土"层面。"占有满足观"是哲学人类学层面的,"外化结构观"是社会理论层面的,"现世世俗观"则是方法论层面的。这三个预设互相关联、环环相扣,总的来说与西方思想传统的基本风格一致,而与中国传统思想大相径庭。

　　在对西方社会学思想进行反省和检视的同时,社会学本土化的另一项使命是要建立中国社会学的本位意识,将社会研究变成"内部人视角"的研究。要做到这一点,首先,需要将本土化过程看成一个求本寻根的过程,而不是一个"刺激—反应"或"冲击—适应"的过程。本土化一般被看作发生在一定的时空范围内的过程,因为受时空局限的影响,所以带有普遍性的理论需要与特定时空范围内的社会和文化相"对接",所以本土化容易被理解成一个普遍性与特殊性的矛盾问题。如果这样来看,那么强调本土化的特定时空局限总也难以摆脱一个特殊性带来的视野局限的问题。所谓"本土化的本位意识",就是要明确,对于一些有着悠久历史和深厚积淀的文明来说,其具有特定时空的物质环境与有着历史绵延性的文化环境已经不能看作这个社会的"背景"因素,而是应该看作这个社会的"本"(潘光旦,2000a:554)。这是看待世界宇宙、人生社会的本位视角,是自己的"眼睛"。失去或者断了"本",一个人就会变得"不着边际的、没有重心的、'满天飞的'、找不到据点或支点的"(潘光旦,2000b:141),尽管可以高谈阔论,但是缺乏根本的价值;失去或断了"本",一个社会和文化就没有活力,也不再具有自己社会和文化的本质特征,如此就谈不上"对接",也不会存在本土化的问题了。所以,在这个意义上,本土化问题的本质就是一个寻根的过程,也就是一个"文化自觉"的过程。其次,本土化的过程并不是一个自我封闭的过程。外来理论和本位意识的关系是一个"激活"或"唤醒"的关系,没有外来理论,则不会有本土化过程,但是其中主客、轻重、中心与边缘的关系不能颠倒。最后,对于中国社会学而言,本土化本身就是社会学的研究过程。这个过程并非钻研历史或"故纸堆"的过程,而是在当前的社会现实中辨认、辨别"传统"因素的过程,这构成了社会学研究得以深入的主要途径。这是一个相当困难的过程,因为要辨认、辨别出传统因素,不但需要对传统有着深入的认识,也要对西方社会学理论及其预设有熟练的把握,又能深入到"社会"中去,"透视"其中的混杂成分,把握其变动、跃动的脉搏。

　　有本位的中国社会学也有迫切的现实需求。正如我们上面所论述的,"文化自觉"的提出,就是费孝通先生在研究中国社会现实中遇到挑战时在学科层面上提出的应对战略。当前社会学在面对波澜壮阔的中国社会变迁时,仍然面临巨大的挑战。本土化的使命不完成,社会学的使命便难以完成。实际上,在当前社会学的经验研究领域,无论是城乡发展、社区治理还是劳工、家庭研究,大都面对严峻的"范式本土化"问题。借助于我们所提出的本土化策略,最后我尝试以农民工研究为例来检视一下社会学的研究范式及其本土化需求。

农民工是城镇化过程中最具中国特色的社会现象。中国的农民进城务工现象自 20 世纪 90 年代中期开始,到 2020 年第七次人口普查时,流动务工人口已经超过 3 亿。在世界历史上,人口迁移——农村人口向城镇地区的集中——是最常见的现象之一,也是城镇化最重要的组成部分。但是中国的务工人口却难以被称为"迁移",而是被学术界和政策界叫作"流动人口"。这是因为这个规模巨大的群体具有高度的跨城市、跨地域流动性,大部分不在务工地"落地"和定居。这一方面给流入地和流出地都带来了劳动组织和保障、社会治理方面的困难,"流动中的中国"也蕴含着潜在的社会稳定风险,而且城镇化时代的农村家庭常年处于不完整、不团圆的状态;另一方面务工的劳动力将其老幼家庭成员留在农村,使得工业化的劳动力成本大大降低,这样又反过来增加了劳动力的流动性,使得中国的经济结构相对灵活和有弹性,适应性极强。2012年以来,中央政府加快推进"新型城镇化"进程,力图促进流动人口"市民化",农村人口就地就近城镇化,虽然取得了一定的效果,但是流动人口的增长速度仍然难以降低。农民工和流动人口问题是中国社会学研究最为发达的领域,也充分体现了西方社会科学研究范式的影响。

农民工和流动人口在研究中被看作"劳动力",他们流动与落地的动力就是高水平工资、劳动和社会保障、住房和生活条件。这充分体现了社会学理论中"占有满足观"预设的影响——研究对象的行动动力和取向被看作是追求欲望满足。以此为基础,社会学展开的大量研究是典型的"外化结构观"的研究,比如农民工是否落地、能否融入,取决于流入城市的户籍制度、保障制度、教育和医疗制度是否公平,取决于流出地农民的土地承包权和宅基地使用权是否还能维持,等等。这种"外化结构观"的极端形式表现在:在有些社会学的经验研究中,农民工的家庭以及家庭成员也被看作外在于农民工本人的"结构",农民工不能在流入地落地是受到了家庭结构的"阻碍",比如要返乡养老或者给儿子购买婚房,有的研究将其视为家庭成员之间的利益交换甚至是"代际剥削"。这种将个体化的欲望满足视为研究对象的行动动力或自由意志的做法是受到西方理论范式影响的典型表现。"占有满足观"的预设首先将研究对象

"个体化",然后以一种交换、博弈的思路去考察研究对象与其他社会成员以及社会结构的关系,得出这样的结论是有必然性的。

在中国社会中,返乡养老或为儿子购买婚房虽然是指向其他社会成员的行动,但是这些行为既不被行动者看作是与一般社会成员进行的"交换",更不会被视为其他社会成员对自己的"剥削"。"交换"或"剥削"这种含有强烈价值判断的概念恰恰不是研究对象的价值观念,而是研究者接受了西方某些社会学理论预设所形成的价值判断,并将其安放在研究对象的头上。这种社会学研究即使方法再先进、数据再客观,也是充满了主观偏见和带有歧视性的研究,这正是社会学本土化需要仔细检视和反思的部分。从理论预设的层面看,在中国社会的传统中,父母、夫妻、子女是"一体",其间的关系不是以"占有满足观"为动力的个体之间的互动关系(周飞舟,2021)。因此,我们在研究农民工的行动取向时,应该将家庭成员作为其"内在"的行动因素来加以考察,这样才能理解我们在经验研究中到处可见的农民工坚忍而勤劳的精神动力。从"内部"来进行理解才是客观的研究,也是对研究对象最为尊重的研究。

四、 余论：燕京学派的未完成使命

当我们将本土化的讨论推进到思想传统的根源和基本预设层面的时候,就可以清晰地看到,所谓"范式本土化"不但不是一个"伪问题",而且是本土化的前提和基础。没有"范式本土化"或者"理论-方法全面替代型"的本土化,"议题本土化"和"应用本土化"才是浮泛的、不可能完成的"伪问题"。或者说,如果没有"范式本土化","议题本土化"和"应用本土化"永远也不可能完成。如果我们照搬西方社会学的理论和方法,那么我们所看重的议题,所展开的经验研究,背后都笼罩着一些"存有预设"的底色,会不自觉地从"外部"来看待中国社会的现象和问题。

"差序格局"作为燕京学派社会学中国化研究的精华概念,也笼罩着西方理论预设的底色。费孝通先生使用这个概念,实际上是站在西方社会"团体格局"的立场上观察中国社会结构的结果。"差序格局"概念实际上是以"外化结构"的方式对中国人的自私来加以解释,这种解释无视中国文化和中国人对于"自私"的批评与厌恶态度,只是采取了一种"现世世俗观"的方式,将中国人在家外领域与西方人不同的行为方式展现出来,并参照西方社会的标准将其命名为"自私",例如"各人自扫门前雪,不管他人瓦上霜"(费孝通,2009c,第六卷:124)。同时,这个概念也使用了"占有满足观"的个体化预设,将其放在社会关系的圈层结构中,形式化地推演出了"为了自己牺牲家,为了家牺牲国,为了国牺牲天下"的结论。关于这个结论,已经有学者指出了其中的问题,但大多是从现实角度或历史角度入手的,并没有从本土化的预设层面加以深入的分析(吴飞,2011;周飞舟,2015)。

实际上,如果我们转换立场,站在中国社会和文化的本位上来看待差序格局,并不一定会得出外化的结构导致自私的结论。在中国文化传统中,为仁由己、推己及人是一个绝对的次序,所谓"一屋不扫,何以扫天下",所以各人自扫门前雪是一个最为基本的前提,而不是自私的表现。扫不扫别人门前的雪不是公与私的差别,实际上取决于自己有没有意愿和能力、别人能不能自己清扫、需不需自己的帮助等许多现实的条件。况且如果差序格局是中国社会持续了几千年的社会结构特征,在这几千年中,中国社会既有昏暗败坏的乱世,也有清明繁荣的盛世,如何能用这种外化的结构观来解释中国人的国民性呢?

费孝通先生晚年开启的"文化自觉"的思想历程,其中一个重要的成果就是对"差序格局"概念的反思。检视他晚年的文章,有两处提到了他一生中这个最重要的概念:

> 能想到人家,不光是想自己,这是中国在人际关系当中一条很主要的东西。老吾老以及人之老,幼吾幼以及人之幼,设身处地,推己及人,我的差序格局就出来了。(费孝通,2009d,第十六卷:274)

> 当你使用这个概念("心")的时候,背后假设的"我"与世界的关系已经是一种"由里及外""由己及人"的具有"伦理"意义的"差序格局",而从"心"出发的这种"内""外"之间一层层外推的关系,……从"心"开始,通过"修齐治平"这一层层"伦"的次序,由内向外推广开去,构建每个人心中的世界图景。(费孝通,2009b,第十七卷:459)

由此可以看到,费先生将"差序格局"看成了中国人"推己及人"的一条必由之路。这已经超越了"外化结构观""现世世俗观""占有满足观"等西方预设的思想成果,回到了中国文化的本位。我们可以将此看作是费先生把早年燕京学派社会学中国化的使命推进到了一个新的层次。可惜的是,费先生仁者虽寿,终究没有将社会学本土化的本位基础明确而牢固地建立起来,但道路已经指明,一切有待于后来者的努力。

参考文献

费孝通,2009a,《禄村农田》,《费孝通全集》第三卷,呼和浩特:内蒙古人民出版社。

——,2009b,《试谈扩展社会学的传统界限》,《费孝通全集》第十七卷,呼和浩特:内蒙古人民出版社。

——,2009c,《乡土中国》,《费孝通全集》第六卷,呼和浩特:内蒙古人民出版社。

——,2009d,《中国文化与新世纪的社会学人类学——费孝通、李亦园对话录》,《费孝通全集》第十六卷,呼和浩特:内蒙古人民出版社。

贺雪峰,2020,《本土化与主体性:中国社会科学研究的方向——兼与谢宇教授商榷》,《探索与争鸣》第1期。

洪大用,2021,《实践自觉与中国式现代化的社会学研究》,《中国社会科学》第12期。

景天魁,2017,《中国社会学:起源与绵延》,北京:社会科学文献出版社。

陆远,2019,《传承与断裂:剧变中的中国社会学与社会学家》,北京:商务印书馆。

潘光旦,2000a,《忘本的教育》,《潘光旦文集》第八卷,北京:北京大学出版社。

——,2000b,《说乡土教育》,《潘光旦文集》第六卷,北京:北京大学出版社。

王宁,2017,《社会学本土化议题:争辩、症结与出路》,《社会学研究》第5期。

吴飞,2011,《从丧服制度看"差序格局"——对一个经典概念的再反思》,《开放时代》第1期。

吴文藻,2010,《论社会学中国化》,北京:商务印书馆。

谢立中,2017,《论社会科学本土化的类型——以费孝通先生为例》,《江苏行政学院学报》第1期。

——,2020,《"中国本土社会学"辨析》,《北京工业大学学报》(社会科学版)第20卷第2期。

谢宇,2018,《走出中国社会学本土化讨论的误区》,《社会学研究》第2期。

谢泳,2005,《魁阁——中国现代学术集团的雏形》,潘乃谷、王铭铭编《重归"魁阁"》,北京:社会科学文献出版社。

杨国枢,2012,《中国人的心理》,北京:中国人民大学出版社。

杨国枢、文崇一主编,1982,《社会及行为科学研究的中国化》,台北:"中央研究院"
　　民族学研究所。

叶启政,2006,《社会理论的本土化建构》,北京:北京大学出版社。

翟学伟,2018,《社会学本土化是个伪问题吗?》,《探索与争鸣》第 9 期。

张静,2017,《燕京社会学派因何独特? ——以费孝通〈江村经济〉为例》,《社会学研
　　究》第 1 期。

郑杭生,2009,《促进中国社会学的"理论自觉"——我们需要什么样的中国社会
　　学?》,《江苏社会科学》第 5 期。

周飞舟,2015,《差序格局和伦理本位:从丧服制度看中国社会结构的基本原则》,
　　《社会》第 1 期。

——,2017,《从"志在富民"到"文化自觉":费孝通先生晚年的思想转向》,《社会》
　　第 4 期。

——,2018,《行动伦理与"关系社会"——社会学中国化的路径》,《社会学研究》第
　　1 期。

——,2021,《一本与一体:中国社会理论的基础》,《社会》第 2 期。

周晓虹,2019,《社会学的中国化:发轫、延续和重启》,《江苏社会科学》第 6 期。

——,2020,《社会学本土化:狭义或广义,伪问题或真现实——兼与谢宇和翟学伟两
　　位教授商榷》,《社会学研究》第 1 期。

专题研讨 I：性别与亲密关系

行业分工、性别实践与晋升约束[*]

——基于 J 市女警的田野调查

杨黎婧　刘亭亭^{**}

摘要: 本文考察我国女警如何在一个高度颂扬男性阳刚气质的行业里安排和展望自己的职业发展,以及如何回应社会对女性成为贤妻良母的期待。通过对南方某省会城市 32 位女警的深度访谈和非参与式观察,本文发现,女警身上显著体现出本文概括为"'单位'女性主体性"的性别特质。首先,在择业环节,女警期待在"单位"体制下获得稳定的雇佣关系和较灵活自由的职场空间;其次,在日常工作中,女警高度卷入"男主外、女主内"的分工,即男警负责户外的、冒险的、更具有晋升空间的工作,女警负责坐班的、支持性的和行政性的工作;此外,女警们在不同的工作任务中能够熟练自如地在温婉可人和刚毅理性之间调用不同的女性气质,并且表现出对"社会上"其他职业女性一定程度的区隔。随着警察职能走向服务化和亲民化,女警担任了大量文书工作和服务性工作,但受制于警察行业内部"刑事为主、行政为辅"的绩效考核制度,她们并没有得到更多晋升的空间。

关键词: 女警　"单位"女性　主体性　女性气质　警察职能

* 本研究受国家自然科学基金项目"公共治理'棘手问题'应对策略的选择及其动机:基于公务员价值偏好和情境认知的实证研究"(72004090)、教育部人文社会科学研究项目"基于公众参与悖论的执法效能三维评价机制研究"(20YJC630187)和江苏省社会科学基金项目"基于公共价值的警务效能评价机制研究"(18ZZC001)的资助。

** 杨黎婧,博士,南京大学政府管理学院、南京大学公共伦理研究所副研究员(lijingyang@nju.edu.cn);刘亭亭(通讯作者),博士,暨南大学新闻与传播学院副教授(lttjulttju@gmail.com)。

一、 问题的提出

（一）研究背景

我国现代警察职能从建立伊始便塑造了警察合法武装、理性、进攻性、勇猛等典型的男性化特质。具体而言，自清末从西方引进警察制度以来，经过北洋军阀、国民党统治时期和新中国成立初期，在社会阶级矛盾激烈和政权更迭频繁的历史背景下，我国现代警察在特定历史阶段维护政治秩序和打击犯罪的职能尤为突出（陆永，2012）。改革开放之后，以经济发展为中心的国家建设理念带来了社会矛盾的重大变化，警察职能扩大到打击有关私人产权、商品交易、金融、生产与消费等方面的犯罪行为，强调改革、发展与稳定之间的关系，也就意味着警察开始兼具管理和服务职能。经过第三代和第四代领导集体确立的法治理念，执政为民、公平正义、服务大局等价值追求所包含的"为民""为公""服务"等含义转化为引导警察工作的核心价值。这一进程也伴随着警察专业化运动，也即在官僚体系内部大力倡导理性、科学、效率等基本价值（Weber, 1947），警察职能也走向去人格化、中立、权威和专业化的模式（Goldstein, Hoyer, & Monti, 1979; Roberg, 1990）。在历代变革当中，绝大多数的重要任务都由男警察承担，警察职业一直被赋予男性气质的"荣光"（Waddington, 1999），比如带有进攻性、强制性、身体强壮、果断等特点，面临危险和暴力的工作性质被认为是警察之所以被称为警察的"本质"（Dick & Jankowicz, 2001）。

警察的这一"阳刚"属性随着警务职能的变化而增加了"柔软"的特质，尤其是从20世纪80年代开始，社区警察建设广泛推进，倡导警察部门与民众和其他机构的合作（李青，2011；周晓莹，2014；Ostrom, 1972），这意味着警察职能向行政和服务领域前移。警察这一行业的职能也发生了深刻的变化，从合法武装和运用"即时暴力"解决社会冲突，走向职能专业化、多样化、服务化和亲民化（龙耀，2015）。近年来，在我国政府大力推动男女平等基本国策的大框架之下，整体上女性参与就业人数，乃至女性警察占警察队伍总人数的比率达到了历史新高。根据第三期中国妇女社会地位调查结果，2010年城乡女性在业率为71.1%，从事公共管理行业的女性占29%。作为本文研究对象的女警占警察总数比例从改革开放初期的 5.6% 上升到 2011 年的 13.7%。[①]

我国警务职能走向服务化,与 20 世纪末席卷全球的新公共管理模式也密不可分,即主张将民众视为"顾客"或"消费者",而政府充当公共服务和公共产品的提供者角色,强调对民众需求的回应性(Hood, 1991)。"有困难找警察"和 110 热线的普及(张洪波,2009),使警察部门的职责范围急剧扩大。进入 21世纪后,随着公众满意度日渐被加入警察部门的考核内容,这种服务性要求也愈加明显。这类职能催生了塑造警察形象、维护公共关系、增进警民互动的工作内容,并带来更多服务性和综合管理类的岗位需求——在当前社会情境下被认为是"女性擅长"的岗位。但我们发现已有对警察的研究多关注警察权、执法困境、职业风险等问题(陈兴良,2002;王占军,2010;周忠伟,2013;刘茂林,2017;余凌云,2018),甚少关注到性别轴线上的警察岗位结构问题。

(二) 研究问题

在以上两大背景下,我们发现,已有的研究多强调警察职业在执法、打击犯罪、维持公共安全和社会稳定等方面的功能,而对于女性警察的职场生存策略、家庭与事业之间的平衡,以及警队如何回应警察部门的职能转变等问题,却很少讨论。这里我们借用了戈夫曼(Goffman)关于人际交往的"戏剧论"来呈现研究问题——戈夫曼认为社会生活有如戏剧表演,社会中的个体总会在特定的情境和具体的社会期待中进行"表演",通过控制自己表现出来的言行举止,进行特殊的印象处理,控制自己在他人面前的印象。也就是说,社会上的每个人都在自己的舞台上进行合适的自我管理,以求自己"幕前"呈现出恰到好处、符合情境的印象(戈夫曼,2016)。

通过已有文献和在日常生活中对于警察"幕前"行为举止的了解,我们得到严肃、正派、令人敬畏的印象。然而,我们却不能找到令人信服的关于女性警察的"幕后"生活的社会学讨论,因而也不能对在转变的警务职能中女性警察所面对的机遇、挑战以及她们所展现出的主体能动性给出令人满意的解释。我们预设的是,社会对于警察的期待是围绕其工作的强度、警务人员应履行执法职责,其成员有极高的组织纪律性、严肃性、服从性、体力和承受工作强度。警察行业,总体而言属于男性主导的职业。从性别比例上看,这是一个主要由

---

① 国家统计局社会科技和文化产业统计司,2012,《中国社会中的女人和男人——事实和数据》。

男性组成的行业;从职业文化上看,警务职业总是被认为只有阳刚的、孔武有力的男性才能胜任,而女性因为在身体条件上或精神力量上"本质性"的缺憾,总是被认为没有能足够强硬地执法、工作的能力(Hochschild, 1973; Fiske & Stevens, 1993)。

我们知道,中国社会对于女性有另一组期待:在品性上期待女性温柔、体贴,具有照料他人的能力;在人生轨迹上期待女性进入异性恋婚姻,照料双亲父母,展现生育能力,给子女提供情感与智力上的培育。当这两组社会期待放在一起,我们看到的是两个互相冲突的戏剧脚本:高强度的体力要求与温柔婉约的品性期待、高强度的工作时间与高强度的家庭投入的期待。我们唯有走到"幕后",才能了解在这两组极有可能存在冲突的社会期待面前,女警察在其中进行了何种努力、何种斡旋,展现了怎样的能动性。

本研究正是一次走到"幕后"的尝试。本文的核心研究问题为:女警如何在"警察"职业角色与"女性"性别角色带来的紧张关系中定位自己并进行角色实践?这一问题的提出基于对以下三个子问题的思考:(1)长久以来,警察行业存在着玻璃天花板(Glass Ceiling)、存在着基于生理性别的男女分工吗?如果有,原因何在?女警察是否遭遇某些结构性、生理性因素的影响?(2)女警作为复杂的个体,在职业身份之外,也承担着女儿、母亲、妻子的社会角色和相应的道德与文化期待,在多种身份交汇而成的矩阵里,女警动用了哪些策略以处理社会压力和工作压力之间的紧张关系?(3)随着政府职能转变,在警察部门承担更多社会服务职能、日益强调警民和谐关系的背景下,传统规范意义上的诸如温柔、亲民、耐心等女性特质,是不是有利于女警的第一线任务的开展?如果有,这是否意味着女性在警察职业中获得了更公平的机会?警察文化中的"男中心、女边缘"的状况是否已经改变(王娟娴,2017)?

二、 研究方法

为了回答以上问题,本文对通过田野调查获得的资料加以分析。田野点是地处我国南方的 J 市,总共有约 1.45 万位警察,其中男女比例为 5.5∶1(见表1)。作者在科研项目开展过程中接触到了一些警察。从 2019 年 1 月到 2020 年 9 月,采用滚雪球的方法,两位作者和两位研究助手陆续对多位女性警察进行了深度的访谈。① 我们依据事先准备好的提纲,围绕从警经历、工作中与同事的互动、工作中与群众的互动、职业晋升意愿、工作和家庭之间的平衡或矛盾以及她们对于更广阔意义上的男性、女性社会角色的看法等主题,分别进行了 50—120 分钟不等的半结构性访谈。所有访谈均在对方知情和同意的情况下进行了录音,并通过语音转录软件全部转写为文字,共计约 36 万字。本文共访谈 32 位女警,在进行到第 29 次访谈以后,质性数据显示的趋势已经出现明显的重复,作者继续增加访谈数量,直至达到核心范畴的饱和。为了增加本项目男性视角,我们也访谈了 10 位男警。最后,我们合计访谈了 42 位受访者。

　　本文是这一进行中的项目的阶段性成果。为了保护受访者的隐私,本文对采访地点和她们的身份信息全部进行了匿名处理。

表 1　Y 省 A 市警察数量和男女警察比例②

	总数(约)	男(人)	女(人)	男女比例
全市	1.45 万	1.23 万	0.22 万	5.5∶1
A 区	432	376	56	6.7∶1
B 区	693	600	93	6.5∶1
C 区	744	656	88	6.5∶1
D 区	1 402	1 119	283	4.0∶1
E 区	610	485	125	3.9∶1
F 区	1 102	864	238	3.6∶1

三、 文献回顾

　　本部分包括以下两个方面:第一,结合西方对于警察与性别的研究,说明西方女警研究产生于西方国家独特的社会运动、政治环境与家庭结构,即便能够用于解释中国女警的工作与生活经历,也需要将之情境化、具体化。具体而

---

①　研究助手:魏可可,南京大学政府管理学院 2017 级硕士研究生;赖子珊,新加坡国立大学传播与新媒体学院 2020 级博士生。

②　截至 2020 年 6 月,根据内部数据粗略统计,部分辖区未统计。

言,需放置在警察行业的特殊性以及中国本土的社会结构、家庭结构、性别期待中去寻求解释。第二,通过回顾中国的警察与性别的研究,我们指出,本土警察研究当中政策建议、口号性研究居多,缺乏性别视角,也缺乏实证研究方法,倾向于忽视警察队伍里具体的性别问题,因而也未能对本文提出的问题提供合乎情境的解释。

(一) 西方女警研究与经典性别职场理论: 玻璃天花板与双重轮班

职场当中的性别关系研究是国外女性主义研究的重要领域。在美国等国家,性别理论和女权运动往往是相伴相生、互相推动的。20 世纪 70 年代波澜壮阔的女权运动使得女性的平等就业权利和同工同酬权利被广泛关注(郭延军,2011),也催生了一系列女性职场研究的重要理论,其中包括"玻璃天花板"与"双重轮班"(the Double Shift,也译作"第二轮班")理论。

"玻璃天花板"最早在 1986 年《华尔街日报》的一篇企业女性专栏文章中出现,比喻职场中的女性在事业上升到一定职位后,会被诸多无形的(约定俗成的组织规则)或有形的(晋升规则中"男性优先"的条例)困难所阻碍。在那之后,"玻璃天花板效应"常常作为关键词出现在学术研究中。其中最著名的一项是安·莫里森(Ann M. Morrison)和她的研究团队所做的研究(Morrison et al., 1987),她们提出了一个直截了当的问题:"女性可以做到美国最大公司的顶层吗?"她们发现,美国 500 强公司里只有极少数女人(1.7%)身居最高职位,虽然在平等就业法律引进之后,女性在公司中的地位有所提高,但有能力的女性还是会受到限制,因为她们作为妻子和母亲的身份常被视作缺乏职业晋升动力,且在事业晋升途中很少得到男性高管的支持。

沿袭安·莫里森的研究,阿莉·罗素·霍赫希尔德(Arlie Russell Hochschild, 2012)和安妮·麦休(Anne Machung, 2012)进行了一项关于当代职场女性"双重轮班"的研究。她们的调查跨越十年,对十几个家庭进行了深度观察。研究指出在越来越多的美国双薪家庭中,相较于只负责"单个轮班"的丈夫,大部分职场女性在不成比例地负责"双重轮班"。第一个轮班是在职场进行的有偿雇佣工作,第二个轮班是在家庭里履行的大量无偿的情感劳动和家务劳动。随着美国社会的发展,情感劳动和家务劳动也日益变得复杂且多样,除了传统家务以外,还囊括了亲子活动、协助子女学习、看管家庭宠物等。

　　"玻璃天花板"与"双重轮班"这两个概念自从被提出以来,不仅影响了许多学术领域的研究,也对刻板的性别职业分工和陈旧的家庭性别关系进行了有效的批判。但也需要意识到这两个概念只描述所有职业的普遍现象,没有针对具体的某个行业,特别是像警察这样具有高度性别特征的行业。关于西方女警察的研究逐渐意识到这些问题并深入到了警察职场的深处。

　　跟中国一样,西方国家于 20 世纪初已有女性加入警察行业,然而时至今日,女性警员在数量上仍然为少数,且增长速度缓慢。以美国为例,20 世纪 60 年代,女警数量发展至 5617 人,占整体 8%,直至 2000 年,女警比例也仅为 13%,可见在数量上男性占主导地位(Bell, 1982; Heidensohn, 1992; Garcia, 2003)。而在职业文化上,警察内部文化带有明显男性气质色彩(Swan, 2016)。男性警员通过公开或隐蔽的方式,使男性霸权主义气质在警察组织文化中合理化,从而边缘化女性警员,比如,在言语上,男性警员会通过对女性警员开冒犯性或与性相关的玩笑、性骚扰等方式,将自身与女性警员分隔开来(Acker, 1992)。部分研究更表明,性别隔离、排挤女性警员是男性警员获得内部团结的一种方式(Spain, 1992; Chan, 2007)。

　　"玻璃天花板"的概念提出来的前后二十年间,西方女警察研究主要集中在以男性为主导的警察职业文化及语境对女警察的影响。如苏珊·马丁(Martin, 1982)通过对 32 名女警察和 1 名女线人的深度访谈,并结合对女警察巡逻及非正式场合的观察,探究她们如何处理自身女性特质与警察职业之间的冲突,并将其总结成以下两类:一类是突出个人职业身份的女性"警察"(POLICE-woman)。她们倾向于迎合以男性为主导的组织文化,在行动上亦显示出与男性相当的进攻性,重视专业精神与职业成就。另一类则是与之相反的"女性"警察(policeWOMAN),她们突出个人的女性特质,并且乐意接受和完成强调女性特质的任务。然而这两种现象都被视作成女性努力融入以男性为主导的传统警察文化的方式,而并非挑战男性警察文化权威(Martin, 1982)。

　　随着 20 世纪 70 年代末女权主义运动的兴起,以及西方核心家庭结构的变化,包括少子化、晚婚晚育、性别多元化,以及越来越多男性参与到家庭事务中,从事警察工作的女性人数逐步增长。现代警队工作与风气也发生了改变,社区警务模式的盛行使警察工作重心从打击犯罪转移至维护社区治安、加强部门间沟通与协作、处理家庭暴力、青少年犯罪等,相比之下,强调力量与体能的警务比例在减少(Garcia, 2003; Morash & Haarr, 2012; Swan, 2016)。这类以服务为导向的社区警务工作要求警员具有良好的沟通和解决问题的技巧

（Corsianos, 2011; McCarthy, 2013）。美国司法部资助的一项司法援助项目开展了执法部门女性的研究,美国女性和警务国家中心（National Center for Women & Policing）发布了这项研究的报告（2000）,指出增加女性警员招募不仅有利于提高警局对家庭暴力案的应对率,而且有利于减少性别歧视,更好地实现社区导向型警务。

女性警员并非分别实现性别或职业角色,而是通过日常生活与工作的协调,将两种角色融合（Rabe-Hemp, 2009）。这样更为复杂和流动的角色既体现女性警察的男性特质,又体现了女性特质,即女性警察如何在这个以男性为主导的行业中获得更多工作机会的同时,强化了性别差异的传统观念:将女性视作照顾者（caretaker）、共情者（empathizer）和弱势的性别群体（the weaker sex）。在本研究中,女性警察也认为在完成强调女性特质的警察工作中（如与受害者沟通、社区警务、处理儿童相关事务）,她们的表现比男性同僚更出色。

回顾这些文献,我们可以看到很多对本研究有启发的信息。其中最重要的是,我们的研究通过考察社会环境和警察文化的转变,深刻地去捕捉女警具体的实践,以及实践中展现出来的能动性（Ortner, 2001）。女性特质在警察履职中更具有一席之地,女性警员的能动性得以提高,在工作中实践性别（doing gender）为社会接受。但这样的实践性别在一定程度上导致了女性警察在行业中处于边缘的地位（Epstein, 1970; MacKinnon, 1987）,强化了社会对女性的刻板印象（Rabe-Hemp, 2009）。同时不可忽略的一点是,能动者很大程度上会受到社会的制约,并不是完全自由的能动性（free agency）（Ortner, 2001）。比如在以男性为主导的警察文化下,部分女性警员选择向男性同僚看齐,增强自身工作中的男性气质,以摆脱"花瓶警察"（pansy police）的称号（Heidensohn, 1994; Miller, 1994）。也有部分女警员选择通过异类化（othering）的方式,即有意识疏远女性警察同事,以迎合组织内男性警员主体,从而获得他们的认同（Martin, 1982; Rabe-Hemp, 2009）。女性警察群体的内部分裂从侧面反映出警队文化中的男性霸权。这样的异类化不但损坏女性警察之间的关系,扼杀了集体对抗的可能性,而且导致女警群体在组织中边缘化现象的加剧,加深了对女警察的刻板印象（Rabe-Hemp, 2009; Swan, 2016）。

但这些研究也有很多水土不服的地方。第一,我们在此项研究中极少听到男警对女警口头上的轻视或谩骂,即使男警确实有兄弟文化,我们的受访者普遍认为男警对她们很照顾,两性之间是团结、合作的关系。这与美国研究有所不同。第二,西方核心家庭结构和性别文化的变化,在中国还没有相对应的现象。在中国,传统意义上的一夫一妻制、以核心家庭为主的照料老人、陪伴和教育子女、通过培养儿女来实现和延续家庭的"荣誉",依然对女性个人有极强的约束力。最后,也是最重要的,西方绝大部分的研究,都基于个人主义哲学理念下公/私的绝对区分,但中国职场文化里面并没有像美国社会那样对公领域和私领域做明确的区分。在国家层面上,生育、婚姻、人口计划,是我国政府人口管制的命题,并不是完全个人的问题,这可以体现在我国长期以来的计划生育政策和近年来国家运用其公信力鼓励公民生育二胎、三胎的政策举动里。从公民的角度看,公民也普遍认为婚姻、生育问题需要来自国家公权力的背书,核心家庭的生育安排需要跟国家政策保持理念上的一致。我们在访谈中也得知,未婚警员可住在单位安排的宿舍,面临二十四小时值班待命状态,而结婚之后则可以"正当"地下班回家,甚至连公租房政策也倾向于已婚申请者。也就是说,对中国职场文化的研究必须考虑到中国人普遍认为公共生活和私人生活是共生共存、相互依赖的关系。

(二) 国内有关女警的研究

国内关于女警的学术研究可谓屈指可数。王嫚娴(2017)较充分地介绍了国外研究成果中的相关观点,从性别视角讨论了警察的职业文化,论及诸如"性别隔离""男性主义""性别转向"等术语。李萌(2012)从职业角色角度分析了女警角色冲突的原因,包括社会结构带来的对女性职业和家庭角色的双重期待、对事业家庭兼顾的"完美女性"形象的追求等。这些研究有些共同点,比如都讨论了女警的职业和家庭双重角色、女性特质的优势、生理特征上的弱势等,甚至认为女警对职业安全的认识(相比男警)"更盲目"(周忠伟,2013),而这些也正是现有研究的局限。首先,现有研究并没有突破对女性性别特质的社会构建,因此也无法关注在警察行业中的职业性别塑造,以及女警所面临的职业性别和社会性别期待之间的流动、撕扯或兼具;其次,现有研究缺乏结合政府职能改革、警察职能转变和警察绩效评估的角度来思考警察系统内的性别问题;最后,在研究方法的使用上,缺乏规范的实证研究,仅有的几篇采用量化或质性访谈的文章,在数据分析的科学性和逻辑论证的严谨性上有待商榷。基于此,本研究的新进展为:首先,在方法论层面,本文基于近两年的田野调查和32次深度访谈,呈现出女警对其教育、职业、家庭、个人志趣等生命故事的讲述。其次,在理论层面,本文指出,对女警的社会学调研除了需要与国际性别研究对话,更应结合中国传统家庭观念和社会生活的具体情境,特别是女警在择业环节的自我矮视(self-discrimination)和处警、执法环节的具体性别情境。最后,在概念层面,本文提出"'单位'女性主体性"的概念,用于在事业单位普通共性的脉络之上,理解女警特殊的生命体验和主体生成。这在一定程度上突破了现有"玻璃天花板"等理论在解释个人职业选择倾向方面的局限。

四、"男主外、女主内"的行业分工

本研究证实,出于对身体强壮、苦熬辛劳、理性决断等人力资源需求,且在当前社会语境下这些能力在刻板印象层面与生理男性紧密联系,警察行业高度颂扬男性阳刚气质。警察行业内部有着牢不可破的"男主外、女主内"的男/女区隔分工模式,男警负责户外的、开拓性的、冒险性的、更可能具有身体接触的工作,女警负责坐班的、支持性的、行政性的工作。

有过警校学习经历的受访者回顾[1],男/女区隔的分工从她们年少的时候就开始产生影响。一般来说,警校对于学生的体能都设有达标要求,往往对男性的要求要比女性高,教官对男性学员的要求也更严苛。访谈显示,在警校的训练里,教官对女学员的要求由始至终就出于一种"轻视-保护"的立场:低估女学员以后能够成为出警警员的可能性,由此采取相应保护措施,比如说免除她们某些困难训练的任务。甚至有受访者提起,早在警校的时候,她的教官就揶揄女学员说,会爬高墙、会搏击对女孩子没有用,她们还是尽早找个男朋友好。大部分从警校毕业的受访者都一早意识到,将来她们要跟男性同事承担不同的职能和业务。在经历了警校锻炼以后,能够出警甚至担任特警任务的学员绝大部分是男性,只有寥寥可数的女性能够走入这些岗位。

正式开始工作后男/女区隔的培训转化成日常的分工,警察行业整体上倾向于让男警承担高风险的任务、高体耗的岗位,而让女警承担前台服务、社区、后勤和文书等工作——男女警察形成了"男主外、女主内"的行业文化。这种分工安排,在我们的访谈里几乎是不可被质疑的规范。警察行业中最需要吃苦耐劳的工作,包括出警、熬夜值班、跨地域长时间行动、节假日出巡等,不由分说地先由男警承担。不管男女警察,都认为这是"男子汉"对女警的照顾。

---

① 部分其他受访者是通过国家公务员考试进入警察行业,而非警校学习。

按照受访者的理解,这种分工"有一定的道理",因为:

> 不让女警办案,是对女同志的一种保护、照顾。这个是有必要的,像我今天,在交通岗执勤就被一个男人打了。他(执法对象)无非是觉得你女警是小女孩,你能打得过我吗?就对你动手了。如果我是男的,他肯定不敢对我动手,你懂我意思吗?[1]

在访谈中,两性之间生理差异的刻板印象总是被调用来解释这种分工,比如:

> 有很多事情,作为一个女性就做不了。比如每天我们接处警很多的,碰到精神病,你让女性怎么制服?碰到需要武力制服的,碰到蛮不讲理的群众,碰到很多突发情况,你全是女性,你怎么搞?从武力值来说,还是男警有震慑力。[2]

这种岗位安排的差异,直接导致长时间以来男女警察在机构内晋升机会的悬殊,男女警察也因此享有不同的权势和待遇。但更深入的对话使我们意识到,警察行业,或者说每一个行业,都有其特殊性,理解警察行业的性别区隔,不能笼统套用"玻璃天花板"理论来解释。"玻璃天花板"概念虽然能够帮助我们理解当代职场中的性别关系,即使我们也认可霸权男性气质有必要随着社会历史的发展而被新形式的其他男性气质取代,但如果不能联系当前语境下警察这一行业的具体需求,我们的分析即使政治正确,也会走向笼统与盲目。

首先,警察行业会接触到有对抗性、强制性、攻击性的罪犯或嫌疑犯,因此警力执法对肉体震慑力量有刚性的、眼前的需求。虽然两性在体力上的区别可以通过长期的文化鼓励和体力训练来缩小差距,两性体力差距也不一定能解释所有个体差异(比如女性运动员要比一般的男性群众体能都要好)。然而,使用武力维护社会秩序的需要是当下的,甚至是迫在眉睫的。在目前情况下,与犯罪嫌疑人对峙的过程中,不成比例地大量使用男警身上的暴力特征是

---

[1] 访谈 16,张立远,36 岁,民警,2019 年 1 月 15 日。
[2] 访谈 03,陈晓,26 岁,民警,2019 年 1 月 3 日。

必要的。也就是说,强调阳刚男性气质在警察这个行业里,并非全然服务于男性对女性的统治,更重要的是服务于正义事业与维护社会秩序的当下需要。

其次,男女内外分工有一定的现实基础——目前我国的犯罪嫌疑人或罪犯大多数是男性,且在犯罪团伙里同样有"男主外、女主内"的分工。按照《司法大数据专题报告:涉黑犯罪》报告,2015—2016 年全国涉黑犯罪刑事案件中男性被告占 97%,女性占 3%;在危险驾驶罪刑事案件中,男性被告占 98.8%,女性占 1.2%;在未成年人犯罪案件中,男性被告占 95.05%,女性占 4.95%;等等。警察在外出办案的时候,整体上倾向于由男警负责男性执法对象,女警负责女性执法对象,因而女性被分配到的工作也比较少。另外,被执法对象也多怀揣着基于性别的成见,更忌惮男警察的武力而看轻女警。一位受访者就提道:

> 群众欺负我的情况常常发生。最明显的一种就是在我跟 ta① 说话的时候,我上来跟 ta 说话肯定是很讲理的,很平和的,然后呢,ta 上来就对我很凶。我的男警察同事一走过来,ta 马上"哎警察"什么的,那个态度就不一样了。难道我不是警察,男警察才是警察吗?②

警察行业内对于女警的照顾,还基于一个不容置疑的假设:比起她们的男性同事,已婚已育女警需要投入更多的时间与精力在家庭照料里,且投入更多的时间在对自身的打理上,这同时又合理化了男性在职业晋升时的优先性。比如说:

> 男性说出差就出差,我们男同志经常是上午在派出所上班,等到老婆再打电话来,他已经在什么地方落地了、出差了,女同志做得到吗? 女同志你让她出差,她肯定先把家安排好,把孩子安排好啊,是不是这个道理? 还有一个,女同志不是说走就走,男同志可能什么都不带就走了,女同志换洗的衣服离不开吧,化妆包离不开,对吧?③

最后,仔细观察发现,"男主外、女主内"的规则之所以日渐变得绝对,也是

---

① 在访谈中,访谈对象没有明确说明的性别"他/她",本文皆用"ta"代替。
② 访谈 11,郭心言,28 岁,交警,2019 年 1 月 7 日。
③ 访谈 13,江惜林,56 岁,刑警(担任领导职务),2019 年 1 月 13 日。

因为重复执行而形成了难以改变的格局。比如说我们参观的一个分局派出所，所里只提供给男警值夜班睡觉的房间，即便女警想要值夜班也没有合适的地方休息；而客观上又确实鲜有女性会值夜班，所以为女警安排房间看起来没有必要。这些原因加起来，导致女警想要在警队有所作为、达到权力金字塔的高处，往往要克服加倍的困难，付出多倍的努力。目前担任刑警的陈子风（27岁）说到自己刚入警工作的时候，是被"自然而然"地安排在内勤岗位上的。后来能够从事刑警工作，是由于她在做内勤工作的同时，积极地学习刑警办案所需要的知识和技能，付出了比一入警就被安排在刑警岗位上的男警们更多的努力，才慢慢得到了认可。

综上，从中国社会的制度和文化情境出发，本文所提供的女警关于择业、出勤和晋升方面的自述显著地发展了"玻璃天花板"和"第二轮班"的理论。具体而言，"玻璃天花板"主要以比喻的形式指涉在工作环境中高级别工作女性员工的缺失，少有涉及在择业甚至是受教育环节女性主体的自我矮视，本文补充了这一重要视角。"玻璃天花板"理论及其应用鲜有考虑职业与职业之间的关系问题：警察机构内部基于性别的分工，多少与犯罪团伙内部基于性别的分工直接相关。相应地，参与"第二轮班"、履行家庭责任，构成女警加入警队的强烈择业动机，因而也是她们自尊与自我建设的重要环节，而非她们想要打破"玻璃天花板"的起点。

五、"单位"女性主体性

女警们不同程度地适应了"男主外、女主内"的行业分工，基于对受访者的深度访谈和参与式观察，我们发现她们对于在职业上和家庭里都承担"主内"的职责并没有太多质疑，相反，她们在同时承担两类职责时体现出一种"单位"女性主体性：一方面，在女警进入警察队伍之时，她们追求的并非打击罪恶或维护社会治安，警察工作的"单位"特性——在市场经济的大环境下依然保留有体制内工作的稳定性、高福利性的特征，才是吸引她们的关键。这种"单位"特性，能够为她们就职后把大量的时间投入到家庭成员的照料和家务劳动当中创造必要条件。也即是说，她们就职的一开始便不准备挑战"玻璃天花板"，她们已准备将来承担传统女性家庭角色，并乐意找一份有利于承担这一角色的工作。另一方面，在警察机构内部想要获得晋升，女警们学会了弹性地安排结婚和生育的时间,并利用"单位"机构较为灵活的育儿空间。在她们的日常工作当中,女警们能够应情境调用不同的女性性别特质。我们也将在本部分的最后指出,"单位"女性主体性具有一定的排他性,表现为女警有意识地将自己与其他行业即所谓"社会上"的女性区别开来,甚至表现了不同程度的轻视或鄙夷。

（一）渴望"铁饭碗":乐于承担妻职与母职

在我们的访谈中,我们设置了这样一个问题:"你最初为什么想要做警察?"在我们得到的回应中,诸如警察工作可能带来的高社会地位、高工作权威、高刺激性,从来没有在我们的访谈中被提起,从事公共服务、确保社会安全、惩恶扬善等说法也从来没有被提起过。在工作起始之初,大部分女警没有成为核心管理阶层、手握权力开展领导工作的意愿。我们所有受访的女警在回溯她们为什么选择警察这个行业的时候,都表示作为公务员行业的、体制内的警察工作,其"稳定性""铁饭碗"的象征意味,是她们当时选择这个行业的主要原因。有些出身于警察家庭的受访者在选择警校之时,就明确地知道女警的身份不仅意味着公务员这样一种稳定的职业保障,而且在警队中要从事的岗位是与男警不同的,是轻松的。例如,一位女警解释道:

> 其实并不是(我自己选择警校的)。其实念警校,大多数都是父母辈的……怎么讲呢,就是父母辈都希望女生工作安稳,然后有一个体面的职业,那个时候家里就是这样的想法,然后我就遵从了意愿。其实我们家里面也没有警察,但是他们就是更倾向于我去选择公务员这样的一个职业。[①]

"铁饭碗"之所以受到女警欢迎,其背后的考虑是:这样稳定又低风险的工作,对她们以后投身家庭照料、养育孩子,很有好处,也就是警察工作有利于她们践行世俗对于传统女性角色的期待。这样的想法,与警队长久以来对女性施予额外的照顾,比如不轻易让女警加班、出差、异地办案,是相辅相成的。访谈还发现,女警察因为家庭责任而无法或不愿意承担重体力工作和高风险任

---

① 访谈 24,林玉汀,28 岁,民警,2020 年 7 月 22 日。

务,直接导致警队整体上认为女警对警队的贡献不如男性,因而会把更多的重要岗位留给男警。

　　在当前的中国社会,公众对城市女性的家庭生命周期的期待非常严苛,女性在23—24周岁应稳定就业,27—28周岁之前要进入婚姻、生育第一胎,在30岁之前最好生育第二胎。受访者或多或少都内化了这样的社会期待。用戈夫曼的剧场理论,这是整个社会给女性安排的"标准化"的线性、递进的剧本,但凡偏离这个剧本的女性会被公然称作具有明显贬低意味的"剩女",还会面临父母、亲人强烈的催婚压力(Gaetano, 2013; Fincher, 2014)。女性在婚后会被期待将生活的重心转移到新建立的核心家庭,负责照料父母、维系婆媳关系、照料子女等一系列家务劳动。这样的社会期待,或者说压力同样落在女警察头上。这也是为什么我们的受访者,特别是生育第一胎后的女警察,特别愿意淡出第一线的警队工作,承担文职,以换取更多可以安排给家庭的时间。受访者冯婉祯虽然还是单身状态,但是她就明确这样一种家庭分工:

　　　　我觉得这个家庭的事情,总有一个人主外,一个人主内。我不喜欢没有想法的、居家(男人)类型。因为我就很居家。两个人都非常居家的话,不是很好,总有一个人要偏向事业。[①]

　　我们接触到的大部分受访者都像冯婉祯一样,做好了要投身家庭的准备。而对于其他一些女警来说,把生活重心从工作转移到家庭,是意识到在警察队伍里女性升职的困难而导致的,比如梁瑞(29岁)认为自己在能力上是完全可以胜任领导职务的,但是晋升时被明确告知因为是女性,所以从现实角度来说是不会考虑她的:

　　　　有些男性没有我想象中那么优秀,还甚至比我年龄小很多都做中队长。我就想,为什么到我这边就没有办法升呢,心里很难受。这是需要面对的现实,在公安岗位上女性发展的机会少,女领导很少,而且大部分的女领导包括我们单位,都是从政工岗位上靠写材料升上去的,都是找到了(适合女性发展的)一个方向,然后上去。当然现在我调整自己了。[②]

---

① 访谈01,冯婉祯,26岁,民警,2019年1月2日。
② 访谈19,梁瑞,29岁,特警,2019年6月4日。

我们的被访者中不乏像梁瑞这样工作投入、能力较强、独当一面的优秀警察,但是大多数都表示有了家庭之后会更愿意支持丈夫在事业上的发展,甚至在双方共同面临晋升机会时会选择让步。一位在事业上卓有成就的受访者预期到了这种可能的"竞争":

> 我可能是更希望我的老公能在工作上、仕途上有所晋升……如果两个人同时在一个单位里面,其实无论是资源也好,或者说晋升空间也好,都是相互制约的。所以在同等条件下我会选择让步,这是其一。其二是就我自己个人而言的话,虽然说我现在已经独当一面了,也承担了很多的工作和任务,但是我不确定,如果说我走上了领导岗位,我能不能平衡我的家庭和我现在的生活。①

(二) 弹性安排:生育时间的调整与育儿空间的灵活

"单位"工作的特殊性也导致女警需要对于结婚时间、生育时间和育儿空间有较弹性的安排——这种考虑是男警鲜少会需要的。我们通过观察发现,警察内部有稳定的内部考核和提拔时间,一般是 3 年一次。如果一个女警想要在接下来 3 年内获得晋升机会,就不会在这个期间安排结婚和生育。

对那些为数不多的有晋升意愿的、渴望工作权威的女警来说,按照自己的意愿推迟结婚和生育的时间并不只是个人的事情,与父母、未来的丈夫和公婆之间商量、取得谅解很重要。但这在当前社会情境下比较困难,由于这个问题与家人发生激烈争执的情况经常发生。超过 30 岁不结婚的女警们会承受巨大的压力,压力一方面来自父母亲属的催婚,男性伴侣的不满,另一方面,还有可能面临工作单位内对她们难听的谣言:同事们口耳相传,认为她们太过经常加班,跟男性上级之间也许有不正当的关系。

邓亭(38 岁)的例子非常典型。目前身在领导岗位的她,曾为了博得晋升的机会,一度推迟结婚和生育的时间。这导致她的丈夫、公婆,甚至她自己的父母都认为,她因为工作"太拼"而"耽误"和"拖延"了"个人的事情"。她对女警的职业上升机会有着切身感触:

---

① 访谈 25,林玉汀,28 岁,民警,2020 年 7 月 22 日。

升职,男的优势太明显了,男的能加班,女的能不停加班吗?女的结婚以后,都要被家庭拖累吧?加班就更难了。领导还会考虑,你将来会有孩子。我被提拔多多少少也是因为当时我单身。但我也是参加了两届的竞争上岗才上去的。我跟她们(其他女警察)不太一样,我结婚晚,生孩子也晚。我33岁结婚,36岁才生第一个小孩。[①]

邓亭所描述的"结婚晚,生孩子也晚"显然是针对女性而言。她所描述的为了安排申请升职的时间,进一步"拖延"生育时间,则更明显地体现了女性升职当中的性别化因素。她说道:

我没有马上生孩子,是因为我当时刚提的副科。刚换了一个工作,还想升职,立马怀孕不好。我就又忍了一忍,一年以后才怀小孩。挨到自己35周岁(笑),差点就要进高龄产妇的那类人群。

作为一个具有工作抱负的女警察,邓亭遇到的压力是方方面面的。在她没有结婚的前几年,她回忆里都是被父母催婚的压力。因为长期单身,花大量的时间在单位里,单位里还传出她跟上级男性领导有不正当关系的谣言,伤害她的名誉与形象。在决定推迟怀孕的时候,她饱受晚育有可能会对孩子身体发育不好的内心折磨。类似的担忧也发生在其他受访者身上。

对于育有儿女的女警,"单位"对于空间的较自由使用确实对她们履行妻职和母职特别有裨益。在我们实施参与式观察的派出所,有一栋6层楼的办公室。其中三楼有一个超过20平方米的会议室,工作日的下午4点以后它会被女警们暂时作为"育儿室"。我们在访谈过程中,受访者到了小孩放学时间会去把小孩接过来,有时是好几位女警的小孩都集中在这个临时"育儿室"内,由女警们灵活安排轮流照料。我们对其中一位女警发问:"会有男警察带小孩来这个会议室、照顾小孩吗?"她意味深长地说:"你们是不是想问男警察会不会带小孩?你们做了这么多访谈,你们认为可能吗?"她的这句反问,不仅让我们感受到了对于她们来说"男警不带小孩"是不需要问的"常识",也体现出了女警在不得不同时履行工作职责和母职妻职时,比其他职业女性有了更多"单位"女性特有的灵活空间。我们也不难理解,对于企业等私人组织和西方政府

①　访谈05,邓亭,38岁,民警(担任领导职务),2019年1月4日。

部门的职业女性来说,将办公空间和时间用于照料小孩——哪怕只是在零散的"空闲"空间和时间内,也是几乎不可能的。可以说,这在一定程度上是我国体制内单位特殊性的体现。

(三) 温婉可人与刚毅理性之间:
"单位"女性主体的多重性别特质

面对两性区隔的警察职业文化,以及社会和家庭对于女性履行妻职、母职的期待,女警采取了应对策略。在前文提到关于继续坚持升职意愿或者放弃升职回归家庭以外,我们还有重要的补充说明:受访谈女警会在具体的工作情境中,调用不同的性别气质来支持她们的工作。大部分女警长期被安排与群众沟通、协调或直接提供面对面服务的工作,她们在这些岗位当中,发展出来独特的女性气质和精神面貌。这种女性气质处于两种看似矛盾的性情重叠之处:既强调温婉可人、亲和耐心的传统女性特征,来支持她们在社区工作中大量的情感劳动;又因为深嵌于强调刚毅理性、正直体面的警队工作氛围之中,强调身体力量、理性判断和严肃气质,她们会对社会上主流女性气质做出区隔,而更融入警队所呈现出来的"阳刚之气"。

比如说,以下几位女警察回忆了自己做社区民警期间她们是如何调用女性的温婉可人特质来支持日常工作的微观战术,获得社区的认可,在繁复冗杂的社区工作之中找到能动性的出路的。

曾担任派出所社区民警的王丹笑(25 岁),正是因为她出色的社区纠纷调解能力,被所管理的社区群众称为"国民闺女"。她通过自己的亲和特质,让纠纷可以通过和平方式解决,比如说群众被邻里的狗咬伤、邻里噪音投诉、租户矛盾等等。她也认为作为一个女孩子,懂得与群众沟通,让她比男性同事更适合处理问题。

另一位受访者,陈晓(26 岁)则说:

> 在做社区民警的时候,就比如说我会先认识社区里面的人,从中找很多的积极分子来帮我管,让他们提供给我信息。作为女生,我嘴很甜,又是小姑娘,还有好多大爷大妈给我介绍对象这种,就问你哎小姑娘结婚没有啊之类的。(嘴很甜)这个真的很有帮助,所以他们跟我很热络,跟这些

人接触是比较愉快的。他们后来都变成我的线人。①

除了强调温婉可人的女性气质有用之外，在警察行业整体气氛的浸润之中，女警察们也发展出特殊的女性特质来，用她们的话来形容，即是"冷静、独立，不娇滴滴"。在职能承担和行为方式上，那些少数出任特警或领导岗位的女警，在男性主导的警察文化中，面临向男性化的警职角色特征靠近的要求。在外在特质上，受访者普遍强调自己的身体力量、理性判断、端庄和严肃气质，且我们发现几个女性警察都保持着日常锻炼、健身的业余爱好和生活习惯，跟社会上主流的女性气质有所区隔。用几个受访者的话说，就是"我们跟其他行业的女孩子不一样"。比如陈晓提到自己在工作中多次接触女性被男性骗取色相和钱财的案例，说自己就不太会像"其他女孩子"那样被男人的巧言令色所欺骗。再如个性独立、冷静、直爽等特征也被多次提及：

> 跟外面的（女性）比起来，第一就是看待问题的时候想得比较细、比较冷静，第二个就是比较独立，我身边很多和男警结婚的，可能会比——比如说教师、医生或者护士跟警察结婚的，更能够理解警察，对待值班或者男性工作比较忙的话比较理解。②

> 现在社会上那些特别温柔、特别娇滴滴的女孩子，我看上去都觉得有点装。我们这个行业吧，就总体上大家都比较直爽，女警都是个性独立的女孩子。③

> 你看女民警哪会像那些女孩子那样穿得袒胸露背的，不可能把自己打扮得妖里妖气的，个性上我觉得也很心地善良的。反而社会上面的一些女的，那些不好的，我有时候觉得女孩子还特多，警察受的教育和素质还是不一样的，对吧？有时候那些人能做的坏事我们就做不出来，对不对？④

---

① 访谈03，陈晓，26岁，派出所民警，2019年1月3日。
② 访谈19，梁瑞，28岁，特警，2019年6月4日。
③ 访谈01，冯婉祯，26岁，民警，2019年1月2日。
④ 访谈24，李艳蓉，51岁，派出所民警，2020年7月18日。

值得强调的是,女警们对于这些复杂的性别气质的调用是自觉的,但她们也怀揣着困惑和矛盾。其中最重要的困惑来自她们担忧自己过于刚毅、理性的气质会"削弱"她们的女性气质(也就是俗话说的"女人味"),担心这进而会影响家庭关系。比如傅华(约 40 岁)提到女警经常面对嫌疑人时担任管理者和侦察者的角色,习惯于觉得对方是需要保护的对象,而当女警把这种具有震慑力的保护者、管理者的角色带回到家庭中时,通常被认为是不利于家庭关系的和谐的,因为她认为"男人的压力会更大,他回到家里的目的是他来放松的"①,当妻子不能提供情绪上的包容和疏导,矛盾就会产生。

六、"行政为辅、刑事为主"的绩效考核

上文指出女警主要承担服务类、文书类、社区沟通的工作,那么,随着近年来整体警务职能走向服务化,女性在警队内部晋升、提拔的机会是否会有所提升?"玻璃天花板"有没有可能被打破?

本文得到的答案是否定的。这与公安部门的绩效考核体系未能因警务职能服务化而改变有着直接的关系。我们发现,虽然在话语层面服务类岗位的重要性得到了提高,目前公安部门的绩效考核制度依然固守着行政警察和刑事警察之间的"边缘-中心"结构。

具体来说,话语层面对警察社会服务职能(女警主要从事的岗位)重要性的强调并未体现在绩效考核体系上。在建设人民满意的服务型政府改革和政府职能转变的大背景下,警察职责向行政管理领域延伸,警察权"由最初的执行法律拓展到现在的提供社会服务"(刘茂林,2017),"警务工作也由消极转为积极,一切以迅速回应和满足公众对警务服务的需求为要务"(余凌云,2018)。我们在警队的多种宣传渠道都可以听见这种说法:提供让公众满意的公共服务成为公安机关的重要职能和职责,公众满意度、安全感等公众感知成为衡量警察服务的重要标准。群众对于警察公共服务的满意程度,也日渐反映在部分警务绩效评价之上。然而,公众满意度是否有效反映警察履职质量、主观感受与客观绩效的契合度、服务满意度的泛化和形式化、评价结果如何应用以有效改进警务执法等问题在学界和警务实践中是由来已久的争论(Brown & Coul-

---

① 访谈 21,傅华,40 岁,民警,2019 年 7 月 8 日。

ter, 1983; Bouckaert & Van de Walle, 2003；曾莉、李佳源，2013；杨黎婧，2019；杨黎婧、宋雅言，2020）。由于操作上的形式化、避免让警察职权的行使时常陷入投降式或妥协式的执法困境（王占军，2010；李群英，2013）且避免让警务绩效受制于公众评价，服务满意度从未真正而仅形式上成为警务绩效考核指标中的重头戏。

方娜（27 岁）是在派出所工作的刑警，她直接地告诉我们，因为"行政为辅、刑事为主"的绩效考核方式，女警员在基层单位是不受欢迎的，因为绩效考核是看一个派出所绩效总分除以单位总人数，而女性所占据的内勤岗位增大了分母却没有贡献绩效分数，"绩效分数主要靠刑警取得"[①]。本文的被访谈者全都确认警察工作的绩效考核当中，男性是占据优势的，因为除了"考核的就是你的时间，你加班的时间，你值班的时间"，而"男同志永远在班的时间比你长，他的各项的考核永远也在你的前面，因为女同志你要回家，你不能不顾孩子，你不可能说天天那样值班，你不回家也不现实"[②]。更重要的是，考核指标中占权重最大的是办案成绩、犯罪率等指标，打击犯罪、维护社会秩序、使用强制手段确保公共安全等职能依然处于警察部门的核心地位，这些工作绝大部分由男警承担。

这种考核设置更深层次的原因在于我国刑事警察和行政警察之间的"中心-边缘"结构。根据我国警察职权制度，警察职权分为行政警察、刑事警察和军事警察三大职权，抛开准军事化的军事警察不谈，行政警察比刑事警察边缘；而公共服务职权作为一种更边缘的职权，被设置在三大职权之外（刘茂林，2017）。行政的主要职责集中于日常事务和预防性的治安，刑事集中于惩罚性的犯罪侦查，也即"直接行使国家暴力"的强制手段为特征的狭义警察权（刘茂林，2017），长期以来处于警察体系核心地位。有学者这样维护刑事警察的核心地位：他们认为应该将警察行政职权与刑事职权分离，让警察权不被强大的行政权裹挟；建议让那些可以"脱警察化"（余凌云，2018）、可由其他行政机关承担的职责（比如户籍、治安、出入境、网监等）从警察职责中脱离（陈兴良，2002）。这从一个角度反映了男性主导的狭义警察职权的本质化地位，似乎只有合法使用暴力的，才称得上是"真正的"警察。有受访者就向我们解释道：

---

① 访谈 15，方娜，27 岁，刑警，2019 年 1 月 13 日。
② 访谈 25，林玉汀，28 岁，民警，2020 年 7 月 22 日。

其实我觉得无论是户籍也好,出入境各类的接待窗口也好,对于核心的公安业务来讲,或者说对公安主业来说,它们是边缘的,因为从根本上讲,公安的主业是打击犯罪,而服务民生的,比如说窗口单位,上下班时间是固定的,他们一般不会牵扯到加班或者跟我们一起去执行各类安保任务,所以对于集体来说,他们像有一点独立的那种感觉。①

我们的受访者也从不同程度上对这样的结构有批判的思考。比如说,苏惠旋(29 岁)的主要工作就是在与公安工作事项相关的民众服务大厅,与民众直接接触,简言之就是公安的窗口服务。她认为窗口是非常重要的岗位,不仅工作繁重、难度大,而且直接关系到公安机关在民众眼中的形象和公信力,但这些工作却往往被认为难度不够大而被低估了价值。陈子风(27 岁)对打击犯罪等核心工作和内勤类的支持性工作打了一个形象的比喻:

我们看到了《复联 4》那么恢宏的一个场面,我们认识的也只是钢铁侠、美国队长、黑寡妇这些人,但是它在幕后的那些工作人员,你一个都不知道,但是只有他们才能一起完成这份工作,可能刑警的角色就相当于在舞台上表演的那些人,而内勤的工作就相当于他们是在背后为他们保驾护航,为他们展现出这种电影场面的那些人。②

七、 结论

本研究以我国女警的工作实践和生命历程为研究焦点,立足于女警的择业动机、工作体验与家庭期待,除了检视女警如何在高度颂扬男性阳刚气质的行业里安排和展望自己的职业发展之外,更是希望促进公私领域性别平等的同步发展,为缓解女性的"工作-家庭"冲突提供基于实证材料的建议。本文的实证调查为读者提供一手的、真实的女性警察形象。民众通常了解到的女警形象,不论透过何种媒介——文本、电视剧、电影、新闻报道或政府主导的宣传

① 访谈 25,林玉汀,28 岁,民警,2020 年 7 月 22 日。
② 访谈 17,陈子风,27 岁,民警,2019 年 5 月 11 日。

话语——认识女警察的方式几乎都是靠着失真的再现。其中对女警的描述呈现两种特质:(1) 英雄化:选取警察队伍里表现特别突出的个人来代表女警集体,强调女警察在执法案件中以更少的资源或力量制服犯罪嫌疑人,这样的再现当中,有浪漫主义的色彩,强调女性柔弱、以卵击石的力量;(2) 悲情化:强调女警牺牲家庭,牺牲与子女及丈夫共聚的时光,恪守岗位、尽忠职守。这种话语本质化地认为女性应该以家庭为中心、以履行生育照料义务为己任,但女警为了工作,牺牲了这部分"天职"。这两种呈现,不仅本质化了女警的生活,也否认了女性能够通过主动参与来弹性地调和家庭事业矛盾的可能。

为了更为客观、准确地理解女警的日常生活和工作经历,本文提供基于质性社会调查的描述,综合社会性别与发展的视角来理解我国女警工作和生活的复杂社会机制。本文的研究贡献如下:

首先,我们发现,"玻璃天花板"和"双重轮班"是存在的,警察行业内部有着牢不可破的"男主外、女主内"的男/女区隔分工模式,男警享有更多晋升空间,但不可简单套用理论,而需要结合我国当前的家庭文化、警察职能的需求和绩效考评等现实基础进行理解。

其次,在讨论"双重轮班"、探讨女性的家庭生命周期与职业发展的关联性时,我们发现,女警的择业动机与世俗对传统女性角色的期待是相关的,而我国特殊的公务员体制让女性通过警察这一职业选择拥有更多承担传统女性角色的可能性,即成为本文所提出的"单位女性"。绝大部分受访女警表示,她们在择业过程中所考虑的,是公务员行业的稳定性和低风险,而这种选择背后的逻辑,则是方便她们日后投身家庭照料和养育孩子,即践行世俗社会对女性"贤妻良母"的期待;在职业规划上也做好了婚后要从工作前线退下、投身家庭的准备。那些为数不多的有晋升意愿的、渴望工作权威的女警,则必须为工作而推迟结婚和生育的时间,而这样做难以避免遭逢来自父母、同事和其他社会关系带来的巨大压力。

再次,我们的研究同时证实了卡拉·E.拉贝-亨普(Cara E. Rabe-Hemp, 2009)和苏珊·欧立希·马丁(Susan Ehrlich Martin, 1982)两位学者对于女警的职业-性别身份多样化的观点。女警作为复杂的个体,她们会根据具体的工作情境需要,调用不同的性别气质。一方面,女警擅长调用温婉可人、亲切耐心的传统女性特质,在繁复冗杂的社区警务工作之中发挥能动性。另一方面,在强调刚毅理性、正直体面的警队整体工作氛围之中,女警们也发展出特殊气质,这些特质通常被认为是区别于社会主流女性特质却更融入警队文化的"阳刚之气"。那些入警之初对警察职业怀抱热忱的被访谈者更向往承担像男性一样可以"冲上去"的职责,这既是一种女性特质的弱化,但同时却是警察职业男性特质的强化,是向男性特质靠拢的一种表现。但是在职业发展的过程中,她们又逐渐意识到女性在警察岗位上的局限,同时也开始接纳和利用"女性优势"。这种对女性特质的"认可-不同-再认可"的循环式演变可能一方面与女警要承担的家庭角色有关,另一方面可能也与我们上述提到的职业发展的壁垒有关。

最后,我们发现尽管近年来我国警务职能整体走向服务化,相较于男警,女警的职业晋升机会仍然十分有限,这与我国公安部门的绩效考核体系以及警察岗位的"中心-边缘"结构密不可分。话语层面对警察社会服务职能(女警主要从事的岗位)重要性的强调并未体现在绩效考核体系上。"行政为辅、刑事为主"的绩效考核方式使我国女警的处于边缘地位。承担打击犯罪、保障公共安全职能的警务的警员(大部分为男警),处于警察部门的核心地位;而女警则以从事前台服务、社区、后勤和文书等支持性的、行政性的工作为主。也即是说,在警察这个行业里,女性警察由于富有耐心、同理心且沟通能力较强,她们的职责常被定位为完成传统"女性特质"的工作,更多"适合女性"的岗位也并未能给女警带来更多的晋升的机会,"玻璃天花板"未能被打破。

值得一提的是,在课题组筹备访谈和"滚雪球"的过程中,也与 10 位男警进行了非正式的访谈。我们发现男警对于女警在警察行业中的作用、职责、对警务工作的贡献等,与女警们的态度有着很大的差别,他们更明确、更强烈地向我们表达了女警占有的性别优势,或者说性别特权,比如不用值班、工作比较轻松、会受到特殊优待,同时他们又认为这是可以理解的、理所当然的,因为她们要结婚生子、照顾家庭、身体条件比较弱,而且他们无一例外地认为警察工作的性质决定了男性就应该是主导的。我们曾问一位男警:"如果我是一名女警,我不结婚也不生小孩,我就跟男警一样值班、出任务、训练,那么请问我有没有跟男警一样的晋升机会?"这位男警回答:"那你觉得这样一个女的是正常的吗?"也就是说,他怀揣着一种对于女性本质化的理解,对于偏离所谓刻板印象的女性,即与男性一样有工作能力且不愿履行妻职和母职的女性,做出略带侮辱意味的理解。男警对于女警所承担的职业角色与性别角色之间似乎更倾向于后者,在职业角色对女警的"照顾",似乎呈现出一种既是"应该的"又仿佛是女性"占了便宜的"矛盾态度。不过这些都需要更多的调查研究来支撑,也是我们未来研究计划的一部分。

参考文献

陈兴良,2002,《限权与分权:刑事法治视野中的警察权》,《法律科学》(西北政法学院学报)第 1 期,第 52—68 页。

戈夫曼,欧文,2016,《日常生活中的自我呈现》,冯钢译,北京:北京大学出版社。

郭延军,2011,《美国〈1964 年民权法〉与女性平等就业权》,《华东政法大学学报》第 4 期,第 72—80 页。

李萌,2012,《角色冲突对女警职业的影响》,《武汉公安干部学院学报》第 2 期,第 45—47 页。

李青,2011,《英美发达国家警察职能的历史演变对我国警察现阶段职能定位的参照作用之探讨》,《公安研究》第 11 期,第 86—91 页。

李群英,2013,《实现法治框架下警察人性化执法的再思考——兼论人性化执法与严格执法的关系》,《北京警察学院学报》第 1 期,第 12—16 页。

刘茂林,2017,《警察权的合宪性控制》,《法学》第 3 期,第 65—76 页。

龙耀,2015,《对非法暴力者的即时暴力——警察职能定位新探》,《中国人民公安大学学报》(社会科学版)第 6 期,第 46—53 页。

陆永,2012,《当代中国警政与现代国家成长》,南京大学博士论文。

王嫂娴,2017,《性别视角下的警察职业文化》,《中国人民公安大学学报》(社会科学版)第 1 期,第 67—72 页。

王占军,2010,《社会和谐语境下警察执法权威重构的路径选择》,《中国人民公安大学学报》(社会科学版)第 4 期,第 60—67 页。

杨黎婧,2019,《公众参与政府效能评价的悖论、困境与出路:一个基于三维机制的整合性框架》,《南京社会科学》第 9 期,第 71—78 页。

杨黎婧、宋雅言,2020,《基于主体与效能双重契合的执法公信力指标体系构建——立足南京公安的实证研究》,《江苏行政学院学报》第 1 期,第 111—118 页。

余凌云,2018,《警察权的"脱警察化"规律分析》,《中外法学》第 2 期,第 393—413 页。

曾莉、李佳源,2013,《公共服务绩效主客观评价的契合性研究——来自 H 市基层警察服务的实证分析》,《公共行政评论》第 2 期,第 72—103 页。

张洪波,2009,《服务型警察的职能定位和内涵》,《公安研究》第 6 期,第 55—59、
　　65 页。

周晓莹,2014,《社会转型背景下的警察职能再定位》,西南政法大学硕士论文。

周忠伟,2013,《女警职业安全风险问题研究》,《中国人民公安大学学报》(社会科学
　　版)第 6 期,第 45—50 页。

Acker, Joan. 1992. "From Sex Roles to Gendered Institutions. " *Contemporary Sociology*
　　21(5): 565-569.

Bell, Danie. 1982. "Policewomen: Myths and Reality. " *Journal of Police Science &*
　　Administration 10(1): 112-120.

Bouckaert, Geert, & Van de Walle, Steven. 2003. "Comparing Measures of Citizen Trust
　　and User Satisfaction as Indicators of ' Good Governance' : Difficulties in Linking
　　Trust and Satisfaction Indicators. " *International Review of Administrative Sciences*
　　69(3): 329-343.

Brown, Karin, & Coulter, Philip B. 1983. "Subjective and Objective Measures of Police
　　Service Delivery. " *Public Administration Review* 43(1): 50-58.

Chan, Janet. 2007. "Police Stress and Occupational Culture. " *Sociology of Crime,*
　　Law & Deviance 8: 129-151.

Corsianos, Marilyn. 2011. "Responding to Officers' Gendered Experiences through
　　Community Policing and Improving Police Accountability to Citizens. " *Contemporary*
　　Justice Review 14(1): 7-20.

Dick, Penny, & Devi, Jankowicz. 2001. "A Social Constructionist Account of Police
　　Culture and Its Influence on the Representation and Progression of Female Officers-A
　　Repertory Grid Analysis in a UK Police Force. " *Policing : An International Journal*
　　of Police Strategies & Management 24(2): 181-199.

Epstein, Cynthia Fuchs. 1970. *Woman's Place : Options and Limits in Professional*
　　Careers. Berkeley, California: University of California Press.

Fincher, Leta Hong. 2014. *Leftover Women : The Resurgence of Gender Inequality in*
　　China. London: Zed Books.

Fiske, Susan T. , & Laura E. Stevens. 1993. "What's so Special about Sex? Gender
　　Stereotyping and Discrimination. " pp. 173-196 in Gender Issues in Contemporary
　　Society, edited by S. Oskamp & M. Costanzo. Sage Publications, Inc.

Gaetano, Arianne. 2014. "' Leftover Women' : Postponing Marriage and Renegotiating

Womanhood in Urban China. ” *Journal of Research in Gender Studies* 4(2): 124-149.

Garcia, Venessa. 2003. “‘Difference’ in the Police Department: Women, Policing, and ‘Doing Gender’. ” *Journal of Contemporary Criminal Justice* 19(3): 330-344.

Goldstein, Arnold P. , William J. Hoyer, & Phillip J. Monti, eds. 1979. *Police and the Elderly*. Oxford: Pergamon Press.

Heidensohn, Frances. 1992. *Women in Control? The role of women in law enforcement*. Oxford: Clarendon Press Oxford.

——. 1994. “We Can Handle It Out Here. Women Officers in Britain and the USA and the Policing of Public Order. ” *Policing and Society : An International Journal* 4(4): 293-303.

Hochschild, Arlie Russell. 1973. “A Review of Sex Role Research. ” *American Journal of Sociology* 78(4): 1011-1029.

Hochschild, Arlie, & Anne Machung. 2012. *The Second Shift : Working Families and the Revolution at Home*. London: Penguin Books.

Hood, Christopher C. 1991. “ A Public Management for All Seasons?” *Public Administration* 69(1): 3-20.

MacKinnon, Catharine A. 1987. *Feminism Unmodified : Discourses on Life and Law*. Cambridge: Harvard University Press.

Martin, Susan Ehrlich. 1982. *Breaking and Entering : Policewomen on Patrol*. Berkeley, California: University of California Press.

McCarthy, Daniel. 2013. “Gendering ‘ Soft’ Policing: Multi-agency Working, Female Cops, and the Fluidities of Police Cultures. ” *Policing and Society* 23(2): 261-278.

Miller, Susan. 1992. *Gender and Community Policing : Walking the Talk*. Lebanon, NH: The University Press of New England.

Morash, Merry, & Robin N. Haarr. 2012. “Doing, Redoing, and Undoing Gender: Variation in Gender Identities of Women Working as Police Officers. ” *Feminist Criminology* 7(1): 3-23.

Morrison, Ann M. , Randall P. White, Randall P. White, & Ellen Van Velsor. 1987. *Breaking The Glass Ceiling : Can Women Reach The Top Of America's Largestcorporations?* New York: Pearson Education.

National Center for Women & Policing. (2000). Recruiting and Retaining Women: A Self-assessment Guide for Law Enforcement. https://permanent. access. gpo. gov/ lps1533/www. ncjrs. gov/pdffiles1/bja/188157. pdf

Ortner, Sherry B. 2001. "Specifying Agency the Comaroffs and Their Critics." *Interventions* 3(1): 76-84.

Ostrom, Elinor. 1972. "Metropolitan Reform: Propositions Derived from Two Traditions."*Social Science Quarterly* 53(3): 474-493.

Rabe-Hemp, Cara E.. 2009. "POLICEwomen or policeWOMEN? Doing Gender and Police Work." *Feminist Criminology* 4(2): 114-129.

Roberg, Roy R. 1990. *Police Organization and Management : Behavior, Theory, and Processes.* Pacific Grove, California: Brooks/Cole Publishing Company.

Spain, Daphne. 1992. "The Spatial Foundations of Men's Friendships and Men's Power." *Men's Friendships* 59-73.

Swan, Angela A. 2016. "Masculine, Feminine, or Androgynous: The Influence of Gender Identity on Job Satisfaction among Female Police Officers." *Women & Criminal Justice* 26(1): 1-19.

Waddington, Peter AJ. 1999. "Police (Canteen) Sub-culture. An Appreciation."*The British Journal of Criminology* 39(2): 287-309.

Weber, Max. 1947. *The Theory of Social and Economic Organizations.* New York: Free Press.

夫权维续还是渐进平权? [*]
——中国夫妻权力模式及影响机制变迁(1990—2010)

李颖晖　张伊雪　李翌萱^{**}

摘要:1990—2010年间,中国夫妻权力模式呈现渐进、不平衡的现代化转向:夫权模式减弱,整体走向平权模式,但妻子对重大事务决策权的获取弱于、滞后于日常事务决策权。夫妻权力模式的影响机制反映出基于个体能力提升,权力资源交换得以实现的现代理性逻辑:妻子在教育和收入水平上不低于丈夫的情况,对家庭重大事务、日常事务决策的平权、妻权走向至关重要,尤其是妻子收入上的相对优势,对获取重大事务决策权的影响在20年间持续上升。但基于传统性别规范的不平等和阻力也同时存在:家庭共同体内部,妻子承担更多家务的合作性付出并不必然导向重大事务决策权的获取,仅日渐有利于其获取相对边缘的日常事务决策权。性别平等意识对夫妻平权和妻权走向的正向影响也有随时间减弱的趋势。

关键词:夫妻权力　相对资源　性别意识　家务分工　时代变迁

一、引言

夫妻权力模式是两性关系在家庭场域中的重要体现。谁在家庭事务决策方面更具话语权,也即决策模式是夫权、平权还是妻权,既反映了微观家庭角色分工和夫妻家庭地位,也折射出宏观社会性别平等状况和现代化水平。因

---

* 本文系国家社科基金青年项目(17CRK015)、陕西高校青年创新团队"大数据时代西北地区社会治理中的刑事法治"课题阶段性成果。

** 李颖晖,女,西北政法大学哲学与社会发展学院社会学系讲师,西安交通大学实证社会科学研究所校外研究员(lyh1989@ sina. cn);张伊雪,女,西安交通大学人文社科学院社会系博士生(momozhang731hotmail.com);李翌萱,女,西北大学哲学学院社会学与社会工作系讲师(lyx425@163.com)。

而,相关探讨长期以来是婚姻家庭研究的核心内容且争鸣不断。西方理论界的研究关切始于传统夫权到现代平权的现实转向,以现代个体理性视角下的资源交换论和传统父权主义视角下的文化规范论为代表,存在着多元研究路径之争。中国的相关研究也呈现资源决定、文化规范或集体合作逻辑下的多重理论解读和基于性别视角、城乡视角等的多维现实考察。

理论研究的争论同家庭问题本身的繁杂多面有关,"清官难断家务事",但同时也是社会变迁或社会转型过程中特有的复杂变动状况的现实反映。20 世纪五六十年代以来,西方社会追求两性平等地位的女性运动的发展大大推动了家庭关系的现代化转向,家庭领域女性权力地位的变迁同女性运动的兴衰共振。而始于 20 世纪 70 年代末、盛于 90 年代的中国社会转型更是带来了社会经济政治的全方位变革。在这一进程中,夫妻权力关系转变的促进因素、阻碍因素共存,相互博弈。一方面,90 年代以来,中国女性日渐获得了更为平等的教育机会和工作机会,女性的社会参与程度逐步提高,其社会性别意识日渐增强(刘爱玉、佟新、付伟,2015;沈崇麟、杨善华,2000),从而为中国夫妻权力模式的现代化转向提供了有利条件;但另一方面,男性作为既得利益者的角色仍有维续,男女两性关系的对立、矛盾仍在多方面存在。有研究发现,近几年,家庭劳务分配上,"男主外、女主内"的固有分工并未随着女性自身经济地位的改善发生大的变化(刘爱玉、佟新、付伟,2015;郑丹丹,2013),女性独立自主的性别意识也出现回潮现象(刘爱玉,2019;许琪,2016;杨菊华、李红娟、朱格,2014)。这意味着,女性家庭权力的获得过程并非简单地遵循着现代化的线性变化逻辑,夫妻权力分配模式在不同时间维度上的变化路径和机制更迭有待学术界的进一步关切。

但遗憾的是,目前有关中国夫妻权力模式的系统历时研究却相对匮乏,多是基于某一年份的单一观察。尽管不同时点当时的状况在这些研究中已有考察,但家庭夫妻权力在中国社会转型中的纵向变迁全貌并未得以连续、系统地呈现。事实上,家庭场域中的两性关系发展嵌入于 1990—2010 年间的改革深化过程中,经历着变革历程中各种力量的形塑与重构。那么,在此期间,中国家庭夫妻权力模式整体上发生了怎样的变化,是大跨步式地由传统夫权模式向现代化平权模式转变还是渐进式的推进? 同时,转型是传统力量、现代化力量的交织碰撞,哪些力量在其中推动或阻碍其发展变迁,又呈现怎样的此消彼长? 为了回答这些问题,本文尝试以传统-现代转向为视角,将夫妻权力模式的考察放置在社会变迁的大环境中,基于资源交换、文化规范、集体合作三大理论分析逻辑，考察 1990—2010 年这 20 年间中国夫妻权力模式的变化及机制变迁。

这种长时段分析将有利于在发展变化中更为系统地评估中国家庭权力结构及其影响机制的变与不变，从而更客观、审慎、全面地衡量和评价夫妻双方家庭权力地位的发展趋势与平等化程度，为构建均衡、和谐的家庭关系提供一定的理论参考。

二、　文献回顾与问题提出

（一）资源决定与文化规范：西方理论的现代化逻辑与传统约束逻辑之争

1. 资源决定论及其现代理性

夫妻权力模式研究开端于布拉德和沃尔夫 1960 年合著的《丈夫与妻子：动态的婚姻生活》一书。该书提出了夫妻权力的概念，并构建了最广为应用的资源决定论以解释夫妻权力模式的形成。该理论认为，夫妻双方的权力地位取决于二者的相对资源状况，具有更丰富的教育、职业、收入等地位性资源的一方相对于另一方能够获取更多的家庭事务决策权力，强调婚姻内部存在着社会交换，即，资源地位可以交换权力地位，资源地位的不平衡影响权力地位的分化（Blood & Wolfe, 1960）。基于这一理论，后续研究发现，女性教育、收入等状况的提升改善，的确有助于其家庭决策权的获取，进而会推动夫妻权力向平权甚至是妻权模式过渡（Oropesa, 1997; Mcdonald, 1977; Kulik, 1999; Treas & Tai, 2012）。

该理论的提出、发展及实证探索一定意义上是对西方家庭关系现代化这一现实转向的理论回应：20 世纪 60 年代正是西方女权主义的兴盛时期，女性走出家庭，进入劳动力市场的现象普遍而广泛，这带来女性文化、经济等资源的增强（吴帆，2014），家庭外部的地位改善开始转化为家庭生活内部新地位与话语权的寻求。从这一层面上看，资源决定论对夫妻权力模式如何形成的解释本质上遵循着现代化理论的逻辑：现代化进程强调个体力量发展与个人自致性地位，具体到两性关系与女性地位变迁，女性自我的觉醒和相对资源的改善使得实践层面家庭权力地位的交换成为可能(古德,1986)。在此之后,资源决定论不断发展。比如,赫尔将婚姻内资源状况考察拓展到婚姻外资源,提出了夫妻权力交换论,认为丈夫或妻子越可能得到婚姻以外的满足(如社会参与、社会地位),便对婚姻关系的依赖越低,便越可能获取更大的婚姻内权力(Heer & David, 1963)。并且,也有研究进一步扩大了资源交换的范围,将情感资源、家庭贡献等也视为同教育、职业、收入一样的可交换资源(Rothschild, 1970; Hill & Scanzoni, 1982; Becker, 1983; Godwin & Scanzoni, 1989),但这些发展本质上都与资源交换理论一脉相承,看到了个体基于自身资源占有进行地位交换的现代个体理性。

2. 文化规范论与传统约束逻辑

当然,也有理论指出上述现代化线性思路对夫妻权力模式的预估过于乐观,继而提出了基于传统文化规范的批判。批评者认为,夫妻权力模式的现代化转向会受到以父权制为代表的传统、非理性因素的制约(Rodman, 1967; Rank, 1982)。他们承认资源决定理论的合理性,但也认识到文化领域相对于经济、社会的变迁滞后以及不同社会文化脉络的潜在差异:文化堕距会使得父权主义、男权思想等成为相对稳定的阻力,且不同文化脉络中,权威认同、性别规范等社会文化环境的差异也会挑战资源决定论的普遍适用性(Gillespie, 1971; Komter, 1989; Tichenor, 1999)。因此,在文化规范论者看来,夫妻权力模式的平权过程可能会遭遇文化传统的对抗和约束,其发展有赖于文化规范的更新。不过,尽管资源决定论、文化规范论争鸣不断,西方社会的夫妻权力模式整体上趋于现代化的平权转向是学者们的共识(刘启明,1994)。

(二)中国夫妻权力模式分析的主流考察: 相对资源、性别意识与家务分工

国内有关夫妻权力模式的研究兴起于 20 世纪八九十年代,着重对夫妻权力分配现状予以概括并提出相应的解释机制。从理论发展来看,相关分析主要吸收、借鉴了现代化视角下的资源交换论和文化规范视角对传统性别意识等因素的重视,但也有本土化思考,在现代转向与传统维持之间提出了基于家务分工的集体合作逻辑。

其一,沿着资源决定理论的交换逻辑,大量学者考察了相对资源的作用。研究发现,同西方家庭关系现代化转向一致,无论是更高的绝对教育、收入水平,还是相对更高的教育、收入地位,都有助于提升个体的家庭决策权力地位。尤其是后者,极大地利于女性家庭权力地位的改善(吴帆,2014;李静雅,2013;李建新、郭牧琦,2015)。

其二,学者们也注意到了性别平等意识等文化规范因素的作用。不少研究认为,女性资源地位改善对其家庭权力地位的提升仍然受到传统的父权制和性别分工规范的阻碍,性别角色认知越传统、性别平等意识越薄弱,女性的家庭权力地位就越低(郑丹丹、杨善华,2003;徐安琪、刘汶蓉,2003);反之,则有助于其争取更多的决策权力。更进一步,中国学者也基于丰富的社会现实,对资源交换逻辑和规范约束逻辑进行作用效力异质性的检验,考察了相关理论在阶层、性别、城乡等方面的差异化表现(王金玲,2009;李建新、郭牧琦,2015)。

除此之外,家务分工对夫妻权力模式的影响也引发了学者们的争论。一种观点是,对"男主外、女主内"这一性别分工的认同或实践会降低女性的劳动力市场参与和收入获取,也会固化性别不平等观念(刘爱玉、佟新,2014;卿石松,2017;於嘉,2014),因而女性较男性承担更多的家务不利于女性家庭权力的争取,继而有碍家庭平权。不过,左际平、边燕杰等人(Zuo & Bian,2001;2005)认为,家务承担被过于悲观地看待了,夫妻权力模式的形成其实存在集体合作的逻辑。在他们看来,中国的家族主义极强,家庭常常被视为成员共同体。在这种情况下,家庭的资源、地位和劳务分配具有强烈的集体主义倾向:一个家庭就是一个合作社而不是竞争场,成员会为了家庭利益最大化进行分工合作(费孝通,1998;弗里曼等,2002;阎云翔,2006)。因此,在中国,谁在家劳动,遵循着共同协商的逻辑而非完全的对抗性博弈。换句话说,"男主外、女主内"并不是完全的被动压迫,不少从业妻子多做家务并不完全由于她们缺乏与丈夫"谈判"的经济基础或受男权思想的压抑,而是家庭集体策略的一种(左际平,2002;杨菊华,2014):女性的付出保证男性经济生产,以此获得最优的家庭经济、社会收益,个人也在整体优化中获得福利提升;同时,女性承担起家庭责任,也是对家庭幸福的重要贡献,会得到相应的权力让渡,权责一致,因而也会有利于女性权力的获取(Zuo & Bian, 2001; 2005)。基于这一逻辑,妻子承担更多家务的传统分工会相应增加女性获取家庭权力的可能性。需要指出的是,这种观点本质也是一种资源交换理性,只不过不同于通过经济、教育资源实现一方对一方的超越和压制而获得权力,家务分配不是竞争型交换,而是合作型交换,责权可以对等。

当然,也有学者在上述三大线路之外提出了其他因素的影响,如持家能力、亲属支持网络等,但其测量有效性和使用广泛性有限,不再逐一介绍(沈崇麟,2009;徐安琪,2005;2011)。

(三) 社会转型背景下中国夫妻权力
模式的再思考:历时考察的引入

1. 历时研究的相对缺位及待回应问题

西方研究的视角之争为夫妻权力模式研究提供了基础性的理论分析框架,国内研究则进一步扬弃发展,对中国夫妻权力模式的现代转向问题予以积极回应,进而为我们的研究提供了更直接的实证经验。不过,不难看出,前述研究整体上倾向于现状分析而非发展过程的呈现:学者们多是基于各自所掌握的某一年份数据,从各自的理论兴趣出发,探讨夫妻权力的整体现状或性别、城乡等局部差异,而在长时段内基于统一理论框架进行系列分析的纵向考察则相对匮乏。这种不一致的数据使用和不统一的理论视角使得现有研究仍有可拓展之处。

现实层面,既有研究虽知当时现状,却不知现状的发展过程由来。理论层面,研究结论间的横向对话和解释因素自身的纵向对比缺乏平台,留下了一些待回应的理论与现实问题:(1) 就夫妻权力模式的发展走向而言,学者们大体发现当前中国社会夫妻权力存在平权趋向,但该过程的实现是一步到位并延续至今还是在夫权维续中逐步转向? (2) 夫妻权力模式的影响机制方面,相对资源是影响夫妻权力模式的核心因素,但其自身的影响效力随社会现代化转型是递增、波动还是递减? 性别意识现代化对夫妻权力走向平权的正面作用又怎样随社会发展而变动? 传统的家务分工模式究竟是平权阻力还是能够带来责权对等? 不同时期是否遵循不同的作用逻辑? 对这些问题的回答,需要捕捉不同时段的相应状况,在社会发展变化的长时段里基于统一的分析框架进行探讨。

2. 转型期夫妻权力模式影响因素的历时变动

本文的基本立场是:家庭是社会的缩影,中国社会夫妻权力模式的形成与变迁嵌入于中国社会转型这一现代化过程中。当持续性的社会转型成为中国社会发展的主基调,婚姻家庭现实也必然是复杂的、变动的,在关注夫妻权力模式转向的社会结构差异,如城乡差异、阶层差异的同时,同样应重视时间维度方面的纵向考察。尤其是1990—2010年间的20年,是改革开放进一步深化的20年,在国家政治、经济、文化的巨大变革下,夫妻相对资源状况、性别意识平等化程度、家务分工状况这些影响夫妻权力分配的底层因素也可能出现系列变革。这意味着女性地位的起伏变动深受时代的影响,需要动态关注。

在夫妻教育、收入的相对地位变动方面,随着中国经济社会的发展,女性受教育程度显著提升。1990年,女性受教育年限较男性偏低。时至2009年,全国在校的普通本专科学生之中,女性则首度超过男性,占比50.48%且持续上升。[1] 相应的,女性的劳动力市场参与也得到了提升,但其对女性经济地位的影响相对复杂。一方面,就劳动参与而言,20年间女性的劳动参与大大增加,截至2010年,近70%的中国女性拥有有偿工作,远高于53%的世界平均水平[2],女性自身绝对收入显著提升。但另一方面,女性对男性的经济依赖状况在近20年却并未改善(刘爱玉,2019)。同时,性别意识的现代化也并非线性发展。改革开放以来,以男性为中心的家族文化以及由此延伸而来的男尊女卑等性别观念受到了挑战,女性对自身角色和个体能力的认可均有所伸张,呈现出向平等化、现代化发展的趋势(刘爱玉、佟新,2014),但也有学者发现,性别观念的变化并非随经济的发展和收入的提高同步发展,近年来女性对传统性别角色和性别不平等观念的认同甚至有所回归(许琪,2016;贾云竹、马冬玲,2015;徐安琪,2010)。家务劳动分配的变动状况整体上则相对稳定。有研究显示,2010年女性从事家务劳动的绝对时间相对于1990年明显减少,由220分钟降低到106分钟,表现出具有现代化走向的一面,但同1990、2000年一样,女性平均家务劳动时间大体都是男性的1.2倍(刘爱玉、佟新、付伟,2015),"女主内"的格局依然维持。

3. 研究内容与基本思路

综上可见,在1990—2010年间的宏观社会变革中,男女相对资源地位、性

---

[1] 人民网,2013,《教育部:高校女生人数连续四年超过男生》,11月8日,参见:http://politics.people.com.cn/n/2013/1108/c70731-23472525.html,获取日期:2020年4月20日。

[2] UNDP, 2015, Asia and the Pacific Human Development Report 2010: Power, Voices and Rights, November 21th., 参见:http://www.undp.org/content/undp/en/home/librarypage/hdr/asia_and_the_pacifichumandevelopmentreport2010/,获取日期:2020年4月20日。

别平等意识、家务分工这些夫妻权力模式的微观影响因素自身也表现出同渐进转型一样的复杂变化,体现着传统力量、现代化力量的交织碰撞。那么,这些底层因素的变动怎样共同形塑或重构中国夫妻权力模式,中国夫妻权力模式 20 年间的变动态势又究竟如何? 借鉴既有研究理论和分析框架,本文重点引入时间维度,纵向考察夫妻权力模式及其影响机制在时代脉络中的变迁。具体将完成以下两方面的实证分析和结果讨论:(1) 基于家庭重要事务决策权和日常事务决定的权力结构划分,考察夫妻双方决策权力分配在 1990—2010 年间的变化状况。也即,家庭重要事务和日常事务决策方面,夫权、平权、妻权模式的分布是否存在变化? 两大不同权力维度各自的变化趋势同步抑或有差? 学者们认为,拥有家庭重大事务决策权更能代表对家庭资源的控制和在家庭中的权威地位(陶春芳、蒋永萍,1993),因而两大权力维度的区分与对比分析更有利于洞察夫妻权力模式的实际状况;(2) 考察夫妻权力模式影响机制在 1990—2010 年间的变化。也即,就家庭重要事务决策权和日常事务决策权而言,各自有哪些因素的作用在加强,又有哪些在消减,抑或持续不变? 二者是否呈现共同的机制变化趋势抑或有着不同走向? 对相对资源、性别意识、劳务分工的考察分别对应资源交换、文化规范、集体合作逻辑的检验,有利于呈现中国家庭夫妻权力模式形成中不同理论逻辑和现实因素的交织变化。

三、 数据与变量

(一) 数据来源

本研究所用数据为 1990 年、2000 年、2010 年第一、二、三期中国妇女社会地位调查数据。该数据来自全国妇联和国家统计局分别在 1990 年、2000 年、2010 年组织的全国规模调查,旨在动态反映 1990 年以来中国性别平等与妇女发展的状况、取得的进展及存在的问题,是分析影响妇女地位变化的因素和机制,探究社会结构变迁与妇女地位变迁的关系的历时性权威数据。以年龄在 18 岁至 65 岁之间的已婚男女两性为分析对象,三期数据可供分析的样本分别为 18 841、16 107、21 258 个,剔除在夫妻权力、教育、收入、家务分工、性别意识等核心及相关变量上的"不适用""不回答"或缺失个案[1]，三期分析数据最终计入模型的有效样本分别为 16 656、13 501、20 881 个。

(二) 变量描述

1. 因变量

本研究关注婚姻家庭中的夫妻权力模式。关于其测量，有使用"谁拥有家庭实权"或"谁当家"这一主观概括性指标的，也有选择一些具体的决策项目，如家庭重大事务、子女事务决定权、家庭日常经济支配和劳动分工决定权等作为测量的主要指标(徐安琪，2005)。本文采用决策项目的测量。使用概括性的单一指标虽简洁概括，但不利于进一步区分权力的结构，比如，是家庭重大事务决策权还是日常事务决策权。实际上，不同权力维度的理论意义大不相同，多数学者认为拥有更多家庭重大事务决定权意味着对家庭资源的控制和在家庭中的权威地位(陶春芳、蒋永萍，1993)。同时，基于过于概括性的单一指标进行测量，不同被访者理解更容易出现偏差。

因此，基于三年数据共有的题目，本文在家庭重大事务决定权与家庭日常事务决定权两大维度上分别区分出夫权、平权、妻权模式。测量夫妻权力的题目在 1990 年的第一期数据中为"您家下列事务是由谁来决定/参与的?"，在 2000 年第二期数据与 2010 年第三期数据中为"在下列家庭事务的决定上，你们夫妻通常以谁的意见为主?"。题目表述略有差异，但实质都是在询问家庭事务决策权的分配状况。在量表选项上，我们选择了三期共有的六个家庭事务决定权分配指标来分别测量重大事务决策权和日常事务决策权。根据陶春芳、李静雅等人的理论界定，同时结合因子分析结果[2]，家庭重大事务决策权包括决定从事何种生产、买房/盖房、购买高档商品/大型器具、投资/贷款四项指标，剩余两项指标，决定家庭日常开支/经济分配、孩子的升学/择业两项则归类为家庭日常事务决策权(李静雅，2013；陶春芳，1994)。以家庭重大事务决策权为例，我们比较答案为丈夫为主或妻子为主的指标个数，四项指标中，当丈夫为主的指标个数多于妻子为主，即为夫权模式，反之为妻权模式，当二者个数相当，则视为夫妻共同决定的平权模式，从而生成家庭重大事务决策权的

---

① 对被删除的个案，统一编码为"1"，有效个案为"0"，同基本人口特征变量和主要自变量进行逻辑回归，结果显示被删除个案不受主要变量影响，即不存在系统性缺失。

② 囿于篇幅，不同年份的因子分析结果未在此呈现。如有需要，可联系作者获取。

三分类模式。家庭日常事务决策权的分配模式划分与之类同。

2. 自变量与控制变量

核心自变量包括教育、收入相对资源状况,家务劳动分工状况和性别意识,以此来反映资源交换、文化规范和集体合作三大理论分析逻辑。

夫妻相对资源状况从教育、收入两方面测量。夫妻相对受教育地位是二分虚拟变量,通过妻子、丈夫的教育年限相减后编码而来,“0”代表丈夫的教育年限高于妻子,“1”代表妻子的教育年限不低于(大于或等于)丈夫。夫妻相对收入的处理方式与之相同。

夫妻劳动分工的影响反映家务劳动分配究竟是否如集体合作逻辑所言,是女性获取家庭权力的策略。为此,基于三期数据被访者主观汇报的二者承担日常生活照料或家庭劳动的状况,我们保持原选项的三分设计,形成了一个取值为 0—2 的类别变量。其中,“0”代表妻子承担较少,“1”代表夫妻承担差不多,“2”代表妻子承担更多。

性别意识根据三期数据中性别意识量表相关题目进一步编码而来。第一期问卷中,对于性别意识偏向男权的题目,如“男人以社会为主,女人以家庭为主”“男性天生比女性强”等,我们将“非常同意”赋值为 1,“同意”赋值为 2,“无所谓”赋值为 3,“不一定”赋值为 4,“不同意”赋值为 5;对于偏向女权的题目如“让您的孩子随母亲的姓”,我们用男权观念题目的相反逻辑顺序赋值。第二、三期问卷中的赋值方式与此一致。由于第一期与第二、三期问卷性别观念量表中的题目略有不同,我们分别对每一年份的所有题目进行赋值、加总,然后除以各年份各自题目数量,得到每个年份标准化后取值为 1—5 的性别意识得分。

同时,模型控制婚龄、家庭中孩子数量、与父代的同住状况(父母或公婆、岳父母)、家庭总收入、夫妻互动状况、城乡类型以及地区类型这些相关变量。婚龄是为了控制不同婚姻家庭生命历程的影响。数据中,最长婚龄为 46 年,最短为 0 年,也即调查当年进入婚姻。家庭中孩子数量是一个取值 0—10 的连续变量。有研究指出,孩子越多越不利于女性自身地位的获取(刘启明,1994)。与父代的同住状况可以控制家长(父代)权威和偏好的影响。代际同居的情况下,夫妻的决策模式可能会受到父代的影响,尤其是与自己的父母同住还是与配偶的父母(公婆、岳父母)同住,是两种截然不同的情境。但囿于数据限制,研究无法有效区分与父代同住的不同模式,最终划分为“与父代同住”“夫妻单独居住"两大类，从总体上控制住代际因素的影响。家庭总收入为夫妻双方年收入的合计，夫妻互动状况则根据是否会和配偶讨论问题或烦心事区分为"是""否"两类。城乡、地区变量是为了控制住结构性因素，城乡为二分类变量，地区变量则划分为"东""中""西"三类。

四、 实证分析结果

（一）夫妻权力模式的时代变迁

表 1 首先呈现了夫妻权力模式在 1990—2010 年间的变动趋势。由表 1 数据可知，家庭重大事务决定权上，丈夫决定和妻子决定的比例均稳中有降，但丈夫决定的比例持续更高。共同决定的比例在 2000 年基本未变，而在 2010 年上升了近 10%。与之不同的是家庭日常事务决定权，丈夫决定、共同决定的比例均下降，而妻子决定的比例大幅上升，从 1990 年的 17.4%，上升至 2000 年的 38.7%，再到 2010 年的 44.8%。相关分析结果的卡方检验均在 0.001 的水平上统计显著。

因此，总的来说：（1）家庭重大事务决策权的分配在 1990—2010 年间表现出"变"与"不变"共存的两面性：一方面，1990 年以夫权、平权为主，二者平分秋色的分配模式向 2010 年以夫妻共同决定为主的平权模式转换；另一方面，夫权家庭相对妻权家庭比例更大的显著相对优势仍有存在，表现出夫权的维续。（2）家庭日常事务决定权分配则表现出不同变化趋势，在 1990—2010 年间，夫妻共同决定为主导下的夫权略胜妻权模式向妻权、平权为主但妻权更胜的方向发展。概言之，1990—2010 年间，家庭重大事务决定权向平权为主的方向过渡，夫权维续不再。而家庭日常事务决定权不仅仅走向平权，甚至反转了夫权维续，向妻权为主发展。

我们同时考察了核心自变量的年际间变化。从相对资源的角度来看，妻子的相对教育状况在 20 年间得到明显改善，相对收入状况则整体上低于丈夫，且 2010 年相比 1990 年与 2000 年下降了 3 个百分点。家务劳动上，妻子承担更多的比例上升，总体来看，在 2000 年后，我国家庭的家务劳动主要由妻子承担，占比超过 70%。性别意识方面，可以看到，性别意识的变化趋势是由 1990 年、2000 年的偏女权向 2010 年的偏男权转化,时代的进步并未带来性别意识的进步。这些底层因素的变化也进一步印证了动态考察的必要性。

表 1　初步描述性统计分析

变量	1990 年	2000 年	2010 年
家庭重大事务决定权(%)			
丈夫决定	42. 29	42. 48	35. 12
共同决定	48. 24	47. 95	56. 76
妻子决定	9. 47	9. 57	8. 11
家庭日常事务决定权(%)			
丈夫决定	24. 80	19. 40	15. 17
共同决定	57. 83	41. 92	40. 05
妻子决定	17. 38	38. 68	44. 78
夫妻相对教育(%)			
妻子比丈夫低	47. 44	41. 66	38. 47
妻子不低于丈夫	52. 56	58. 34	61. 53
夫妻相对收入(%)			
妻子比丈夫低	69. 28	69. 90	72. 71
妻子不低于丈夫	30. 72	30. 10	27. 29
夫妻家务分工(%)			
妻子承担较少	31. 09	10. 07	8. 70
夫妻差不多	24. 59	15. 21	18. 74
妻子承担更多	44. 32	74. 73	72. 53
性别意识(分)	3. 21	3. 28	2. 67
样本量	16 656	13 501	20 881

注:上述不同变量间关系均进行了卡方检验或方差检验,各项检验均在 0. 001 的水平上显著。

（二）夫妻权力模式的影响机制及变迁

我们进一步以夫权家庭为参照组，分年份考察平权家庭、妻权家庭的形成机制，并探讨不同时期其形成机制的内在变迁。多项逻辑回归（mlogit）的模型分析显示，三大解释逻辑相互交织，共同作用于夫妻权力模式的形成，但其各自作用效力的时期变化存在差异，并且重大事务决定权和日常事务决定权的影响机制变迁有所不同（表2）。具体而言：

1. 相对资源的影响及变迁

家庭重大事务的决策上，妻子相对于丈夫拥有同等或更高的教育、收入地位有助于实现夫妻平权或转向妻权：（1）夫妻平权方面，1990年，控制了其他因素后，妻子的教育年限大于等于丈夫的家庭成为平权家庭而非夫权家庭的概率要比丈夫教育年限高于妻子的家庭显著高出8.1%（$\exp^{0.078}-1 \approx 0.082$，$p<0.05$）；妻子的收入不低于丈夫的家庭在重大事务上实现平权的概率也比丈夫的收入高于妻子的家庭高14.3%。在2000年、2010年，这种正向影响同样显著存在，但大小变化并不显著；[1]（2）妻权家庭的形成方面，教育、收入上妻子地位不低于丈夫的家庭与参照家庭相比，成为妻权家庭而非夫权家庭的概率也分别高出14.1%与29.2%，并且，妻子在收入上不低于丈夫的作用2000年、2010年相对于1990年持续递增。

家庭日常事务的决策上，相对资源对夫妻平权和妻权家庭的形成也有着重要的作用。以1990年为例，无论是相对教育还是相对收入，妻子有更高教育、收入地位的家庭实现夫妻平权的几率分别是参照家庭的1.4倍、1.3倍，实现妻权转向的几率也分别高出79.1%、20.9%。2000年、2010年，相对教育的这种作用仍然存在，但整体上呈减弱趋势。相对收入的作用则相对稳定，20年间无显著差异。整体上，这些分析结果和相对资源的交换逻辑表现出较高的一致性。

2. 家务分工的影响及变迁

家务分工对重大事务决策权的持续影响集中体现为夫妻共担对夫妻平权的作用，其他方面不太显著：（1）夫妻平权方面，妻子和丈夫共同承担家务的系

---

[1]　年份间的系数差异基于全交互模型进行了检验。囿于篇幅，结果不在正文中显示，如有需要可联系作者获取。

数在 1990、2000、2010 年均为正值,分别为 0.387、0.728、1.267,这表明同妻子承担更少家务劳动的家庭相比,夫妻共担家务的家庭都更可能是平权模式而非夫权模式。不同年份的系数比较进一步显示这种正向作用显著递增。不过,妻子承担更多家务在 1990 年、2000 年对平权家庭的形成则并没有显著影响,仅在 2010 年有一定的正向作用。(2)妻权模式的形成方面,夫妻共担家务或妻子承担更多家务对成为妻权家庭都几乎没有作用,仅在 1990 年,妻子承担更多家务的家庭更倾向于"妻子说了算"。

日常事务决策权方面,家务分工的影响则随时期变化在夫妻平权和成为妻权家庭上均有所增强:(1)夫妻平权方面:1990 年,夫妻共担家务的家庭夫妻平权的几率是妻子承担较少家务的家庭的 1.4 倍,2000 年、2010 年亦分别为2.8 倍、4.6 倍,显著递增。妻子承担更多家务对夫妻平权的影响虽然在 1990年不显著,但在 2000、2010 年呈现出显著的正向影响,且同样表现出递增的趋势。(2)妻权模式的形成也同平权模式的实现机制类似。1990—2010 年间,夫妻家务共担、妻子承担更多家务的系数均越来越大,且差异显著,表明越来越有利于成为妻权家庭。

总体而言,家务劳动对于提高女性日常事务权力效用明显,而对提高重大权力帮助较小。集体合作逻辑,也即"女主内"有助于其获取家庭内部权力的观点在日常事务决策权上得到更多印证。

3. 性别意识的影响及变迁

性别意识的平等化始终对女性家庭权力的提升有显著影响,但在不同年份的作用大小存在差异:(1)认可并尊重女性地位对于成为平权家庭的正向作用随时间推移略有下降:家庭重大事务方面,从 1990 年性别意识每增加一个单位平权概率增加 53.2%,减弱为 2000 年的 43.2%、2010 年的41.5%;家庭日常事务决定权方面,相应趋势为从 1990 年的增加 65.7%,下降至 2000 年的 36.3%、2010 年的 38.7%。(2)性别意识平等化对重大事务决策上成为妻权家庭的影响相对稳定,但对日常事务决策上成为妻权家庭的影响有所降低。具体而言,家庭重大事务方面,性别意识平等化的系数分别为 0.389、0.341、0.481,整体看来先降后升,但相应变化不显著;日常事务方面,性别意识平等化每增加一个单位,成为妻权制家庭的概率在 1990 年提升 67.0%,2000 年为 27.0%,2010 年为 33.0%,20 年间整体上显著下降了 34 个百分点。

表2 家庭重大事务、日常事务决策权的影响因素及变迁分析

变量	模型 a1	模型 a2	模型 a3	模型 b1	模型 b2	模型 b3
	1990	2000	2010	1990	2000	2010
	家庭重大事务 平权/夫权			家庭日常事务 平权/夫权		
夫妻相对教育(妻子<丈夫=0)						
妻子不低于丈夫	0.078* (0.035)	0.125** (0.039)	0.107*** (0.032)	0.350*** (0.040)	0.169*** (0.049)	0.180*** (0.044)
夫妻相对收入(妻子<丈夫=0)						
妻子不低于丈夫	0.134*** (0.038)	0.199*** (0.042)	0.202*** (0.036)	0.259*** (0.044)	0.169** (0.055)	0.178*** (0.050)
夫妻家务分工(妻子<丈夫=0)						
丈夫、妻子一样多	0.387*** (0.044)	0.728*** (0.079)	1.267*** (0.066)	0.340*** (0.051)	1.015*** (0.095)	1.518*** (0.081)
妻子承担更多	0.040 (0.041)	0.033 (0.064)	0.392*** (0.055)	-0.010 (0.046)	0.465*** (0.073)	0.805*** (0.065)
性别意识	0.427*** (0.027)	0.359*** (0.033)	0.347*** (0.030)	0.505*** (0.031)	0.310*** (0.041)	0.327*** (0.042)
控制变量	—	—	—	—	—	—
截距	-3.609*** (0.514)	-4.417*** (0.629)	-3.056*** (0.510)	-4.084*** (0.526)	-4.676*** (0.769)	-4.015*** (0.634)

变量	模型 a1	模型 a2	模型 a3	模型 b1	模型 b2	模型 b3
	1990	2000	2010	1990	2000	2010
	家庭重大事务			家庭日常事务		
	妻权/夫权			妻权/夫权		
夫妻相对教育（妻子<丈夫=0）						
妻子不低于丈夫	0.132* (0.059)	0.210** (0.065)	0.151** (0.058)	0.583*** (0.052)	0.360*** (0.050)	0.402*** (0.044)
夫妻相对收入（妻子<丈夫=0）						
妻子不低于丈夫	0.256*** (0.062)	0.473*** (0.067)	0.569*** (0.060)	0.190*** (0.057)	0.164** (0.056)	0.109* (0.050)
夫妻家务分工（妻子<丈夫=0）						
丈夫、妻子一样多	0.033 (0.076)	-0.140 (0.131)	-0.141 (0.113)	-0.323*** (0.070)	0.837*** (0.104)	0.979*** (0.086)
妻子承担更多	0.134* (0.066)	-0.143 (0.099)	-0.065 (0.085)	0.033 (0.058)	0.950*** (0.080)	1.311*** (0.067)
性别意识	0.389*** (0.045)	0.341*** (0.054)	0.481*** (0.052)	0.513*** (0.040)	0.255*** (0.042)	0.285*** (0.041)
控制变量	—	—	—	—	—	—
截距	-4.683*** (0.720)	-5.031*** (1.145)	-5.048*** (0.847)	-5.201*** (0.683)	-5.107*** (0.808)	-6.139*** (0.665)
样本量	16656	13501	20881	16656	13501	20881
Pseudo R²	0.073	0.051	0.052	0.065	0.036	0.053

注：控制变量包括婚龄、孩子数、与父代同住情况、夫妻互动状况、家庭总收入、城乡、地区类型。因于篇幅，在此删除，有需要可联系作者获取。
*p<0.05，**p<0.01，***p<0.001。

4. 基于三大核心因素的平权、妻权影响机制对比

图1、图2更清晰地总结了基于上述分析的核心发现：（1）如图1所示，家庭重大事务决策权方面，妻子在教育程度和收入上的"硬实力"对其获取家庭重大事务决策权至关重要，且影响持续：20年间，无论是实现平权还是更进一步获取妻权，教育、收入上同丈夫相当或高于丈夫均持续发挥正向作用。尤其是妻子收入等于或优于丈夫，对妻权获取的作用效力持续上升；（2）值得注意的是，妻子承担更多家务劳动并不必然实现重大事务决策权的成功交换，直到2010年，妻子承担更多家务也仅有助于平权的实现，而对成为妻权家庭20年间均无正向影响。换句话说，集体合作逻辑下的妻子承担更多家务时，权力并未与责任对等，该逻辑在妻权获取上并不成立；（3）女性独立、平等的性别意识对实现家庭平权、获取妻权具有持续且显著的正向作用，但对平权模式的影响呈下降趋势。

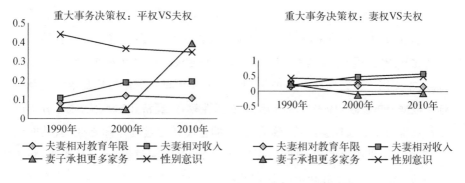

图1　重大事务决策平权、妻权模式影响机制的变化

家庭日常事务决策权的影响因素及变迁则与重大事务决策权有不同之处（图2）。这主要表现在：（1）相对教育、收入地位方面，尽管教育程度和经济收入上的优势地位对妻子获取家庭日常事务的决定权有着持续的正向影响，但其作用在20年间呈整体减弱趋势而非增强，无论是对于实现平权还是获取妻权皆如此；（2）相反，妻子更多的家务承担对实现平权和获取妻权的正向作用却持续递增；（3）女性独立、平等的性别意识的影响及其变化趋势则同重大事务决策权相似，正向作用显著存在，但都呈现持续下降的趋势。

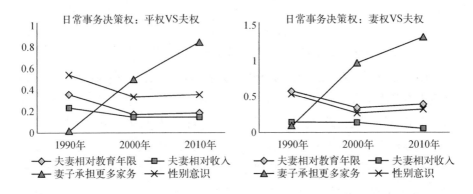

图 2 日常事务决策平权、妻权模式影响机制的变化

五、 结论与讨论

夫妻权力地位的必要博弈及平衡分配是健康婚姻秩序、和谐家庭关系的重要基础,其平权化发展亦是婚姻关系现代化的重要衡量,并嵌入在整体社会现代化转型的过程中。基于家庭重大事务决定权与日常事务决定权两大权力维度,本文探讨了夫妻权力模式在 1990—2010 年间的变化趋势及影响机制变迁。数据分析发现:1990—2010 年,男女两性教育、经济相对地位,家务分工以及性别意识在中国社会经济、政治、社会的全面转型过程中随之变动,共同形塑、重构了夫妻权力模式,其间所折射出的社会现实繁复纷杂、喜忧参半,并非单一的夫权维续或平权化可以简单概括。

夫妻权力模式本身的变化上,1990—2010 年间,夫妻权力地位关系整体表现出女性家庭权力地位有所上升、夫妻权力地位关系渐进式平权化的现代转向:无论是重大事务还是日常事务,女性话语权增加,夫权的绝对优势有所下降,整体走向平权甚至向妻权反转。但值得注意的是,女性家庭决策权力地位改善是不平衡的:妻子在重大事务决策权方面的权力地位改善明显弱于、滞后于日常事务决策权。相对于日常事务决策权模式的平权、妻权走向,重大事务决策权的主要模式是平权、夫权。如果说拥有家庭重大事务决定权更多意味着对家庭资源的控制和在家庭中的权威地位,意味着更多的话语权,那么当前夫妻权力模式的改变依然是既有边缘性权力的释放,核心权力的占据上,男性依然相对女性更具优势。

夫妻权力模式影响机制的变化上,相对资源、家务分工与性别意识各因素的作用也呈现出各异的变化趋势,反映了不同理论逻辑的交织、博弈。一方面,相对资源所代表的社会交换逻辑的作用及变化轨迹体现了夫妻权力模式理性化转向的一面;但另一方面,从家务分工、性别意识所表征的传统性别分工与文化规范的复杂作用中也依然可以窥见性别不平等的逻辑。

具体而言,得益于中国社会经济、文化等方面的全方位改革,一部分家庭中女性的教育、经济地位不再落后于配偶。她们的硬实力,尤其是经济优势,发挥了资源交换的作用,推动夫妻权力模式由夫权主导走向平权主导,甚至助推其向妻权主导转变。并且,随着年代的推移,其作用效力日渐增加。这种变化内在反映出女性的文化、经济地位在家庭内部得到了尊重和认可,外部资源转化为内部权力,女性不再是湮没在家庭中的配角,个体独立地位逐渐得以彰显。换句话说,传统家族主义下男性绝对权威有所退却,个体理性因素得到张扬和表达。不过,家务分工对女性日常事务决策权获取的重要影响引发区别于现代理性转向的争议性思考。数据分析显示,妻子的家务贡献得到认可,并越来越能够在日常事务的决策上为女性增权,集体合作的逻辑得以证明,家庭内部实现双赢:一方面,男性主动让权,"男主外"的性别表演使得其乐于放弃日常"小"权力,对男性既有地位并无威胁与影响;另一方面,"女主内"也同样符合性别期待,并能够在承担家庭责任的同时获得日常事务上话语权。但很显然,这一逻辑是对"男主外、女主内"的传统性别分工的承认和认可,并未重视这种分工所蕴藏的不平等结构。若以冲突的视角来看待,一定意义上,尽管同基于经济、教育地位进行权力竞争的交换逻辑相比,"男主外、女主内"的协商合作有其温情的一面,即实现了责权对等的权力分配,但却是以女性囿于家庭内部的牺牲与付出为代价的。这种基于分工的责权对等意味着女性向传统性别角色的回归与传统性别分工的固化,不利于其外部劳动力市场地位的进一步提升以及家庭内部更大权力的获取——在外工作和在家劳务,始终是女性面对的现实角色矛盾。值得特别注意的是,妻子承担更多家务劳动对重大事务决定权的争取作用有限,并不能成为成功获取该方面权力优势的协商谈判资源,其作用的发挥更多局限在获取日常事务决策权这种边缘性权力。因而,家务劳动的作用能在多大程度上促进女性权力地位的提升值得进一步思考。

同时,性别观念对家庭平权、妻权获取的正向影响有所降低。这意味着,性别意识现代化提升转化为实践层面上的权力获取动机或权力获取行动的效力在降低。对这一现状的解读需要从客观层面的男女两性的市场参与、性别意识自身的发展变化中寻找。在现实层面,前文数据以及学者们发现,1990—2010 年间女性对家庭的经济贡献在下降,对配偶经济的依赖则在上升(刘爱玉,2019),这意味着其相对地位并未出现较大的改善,甚至有所降低。这种硬实力的提升的停滞可能会削减性别观念现代化的作用。换言之,尽管以性别观念现代化为代表的文化规范烙印弱化本身是女性社会地位提升和家庭权力争取的重要前导因素,但其效果也有赖男女两性的地位与实力的相对均衡这一条件。在女性整体上仍弱于男性,男性仍优于女性的趋势再次回归的情况下,性别观念的正向作用会受到限制。这一发现同既往研究发现的性别意识回潮叠加一处,需要更深刻的反思和警惕。

综上,相对于西方社会,中国社会夫妻权力地位的变化相对渐进也更加复杂。如前所述,西方女性家庭决策权的提升是二战后女性快速、普遍进入劳动力市场,家庭经济地位迅速提升的现实反映,加之以美国社会为代表的民主化浪潮的催化,集中于 20 世纪五六十年代爆发并持续发展。因此,其过程是迅速和激烈的,内在逻辑也更加凸显女性基于经济资源在家庭内部展开权力交换。与之有别,中国社会夫妻权力地位的变化则是随着渐进改革的推进,在传统的家族主义和男权文化中慢慢发生的,现代、传统因素交织、碰撞。相对资源地位所代表的资源决定逻辑在这一过程中慢慢呈现,男权思想、父权主义对平权转向的影响亦不容忽视,独特的家族主义下的集体合作这种"共赢"逻辑也是中国研究应多加关注的特殊分析视角。与此同时,相对于西方社会某一国家内部的变化的整体性,中国夫妻权力模式转向过程的异质性也值得注意。比如户籍分割基础上的城乡差异,地区社会经济发展不平衡带来的地区差异,等等。囿于现有分析的聚焦点和篇幅,这些异质性的考察并未详细展开,但控制变量的分析结果显示其客观存在,这将是研究日后进一步推进的方向。同时,由于数据的客观限制,诸如子女年龄(尤其是是否有未成年子女)这类家庭内部状况相关的控制变量无法纳入实证分析,夫妻关系可能存在其他隐性或潜在权力规则,有待发展出更为丰富的测量指标或是通过质性研究进行深化。

参考文献

费孝通,1998,《乡土中国生育制度》,北京:北京大学出版社。

弗里曼等,2002,《中国乡村,社会主义国家》,陶鹤山译,北京:社会科学文献出版社。

古德,威廉,1986,《家庭》,魏章玲译,北京:社会科学文献出版社。

贾云竹、马冬玲,2015,《性别观念变迁的多视角考量:以"男主外,女主内"为例》,《妇女研究论丛》第 3 期,第 29—36 页。

李建新、郭牧琦,2015,《相对资源理论与夫妻权力关系的阶层差异分析——基于第三期中国妇女社会地位调查数据》,《妇女研究论丛》第 6 期,第 17—23 页。

李静雅,2013,《夫妻权力的影响因素分析——以福建省妇女地位调查数据为例》,《妇女研究论丛》第 5 期,第 19—26 页。

刘爱玉、佟新、付伟,2015,《双薪家庭的家务性别分工:经济依赖、性别观念或情感表达》,《社会》第 2 期,第 109—136 页。

刘爱玉、佟新,2014,《性别观念现状及其影响因素——基于第三期全国妇女地位调查》,《中国社会科学》第 2 期,第 116—129 页。

刘爱玉,2019,《男人养家观念的变迁:1990—2010》,《妇女研究论丛》第 3 期,第 42—53 页。

刘启明,1994,《中国妇女家庭地位研究的理论框架及指标建构》,《中国人口科学》第 6 期,第 1—9 页。

卿石松,2017,《性别角色观念、家庭责任与劳动参与模式研究》,《社会科学》第 11 期,第 91—100 页。

沈崇麟、杨善华,2000,《城乡家庭:市场经济与非农化背景下的变迁》,杭州:浙江人民出版社。

沈崇麟,2009,《变迁中的城乡家庭》,重庆:重庆大学出版社。

陶春芳、蒋永萍主编,1993,《中国妇女社会地位概观》,北京:中国妇女出版社。

陶春芳,1994,《中国妇女社会地位概观》,《南方人口》第 2 期,第 31—36 页。

王金玲,2009,《家庭权力的性别格局:不平等还是多维度网状分布?》,《华中科技大学学报》(社会科学版)第 2 期,第 62—68 页。

吴帆,2014,《相对资源禀赋结构中的女性社会地位与家庭地位——基于第三期中国妇女地位调查数据的分析》,《学术研究》第 1 期,第 42—49 页。

徐安琪、刘汶蓉,2003,《家务分配及其公平性——上海市的经验研究》,《中国人口科学》第 3 期,第 45—51 页。

徐安琪,2005,《夫妻权力和妇女家庭地位的评价指标:反思与检讨》,《社会学研究》第 4 期,第 134—152 页。

——,2010,《家庭性别角色态度:刻板化倾向的经验分析》,《妇女研究论丛》第 2

期,第 18—28 页。

——,2011,《亲密伴侣权力及其对性别平等感的影响机制探讨》,2011 年中国社会
学年会"性别研究方法论探析"论坛,中国江西南昌。

许琪,2016,《中国人性别观念的变迁趋势、来源和异质性——以"男主外,女主内"
和"干得好不如嫁得好"两个指标为例》,《妇女研究论丛》第 3 期,第 33—
43 页。

阎云翔,2006,《私人生活的变革:一个中国村庄里的爱情、家庭与亲密关系》,上海:
上海书店出版社。

杨菊华、李红娟、朱格,2014,《近 20 年中国人性别观念的变动趋势与特点分析》,
《妇女研究论丛》第 6 期,第 28—36 页。

杨菊华,2014,《传续与策略:1990—2010 年中国家务分工的性别差异》,《学术研究》
第 2 期,第 31—41 页。

於嘉,2014,《性别观念、现代化与女性的家务劳动时间》,《社会》第 2 期,第 166—
192 页。

郑丹丹、杨善华,2003,《夫妻关系"定势"与权力策略》,《社会学研究》第 4 期,第
96—105 页。

郑丹丹,2013,《家务劳动社会化促进两性平等》,《中国社会科学报》3 月 1 日
A08 版。

左际平,2002,《从多元视角分析中国城市的夫妻不平等》,《妇女研究论丛》第 1 期,
第 12—17 页。

Becker, Gary S. 1983. "A Treatise on The Family." *Family Process*, 22(1): 127.

Blood, Robert O., & Wolfe Donald M. 1960. *Husbands and Wives*. Glencoe, Illinois:
The Free Press.

Gillespie, D. L. 1971. "Who Has the Power? The Marital Struggle." *Journal of
Marriage & Family*, 33(3): 445-458.

Godwin, Deborah D., & Scanzoni John. 1989. "Couple Consensus during Marital Joint
Decision-Making: A Context, Process, Outcome Model." *Journal of Marriage &
Family*, 51(4): 943-956.

Heer, David M. 1963. "The Measurement and Bases of Family Power: An Overview."
Marriage & Family Living, 25(2): 133-139.

Hill, Wayne, & Scanzoni John. 1982. "An Approach for Assessing Marital Decision-
Making Processes." *Journal of Marriage & Family*, 44(4): 927-941.

Komter, Aafke. 1989. "Hidden Power in Marriage." *Gender & Society*, 3(2): 187-216.

Kulik, Liat. 1999. "Marital Power Relations, Resources and Gender Role Ideology: A Multivariate Model for Assessing Effects. " *Journal of Comparative Family Studies*, 30(2): 189-206.

Mcdonald, Gerald W. 1977. "Parental Identification by the Adolescent: A Social Power Approach. " *Journal of Marriage & Family*, 39(4): 705-719.

Oropesa, R. S. 1997. "Development and Marital Power in Mexico. " *Social Forces*, (4): 1291-1318.

Rank, Mark R. 1982. "Determinants of Conjugal Influence in Wives' Employment Decision Making. " *Journal of Marriage & Family*, 44(3): 591-604.

Rodman, Hyman. 1967. "Marital Power in France, Greece, Yugoslavia, and the United States: A Cross-National Discussion. " *Journal of Marriage & Family*, 29 (2): 320-324.

Rothschild, Safilios. 1970. "The Study of Family Power Structure: A Review 1960-1969. " *Journal of Marriage & Family*, 32(4): 539-552.

Treas, Judis, & Tai Tsui O. 2012. "How Couples Manage the Household: Work and Power in Cross-National Perspective. " *Journal of Family Issues*, 33(8): 1088-1116.

Tichenor, Veronica J. 1999. "Status and Income as Gendered Resources: The Case of Marital Power. " *Journal of Marriage & Family*, 61(3): 638-650.

Zuo, Jiping, & BianYanjie. 2001. "Gendered Resources, Division of Housework, and Perceived Fairness-A Case in Urban China. " *Journal of Marriage & Family*, 63(4): 1122-1133.

——. 2005. "Beyond resources and patriarchy: Marital construction of family decision-making power in post-Mao urban China. " *Journal of Comparative Family Studies*, 36(4): 601-622.

国家法对亲密关系的介入方式及限度探析

——以艾滋病感染者对性伴及配偶的告知义务为中心

段知壮[*]

摘要：艾滋病感染者究竟是否需要向性伴以及配偶履行告知义务曾在立法层面引起了极广泛的讨论。此外随着"鸡尾酒疗法"等医学上的重大进展，诸如使用保护措施（安全套）、病毒载量等因素在一定程度上将性接触与艾滋病病毒传播进行了有限隔离。且随着告知义务的履行，艾滋病感染者虽然并没有在法律意义上面临直接的权利受损，但在事实层面却不得不面对一种权利实现之可能性的降低。法律上这种告知义务的设定是国家法是否能对亲密关系进行一种预防性介入以及如何施加实质干涉的矛盾体现，身处亲密关系中的法律主体无疑不能脱离权利义务的覆盖而"完全自治"，但问题是法律似乎也并不能基于一种道德意义上的证成而进行某种法律义务的设定。

关键词：艾滋病　告知义务　亲密关系

一、 引言

四川省凉山彝族自治州的沙某与刘某（女）系自由恋爱，于 2014 年 10 月 1 日订婚，2015 年 2 月 18 日按农村风俗习惯举办婚礼，后一起在上海打工并在沙某家共同生活，但未办理结婚登记手续。2015 年 4 月 22 日，沙某与刘某到凉山州疾控中心做婚检时，发现刘某疑似艾滋病感染者，2015 年 10 月底刘某被确证为艾滋病感染者。2016 年 3 月 28 日，刘某在盐源县人民医院住院将 5 个月的胎儿引产，并于 2016 年 4 月 1 日出院。刘某出院后，沙某将其送至刘某

---

* 段知壮，浙江师范大学行知学院副教授，硕士研究生导师（b97@qq.com）。

父母家中。后双方因婚约财产发生纠纷诉至法院。

　　一审法院在裁判中认为,沙某与刘某虽未经结婚登记,但按夫妻名义共同生活两年之久,同居生活时间不短,因刘某患有艾滋病,无法办理结婚登记手续,后刘某又怀孕引产,双方系真心实意在一起生活,但因客观原因造成无法共同生活。因此沙某要求返还彩礼的请求符合相关法律规定。此外,在二审期间根据上诉人刘某的书面申请,二审法院到德昌县疾控中心对沙某是否患有艾滋病进行了调查,德昌县疾控中心出具了书面证明表示无沙某感染的相关信息。最终法院裁判刘某与沙某未能办理结婚登记是因为发现刘某为艾滋病感染者导致,并非沙某过错原因造成,因此按规定刘某应当返还沙某彩礼。①

　　因为传染途径的特殊性,艾滋病感染者的性行为、婚姻以及生育问题曾引起立法层面的广泛讨论,并且相关规定随着艾滋病治疗方式的发展也出现了明显的转变。但现实生活中在艾滋病感染者对性伴侣以及配偶的告知义务、国家公权力对此问题的干预程度方面仍然有着许多的实践差异与困境。以上这一代表性案例就凸显了几个非常重要的问题:首先,感染艾滋病病毒(以下简称 HIV)是否会成为阻碍缔结婚姻的现实要件? 或者说基于发现 HIV 感染事实而导致的婚姻意向终止究竟是感染方的过错还是双方基于综合因素的自由决定? 其次,性伴侣与配偶两个概念之间并不完全对等,那么基于 HIV 传播风险的具体法律规制如何看待非婚性行为与"无性婚姻"等边缘问题? 最后,艾滋病感染者对性伴侣及配偶的告知义务是否需要公权力的强制干涉? 即便在法律层面相应机关具备了主动干预的权力,但是在非婚性行为的私密性面前这种权力的行使究竟是一种"应该"还是"可以"? 且在婚姻家庭关系内部这种告知行为的产生是否会对感染者的私人生活造成非规则性的负面影响? 正是因为以上种种问题的复杂性,目前该问题的司法实践结果差异极大,甚至在不同地区的地方性立法当中本身就存在着诸多的矛盾与悖反。因此,如何在艾滋病医疗已经取得巨大进步的今天重新评估乃至设置在婚姻家庭领域内的艾滋病信息处理规定就尤为重要。

　　面对以上的问题,笔者试图引入一个社会学概念即"亲密关系"作为分析基础,但如何对亲密关系做出准确的定义似乎是一个非常困难的问题,尽管很多学者都强调亲密关系包含着了解程度、关心程度、相互依赖性、相互一致性、信任度以及忠诚度,但大多数人也同时承认这六个因素未必全部出现在亲密

―――――――――
① 四川省凉山彝族自治州中级人民法院(2017)川 34 民终 308 号。

关系中,任何一个要素都可以单独出现于亲密关系之中(米勒、珀尔曼,2011:3—4)。与此同时,学界基本上认同配偶或伴侣经常是亲密关系中最为重要的指向对象,且亲密感的建立包括了精神层面以及性的需求,且身体上的亲密可能有助于发展和建立稳定的亲密关系与情感(Norman, Kennedy & Parish, 1998)。这也就意味着当我们基于 HIV 的性传播途径而在法律规制层面对性伴侣以及配偶设定告知义务时,作为一种亲密关系,其中的情感等因素也必须纳入立法的视角。如吉登斯在对亲密关系进行阐述时首先强调了亲密关系对权力因素的排斥,其认为作为亲密关系基础的“纯粹关系”剔除了权力的控制性因素,使双方在性和感情方面处在平等的位置,双方都获得了一种自治能力(吉登斯,2001:6—7)。这种分析路径强调“情感”或“真情”构成了亲密关系核心内容,只要情感的交融能达到亲密的程度(即便没有亲缘关系)就可以称作为“亲密关系”,因此“亲密关系”是一种“情感”上的亲密,而不是“利益”上的亲密(韩长安,2005:7)。当然,吉登斯在具体的论述中又表示权力因素对亲密关系的介入并非全然是负面的,如在一项对女同性恋者长期性关系的研究中就有研究者称“一种没有规则的反常关系是很难维持的”(吉登斯,2001:176—177)。虽然这里所谓的权力因素并不能完全等同于法律意义上的公权力,但其中无疑隐含着国家法作为一种背景规则对关系所能起到的某种保障与维系作用。

本研究以笔者于 Z 省 J 市艾滋病定点医院进行的田野调查为基础展开,选择以 J 市为调研依托的原因主要有以下几点:第一,Z 省 J 市在全国并非传统意义上艾滋病高流行地区,且 J 市的经济发展水平在 Z 省乃至全国属于中等。本研究中笔者更倾向于尽量避免调研对象在全国艾滋病感染者群体中的“特殊性”。第二,笔者得到了 J 市疾病预防控制中心性艾科领导及工作人员的大力支持,特别是在多方协调下,笔者得以以志愿者的身份每周两天前往 J 市艾滋病定点医院爱心门诊工作。第三,笔者的田野调查得到了 J 市“关爱家苑”组织主要负责人的巨大帮助,这种接触方式最大限度地避免了调研者与被调研者之间的沟通障碍。且在笔者收集资料的过程当中,该工作组的负责人向笔者讲述了许多艾滋病感染者的背景信息,有助于笔者能够更加全面地理解艾滋病感染者的特定行为。需要说明的是,笔者在进入田野之初即向感染者朋友们表明了自己的研究者身份,取得了当事人的同意。“志愿者”和“研究者”的双重身份为笔者提供了极佳的参与式观察与深度访谈的便利。正如项飙所言,不真正卷入对方的生活,你就只能靠自己过去的生活经验来想象着解释它。生活本来就是一个不断受干扰的过程，时刻摆出局外人、客观观察者的样子，强调"我是来研究你们的，我和你们是不一样的"，在一旁冷眼相看，恐怕更令对方紧张（项飙，2000：32）。

二、 法律视角下婚姻家庭场域中的艾滋病告知

虽然目前在实践中艾滋病感染者结婚的情况比较常见，但对于艾滋病感染者婚姻的法律效力仍然有较大争议。原《婚姻法》第七条规定："有下列情形之一的，禁止结婚：（二）患有医学上认为不应当结婚的疾病。"①《婚姻登记条例》第六条规定："办理结婚登记的当事人有下列情形之一的，婚姻登记机关不予登记：（五）患有医学上认为不应当结婚的疾病。"那么这里所谓的"不应当结婚的疾病"指什么呢？《母婴保健法》第八条规定："婚前医学检查包括对下列疾病的检查：（一）严重遗传性疾病；（二）指定传染病；（三）有关精神病。"第三十八条规定："指定传染病，是指《中华人民共和国传染病防治法》中规定的艾滋病、淋病、梅毒、麻风病以及医学上认为影响结婚和生育的其他传染病。"与此同时，该法的第九条又规定："经婚前医学检查，对患指定传染病在传染期内或者有关精神病在发病期内的，医师应当提出医学意见；准备结婚的男女双方应当暂缓结婚。"值得注意的是，随着 2003 年《婚姻登记条例》的公布施行，婚前健康检查不再作为结婚登记的前提条件，中国的婚检制度从强制走向自愿。此外，于 2006 年颁布施行的《艾滋病防治条例》第三条明确规定："任何单位和个人不得歧视艾滋病病毒感染者、艾滋病病人及其家属。艾滋病病毒感染者、艾滋病病人及其家属享有的婚姻、就业、就医、入学等合法权益受法律保护。"但在一些地方性的法律规定当中依然存在着对婚前艾滋病检测的强制性规定，如《云南省艾滋病防治条例》第二十三条规定："艾滋病流行严重地区的居民，婚前应当进行免费艾滋病筛查检测，接受医学咨询服务。"也就是说，在艾滋病感染者的结婚问题上，虽然目前采取了原则上不再强制婚检以及应当保障艾滋病感染者婚姻缔结的合法权利之规定，但不同法律规范之间的冲突并没有明确的定论。

从《艾滋病防治条例》第三十八条之规定来看，"艾滋病病毒感染者和艾滋

---

① 2020 年 5 月 28 日通过的《民法典》删除了这一禁止性规定。

病病人应当履行下列义务:(二)将感染或者发病的事实及时告知与其有性关系者"。一些省份的相关规定则将此处的"有性关系者"扩展界定为包含婚姻对象的配偶,如《江苏省艾滋病防治条例》第三十一条规定:"艾滋病病人及病毒感染者登记结婚,应当在登记前向对方说明患病或者感染的事实;告知后双方同意申请结婚登记的,应当到医疗保健机构接受医学指导。"但接下来的问题是,如果艾滋病感染者未履行告知义务,那么在缔结婚姻后婚姻效力如何认定? 这里又可以分为两种情况,一种是艾滋病感染者在缔结婚姻时已经知晓自己的感染事实而未告知,有论者认为对于此种行为应当借鉴《合同法》的规定,只要此种行为没有损害国家利益,应当将其规定为可撤销的民事行为,是否撤销由受欺诈方自主决定(于定明,2007:350)。此类观点也直接体现在了《民法典》第一千零五十三条中,"一方患有重大疾病的,应当在结婚登记前如实告知另一方;不如实告知的,另一方可以向人民法院请求撤销婚姻。请求撤销婚姻的,应当自知道或者应当知道撤销事由之日起一年内提出",但该条款的溯及力问题尚有较大的讨论空间。另外一种情况则是艾滋病感染者婚姻缔结时并不知晓或无法证明其知晓自己的感染事实,那么已经缔结的婚姻关系之效力该如何认定。通过前引的《艾滋病防治条例》可以得知艾滋病感染者的婚姻权受法律保护,那么法院如果认定婚姻无效就缺乏合理性依据,但因相应法律规定仍没有被明确废除,因此在具体的司法案例当中也确实存在。①

可以看到,在目前的法律体系下,对艾滋病感染者的婚姻权问题各个法律规范之间并没有完全一致,而在实践当中则存在着更为复杂的问题。从告知时间来看,一般应为婚姻登记机关办理结婚证之前,但由于艾滋病较长的潜伏期,如果艾滋病感染者在缔结婚姻时对自己是否感染艾滋病并不知情又如何履行告知义务? 以及如果是在婚后确诊感染但此时与配偶已再无性行为,那么艾滋病感染者又是否应当履行告知义务? 如在缔结婚姻之后一方才感染了HIV 或知晓了自己感染 HIV 的事实,那么此时又会存在两种可能的发生,一种是艾滋病感染者为了"维系婚姻"而拒绝履行告知义务,此时相关机构是否有主动介入的权力,以及当婚姻相对方通过其他途径得知了对方的感染事实后是否可以以其未尽到告知义务而申请离婚? 在一份基于此情况而发生的离婚纠纷判决中法院称"原告张某与被告秦某自由恋爱,未婚同居并怀孕,后自愿结婚并生育一子,有一定的感情基础。被告秦某婚后经检查感染 HIV 后,为维

---

① 浙江省杭州市萧山区人民法院(2014)杭萧义民初字第 828 号。

持婚姻向原告隐瞒病情并坚持生育小孩,所幸小孩未感染。被告的行为虽存在过错,但目的是维持自己的婚姻,根据现状不应对艾滋病毒感染者采取歧视的态度,原告作为其丈夫理应给予其更大的谅解和关爱,为了社会稳定,家庭的和谐,小孩的健康成长,不准许原被告离婚为宜"①。另外一种情况则是艾滋病感染者主动告知了配偶,此时的婚姻关系除了会受到夫妻双方的自我意志决定影响之外,是否还会受到法律的干涉? 同样在一份离婚纠纷的民事判决中,法院认为"因该类传染病影响结婚和生育,原被告双方不宜共同生活。故对原告李某要求离婚的诉讼请求予以支持。关于被告田某认为虽然其患有艾滋病,但因原告表示接纳而不同意离婚的抗辩意见,因缺乏法律依据和事实依据,不予采纳"②。通过以上两个案件可以看到,有时艾滋病感染者未尽到对配偶的告知义务并不必然导致婚姻效力的变化,而有时进行了告知反而会影响婚姻关系。从婚姻法的原则来看,法院似乎不应以感染 HIV 为由对婚姻的自主权进行实质干涉,但反过来说法院同样也并不能对一方因得知对方感染 HIV 而做出的关于婚姻存续之意思表达进行阻碍。这就涉及当艾滋病感染者对配偶履行了告知义务后,即便法院不对其婚姻效力进行实质干预,其仍然会承担一种基于自由意志决定的可能性"不利后果":

> 我是今年发病才知道自己感染的,到底啥时候跟谁染上的根本不知道。三年前结婚的时候我自己都不知道怎么告诉她,况且我们一直没打算要孩子,她也没感染上啊。现在我生病住院了也瞒不住了,她就要跟我离婚……当时结婚的时候都是我家出的钱,房子是我爸妈卖了自己的一套房来给我们买的,婚礼的钱也都是我家出的,还给了她家十万块钱的彩礼……现在她说我骗她,要离婚,不但不还当时的彩礼钱,连房子和车她也要分,我怎么可能同意。③

正如许多人对婚姻的感慨,"结婚不光是两个人之间的事,其实是两个家庭的事",联姻的不仅仅是夫妻双方,同时也是父母双方和整个家族——亲属关系,它包含了双方的政治、经济和文化系统。对配偶的告知义务背后往往还涉及配偶转告第三人的问题,这种转告一般并非通过正式渠道进行,但囿于个

---

① 湖南省永州市冷水滩区人民法院(2015)永冷民初字第 2896 号。
② 四川省成都市武侯区人民法院(2014)武侯区初字第 1314 号。
③ 访谈 6,艾滋病感染者木头,2018 年 11 月 24 日。

人生活范围的集中化特征,这种亲友间的"转达"往往对感染者影响更大。也就是说,在隐私权与知晓权的博弈当中有这样一个悖论:现实中关系越紧密的生活圈越容易触发艾滋病感染者的潜在"暴露风险",正因为这种人际关系范围的"不可逃脱性"使得当事人极力避免暴露可能的产生。越是工作环境稳定、人际范围固定或者说社会资源相对较丰富的艾滋病感染者,对疾病信息暴露的恐惧越发强烈;相反工作环境相对松散、生活范围变化性大或者是在一些偶然性、随机性的交往中艾滋病感染者对个人信息的保密倾向则相对没有那么强烈。而这种矛盾在艾滋病隐私问题的法律实践角度又似乎格外吊诡,现代社会中以法律作为社会秩序基础的一个大前提就是个体人是相互独立的,即便是以亲权为代表的人身权也是以法律主体这一个体之权利义务为出发点而展开。换言之,如果是在一个由陌生人,或者说理想中相互独立的个体组成的社会里,那么艾滋病感染者的告知义务规定几乎不容指摘。但问题就出在现实社会并不纯然地以法律中所设想的独立个体人组成,除了权利义务关系外,社会主体之间还存在着许多法律无法进行绝对规制的相关性联系,而这种联系还极有可能反过来对主体在法律上的权利义务进行变相的影响:

> 我们结婚好多年了……感情还行吧,没什么大矛盾……好多年没那个(性生活)了……我可能是三四年前感染的,我在外面工作应酬多,尤其是陪客户怎么不得叫几个小姐啊。感染了我也就告诉她了,没瞒着她。而且我们也不那个(性生活),我问医生了,说稍微注意点肯定不会传给她们娘俩的。她呀,就是管不住自己的嘴,我们离婚这事主要也是因为她自己。她自己没那么想离,可是她家里不干啊,她说完之后她们全家都劝她跟我离,现在弄得家里人都知道了,好多以前的亲戚都不走动了。①

特别需要提及的是,这种告知行为的做出不仅会在个人生活领域内产生种种法律无法明确规制的"不利后果",即便是在法律规定上也存在着因告知而产生的负面效果之可能。如按照《最高人民法院关于人民法院审理离婚案件处理子女抚养问题的若干具体意见》之规定,"两周岁以下的子女,一般随母方生活。母方有下列情形之一的,可随父方生活:(1)患有久治不愈的传染性疾病或其他严重疾病,子女不宜与其共同生活的……对两周岁以上未成年的子女,父方和母方均要求随其生

---

① 访谈 12,艾滋病感染者随风,2018 年 12 月 6 日。

活,一方有下列情形之一的,可予优先考虑:……(4)子女随其生活,对子女成长有利,而另一方患有久治不愈的传染性疾病或其他严重疾病,或者有其他不利于子女身心健康的情形,不宜与子女共同生活的",在艾滋病感染者的离婚纠纷案中也通常适用以上规定进行裁判。[①] 这里即涉及如果当事人没有履行告知义务,那么这一规定在举证层面几乎不可能达成,也就是说当艾滋病感染者对配偶履行了告知义务后,其会随之增添法律内外多重的隐形"不利后果"。以笔者在调研中发现的一些艾滋病感染者未主动告知的情况为例:

　　感染者红姐(女性,四十七岁,异性恋者,已婚未育)早年与丈夫共同经商且已颇具规模,后夫妻双方分居多年,慢慢转变为由红姐独自打理商业经营活动。红姐曾多次与丈夫提出离婚,但始终因财产分割问题无法达成协议而悬置。

　　感染者大苏(男性,四十四岁,同性恋者,已婚已育)与妻子结婚近二十年且共同育有一子,后大苏主动向妻子坦白自己是同性恋者并请求离婚,但其妻子表达谅解并以对孩子负责为由拒绝离婚。目前三口之家仍生活在一起,但据大苏称已多年无夫妻生活。

　　感染者小优(女性,二十八岁,异性恋者,已婚已育)自称丈夫偶有家暴行为,自己曾多次试图起诉离婚。但其丈夫以小优无经济收入,如若离婚不会得到孩子监护权为由要挟,拒绝离婚。小优称丈夫偶尔会强迫自己与其发生性行为,但均有保护措施。

　　不难看出,法律对艾滋病感染信息的配偶告知规定在一定程度上已然跳出了单纯的疾病防治范畴,因为(脱离疾病防范义务而言的)告知义务的存在,艾滋病感染信息逐渐从一种医学上的疾病问题异化成为在婚姻家庭关系当中的一项砝码。更值得玩味的是,这项砝码的运用甚至会反过来增强 HIV 作为一种疾病在性伴侣或配偶之间的传播可能。

---

① 福建省莆田市中级人民法院(2014)莆民终字第 1575 号。

三、 艾滋病传播意义下性伴侣与配偶之间的有限隔离

通过以上的分析可以推论,法律层面对婚姻家庭中的艾滋病信息告知问题虽然已然形成了较为系统化的制度性规定,但在实践视角下这些规定往往会受限于当事人的具体情况。除此之外还有一个问题需要正视,即告知义务设置的立法初衷乃是遏制作为疾病的 HIV 传播,但婚姻作为一种社会制度并不会导致疾病的传播,之所以会在婚姻家庭领域内有如此多的法律纷争是基于一个前提——婚姻与性关系是紧密相连的。但事实确实如此吗? 我们可以通过一些社会调研数据进行观察,2016 年腾讯"事实说"栏目在对七万份有效问卷进行数据统计分析的基础上做出了一份《2016 年中国人出轨态度调查报告》,根据报告显示"六成男性出过轨,过半女性也想尝试"①。此外现实中作为艾滋病"高危人群"之一的男男性行为人群②在中国现行的婚姻体制之下并不能结成同性婚姻,因此迫于社会压力而由男女同性恋者自愿结成的"形式婚姻"并不乏见,此类"形式婚姻"缔结者之间未必有性关系。尽管由于数据采集范围不同可能会导致统计结果的重大差异,但以上例证至少可以表明一个事实:性与婚姻之间的关联性可能远非人们想象中那般紧密,有些婚姻可能是约定的,或只是为了生养孩子而维持着。正如学界所达成的相对共识,避孕术就如同"将手指放在历史的扳机上",性可以从怀孕、生育这个永久循环中分离出来。而生育可以不需要性,这是对性的终极"解放",性因此就可能完完全全地变成个体或个体之间的某种特质(吉登斯,2001:36—37)。

> 我与她就是形婚,我是"同志"她是"拉拉",我在网上发帖子她联系我的。我们根本没同居过……我目前没有朋友(固定的男性伴侣)……可以

---

① 2016 年中国人出轨态度调查报告,https://news. qq. com/cross/20160815/U6RV5t07. html,获取日期:2021 年 9 月 29 日。类似的调查数据差异较大,如有调研称有 21% 的女性和 32% 的男性在性方面至少有一次出轨,或约有五分之一的妻子和三分之一的丈夫有婚外性行为。详见罗兰·米勒、丹尼尔·珀尔曼:《亲密关系》,王伟平译,北京:人民邮电出版社,2011 年,第 276 页。

② 此处需要进行概念界定,在学理上同性恋人群与所谓的 MSM(men who have sex with men)即"男男性行为人群"并不完全重合,有同性恋倾向的男性并不必然与其他男性发生性行为,同样实际上发生了男男性行为的人也并不必然就是男同性恋者。

在网上约啊,很方便啊……我怎么可能提前跟人家说我有这个(指感染HIV),那还约什么了,不过我肯定是要带套的,也不光是怕传给别人,我都按时吃药的,现在都没病载了,人家说就没有传染性了。除了这个还有很多(通过性接触的传染性疾病)的,梅毒啊尖锐湿疣啊乙肝丙肝什么的,我还怕得上别的病呢。[①]

与婚姻不同,单纯的性关系当事人之间并不存在所谓"权利义务关系",虽然很多学者都曾从法理的视角对性权、婚姻权乃至生育权进行分析,但绝大多数的研究也承认性自主权建立在主体之间主观自愿的基础之上。当然,笔者这里绝非在试图全然推翻艾滋病感染者对性伴侣或配偶的告知义务,但与此同时我们不得不承认这个事实,即艾滋病感染者可能因为履行该法律义务而导致某种"法律权利"之实现可能的丧失。有美国学者就曾对南加州大学 400 名左右 18—25 岁的学生进行调查得出结论,无论是男性还是女性,都曾经为了得到性而主动地或被动地向约会对象隐瞒一些事实(Cochran & Mays, 1995: 728)。有学者在同类的田野调查中也提道,"不少受访者认为自己感染后便失去了享受性愉悦的资格。然而,在经历过有关自我制欲的想象或挣扎后,或采取单次策略性地复归性实践,或正历经罪恶感的渐退,或因故而复返罪恶感的囹圄。但也有一些受访者成功超克这样的罪恶感,顺利复归到情欲实践的欢愉中"(陈遵宇,2015:55)。尽管我们必须承认感染 HIV 会对当事人造成一系列的冲击,但对性乃至婚姻等亲密关系的渴望并不会随着感染 HIV 这一事实的发生而彻底消灭,正因如此,在面对亲密关系这种偏向于情感需求的层面,告知行为成为一种可能会导致当事人选择空间或情感关系改变的不确定因素,而这种情感因素相较作为一种行为的告知而言远非法律所能管控的范畴。此外告知义务的法理基础在于艾滋病感染者作为风险主体对于相关方产生权利侵犯之不利后果的可能,但如果从后果的角度来看当这种风险并未发生或者艾滋病感染者尝试通过其他途径从而真实地避免了风险的发生,那此时其不再主动履行此种法律义务的主观倾向也就不难理解了。简言之,人们在一定领域内并不总是如法律所设想的那样按照权利与义务的角度进行思考和行为选择,其他如情欲宣泄的无从实现、社会成员的"拒绝"以及基本生活经济交往的"停滞"或许并不具备绝对执行能力的法律规则更具有压迫力。

---

① 访谈 3,艾滋病感染者小帅,2018 年 7 月 22 日。

　　具体来看,在笔者进行田野调查的 J 市艾滋病防控工作中有一项指标一直偏低,即配偶检测率。根据调研可以发现这里主要涉及两个方面的原因:其一是当艾滋病感染者并未履行法律规定的告知义务时,其必然会对配偶检测形成绝对的抵制,因为配偶的知晓才是检测的前提,那么在没有明确的强制执行保证告知的基础上,配偶检测问题自然会被人为架空;其二是艾滋病感染者对反复检测的必要性存疑,如果艾滋病感染者履行了告知义务,那么在首次告知时基本上都会进行检测,此后的生活中如果夫妻双方有基本的防范意识并也进行了适当的保护措施,那么作为年度性的指标,配偶检测这一行为在夫妻之间就极有可能形成信号的强化,进而对婚姻关系造成非必要的影响。可见无论是哪方面的原因,对性伴或配偶的告知都会涉及对"伴侣间亲密信任关系"(陈伟霖,2013:87)的影响,且这种影响更多的表现为一种内在情感的流露而往往并不能通过外在具体的行为进行评判,这就在无形当中形成了告知障碍。需要提出的是,与婚姻作为一种亲密伴侣关系不同,单纯的性行为会更容易在艾滋病感染者心中得到相对的自我道德说服,有研究者在田野调查中发现艾滋病感染者大多认为"对于一夜情对象而言,只要做好安全性行为,就不必告诉对方"(吴意山,2005:28)。当然这也涉及法律对告知义务的强制问题,对于那些偶然随机的性行为,无论是哪一权力主体都很难进行有效的干涉。但问题是在艾滋病仍然承载着严重污名的情境下,感染者面对亲密关系一方面容易将社会对艾滋病的负面意象自我内化,认为自己肮脏、不洁、罪恶的感染身份,不配拥有亲密关系,但在实际生活中,感染者仍旧相当渴望亲密关系。而在对亲密关系的渴望之下,告知这一行为则在不同的主体身上发生了不同的利益衡量,如有人认为在亲密关系中,告知对方的原因除了是要分担安全性行为的责任外,并且也是希望自己与对方能彼此信任并增进亲密感(吴意山,2005:28),但与之相反,也有人会认为告知有可能会带来亲密关系的彻底坍塌。

　　此外基于性关系的告知背后还涉及一个双重隐私的问题,即艾滋病感染信息是一种隐私,与此同时性关系也是一种隐私,且双方乃至多方主体之间发生的性关系还可能涉及共同隐私的问题,这也是在设置告知义务时所不得不考虑的问题。如在上述配偶及伴侣检测问题上就存在这种矛盾,主动公开自己的隐私是公民的自由,并没有什么问题,但如果是在暴露自己隐私的同时还连带把别人的隐私也全盘托出,而且没有征得别人的同意,这就超出了合理公开隐私权的边界(张新宝,2004:224—225)。如果特定机关享有了强制告知的权力,那在这种权力的形式逻辑背后就意味着对作为另一种隐私的性关系的知晓,从法理上我们当然可以分析生命健康权是否优位于隐私权,但从主体个人选择的角度我们无法忽视这样一种假设,即对作为隐私表现之一的性关系可能对单独个体的重要性甚至会超越生命健康。

由此可见,在配偶及性伴侣的告知义务上至少有以下几个方面的问题需要界定:第一,配偶与性伴侣两个概念并不必然重合,配偶信息容易掌握而性伴侣的相关信息很难确定。如果说对艾滋病信息告知义务之规定的立法目的乃是疾病预防,那么这种告知的对象无论是在法律规定层面还是法律执行层面都不应被限定在配偶之上。此外有论者也提到,之所以会有如此结果在很大层面可能是因为在法律意义上配偶较之性伴侣存在着更为明确的法定权利义务,但如果是从权利侵害角度出发的话,两者并不存在法律保护意义上的差别。因此有学者提出对于婚姻之外的性行为,如"一夜情""卖淫嫖娼",法律较难提供充分的保护,但对于夫妻之间的性接触,法律应提供充分的保护(徐继响,2005),这无疑存在逻辑悖论。第二,性行为的方式及防护措施的不同所导致的感染概率有很大的差别,且具体情况很难证实。特别是在所谓"高危人群"的男男性行为人群中,诸如单纯的口交是否也应当作为一种性行为而产生告知义务就存在较大的讨论空间。此外即使是在性行为作为 HIV 传播主要方式之一的前提下,正确使用安全套可以避免自身受到传染以及传染给他人(Fauci, 2003: 674)。那么,如果说艾滋病感染者在与他人进行性行为时已主动采取了保护措施,或者说其在医学上的病毒载量已经检测不到,那么这些情况是否可以成为其并未履行告知义务的合理抗辩也需要具体界定。第三,如果艾滋病感染者没有履行告知义务,那么相关机构是否可以主动介入,且这种主动介入是否有侵犯当事人(包括感染者及性行为相对方两者)的个人隐私? 也就是说,感染 HIV 作为一种"危险性存在"并不必然较之其他个体人可能具备的"危险"强烈,而这种"危险"的"现实可能性"也并不必然与婚姻这一法律关系有着直接的相关性,那么对感染事实的告知义务规定就仍需要更为坚实的法理根基。

四、 艾滋病感染信息告知义务背后的强制执行空间

以上我们从立法层面讨论的是艾滋病感染情况告知作为一种法定义务的履行对象及外在环境,接下来的问题是,如果艾滋病感染者不履行告知义务,那么相关部门可否主动介入告知? 如《云南省艾滋病防治条例》第二十条就明

确规定:"感染者和病人应当将感染艾滋病病毒的事实及时告知其配偶或者性伴侣;本人不告知的,医疗卫生机构有权告知。"其他一些省份也存有相关规定。①

如上文所述,对于 HIV 感染情况的伴侣告知,法律规定所能起到的作用或许远不如我们想象中的重要。阎云翔就曾指出,家庭争端一旦诉诸法庭,法庭成员之间就不再受人情与亲情的约束,因为上法庭本身就违反了人情原则(阎云翔,2006:203)。与此同时亲密关系对当事人的告知选择影响又并非单一取向,对于处于亲密关系中的当事人,告知好的一面是可以免除交往上的麻烦以及增加两人的亲密感。如有学者指出事实上在亲密关系中如果两人都知道做好保护的状态下,这种传染给他人的压力就变成是由两个人共同承担,所以感染者所感受到的压力就小得多。但是相对的,如果感染者没有告知对方自己感染的事情,这种保护对方的责任就变得是由感染者一人来承受,这时感受到的压力就大得多(吴意山,2005:58)。但是坏的一面是对方可能无法接受,以至于造成亲密关系的终结。

与中国部分地区的规定类似,美国一些州如密歇根州也规定如若艾滋病感染者不履行对性伴的告知义务,特定主体则可以强加积极的告知义务,如医疗照护者或负责 HIV 抗体检测的相关政府机构有责任告诫艾滋病感染者的性伴侣暴露于潜在病毒的高度风险。有趣的是,或许是为了保障这种告知不必然会破坏性伴之间的亲密关系,因此相关法律规定"地方卫生机关在联系时,不可向上述伴侣揭露受艾滋病阳性检测结果或具有 HIV 抗体之个人的身份"②,"当立法机构索取该与 HIV 或 AIDS 有关之资讯时,个人在揭露资讯时候不可提供受艾滋病毒检测或接受艾滋病抗病毒治疗之个人的可辨识个人资讯"③。但与此同时也有学者对此提出疑问,认为虽然相关法规明确规定医生只能提供有传染风险的通知,但由于病毒载量的差别不能直接认定感染者一定会传染予他人(Wissow, 2012:487)。以及如果"被通知的对象与感染者在过去几年都处于一夫一妻的稳定关系下,被通知的对象就大概也猜得出来是谁传染病毒给他了"(周佳锋,2015:27)。这一问题在中国各级疾控中心或其他主体的强制告知权限上同样存在。

---

① 根据笔者统计,目前我国浙江省、陕西省、广西壮族自治区均赋予了疾控中心等行政主体对艾滋病感染者配偶、监护人的告知权限,但江苏省、山东省、湖南省、湖北省尚无此类规定。
② Mich. Comp. Laws Serv. § 333.5114a(5).
③ Mich. Comp. Laws Serv. § 333.5131(4).

　　具体而言,对于性伴侣告知义务的强制面临着两重障碍:一是固定性伴侣与偶然性伴侣之间无法准确区隔,因此对于那些非固定性伴侣,即除与艾滋病感染者仍然持续发生性关系的相对方外,任何主体都很难进行准确的事先告知;二是即便我们认定相关机构对于艾滋病感染者的性伴侣可以进行事后告知以防止传染病疫情的扩大化等,但如果在先前的性行为中双方已然进行了保护措施,且性伴侣方事后确实未有感染情况的出现,那么此时的告知义务是否还有意义? 简单来说,未履行告知义务与恶意传播之间有着明确的范围大小之分,即未履行告知义务并不等同于恶意传播 HIV,如在台湾地区就曾发生了较具代表性的案例:

　　2004 年 1 月台湾警方获线报称一栋民宅中举办淫乱舞会,且现场毒品充斥。警方前往侦办后对舞客采尿送验,后卫生署疾病管制局公布 92 名舞客中有 28 人感染艾滋,31 人罹患梅毒,同时感染梅毒和艾滋的有 13 人。卫生署将感染艾滋之 28 人依"后天免疫缺乏症群防治条例"函送台北地检署。检方就该条例第十五条第一项"明知自己感染人类免疫缺乏病毒,隐瞒而与他人进行危险性行为或共用针器施打,致传染于人者",开始进行侦查。随后检方传唤的 28 名同性恋者均否认有隐瞒染病、刻意传播病毒的情况。此外 28 名艾滋病感染者中有 14 人是卫生署查出的感染个案,因此这些人当时不知自身染病,故没有隐瞒及散播病毒的故意。至于其他舞客,经疾管局在案发后抽血追踪,并未发现新感染梅毒或艾滋病毒,且经过空窗期之复检,也未发现新感染者。因此,检方认定无法证明这 28 名艾滋病感染者有隐瞒及散播艾滋病毒的故意,以罪嫌不足,签结全案。(梁家赢,2006:1—2)

　　在亲密关系中 HIV 感染情况告知的困难是多重的,如当感染者面临疾病的冲击时,常担心若伴侣知道之后是否会因此离开自己,必须面临关系的结束;或者遭受歧视、排挤的眼光;有时纵使关系还维持着,却可能因为告知造成对方的情绪负担;面对新认识的伴侣,告知可能代表着两个人没有发展关系的机会(Yoshioka & Schustack, 2001)。艾滋病感染者即便出于自愿进行了主动告知,在不同的感染者身上其行为初衷也并不呈现一致性。不过虽然在亲密关系中的告知面临着诸多困境,在现实中或许同样是出于对亲密关系的重视与维护才是自愿主动告知的主要动因。这也即美国学者休·拉弗勒斯所谓

"亲密知识"的一种表现,"这些关系、知识和常规行为如何总是受到调节——不仅限于通过权力关系和交谈,还有自觉情感也在其间发挥中介作用"(拉弗勒斯,2003)。这种困境在性伴侣以及配偶告知以外同样存在,比如无民事行为能力人及限制民事行为能力人的亲属告知。《艾滋病防治管理条例》第四十二条规定"对确诊的艾滋病病毒感染者和艾滋病病人,医疗卫生机构的工作人员应当将其感染或者发病的事实告知本人;本人为无行为能力人或者限制行为能力人的,应当告知其监护人",但在实务当中这一问题同样面临着诸多的障碍与困境:

感染者张太婆(女性,七十二岁)经由术前初筛检测及疾控确证为艾滋病感染者,但其本人始终坚称自己不可能感染 HIV,拒绝领取及服用抗病毒药物。相关工作人员经综合考量后决定将感染信息告知张太婆的女儿,要求张太婆在家人的监督下保证按时服药。但每次张太婆由女儿陪同前来取药时均与医生哭诉是女儿要"害自己",强迫自己每天吃药,称自从服用抗病毒药物之后身体每况愈下。(后经医生说明可能是由于正常的药物副作用,加之张太婆同时患有糖尿病等其他因素所致。)

感染者小灰(男性,十七岁,高中在读学生)经由自愿检测及疾控确证为艾滋病感染者,疾控中心试图联系其监护人但遭到了小灰的强烈抵制。为了能够让小灰尽快进入到抗病毒治疗,工作人员同意不强行与其家人联系。但在首次体检时小灰称自己并没有足够的积蓄缴纳体检费用,后经由相关志愿者与主治医生协商后在规定范围内调整了体检项目,最终开始了抗病毒治疗。[①]

五、 亲密关系视角下的国家权力介入限度

通过以上的论述可以得见,单纯地用性关系或者婚姻家庭关系似乎还不

---

① 目前国内虽然采取"四免一关怀",即符合条件者可免费领取抗病毒药物,但每次领取药物时的检查费用仍需感染者自行承担。不同地区的检测项目标准略有差异。

足以囊括艾滋病感染信息在具有亲密属性的个人之间所可能产生的诸多影响,因此笔者试图引入一个新的概念即"亲密关系"来描述艾滋病感染信息之告知问题在这种公权力与私关系之间存在的矛盾与争议。尽管在文章开篇笔者概述了"亲密关系"相关研究对情感维度的强调,但社会实践中"亲密关系"不一定完全由"情感"构成,其中难免会因经济利益等其他的维系纽带而形成一种综合性的社会关系,笔者无意于去对这种关系进行明确的概念界定,但可以推论出的是,即便是以情感因素占主导的亲密关系也无法完全摆脱法律/权力的覆盖。然而这种国家公权力对于亲密关系所能发挥的保障与维系作用又并不是其效果层面的全部。这里就形成了问题的关键,即在对亲密关系的规则书写过程中应该如何对国家权力之出现进行相对明确的界定。而在艾滋信息对亲密关系之影响的视角下,即便跳出性传播、母婴传播这两大范畴,其他类型的亲密关系仍然可能在国家权力的介入下产生相应的影响。

如上文提到的作为艾滋病"高危人群"的男男性行为人群在中国现行的法律框架下无法通过"标准"的婚姻关系生育子女,因此该人群往往试图在法律规定的"灰色地带"通过代孕、收养等方式完成此种诉求。而如果是感染 HIV 的男同性恋者,这一问题将更加尴尬。如一位受访者曾向笔者表述称其迫于家庭压力在网上寻找到了一名女同性恋者缔结了"形式婚姻",但家庭仍对其不断施加生育子女的压力,最终其采取了收养的方式。需要提及,原《收养法》第六条规定"收养人应当同时具备下列条件:(三)未患有在医学上认为不应当收养子女的疾病",这一法律规范在《民法典》中也得到了沿用;《中国公民收养子女登记办法》第五条规定"收养人应当向收养登记机关提交收养申请书和下列证件、证明材料:(三)县级以上医疗机构出具的未患有在医学上认为不应当收养子女的疾病的身体健康检查证明"。尽管在法律层面并未明确这里所言的疾病种类,但在实践当中通常认为"不应当收养子女的疾病一般是指精神疾病和传染病,对传染病在传染期内的,收养人应暂缓收养"①,在各级医疗机构的收养人体检标准中也均存在 HIV 抗体检测一项。该感染者在访谈中也表示自己确实是通过找人代检的方式完成了收养手续的办理。如果说该事例仍然有收养人对送养人或送养机构侵权之嫌的话,那么下面这个事例则更具有讨论性:

---

① 参见北京市民政局:"患有疾病是否可以收养子女",http://www.beijing.gov.cn/fuwu/bmfw/hysy/cjwt/201710/t20171019_1841014.html?ivk_sa=1023197a,获取日期:2021 年 9 月 29 日。

我儿子是从我姐姐姐夫那儿过继的,我之前就告诉他们我生病的事儿了。然后我姐姐她担心我老了以后没有孩子照顾,所以和我姐夫商量之后就说他们生个孩子过继给我。这个孩子就是专门为我生的。我们都是按民政的要求去办的,都是合法的。(问:当时有体检的要求吗?)有的,我找朋友帮忙代我抽血了,没有人(指民政部门的工作人员)跟着去的,民政就要求提供一份三甲医院的体检证明就行,医院都有这个专门给收养(人)用的体检套餐。[①]

从国家关于收养的法律规定来看,以上艾滋病感染者无疑触犯了相应的禁止性规定,但如果我们进一步分析该条规定的立法指向就不难发现其背后的困境。正是因为有了亲密关系规则的存在,法律的行为预期作用大大降低,在这种情境下,选择一套规则就意味着放弃了另一套规则,而以后判断此行为的又不能确定是何规则(韩长安,2005:34)。简言之,当行为人在国家法的场域下无法满足其在亲密关系规则当中所能完成的那种需求时,行为人就必须在规则交叉评判的钢索上铤而走险。换一种说法,当艾滋感染情况并不会在亲密关系各方主体之间造成损害结果时,那么国家公权力主体是否有必要,乃至有权力去对亲密关系进行实质性干涉。

回到艾滋病防治的角度,性传播途径作为 HIV 传播的三大途径之一通常被给予高度的重视,但与之相对,除去以物质交易为表征的性交易行为外,我们很难从法律的角度对不同亲密关系中最重要的表现之一——性爱关系的当事人之主观要素进行逐一衡量评估与准确干涉。且从法律的发展趋势来看,对性行为私密性的尊重乃是社会基本制度构建的主要取向,即便是对不同种类的性行为进行外在评价也多体现为一种道德制约。"所谓性爱可以说是两个人从公开领域移向隐蔽领域的过程"(桥爪大三郎,2000:50—51),"性爱关系作为当事者的秘密,在某段时间对当事者双方来说,他们的性爱关系或许与其他的性爱关系是对立的,这种对立关系无须他人认可或公开化"(桥爪大三郎,2000:62)。正是这种隐蔽性注定其对外在因素的介入往往呈现出一种排斥性,"排他性并不能保证信任,但却是激发信任的一个重要因素"(吉登斯,

---

① 访谈 24,艾滋病感染者阿衡,2019 年 4 月 3 日。

2001:180）。更不用说,当这里的性爱关系上升到婚姻家庭关系时①这种排他性就会愈发地明显,毕竟"伴侣之间的社会距离很小并涉及了双方的'个人隐私区'"(Kirchler et al., 2001:39—47),因此即便是在亲密关系中产生了日常冲突,其解决机制也多偏向于内在的自我调解而非外在的权力介入,因为归根结底亲密关系伴侣能否最终摆脱冲突的困扰还要看他们是否能找到令人满意的解决方式(苏彦捷、高鹏,2004)。"在关系密切的人们中间,法律是不活跃的;法律随人们之间的关系的距离的增大而增多。"(布莱克,2004:48)换言之,亲密关系双方往往只有在运用过自己背景中所有可用的方式,而不能解决相关的权利与义务争端之后,才会求助于法律(Ewick & Silbey, 2003)。

那么在 HIV 感染信息问题上,当法律试图以告知的方式进入到以性爱以及婚姻家庭关系为主要对象的亲密关系中时,这里即是一种在亲密关系各主体争议发生前的主动介入。这种介入的假设无非两个层面:一是防止在亲密关系破裂时其中某方主体会因权利受损的无法弥补性而发生法律覆盖的不能,但这里存在一个推论即亲密关系主体本身无法完成这种问题之解决,这明显与事实不符;二是为了完成国家对公民生命健康权的保护义务履行。尽管在后一层面上公权力在亲密关系中的主动介入似乎更有说服力,但问题是这种法律上的规定在后续的执行过程中一般很难贯彻保障,因此国家是否仅以立法的方式就已经完成了这种保护义务就很难得到合理的论证,更不用说如若进入到司法程序双方对告知义务的举证困境了,毕竟我们无法要求自然人在以情感为主要因素的亲密关系中时刻保持法律意义上的"理性人"思维。如J 市的志愿者曾向笔者转述过一位感染者的故事:

> 他结婚之前就感染了,直男(异性恋者)……我还看过他在群里(感染者群组)发过征婚的信息。后来他自己认识了个(未感染 HIV)女的,处得还挺好的,后来就谈婚论嫁了。他哪敢告诉人家啊,这不像已经结婚了的,告诉了那还能结上婚了吗……再后来两个人就打算要孩子了,他当时吃了三年的药了吧,CD4 都挺高的,病载也查不到了……医生肯定是建议女的也得吃药(阻断)啊,但他不想告诉人家怎么让人家吃药……不过后

① 学界也存在较多从非情感视角出发而对婚姻家庭进行的讨论,如"家庭生活是在一定时间和地点的政治和经济约束条件下建构的",笔者这里对性爱关系与婚姻家庭关系的区分主要是从内部结构的稳定化程度出发而言的。详见唐·埃德加、海伦·格莱泽:《家庭与亲密关系:家庭生活历程与私生活的再建》,仕琦译,《国外社会科学杂志》1995 年第 1 期。

来他还是要(孩子)了,那阵还担心得不得了,他老婆去做检查的时候吓得
不行,不过现在孩子都快一岁了,啥事都没有。①

　　从伦理的角度来看,以上这位感染者的行为无疑是不合适的,但这也反映
出了艾滋病感染者在具体法律规范面前的一个现实困境。如果先抛去法律上
的告知规定,在侵权损害结果的意义上该名艾滋病感染者确实并未对其配偶
造成实质性侵害。虽然在现行法律规定的视角下其可能已然侵犯了其配偶的
知晓权,但反过来需要思考的问题就是,此时法律在亲密关系中所强加的这种
知晓权是否适当,这一规定是否已经对作为私领域的亲密关系进行了实质
干涉。

　　正是在这种对亲密关系自治性的关注下,法经济学理论范式是否能够运
用在该领域开始受到越来越多的质疑。"社会规范会影响选择决策,人们的选
择是其特定社会角色的函数;行为的社会意义或情感表达意义是选择的要求"
(Sunstein,1997:36),因此在亲密关系的另一典型的代表——婚姻关系中,"当
婚姻质量很好时,婚姻会包括自我牺牲、共享、为对方着想的利他行为,也许还
可能包括一种更具'女性色彩'的世界观"(Brinig,2000:18)。但恰恰是这种
情感因素对于法律上权利义务的非理性影响使得一些学者重新将视角投向了
另一种法律之于亲密关系的规制可能,如有学者认为日常人类行为规则不能
排除性欲与情感,因此两性之间的讨价还价是在自然不平等与社会不平等的
博弈者之间进行的,从这个意义来看法律对亲密关系的干涉并不是要对亲密
关系主体的行为选择进行有倾向性的诱导,而是主要致力于纠正不平等的讨
价还价结果(Hirshman, Larson & Bargains, 1998: 267—268),这种逻辑也为性
伴侣及配偶告知的法律干涉提供了一种新的视角。尽管学界在对亲密关系的
研究中通常会将之与迷恋关系进行区分,但我们不得不承认这两者之间可能
存在的种种关联,"固定化关系建立在强制性的依赖之上,而不是相互依赖性
之上","双方都依赖于一条联系的纽带,它或者是一种日常化的义务,或者是
一种实际上对关系双方有破坏性的东西"(吉登斯,2001:118—119)。我们无
法否认伴侣之间的关系必须要有情感作为支撑,伴侣之间有着共同目标,他们
在共同的目标下为了对方而进行妥协(韩长安,2005:6)。但问题的关键就在
于这种妥协除了存有主体的自愿性意义之外,还涉及行为选择的结果导向不

---

① 访谈 10,艾滋病防治志愿者黄龙,2018 年 8 月 3 日。

同,而这种选择的情感动机与事实结果之间的关联性可能不被选择主体所掌握。也就是说,"能够判断自己的情感,能够决定自己的感情交流对象、交流方式以及是否交流等情感自治的问题"(韩长安,2008)并不能论证得出基于"真实情感"而做出的行为都是正确的这样的结论。虽然在亲密关系的领域自我创造的想法,是对新的归属感的一个强有力的肯定(魏伟,2012:152),但这种"自我创造"的自由权利并不等同于亲密关系中的法律真空,因为其完全有可能会超越亲密关系的范围而影响到其他领域。毕竟在法律的视角下除了对个体自由选择权的保障之外还存在着一种对社会层面公平正义的宏观性维护,而利益化的行为,愈是被当作有益于社会的行为受到推崇,那些为激情所推动的、出自天然的自发行为,似乎愈具有危险性,愈受到指责(鲍曼,2000:74)。

面对这种分析模式的冲击我们不得不再次强调前文中讨论的重点,即 HIV 作为一种病毒,尽管性接触是其最主要的传播方式之一,但如若试图从立法层面对这种传播方式进行预防的话,我们必须审视在具体规制条文当中对个人选择与行为结果两个角度的针对性表达。首先我们似乎无法从预防疾病传播结果的角度而想当然地对个体人进行无限制的行为管控,在亲密关系的环境内若作为法律拟制下的"理性人",我们无法用法律去"阻止"个人因"情感"而将自己暴露在潜在的风险之下(这种风险不单单指 HIV 传播等健康风险,还包括财产安全等等方面),同理我们也不能用法律去压迫个人因其"可通过其他方式进行解决"的危险可能而彻底放弃情感的自治性。如同样以在亲密关系中涉及疾病的相关几种假设为例:(1)若其中一方明知自己患有间歇性精神病,但已数十年甚至从未有发病情况出现;(2)若其中一方患有遗传性疾病,但现阶段的医学科技无法探测该种疾病的遗传概率以及预防方法;(3)若其中一方患有非传染性不治之症,且通过科学的医学诊疗措施已经可以基本确定该患者的大致剩余寿命。在以上几种情况中法律是否需要为该方主体增添向亲密关系相对方的告知义务?当然有人可能会质疑,艾滋病作为一种现阶段尚无彻底治愈方案的严重传染性疾病与以上几种假设有很大的差别,那么反之若亲密关系中一方患有医学上虽然可治愈但难治愈的传染性疾病,且目前阶段尚未彻底治愈,此时法律又是否需要同样增设相应的告知义务?尽管艾滋病在目前的医学角度仍然是一种"绝症",但这并不等于其可以通过多种方式进行预防,现阶段科学技术发展水平下性接触并不必然导致 HIV 传播。加之艾滋病感染者接受抗病毒治疗本身就是一种对病毒传播的阻断,那么此时如果在法律层面上对艾滋病感染者在亲密关系中增设一种特定的告知义务就必须要详细论证这种义务设定的必要性与合理性。

　　当然,笔者同样承认在亲密关系中向对方隐藏真实意图的个人不可能提供合作决定背后各种关键条件所需要的属性。没有信任的责任是不可能的,因为这意味着对对方的动机和行动进行连续不断的细察(吉登斯,2001:244—245)。但问题的关键在于这种信任之责任的形成通常无法靠某种外在的强制手段达成,如果我们过于强调规则在亲密关系当中的保障性作用,其反而会消解规则本可能产生正面效果的所有机会,毕竟亲密关系本身就内含着信赖(莫利斯,2010:193)。再如一位艾滋病感染者在访谈中向笔者讲述的一则个人故事:

　　　　我和他其实是"约炮"认识的,当时根本没想过要告诉他我的事儿(指感染 HIV)……经过几次接触我就动心了,我当时真的是希望能和他在一起的,我感觉他当时也有这个意思。可是如果真在一起的话我也不想瞒这个事儿(HIV 感染),所以我就跟他说了,真的没有想到他反应那么大的……我说那我陪着(他)去医院,可是他不让,说要自己一个人静一静,自己去处理……那一段时间我真是难受死了,天天给他发信息问情况,他也不回我。过了能有一周左右吧,他就回了我一句,说已经确认没事儿了。其实我心里是清楚肯定没事儿的,但我也知道不可能有后续了,所以我就主动把他拉黑了。说实话我真的特别伤心,但是也没办法。[1]

　　或许在某种程度上这个略带悲情浪漫色彩的故事似乎与本文所讨论的主题关系并不密切,但笔者所要表达的是,这样一种貌似与法律全然无涉的状态才恰恰是亲密关系应有的状态。以公民权理论为基础的福利国家思想主要以普遍主义的福利体制消除传统阶级、家庭等等所带来的地位差异,保证所有公民平等享受社会福利与服务(平克,2013)。但这样也等于重新界定了政府与家庭之间的责任边界,扩大了政府对家庭和个体的权力与责任,由此国家冲破公私界限越来越多介入家庭事务成为一种趋势(吴小英,2016)。问题的关键在于国家对亲密关系的介入究竟应该以一种怎样的形式出现,更明确的说就是这种介入到底应当是一种"防患于未然"的事先干预还是一种"亡羊补牢"的事后救济。想必没有人会否认即便是基于高度情感信任的亲密关系也存在着

――――――――――――

[1]　访谈 19,艾滋病感染者广志,2019 年 5 月 15 日。

破裂的风险,但是亲密关系对法律的排斥事实上并不是说亲密关系中的相关人可以全然地跳出法律的束缚,而是法律如何在尊重亲密关系的自治性之前提下仍然留存出对社会行为覆盖的底线性。具体从 HIV 感染信息的告知问题上来看,国家权力或者说法律在目的指向上的标的乃是惩治恶意传播疾病,而告知义务事实上是在防治恶意传播基础上进行的进一步细化之"操作规程",但问题是这种细化了的"操作流程"是否与原本的标的完全吻合,甚至是否会在某种程度上消解原本的立法标的。就如同私法层面的"帝王条款"即诚实信用原则本身已经对亲密关系中的种种现象进行了法律指导意义上的评价,那么此时是否以及如何设置那些具有明确可操作的法律规则就需要更为细致的论证与梳理。法律实践也是嵌入在特定的背景之中;法律领域有某种内聚性和惰性,这意味着法律实践常常滞后于惯常的社会实践,并构建了一种要求在立法与司法两个方向进行转述的专门的、技术性的学科。而且,习惯性社会生活关系出现的重大变革,会影响到法律的定立和法律的实践(泽利泽,2009:41)。正如有学者提及的,法律专家与亲密关系的日常生活实践者,追求的是不同的目标。法律专家常常寻找的是应用可利用的规则来处理争端的方式或者手段,但亲密关系参与者在多数时间里,仅仅是追求他们比较满意的生活。二者之间的重叠性虽然很小,但却十分关键且极具争议性,因此,这两个世界之间的转述,需要敏锐的洞察力、深入的审慎思辨和商谈(泽利泽,2009:240)。

参考文献

鲍曼,2000,《立法者与阐释者:论现代性、后现代性与知识分子》,洪涛译,上海:上海人民出版社。

布莱克,唐纳德,2004,《法律的运作行为》,唐越、苏力译,北京:中国政法大学出版社。

陈伟霖,2013,《男同志爱滋筛检障碍之探讨》,(台湾)义守大学硕士论文。

陈遵宇,2015,《我与 HIV 相处的日子:十二名男同志感染者的自我重塑、情欲实践与亲密关系想象》,(台湾)东海大学硕士论文。

韩长安,2005,《亲密关系的法社会学分析》,苏州大学硕士论文。

——,2008,《亲密关系对国家法消解的原因、机理和结果的分析》,《比较法研究》第

4 期,第 37—45 页。

吉登斯,安东尼,2001,《亲密关系的变革:现代社会中的性、爱和爱欲》,陈永国、汪
　　民安等译,北京:社会科学文献出版社。

拉弗勒斯,休,2003,《亲密知识》,陈厮译,《国际社会科学杂志》第 3 期,第 47—
　　59 页。

梁家赢,2006,《从人权保障观点析论(台湾)爱滋防治法制——以资讯隐私权与平
　　等权为中心》,(台湾)台北大学硕士论文。

米勒,罗兰、珀尔曼,丹尼尔,2011,《亲密关系》,王伟平译,北京:人民邮电出版社。

莫利斯,德斯蒙德,2010,《亲密行为》,何道宽译,上海:复旦大学出版社。

平克,罗伯特,2013,《"公民权"与"福利国家"的理论基础:T. H. 马歇尔福利思想综
　　述》,刘继同译,《社会福利》第 1 期,第 8—16 页。

桥爪大三郎,2000,《性爱论》,马黎明译,天津:百花文艺出版社。

苏彦捷、高鹏,2004,《亲密关系中的日常冲突及其解决》,《应用心理学》第 2 期,第
　　37—42 页。

魏伟,2012,《公开:当代成都"同志"空间的形成和变迁》,上海:上海三联书店。

吴小英,2016,《"去家庭化"还是"家庭化":家庭论争背后的"政治正确"》,《河北学
　　刊》第 5 期,第 172—178 页。

吴意山,2005,《欲言又止的挣扎——男同志爱滋病毒感染者亲密关系的探讨》,(台
　　湾)慈济大学硕士论文。

项飙,2000,《跨越边界的社区:北京"浙江村"的生活史》,北京:生活·读书·新知
　　三联书店。

徐继响,2005,《论 HIV 阳性者隐私权的边界》,《法学》第 7 期,第 34—40 页。

阎云翔,2006,《私人生活的变革:一个中国村庄的爱情、家庭与亲密关系:1949—
　　1999》,龚晓夏译,上海:上海书店出版社。

于定明,2007,《艾滋感染者的缔结婚姻权和隐私权》,杨国才主编,《多学科视野下
　　的艾滋应对》,北京:中国社会科学出版社,第 347—352 页。

泽利泽,2009,《亲密关系的购买》,姚伟、刘永强译,上海:上海人民出版社。

张新宝,2004,《隐私权的法律保护》,北京:群众出版社。

周佳锋,2015,《探讨 HIV 患者的医疗隐私——以伴侣通知及未成年人检测同意为
　　中心》,(台湾)云林科技大学硕士论文。

Brinig, Margaret. 2000. *From Contract to Covenant : Beyond the Law and Economics of
　　the Family.* Cambridge: Harvard University Press.

Cochran, Susan & Mays Viickie. 1995. *Sex, Lies and HIV, in Contemporary Issues in*

Bioethics. Belmont: Wadsworth Press.

Ewick, Patricia & Susan Silbey. 2003. "The Double Life of Reason and Law." *University of Miami Law Review* 57(3): 497-512.

Fauci, Anthony. 2003. *The AIDS Epidemic: Considerations for the 21ˢᵗ Century in Contemporary Issues in Bioethics*. Belmont: Wadsworth Press.

Hirshman, Linda, Jane Larson & Hard Bargains. 1998. *The Politics of Sex*. New York: Oxford University Press.

Kirchler, Erich, Christa Rodler, Erik Hoezl & Katja Meier. 2001. *Conflict and Decision-making in Close Relationships: Love, Money and Daily Routines*. Hove East Sussex: Psychology Press.

Norman, Lisa, M. Kennedy & K. Parish. 1998. "Close Relationships and Safer Sex among HIV-infected Men with Haemophilia." *AIDS Care* 10(3): 339-354.

Sunstein, Cass. 1997. *Free Markets and Social Justice*. New York: Oxford University Press.

Wissow, Leah. 2012. "Public Health v. s. Privacy: Rebalancing the Government Interest in Involuntary Partner-Notification Following Advancements in HIV Treatment." *Journal of Gender, Social Policy & the Law* 21(2): 481-506.

Yoshioka, Marianne & Amy Schustack. 2001. "Disclosure of HIV Status: Cultural Issues of Asian Patients." *AIDS Patient Care and STDs* 15(2): 77-82.

专题研讨 II：政策创新与执行

财政支农七十年：总量、结构与分布变迁*

杨良松**

摘要：本文基于支农支出的总量、结构、政府间分布与地区间分布的视角，总结了新中国成立七十年来财政支农支出的变迁。主要发现如下：第一，七十年来，财政支农支出总量显著增加，农业支持强度和重视程度也显著增强。第二，财政支农支出结构显著优化，支出结构从重点支持农业生产、水利建设转向对农业、农村和农民的全面支持。第三，中央财政一度在基本建设中有较高比重，但多数时期支农支出主要由地方财政承担。第四，农业支持强度存在显著的区域差异与省际差异，但地区间差异逐渐缩小。总体而言，七十年来国家对农业、农村和农民由"取"向"予"转变，成功构建起城市支持农村，城乡公共资源均衡配置的财政支持框架；但支农支出在效率提升和结构改革等方面仍有改进空间。

关键词：农业支出　农林水支出　支出结构　政府间关系　地区差异

一、引言

农业农村农民问题是关系国计民生的根本性问题，而财政支农支出是政府支持"三农"的主要手段。新中国成立七十年以来，财政支农支出大幅增加，支出额从 1952 年的 6.53 亿元增至 2020 年的 23 948 亿元；农业支持强度也从 0.019 增长到 0.308。财政支农支出在推动农业增长、农村发展和农民生活改善中发挥了重要作用，总结七十年以来支农支出的发展与变迁，对于理解财政支出、"三农"问题与乡村振兴均具有重要价值。

本文基于 1952—2020 年数据，对新中国七十年以来财政支农支出的演变与结构进行分析。首先，我们使用多个指标衡量财政支农支出总量的变化，并

---

* 本研究获得西南财经大学研究阐释党的十九届六中全会精神专项项目"财政支农视角下我党农业农村农民工作的历史经验研究"（JBK2212011）资助。

** 杨良松，经济学博士，西南财经大学财政税务学院副教授（yangls@swufe.edu.cn）。

基于农业支持强度初步区分了 1978 年前的探索阶段、1978—1997 年的调整阶段与 1998 年至今的反哺阶段,还分析了中央政策对财政支农的推动作用。其次,鉴于七十年来支农支出的统计口径有大幅调整,结构也有巨大变化,本文对支农支出的统计口径和结构进行了研究,细分支农支出涉及的类级、款级与项级功能科目,形成基本一致的统计口径;并基于此对支农支出的结构变迁进行了研究,包括 2002 年前支援农村生产支出、农林水气事业费和基本建设等支出,2010 年后农业、林业、水利与扶贫等支出的占比变迁。再次,中国拥有中央、省、市、县、乡五级政府,政府间财政关系对支农支出有重要影响,故本文也探讨了支农支出在各级政府间的分布。最后,各地“三农”问题迥异,支农支出也相差较大,故论文也测度了七十年来财政支农强度的地区差异,包括主要的区域差异与省际差异。通过对七十年财政支农进行系统梳理与研究,本文希望能历史地、全面地展示中国财政支农的经验。

现有文献对于财政支农支出进行了广泛的研究,大致可分为四类:第一类文献分析支农支出规模的变迁。部分文献对改革开放以来的支农支出规模及其影响因素进行了研究(朱钢,1998;安广实,1999;李普亮、贾卫丽、陈锐,2010);也有文献探讨了财政支农的合理口径(李放、朱靖娟,2007),以及不同口径下的支农支出(张俊伟,2006)。还有部分文献探讨了特定一类支农支出,如农业直接补贴(林万龙、茹玉,2014)和农业保险补贴(肖卫东等,2013)的变迁。第二类文献探讨了支农支出的地区差异及成因,如支农支出的省际差异(蒋俊朋、田国强、郭沛,2011)及转移支付等因素对地区支农支出影响(杨良松,2016)。第三类文献关注支农支出的影响,包括支农支出的投入产出效率(李燕凌、欧阳万福,2011),支农支出的政策效应,如对农业短期波动(张元红,2000)、城乡收入差距(陆铭、陈钊,2004)、村内收入差距(万海远、田志磊、徐琰超,2015)、居民消费(毛其淋,2011)、农村减贫(王娟、张克中,2012)、农村经济发展(温涛、董文杰,2011)等的影响。另有大量文献专门研究农业补贴的影响,如对农业生产和消费的影响(李江一,2016),综合性收入补贴对玉米全要素生产率的影响(朱满德、李辛一、程国强,2015),农机购置补贴对农业机械使用效率(潘彪、田志宏,2018)的影响,等等。上述文献主要是经济学视角,第四类文献则基于社会学或政治学视角研究支农项目支出,如“项目进村”过程中分级运作机制和治理逻辑(折晓叶、陈婴婴,2011),农地整治项目(桂华,2014)、农业综合开发项目(狄金华,2015)和扶贫项目(殷浩栋、汪三贵、郭子豪,2017)的运作逻辑,项目制对乡镇政府行为(付伟、焦长权,2015)和基层治理结构(李祖佩、钟涨宝,2016)的影响,以及项目分配的宏观效应和微观效应(陈家建、巩阅瑄,2021),等等。不过,尽管上述文献对于财政支农支出有深入研究,但尚无文献对新中国成立七十年以来支农支出的总量、结构和分布等关键特征进行总体回顾。

与上述文献相比,本文的贡献在于首次系统性地总结了新中国七十年来财政支农支出的总量、结构、政府间分布与地区间分布特征。尤为关键的是,七十年间财政支农支出的统计口径和支出科目均发生了巨大变化,不同时期农业、水利、扶贫和基本建设等支出结构也有很大差异,忽视口径与结构差异将可能误解支农支出的总量、成因与影响。但少有文献关注到支农支出的结构变化,更无文献系统性使用款级与项级科目数据对支农支出结构进行梳理。[①] 而本文通过系统性梳理支农支出的统计科目和结构,深化了对于支农支出的理解。

从更广视角来看,本文为理解中国财政支农和"三农"问题提供了坚实的基础。财政支出体现政府的战略和政策,而支农支出是财政支出中重要组成部分,故本文在一方面可以直接深化对财政支出和政府行为的理解,另一方面,也可以推动对于"三农"问题的相关研究。进入 21 世纪以来,国家对农业、农村和农民由"取"向"予"转变,越来越倾向于通过财政支出来推动"三农"问题的解决,近年来的脱贫攻坚和乡村振兴无不如此,与"项目制"相关的大量研究也试图理解财政支农支出的分配与使用过程。本文通过梳理财政支农支出的总体情况和演变,将为理解上述问题提供扎实的宏观背景。

二、 财政支农支出总量

本部分首先报告了财政支农支出总量的变迁。按通常做法,我们考察了支农支出的绝对值,支农支出占预算内支出或一般公共预算支出比重,以及农村人均支农支出(财政支农支出总额/农村居民人数)。但不同时期与不同地区的产业结构和财政支出结构有显著差异[②],单纯依靠上述指标很难有可比

---

① 文献之中,张俊伟(2006),李放、朱娟(2007)的研究一定程度上涉及了财政支农的结构问题。但他们主要是侧重于定性描述,较少结合财政支出科目进行实证分析;所用数据也集中在 20 世纪 90 年代和 21 世纪初。

② 例如,改革开放以来,第一产业占国内生产总值的比重趋于下降,1978 年第一产业占 GDP 之比为 24.8%,1982 年达到 29.3%,之后总体上趋于下降,2018 年占比为 7.0%。地区差异也非常明显,以 2018 为例,第一产值占比较低的北京、上海、天津三地仅有 0.4%、0.3%和 0.9%,而占比较高的广西、黑龙江、海南则有 14.8%、18.3%和 20.7%。若不考虑这种时间和地区上的差异,可能会得出错误结论。例如,若只观察改革开放四十年财政支农支出占一般公共预算支出之比,会认为财政对农业的支持变化不大;但若考虑到农业产值占国内生产总值的比重的变化,则会发现财政对农业的支持强度和重视程度明显上升。

性。在现有文献之中,农业支持强度是一个常用指标,指的是财政支农支出与第一产业产值的比值,用以衡量每单位第一产业产值受财政支持的强度(朱钢,1998;世界银行,2008;李普亮、贾卫丽、陈锐,2010;杨良松,2016)。因其能很好地考虑农业发展水平的时间与地区差异,故本文主要采用这一指标。此外,我们还计算了财政对农业的重视度指标,指支农支出占财政支出的比重与第一产业产值占国内生产总值的比重的比值;若此指标高于 1,说明财政对第一产业的支持强度高于其他产业。①

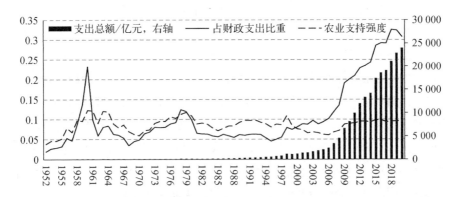

图 1　财政支农支出总量的变迁

资料来源:1952—1995 年农业事业费,支援农业生产支出,农林水部门基本建设支出均来自财政部农业司《国家财政用于农业支出统计资料(1950—1995)》。支援不发达地区支出 1980—1987 年数据为推算所得,1988—2006 年数据来自历年财政部国库司《地方财政统计资料》。1996—2006 年支农支出主要来自《中国财政年鉴 2007》,其中报告了 1950—2006 年国家财政用于农业的支出,包含支援农村生产支出和农林水利气象等部门事业费、农业基本建设支出等。2007—2020 年数据来自相关年度《中国统计年鉴》。图 2 来源相同。

说明:本文的财政支农支出口径采用的是 2007 年后的"农林水支出"科目口径,即所谓"中口径"。2007 年政府收支分类改革之后,财政支出统计按照功能分类,更加科学规范,故本文主要参照这一口径。由此向前追溯,2007 年之前,支农支出包括支援农村生产支出,农林水等部门的事业费,农林水基本建设支出,支援不发达地区支出。对相关科目的更多分析请见本文第三部分第一节。

---

① 客观而言,在计算财政支农支出占一般预算支出的比重时,分母是预算内支出或一般公共预算支出,未计入预算外支出,或近年来支出金额较大的政府性基金支出和社会保险基金支出;则这一指标会高估支农支出比重,从而高估农业重视程度。但考虑一般预算支出是中国政府支出的主体,本文采用的指标应该可以大致刻画财政对农业的重视度;且从数据可得性角度来看,预算外支出等数据的可得性较差,难以获得长时段的统一口径数据。

图2　农村人均支出额与农业重视程度的变迁

　　图1和图2报告了七十年来财政支农支出总量的变化。[①] 财政支农支出从1952年的6.53亿元增至1978年的126.6亿元[②],2020年进一步达到23 948亿元,较之新中国成立初增长了3600余倍。农村人均财政支农支出也从1952年的1.3元增至2020年的4697元。支农支出占一般公共预算支出的比重比较稳定,多数年份都在10%左右。农业支持强度与农业重视度分别从1952年的0.019、0.075增至2020年的0.308、1.274,也有非常明显的增长。

　　根据农业支持强度的变化,本文将七十年的财政支农初步分为三个阶段:

---

① 财政支农有多种口径,本文采用的是中口径,指的是财政部对支农支出的统计口径,如2007年后的农林水事务支出。张俊伟(2006)、李放、朱娟(2007)均指出,财政支农支出有宽、中、窄三种口径。窄口径支农支出指的是财政对农业的支出。由于林业、水利等支出的受益范围并不局限于农村和农民(如大中型水利设施的服务对象覆盖城乡),不包含在窄口径中。窄口径会低估财政支农支出,且数据限制也使得统计较为困难。宽口径则尝试测度财政对农业、农村和农民的全部支持支出,除"农林水支出"外,还需要纳入教育、医疗卫生、社会保障和环境保护等科目中对"三农"的投入,如农村教育支出,财政对新型农村合作医疗的补助支出,乡镇卫生院支出,农村医疗救助支出,基本公共卫生服务支出中用于农村居民的支出,农村最低生活保障支出,退耕还林支出,甚至还有乡镇政权支出,等等。但客观而言,准确测算宽口径支农支出存在诸多困难。一方面,受财政统计科目设置与数据可得性限制,准确测算2010年之前上述科目的历史数据难度较大;另一方面,近年的趋势是整合农村与城镇公共服务,这使得区分城乡支出更加困难,还可能意味着区分城乡公共服务支出的意义逐步下降。2014年7月《国务院关于进一步推进户籍制度改革的意见》指出,取消农业户口与非农业户口性质区分,统一登记为居民户口。由此带来公共服务和财政统计的变化。此处以医疗卫生支出进行说明,医疗救助方面,2014年起,原来的城市医疗救助、农村医疗救助两项整合为城乡医疗救助项目,不再区分城乡。居民医疗保险方面,2016年1月《国务院关于整合城乡居民基本医疗保险制度的意见》指出,国家整合城镇居民基本医疗保险和新型农村合作医疗两项制度,建立统一的城乡居民基本医疗保险制度;此后财政支出中也主要体现为财政对城乡居民基本医疗保险的补助项支出,农村和城镇医保的区分逐渐模糊,难以准确区分二者。公共卫生方面,占主体的基本公共卫生服务支出项也无法区分城乡居民的分别受益额。故本文也不采用宽口径。

② 1950年和1951年部分数据如第一产业产值、中央和地方支农支出数缺失,故分析自1952年起。

第一阶段为 1978 年改革开放前的探索阶段。这一时期农业支持强度有较大波动,1952—1960 年农业支持强度总体趋于上升,1959—1960 年为改革开放前农业支持强度最高的两年,其中 1960 年达 0.232,远高于其他年份。其后农业支持强度有所降低,1969 年后又逐年上升。相对而言,本阶段农业支持强度的波动较为明显,且从后文还可看出,这一阶段支农支出的结构变化也比较剧烈,表明财政对农业的支持尚处于探索阶段。

第二阶段为 1978—1997 年的调整阶段。[①] 本阶段农业支持强度不高,甚至总体上趋于下降,1995 年农业支持强度仅有 0.047,较之 1978 年的 0.127 有大幅的降低。农业支持强度下降主要发生在 1981—1985 年,同期支农支出占预算内支出的比重也有所下降。1986 年中央一号文件强调:"为保持工业与农业的均衡发展,从'七五'计划开始,国家对农业基本建设的投资和农业事业费,将适当增加。"数据也表明,1986—1991 年支农支出占财政支出之比确实有所上升,但农业支持强度却基本不变。1992 年后支农支出比重和支持强度又有所下降。不过,从农业重视程度来看,1995 年的 0.415 与 1978 年的 0.463 差异不大,这表明不同指标间确实存在显著的差异。

农业支持强度下降主要有以下原因:首先,农村改革释放农村活力,促使第一产业产值快速增长,从而导致农业支持强度下降。1982—1986 年,中央连续发布五个"一号文件",通过明确家庭承包责任制、改革人民公社制度、鼓励发展农村商品经济等一系列举措,显著提高了农民生产积极性和农业生产率,农民生产生活条件得到明显改善(杜润生,2018)。其次,20 世纪 80 年代财政体制由统收统支管理体制改为财政包干体制,导致"两个比重"(财政收入占 GDP 的比重与中央财政收入占全国财政收入的比重)下降(项怀诚,2009),较大程度削弱了财政对农业的支持能力。

值得注意的是,1993 年 7 月颁布的《农业法》第四十二条规定,"国家逐步提高农业投入的总体水平。国家财政每年对农业总投入的增长幅度应当高于国家财政经常性收入的增长幅度";这在 2003 年和 2013 年《农业法》修订版中得到重申,使得支农支出的持续增长有了法律保障。

第三阶段为 1998 年至今的反哺阶段。分税制改革之后,一般公共预算收入增长明显,财政支持农业的能力增强,对农业的重视程度也明显增长。从数据来看,1998 年起农业支持强度有显著提升;且下文分析表明,1998 年开始财

---

① 朱钢(1998)对这一时期财政支农支出的发展趋势及其成因有深入分析。

政支农政策开始转向。农业支持强度在 2004 年后进一步增长；2007 年起增速尤为明显，支持强度从 2006 年的 0.102 增至次年的 0.119，2009 年大幅增至 0.191，之后也保持高速增长，2018 年达到 0.326。① 财政对农业的重视程度也明显增加，2014 年，财政对农业的重视程度首次超过 1，2019 年更进一步增至 1.346，表明财政对第一产业的重视程度已经超过第二产业与第三产业。后文对结构的分析还发现，1996 年至今的支农支出经过多次调整，结构也有显著优化。

需要强调的是，正是中央对"三农"问题的高度重视促进了财政支农支出的快速增长。客观而言，由于长期的城市偏向政策（蔡昉、杨涛，2000；王德文、何宇鹏，2005），财政对农业的支持力度长期不高；农业税及附加的各种税费还对农民造成了较重的负担（陶然、刘明兴、章奇，2003；章奇、刘明兴、单伟，2004；周飞舟、赵阳，2003）。但从 20 世纪 90 年代末开始，涉农财税政策开始明显转变。1998 年党的十五届三中全会《中共中央关于农业和农村工作若干重大问题的决定》指出，"坚持多予少取，让农民得到更多的实惠"。2000 年 3 月《中共中央国务院关于进行农村税费改革试点工作的通知》也提出，对农民要"多给予、少索取"。2002 年 1 月召开的中央农村工作会议进一步强调，增加农民收入总的指导思想是"多予、少取、放活"，这一思想在 2004 年被写入中央一号文件。这一系列文件标志着财政支农的指导思想发生了根本性转变，对农民由"取"向"予"转变，开启了工业反哺农业、城市支持农村和城乡公共资源均衡配置的进程；财政支农重点也从以促进农业生产为目标，转向以促进农业农村的全面发展为目标。

2004—2021 年，连续 18 年的中央一号文件均关注"三农"问题②，体现了中

---

① 值得注意的是，2006 年全面废除农业税之前，农民一方面接受财政支持，但另一方面也需要缴纳农业税费，故财政对农业和农民的支持力度会受到农业税费的对冲；相比之下，农业税废除之后，财政对农业的净支持力度会更高。对财政农业净投入的分析参见朱钢（1998）。

② 历年文件分别为：2004 年《关于促进农民增加收入若干政策的意见》；2005 年《关于进一步加强农村工作提高农业综合生产能力若干政策的意见》；2006 年《关于推进社会主义新农村建设的若干意见》；2007 年《关于积极发展现代农业扎实推进社会主义新农村建设的若干意见》；2008 年《关于切实加强农业基础建设进一步促进农业发展农民增收的若干意见》；2009 年《关于 2009 年促进农业稳定发展农民持续增收的若干意见》；2010 年《关于加大统筹城乡发展力度进一步夯实农业农村发展基础的若干意见》；2011 年《关于加快水利改革发展的决定》；2012 年《关于加快推进农业科技创新持续增强农产品供给保障能力的若干意见》；2013 年《关于加快发展现代农业，进一步增强农村发展活力的若干意见》；2014 年《关于全面深化农村改革加快推进农业现代化的若干意见》；2015 年《关于加大改革创新力度加快农业现代化建设的若干意见》；2016 年《关于落实发展新理念加快农业现代化实现全面小康目标的若干意见》；2017 年《关于深入推进农业供给侧结构性改革加快培育农业农村发展新动能的若干意见》；2018 年《关于实施乡村振兴战略的意见》；2019 年《关于坚持农业农村优先发展做好"三农"工作的若干意见》；2020 年《关于抓好"三农"领域重点工作确保如期实现全面小康的意见》；2021 年《关于全面推进乡村振兴加快农业农村现代化的意见》。

央对农业、农村和农民的持续重视;而这些文件均强调财政对"三农"的支持。2004 年中央一号文件(以下简称文件)强调,要继续增加财政对农业和农村发展的投入;文件还指出,要建立健全财政支农资金的稳定增长机制,这一论述在后来的一号文件中被反复强调(如 2005—2007 年和 2012—2017 年的文件)。2005 年文件提出,在稳定现有各项农业投入的基础上,新增财政支出和固定资产投资要切实向农业、农村、农民倾斜;2006 年也有类似论述。2007 年文件强调,要大幅度增加对"三农"的投入,次年与 2009 年也有类似论述。2010 年与 2013 年文件均表示,"三农"投入要确保总量持续增加、比例稳步提高;2011 年与 2012 年文件也指出,要确保水利投入和农业科技投入稳定增长。2018 年和 2019 年文件进一步强调,要优先保障"三农"资金投入,公共财政更大强度向"三农"倾斜。2021 年文件提出,继续把农业农村作为一般公共预算优先保障领域。正是党中央和国务院对财政支农的长期重视,才促成了财政支农支出的稳定增长。

三、　财政支农支出结构的变迁

新中国成立七十年以来,支农支出的结构也发生了巨大变化,需要对其结构进行进一步分析。按照我国财政统计制度,财政支出功能科目分为类、款、项三级,每类支出包含若干款支出,每款支出又包含若干项支出。观察支农支出涉及的功能科目,有助于我们理解其结构演变。[①] 故本节首先分析了支农支出统计功能科目的演变,其次分析了几种主要支出占比的变迁。

(一)支农支出统计功能科目的变迁

表 1 汇总了 1952—2020 年我国地方财政支农支出统计涉及的类级和款级科目。由于涉及的项级科目较多,在此并未一一列出。总的看来,2003 年与 2007 年是两个关键时间节点,支农支出统计科目在这两年发生了较大变化。

---

① 除了功能科目外,财政支出统计还包含经济分类科目,这种分类主要区分基本支出(人员经费和日常公用经费)和项目支出。但相对而言,该分类主要是在 2000 年逐步推行部门预算后开始试点和完善,且数据可得性较差,故本文未分析经济分类科目。

表1 1952—2020 年财政支农支出的类级和款级功能科目

	类	款
1952—2002	支援农村生产支出（1953—）	小型农田水利和水土保持补助费；支援农村合作生产组织资金（1959—）；农村农技推广和植保补助费（1976—）；农村造林和林木保护补助费（1976—）；农村水产补助费（1978—）；农村开荒补助费（1979—1985）；农村草场和畜禽保护补助费（1981—）；农业发展专项资金支出（1987—1994）；发展粮食生产专项资金支出（1989—）
	农林水利气象等部门事业费	农业；畜牧；林业；水利；水产；农垦（1953—）；气象（1954—）；农机（1963—）；农场（1978—）；乡镇企业（1981—）；农业资源调查和区划费（1981—）；土地管理（1987—）；森林警察部队经费（1997—2000）；天然林保护（1999—）；退耕还林（2000—）；其他
1995—2002	农业综合开发支出	中央立项开发的项目投资；地方立项开发的项目投资
2003—2006	农业支出	行业管理；自然灾害救助；农业生产资料补贴；农业资源和环境保护；土地管理支出；农业综合开发；其他
	林业支出	行业管理；森林救灾；天然林保护；退耕还林；森林生态效益；森工；造林；防沙、治沙；其他
	水利和气象支出	水利行业管理；防汛、岁修、抗旱；水文、水质、水土、水资源管理；水利建设；气象支出
1952—2006	基本建设支出	农林水等部门
1980—2006	支援不发达地区支出	支援不发达地区支出（1991—2000）；财政扶贫资金（2001—）；"三西"农业建设专项补助资金（1991—2000）；边境建设事业补助费；少数民族地区补助费
2007—2020	农林水事务（—2013）；农林水支出（2014—）	农业（—2019）；农业农村（2020—）；林业（—2018）；林业和草原（2019—）；水利；南水北调（—2019）；扶贫；农业综合开发（—2019）；农村综合改革（2010—）；引导金融机构支农补助（2013）；促进金融支农支出（2014—2015）；普惠金融发展支出（2016—）；目标价格补贴（2015—）；其他农林水支出

资料来源：1952—1995 年支援农村生产支出、农林水利气象等部门事业费科目来自《国家财政用于农业支出统计资料（1950—1995）》，但该书并未统计支援不发达地区支出；限于数据可得性，支援不发达地区支出科目仅有 1991 年之后数据，数据来自历年《地方财政统计资料》。1996—2009 年各项科目来自历年《地方财政统计资料》，2010—2020 年科目来自财政部网站主动公开的历年全国财政决算中的全国一般公共预算支出决算表（网址为：http://www.mof.gov.cn/zhengwuxinxi/caizhengshuju/index.htm），以及财政部历年发布的《政府收支分类科目》。

1952—2002 年,财政支农支出主要分为支援农村生产支出和农林水利气象等部门事业费两类。从两类支出的款可见,二者均包含了农业、林业、水利支出。表 1 可见,不少款级科目均是后期逐步增加。1952 年农林水利气象事业费只有 5 款支出,后期逐步增加了农垦、气象、农机三款支出;1978 年后又逐步增加了农场等多款支出。支援农村生产支出于 1953 年设立,仅有小型农田水利款支出,后期逐步增加了支援农村合作生产组织资金等款项。还有不少款是 1978 年后新设。此外,1980 年新设立了扶持贫困地区的支援不发达地区支出,1995 年增加农业综合开发支出。总的看来,改革开放后支农支出基本延续了之前的支出体系,但支出的内涵更加丰富,对农业的支持也更为全面。

2003 年,支农支出的统计口径发生了重大变化。新的支农支出统计主要有农业、林业、水利和气象支出三类,农业综合开发类支出成为农业类支出中的一款。2003 年的统计科目与 2002 年的有较大的差别,2002 年及之前,支援农村生产支出和农林水利气象等部门事业费两类支出中均包含了农业、林业、水利支出,需要基于款级和项级数据才能区分行业投向;然而 2003 年后行业区分非常明显。但 2003—2006 年的统计科目比较粗略,在农业类支出方面尤为明显。2002 年支援农村生产支出中有农业相关支出 5 款 10 项,农林水利气象等部门事业费中有农业相关支出 8 款 44 项,另有农业综合开发支出 1 类 2 款,共计 15 款 54 项;而 2003 年农业类支出则仅有 6 款 34 项。[①] 科目简化导致支农支出预算编制没有细化,难以有效地分析其内部结构,也使得这一时期的支农支出很难与 2003 年前一一对应。

此外,1952—2006 年,基本建设类支出中也包含了农林水等部门的支出,且金额相当可观,应当计入支农支出。

2007 年政府收支分类改革后,财政支出按照功能分类[②],支农支出统计口径有巨大的调整,相关支出都统一到农林水事务类,内含农业、林业、水利、南

---

① 比如,2006 年农业支出类中,行业管理款占比为 74.9%,其中其他行业管理项占比就达到 32.2%,其他农业支出款的占比为 13.5%,两个科目占农业类支出的 45.8%。2003—2005 年其他农业支出款与其他行业管理项合计占比分别为 47.4%、46.0% 和 44.5%。上述测度均不含土地管理支出。

② 2007 年之前,财政支出主要按照按经费性质分为基本建设支出、行政管理费、各部门的事业费等,故财政支农支出分散在多个统计科目;2007 年科目改革之后主要采用功能分类,即只要是履行农林水职能的支出,均归于这一科目之下。例如,2007 年没有设置基本建设支出类,各行政和事业单位的基本建设支出,先要根据各单位的职能,确定相应的类、款,然后根据款下项级科目设置情况,归入相应的项级科目。比如,农业管理部门的基本建设支出,归入农业款支出下的一般行政管理事务项;水利工程的基本建设支出,列入水利款支出下的水利工程项。

水北调、农业综合开发、扶贫、其他农林水事务七款。一方面，原来没有包含进农业、林业、水利和气象三类支出，但与农林水事务相关的支出都被统计进来，包括农林水部门的基本建设支出、支援不发达地区支出（2007 年后改称扶贫支出）。这意味着在 2006 年之前的统计中需要加入这些项目。另一方面，部分在 2006 年属于农业、林业、水利和气象三类支出的项目，在 2007 年之后被划入其他科目。根据财政部文件（财政部预算司，2006：62—65），2007 年之前，天然林保护、退耕还林、风沙荒漠治理等属于林业支出，2007 年开始改列环境保护类支出。土地管理支出、气象支出在 2007 年改列一般公共服务类中的国土资源管理事务款、气象事务款。此外，2007 年起单独设置了科学技术类级科目，要求科技三项费用统一在科学技术类中反映。[①] 按照可比口径，需要在 2007 年之前的统计中剔除这些项目。[②]

　　2007 年收支分类改革后，农林水支出的科目设置更加合理和全面。我们对比了 2002 年和 2010 年的款级与项级科目，有以下发现。首先，农业和农村方面的支出结构更加完善。一个显著变化是增加了各项补贴。2002 年支出科目中基本没有补贴，而 2010 年的农业相关补贴包括稳定农民收入补贴、农业结构调整补贴、农业生产资料补贴、农业生产保险补贴、农资综合直补、石油价格改革对渔业的补贴、棉花专项补贴等。此外，还增加了农村能源综合建设、农村道路建设、对高校毕业生到村任职补助等项级科目；并新设了农村综合改革款科目，包括对村级一事一议的补贴、对村民委员会和村党支部的补贴、乡村债务化解等项。其次，水利与林业方面的科目也更加细致。2002 年水利支出主要涉及水利事业费（含 4 项）、小型农田水利和水土保持补助费（含 13 项）两款共计 17 项；2010 年水利款含 25 项，另有南水北调款 10 项。2002 年林业支

---

① 2007 年开始，科学技术类支出分设 9 款：科学技术管理事务、基础研究、应用研究、技术研究与开发、科技条件与服务、社会科学、科学技术普及、科技交流与合作、其他科学技术支出。其中应用研究款的社会公益研究项反映从事卫生、劳动保护、计划生育、环境科学、农业等社会公益专项科研方面的支出。
② 据《2006 年地方财政统计资料》，2006 年地方农业、林业、水利与气象支出之和为 1967.2 亿元，扶贫支出为 207.7 亿元，农林水利方面的基础建设支出为 386.8 亿元，很显然，若不包含这两类支出会大大低估财政支农支出。1998—2006 年，需要从农业、林业和水利支出中扣除的天然林保护、退耕还林、风沙荒漠治、土地管理支出、气象支出的金额合计分别为 42.5、89.0、126.7、209.4、124.4、511.2、371.4、422.0 亿元，占地方支援农村生产支出和农林水气事业费（2003 年后为农业、林业和水利支出）之和的比例分别为 7%、13%、15%、21%、12%、33%、23%、21%，规模不可小视，而包含这些支出会高估地方财政支农支出。此外，各省需要加入和扣除的项目金额也有所不同。

出主要包含林业事业费(含 10 项)、森林工业事业费(含 5 项)、农村造林和林木保护补助费(含 2 项)三款共计 17 项。2010 年林业款支出含 30 项,增加了林业自然保护区、动植物保护、森林防火等多项支出。

2007 年之后,农林水支出的结构总体比较稳定,但也有所调整。农业款主要是对部分支出项目进行了整合,并自 2020 年起更名为农业农村款。林业款自 2019 年起更名为林业和草原款,项级科目也有微调。南水北调款自 2020 年起并入水利款。2013 年增加了引导金融机构支农补助款,几经变化后,2016 年起更名为普惠金融发展支出。2015 年新增目标价格补贴款,主要是对大豆和棉花的补贴。农业综合开发款则自 2020 年起撤销。

财政支农结构的变化很好地贯彻了中央一号文件的精神。2004 年中央一号文件指出,要给予农民粮食直接补贴、良种推广补贴和农机具购置补贴,这在后来被多次重申。2006—2007 年文件均强调要扩大公共财政覆盖农村的范围,推进现代农业建设。2008 年文件指出,要逐步提高农村基本公共服务水平,推进农村基层组织建设。2009—2012 年的文件提出,要加大农村重点民生领域投入,缩小城乡公共事业发展差距。2013 年文件提出,要全面制定一系列多予少取、放活和工业反哺农业、城市支持农村的重大政策,全面构建农业生产经营、农业支持保护、农村社会保障、城乡协调发展的制度框架。2015 年文件强调,要优化财政支农支出结构,重点支持农民增收、农村重大改革、农业基础设施建设、农业结构调整、农业可持续发展、农村民生改善。2018 年中央提出乡村振兴战略,要求财政投入与乡村振兴目标任务相适应。从财政支农支出的结构发展来看,通过农业补贴、农村道路、人畜饮水、基层组织等方面的支出,农业农村生产生活条件有显著的改善。总体看来,财政支农支出结构逐步完善,财政对农业、农村和农民的支持更加全面。

(二) 支农支出功能科目占比的变迁

基于上述分析,我们可以利用可比口径比较财政支农支出主要功能科目占比的变化。考虑到统计口径的变化,主要分析时段为 1952—2002 年和 2010—2020 年①。

---

① 如前所述,2003—2006 年科目设置比较粗略,故未进行分析。2007—2009 年只有《地方财政统计资料》报告的地方支农支出各款、项数据,缺乏中央支出的款、项级数据,也未分析。

图 3 汇报了 1952—2002 年财政支农支出的内部构成。可以看出,1978 年前后的支农支出的结构有明显差异。1952—1977 年,支农支出以基本建设支出为主导,其占比较高,多数年份远超支援农村生产支出和事业费支出;26 年间基本建设支出占比均值为 52.2%,其中有 16 年的占比均超过 50%,1958 年最高达到 77.5%。进一步细分发现,农林水基本建设支出中用于水利建设的最多,26 年间占比均值达到 64.3%,大量投资是这一时期水利工程建设取得巨大成就的重要原因。此外,1952—1977 年间支农支出的结构波动也比较明显,如 1960 年之前和之后的支农支出的结构有显著的差别。

1978—2002 年财政支农支出的结构相对稳定。在多数年份,支援农村生产支出与农林水利气象等部门的事业费是占比最高的两类支出,二者占比相差不大,均在 30%—40% 间波动;但 1988 年与 1998 年是比较明显的两个时间点,两类支出的占比有较大变化。基本建设支出占比 1979—1988 年总体上趋于降低,之后保持稳定,1998 年则从上年的 19.9% 剧增至 39.0%。相比之下,扶贫支出的占比较为稳定,1980—1995 年均在 5% 上下,1996 年有显著增长,之后数年稳定在 10% 左右。

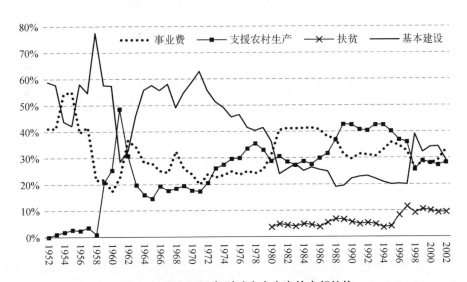

图 3　1952—2002 年财政支农支出的内部结构

资料来源:同表 1。

说明:由于统计科目和数据可得性限制,沿用了这一时期的统计口径,未区分农业、林业、水利支出。

表2详细分析了2010—2020年农林水支出主要的款级和项级科目的占比变化。总体来看,农业相关的款占比有较明显的降低;扶贫支出增长明显,但主要是2016年之后;农村综合改革、水利、林业等款支出相对比较稳定。我们还分析了各款的内部结构。农业款中一些项级科目有明显的变化。农业各项补贴占比在2013年后有所下降,但规模仍很可观。2018年共计2677亿元,占农林水支出的12.7%,其中金额最高的是农业生产支持补贴,达1351亿元。农业综合开发主要用于土地治理,其占比趋于下降,2020年该科目取消。农村综合改革款主要是对一事一议的补助,对村民委员会和村党支部的补助。水利支出中水利工程的占比最高,多数年份均稳定在10%左右,农田水利的占比也较高,但近年来也有所下降。农村人畜饮水在部分年份占比较高,也趋于下降。林业支出占比稳定在9%左右,主要有森林培育和其他林业等支出。扶贫支出自2016年起占比显著增长,表明政府高度重视扶贫事业;其中占比较高的有基础设施建设、生产发展和其他扶贫支出。[①]

值得注意的是,"其他支出"的占比居高不下。其他农林水支出款的占比不高,但若加总各款如农业、林业、水利、扶贫等各款支出中的其他农业支出项,则占比较高,且2012年后有升高之势。2020年,其他支出款和其他支出项占农林水支出的27.5%,其中其他农业支出项占7.6%,其他扶贫支出占10.0%。相对而言,"其他支出"的用途往往并不明确,表明农林水支出的预算编制有待细化。

表2 2010—2020年支农支出中主要款项的比重　　（单位:%）

	2010	2011	2012	2013	2014	2015	2016	2017	2018	2019	2020
农业款	45.5	43.2	42.4	42.2	41.5	39.8	38.9	36.8	33.3	34.5	34.9
补贴	17.1	16.5	16.7	15.8	14.8	14.2	14.4	13.9	12.7	12.2	13.8
其他农业	5.4	5.8	5.7	6.7	6.7	6.8	7.2	6.7	6.5	8.1	7.5
农业综合开发款	4.2	3.9	3.9	3.9	4.0	3.5	3.3	3.0	2.7	1.3	/
农村综合改革款	7.5	8.9	8.2	8.6	8.9	8.2	8.1	7.8	7.3	7.2	7.6
一事一议补助	4.6	6.0	5.4	5.2	4.9	4.0	3.4	2.7	2.2	1.8	1.6
村两委补助	2.6	2.5	2.4	2.6	2.9	2.9	3.3	3.6	3.7	3.8	4.3

---

① 对扶贫支出结构的更多分析参见杨良松、周宇、刘俊(2020)。

续表

	2010	2011	2012	2013	2014	2015	2016	2017	2018	2019	2020
水利款	23.8	26.9	27.7	25.7	25.0	28.1	24.2	23.8	22.1	20.4	19.0
水利工程	10.7	10.4	10.8	10.1	10.5	12.6	11.5	11.4	10.2	9.9	9.0
农田水利	3.8	4.6	4.9	3.7	3.7	4.4	3.4	2.4	1.9	1.2	0.7
农村人畜饮水	3.1	2.3	2.6	2.1	1.9	2.1	0.7	0.6	0.8	0.9	0.6
林业款	8.2	8.8	8.5	9.0	9.5	9.3	9.1	9.0	9.2	8.8	8.5
森林培育	1.6	1.8	2.0	2.1	2.1	2.4	2.3	1.9	2.2	2.1	1.9
扶贫款	5.2	5.5	5.8	6.3	6.7	7.1	12.3	17.0	23.1	24.3	23.5
基础设施建设	2.6	2.4	2.7	2.6	2.6	2.4	4.4	5.4	8.0	7.9	6.7
生产发展	1.2	1.2	1.3	1.5	1.4	1.3	2.2	3.4	4.2	4.6	5.3
其他扶贫	0.9	1.4	1.4	1.8	2.1	2.9	4.8	6.9	9.3	10.4	10.0
其他农林水款	2.6	2.8	3.5	4.3	4.3	4.1	4.0	2.5	2.4	3.5	3.8
其他款与其他项	12.5	13.9	14.9	17.3	18.2	19.2	21.3	22.3	24.5	28.1	27.5

资料来源:财政部网站主动公开的历年全国财政决算中的全国一般公共预算支出决算表。

说明:各款、项支出的占比指的是占农林水支出总额之比,除款之外的项目均为项级科目。2020年农业款指农业农村款,历年普惠金融发展支出款、目标价格补贴款均计入农业款。财政部公布的2019—2020年全国和地方一般公共预算支出决算表均未报告普惠金融发展支出额,但《政府收支分类科目》有该款支出,其金额为农林水支出总额减去报告的各款支出推算所得。补贴包含了目标价格补贴款以及农业款、普惠金融发展支出款中的相关补贴和贴息,但如前所述,2019—2020年普惠金融发展支出无数据,其补贴额也为推算所得。历年水利款均包含南水北调。农村人畜饮水项在2007—2010年属于农业款,2011年起改列水利款,在此将其归入水利支出。水利工程为水利工程建设项与水利工程运行维护项之和。2019—2020年林业款指林业和草原款。

表3　五个典型年份财政支农支出的内部结构　　　　　　　(单位:%)

	1965	1981	1995	2010	2018
支出总额(亿元)	40	103	563	8 130	21 086
农业小计	24.5	46.2	57.0	57.2	43.3
其中:农业类补贴	/	/	/	17.1	12.7
农村综合改革	1.4	5.9	5.1	7.5	7.3
农业综合开发	/	/	12.0	4.2	2.7
其他的农业支出	23.1	40.3	40.0	28.4	20.6

续表

	1965	1981	1995	2010	2018
水利小计	58.0	41.7	30.2	26.0	22.1
其中:水利工程	32.9	11.8	12.2	10.7	10.2
农田水利	14.7	17.8	8.1	3.8	1.9
其他的水利支出	10.4	12.0	9.9	11.5	10.0
林业	7.3	7.2	7.6	8.2	9.2
扶贫	/	4.9	4.0	5.2	23.1

资料来源:同表 1。

说明:对这五年的选择综合考虑数据可得性和财政支农的结构变化。为口径一致,1965年、1981 年与 1995 年农村综合改革指的是支援农村生产支出类中支援农村合作生产组织资金款中的"扶持生产队(组)资金";水利工程指的是水利基本建设支出。农业小计包含了农村综合改革支出和农业综合开发支出,其他的农业支出指农业农村类支出中,除农业补贴,农村综合改革,农业综合开发外的其他支出。其他的水利费指水利支出中除水利工程、农田水利外的其他支出。

最后,我们选取有代表性的五年,使用比较一致的统计口径来分析财政支农支出在新中国七十年的结构变迁。表 3 可见,财政支农支出的内部结构确实有较大变化,在农业补贴与农田水利等支出项目上表现尤为明显。正如表 1 所示,部分支农支出科目为新增。即使是长期存在的科目,其占比也有较大的变化。第一,农业支出占比长期较高,但总额和结构变化明显。1981 年农业类支出占比较 1965 年显著提升,1995 年与 2010 年高达 57%,2018 年也处于较高的水平。但其结构有显著变化,农业补贴方面尤为突出,1965 年、1981 年和 1995年没有农业补贴,而在 2010 年和 2018 年,农业补贴成为重要的一种支出。农业综合开发支出也是如此,1965 年、1981 年并无该种支出,1995 年占比达12%,2010 年后占比明显降低。第二,水利支出占比有明显的下降,从 1965年的 58%降至 1981 年的 41.7%,再降至 2018 年 22.1%。细分可见,1965年到 1981 年的下降主因是水利工程即水利基本建设支出的占比降低,从32.9%降至 11.8%;1981 年后下降主因在于农田水利,其占比从 17.8%降至 2018 年的 1.9%;其他的水利项目占比变化不大。第三,林业等项目比较稳定。林业支出占比均较稳定,甚至略有增加。扶贫支出的占比在2018 年明显高于 2010 年,但如图 3 和表 2 所示,扶贫支出增长主要体现在2016 年后,多数时期较稳定。

总之,新中国成立七十年以来,财政支农支出的结构有显著优化,科目分类更加细致和合理,覆盖领域更广,从重点支持农业生产、水利建设转向对农业、农村和农民的全面支持①。经过七十年的发展,已经构建起覆盖农业生产经营、农业支持保护和农村民生事业的财政支农框架。

四、 支农支出的政府间分布

我国有中央、省、市、县、乡五级政府,支农支出在各级政府间的分布对于支出效率影响甚大,故本节对七十年来支农支出的政府间分布进行分析,首先分析支农支出在中央与地方的分布,其次探讨支农支出在地方各级政府间的分布。

(一) 支农支出在中央与地方的分布

图4展示了1952年以来支农支出在中央与地方的分布。总的看来,新中国成立以来支农支出主要由地方财政负责。新中国成立初中央支出占比较高,但下降非常明显,从1952年的70.6%降至1957年的35.9%,1958年进一步降至12.8%,此后一直到1985年均未超过20%。1970—1977年中央支农支出占比甚至不足5%,表明这一阶段支农支出高度分权。改革开放后中央支出占比有所上升,1985—2000年中央占比大都在20%左右,1998年达到最高值,为31.4%,之后逐年下降,2007年已低于10%,2020年为2.1%。

分类来看,中央财政支农支出占比主要受到基本建设支出的影响,中央占比较高的年份均是中央基本建设支出占比较高的年份,如20世纪50年代末、80年代中期到90年代后期均是如此。在支援农村生产支出和农林水等部门事业费上,中央占比只在20世纪50年代初较高,1958年起便长期低于10%,地方政府承担了绝大部分支出。

---

① 财政支农支出的这些结构变化也具有重要研究意义,在评估财政支农支出的政策影响时尤为明显。在研究财政支农支出对农民收入、农民消费、城乡收入差距、农业产值增长及农业支出投入产出效率等变量的影响时,若能考虑到样本观测期的支农支出的结构,将有助于更好地理解支农支出的影响。

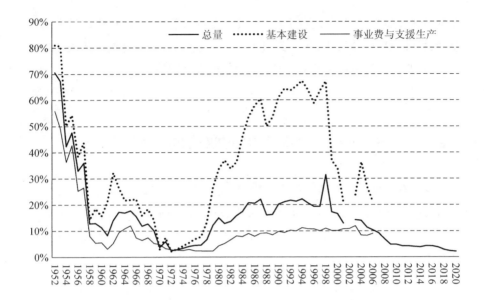

图 4　中央财政支农支出占比

资料来源:1952—1995 年中央基建支出、事业费支出等数据来自《国家财政用于农业支出统计资料(1950—1995)》。1996 年后数据根据全国总支出减去地方支出获得,相关数据来自历年《地方财政统计资料》《中国统计年鉴》和《中国财政年鉴》。
说明:2002 年中央基本建设支出数据不可得,故未计算中央占比。

表 4　中央对地方的农林水转移支付

	2009	2010	2011	2012	2013	2014	2015	2016	2017	2018	2019	2020
总额/亿元	3 193	3 492	4 602	5 770	5 796	6 284	6 652	6 611	7 180	7 432	8 602	8 725
占支出之比/%	47.5	43.0	46.3	48.2	43.4	44.3	38.3	35.6	37.6	35.2	37.6	36.4

资料来源:财政部网站主动公开的历年中央财政决算中的中央财政对地方转移支付决算表和中央基本建设支出决算表。
说明:样本期内转移支付制度有多次变化,统计的农林水转移支付主要是一般性转移支付,专项转移支付,以及中央基本建设支出中对地方转移支付中与农林水事务相关的科目。

　　尽管中央直接支出占比不高,但中央仍通过政府间转移支付影响地方农林水支出。分税制改革之后,多数地区的地方财政收入低于财政支出,地方支出对中央转移支付的依赖程度较高,支农支出也不例外。表 4 表明,近年来中央给予大量转移支付给地方财政用于农林水事务,农林水转移支付金额在2009 年大幅增加,占当年全国农林水支出的 47.5%;2020 年金额增至 8725 亿元,占全部农林水支出的比重有所下降,但也达到 36.4%。这些转移支付中一般性转移支付占比较低,而专项转移支付占比约 90%。2019 年起转移支付制度有所调整,原有的农林水相关的专项转移支付大都转为一般性转移支付中新设的共同事权转移支付下的科目。除了专门用于农林水事务的转移支付外,中央还通过大量的均衡性转移支付支持地方支出,其中也应有相当部分用于农林水支出。

转移支付对促进农林水支出增长有积极影响,但其分配和使用上都存在较大缺陷(周飞舟,2012;范子英、李欣,2014;Liu, et al., 2009)。审计署对中央预算执行和其他财政收支的审计工作报告中多次提及转移支付尤其是专项转移支付在安排和管理上存在的缺陷,在 2010—2016 年间,除 2014 年度工作报告外,其他年度报告均报告了专项转移支付的问题,如管理不严格,分配环节多,管理链条长,多头管理,资金安排交叉,等等。2019 年后转移支付制度改革后应有所改善,但审计署 2020 年度审计工作报告指出共同事权转移支付管理尚不完善,部分仍沿用原有的专项管理办法。

(二)支农支出在地方各级政府的分布

支农支出在地方各级政府之间的分布也值得研究。在地方政府中,省、市、县、乡四级政府的职能与激励不同,不同层级政府承担支农支出所产生的影响也会不同;尤其是作为"治民之官"的县级与乡级政府,直接接触农村和农民,是公共服务的主要提供者,往往更为关键(周飞舟,2006)。图 5 报告了 1991—2009 年的主要情况。总的看来,县级政府的占比最高,其次是省级与地级,而乡镇级政府的占比一直是最低的。相对而言,县乡级基层政府与农民有更多的直接接触,但二者的占比长期不超过 2/3。

我们还考察了地区间可能的差异,但限于数据的可得性,只报告了东部和西部部分地区部分年份的数据。总体而言,支农支出在地方政府内部趋于分权化。除广东外,市级比重均较低,县级比重最高。但观察省级比重可见,各地呈现出不同的趋势。与 2010 年相比,东部的浙江、福建、广东三省 2018 年省级占比下降明显,四川亦然。而贵州的省级占比仍然较高,2018 年占比为 31.7%,2019 年甚至达 47.5%。

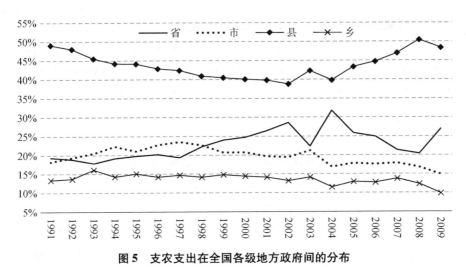

图 5 支农支出在全国各级地方政府间的分布

资料来源:历年《地方财政统计资料》。限于数据可得性,无 1991 年之前与 2009 年之后全国层面支农支出的分级数据。

表 5 部分省区的支农支出在各级政府间的分布 （单位:%）

	2003				2010				2018			
	省	市	县	乡	省	市	县	乡	省	市	县	乡
浙江	15.3	14.7	52.9	14.5	13.6	10.4	59.5	16.5	4.6	11.1	61.3	23.1
福建	27.6	17.1	40.1	15.2	23.8	8.6	52.6	15.0	6.2	11.7	64.2	17.9
广东	18.4	27.1	40.4	14.0	10.2	29.6	43.9	16.3	7.1	25.0	52.2	15.8
广西	54.3	13.0	26.4	6.3	26.7	13.0	54.6	5.7	11.7	9.8	62.9	15.7
四川	22.2	12.3	52.2	13.3	21.7	9.1	52.0	17.3	2.7	11.2	68.9	17.2
贵州	7.3	15.2	66.6	10.9	16.9	6.9	66.5	9.7	31.7	5.2	49.7	13.4

资料来源:浙江、福建、广东、广西数据分别来自相关年度《浙江财政年鉴》《福建财政年鉴》《广东财政年鉴》与《广西财政年鉴》,贵州数据来自《贵州统计年鉴》,四川省数据为依申请公开所得。

评判财政支农支出在各级政府间的分布,主要标准是财政分权理论对分权优缺点的研究:一方面,财政分权具有突出的优点。不同地区的人文地理与经济条件迥异,而地方政府接近民众,更熟悉当地情况(Hayek,1945),且能更快地对地方性问题进行反应,因而有可能更有效率地使用支农资金;分权也有助于强化地方政府间的竞争,鼓励地方政府创新,进一步提高财政支出效率(Tiebout,1956;Oates,1972)。另一方面,财政分权也存在缺点。地方政府的能力可能不足,而激励也可能与中央政府有差异。地方政府通常无力解决地区间外部性与收入分配等问题,地方官员也可能缺乏足够的能力去有效实施政策(Prud' Homme, 1995),官员对个人收入和政绩的追求也可能扭曲他们的激励(杨其静、聂辉华,2008;陶然、苏福兵,2021)。

总体而言,我国的支农支出正在逐步分权,但存在明显的地区差异。中央的比重在逐步降低,而在东部省份,省级财政支出比重也有明显下降;但在部分地区,省级财政比重仍然居高不下。各级地方政府中,县乡级政府直接与基层民众接触,对资金的使用也往往会更有效率。贵州等地是否有必要进一步分权,让县乡政府承担更多的支农支出,无疑值得细察。

五、 财政支农支出的地区差异

上述分析主要基于全国层面数据,但各省、自治区、直辖市的支农支出也可能存在较大的差异,本节对此进行分析,但限于篇幅,在此主要采用农业支持强度指标进行研究。

图6报告了主要四个区域的农业支持强度的变化。[①] 总体而言,各区域趋势与全国趋势基本一致,均在1960年达到改革开放前的最高点,1978年前后又是一个小高峰。四个区域的支农强度都在改革开放前期有所下降,1995年开始平稳增长,2004年后迅猛增长。但也有比较明显的地区差异。如1978年前,东北的财政支农强度明显高于其他地区,但1978年后西部的支持强度与东北不相上下,而2000年后西部农业支持强度一直显著高于其他地区,表明西部大开发战略确实对西部地区产生了显著的积极影响。2003年修订的《农业法》关于农业财政投入的第三十八条也特别指出,"国家为加快西部开发,增加对西部地区农业发展和生态环境保护的投入"。2000年后多数时期东北的农业支持强度略高于东部。中部的农业支持强度在1970—2000年与东部接近,而在2000年后长期低于其他地区。

我们还对省级数据进行了分析。表6报告了1952—2020年部分年份省级财政支农强度的基本情况。各地的支持强度均值的基本趋势与全国基本一

① 按照通常划分标准,东北包含辽宁、吉林、黑龙江;东部包含北京、天津、上海、河北、山东、江苏、浙江、福建、广东和海南;中部包含山西、河南、安徽、湖北、湖南、江西;西部包含重庆、四川、云南、贵州、广西、陕西、甘肃、青海、宁夏、西藏、新疆、内蒙古。

图 6　各区域农业支持强度差异

资料来源:1952—1995 年各地支援农村生产支出,农林水利气象等部门事业费、基本建设支出等数据来自《国家财政用于农业支出统计资料(1950—1995)》;1988—2006 年各地支援不发达地区支出,1996—2006 年各地各项支农支出数据均来自历年《地方财政统计资料》。2007—2020 年各地农林水支出来自历年《中国统计年鉴》。各地第一产业产值来自《新中国六十年统计资料汇编》和历年《中国统计年鉴》。

说明:1. 考虑到各地的农业产值的巨大差异,计算各区域的农业支持强度时并未计算区域内各地的农业支持强度的算数平均值,而是区域内各地支农支出之和与第一产业产值之和的比值。2. 各地 1952—2002 年财政支农支出数据包含支援农村生产支出,农林水利气象等部门事业费;2003—2006 年包括了农业、林业、水利支出;1952—2006 年各省数据均包含了农林水部门的基本建设支出。1988—2006 年各省数据还包含了支援不发达地区支出,1980—1987 年该支出的各省数不可得。鉴于2000—2006 年部分地区退耕还林、天然林支出较多,在支农支出中扣除了这些科目。2007—2020 年指的是农林水支出。

致,在 1960 年较高,1978 年明显上升,随后有所下降,2006 年后明显上升。最小值与最大值在 2006 年后也有明显上升。中位数长期低于均值,在 2006 年后尤为明显;以 2018 年为例,各省农业支持强度的均值是 0.75;但中位数仅0.31,意味着有 15 个地区的农业支持强度低于 0.31。主要原因在于部分省份情况特殊,如北京、天津、上海与西藏等地的第一产业规模较小,但农业支持强度均显著高于均值[①];而福建、山东、广西、广东等地的支农强度则显著低于均值。从变异系数来看,地区间农业支持强度差异在 2000 年后有扩大的趋势。但若删除京津沪藏四地,2007—2020 年变异系数稳定在 0.5—0.6 之间,较之

①　以 2018 年为例,京津沪藏四地的第一产业产值占全国之比为 0.81%,其农业支出占比为7.7%,四地农业支持强度分别为 4.85、0.97、4.50 和 2.80,均显著高于全国平均水平。

2000 年还略有下降。

我们进一步计算了各地支持强度的基尼系数。各地第一产业产值规模的差异很大,而变异系数由于其不考虑地区间规模的差异,将高估北京、上海、西藏等第一产值较低的地区的影响,低估产值较高的山东、四川、河南等省的影响。[1] 有鉴于此,我们借用收入分配的研究工具(万广华,2008),将第一产值的规模纳入分析,计算了农业支持强度的基尼系数。[2] 从基尼系数来看,农业支持强度的地区间差异一直不大,1985 年与 2000 年是两个高点,最高值达到0.33;在 2007 年后地区间差异进一步缩小,近年来的基尼系数均只有 0.22 左右,处于一个较低的水平。

表 6 部分年份农业支持强度的省际差异

	均值	中位数	最小值	最大值	变异系数	基尼系数		均值	中位数	最小值	最大值	变异系数	基尼系数
1952	0.01	0.00	0.00	0.02	0.68	0.30	2005	0.14	0.10	0.04	0.50	0.93	0.27
1955	0.02	0.02	0.00	0.06	0.59	0.26	2006	0.16	0.09	0.05	0.75	0.99	0.27
1960	0.23	0.20	0.04	1.06	0.84	0.25	2007	0.20	0.12	0.06	1.01	1.05	0.25
1965	0.07	0.06	0.03	0.14	0.44	0.22	2008	0.23	0.14	0.07	1.08	1.07	0.24
1970	0.06	0.06	0.02	0.13	0.52	0.27	2009	0.32	0.20	0.10	1.33	0.93	0.22
1975	0.11	0.10	0.05	0.30	0.52	0.23	2010	0.34	0.21	0.12	1.33	0.97	0.22
1978	0.18	0.14	0.07	0.55	0.63	0.24	2011	0.37	0.21	0.13	1.70	1.03	0.22
1980	0.13	0.10	0.05	0.29	0.57	0.27	2012	0.41	0.24	0.14	1.77	1.05	0.22
1985	0.07	0.06	0.02	0.20	0.63	0.30	2013	0.42	0.26	0.15	1.84	1.05	0.21
1990	0.07	0.06	0.03	0.15	0.52	0.23	2014	0.45	0.27	0.15	2.16	1.12	0.21
1995	0.05	0.04	0.02	0.16	0.63	0.24	2015	0.55	0.29	0.19	3.03	1.23	0.21
2000	0.11	0.08	0.01	0.29	0.70	0.33	2016	0.59	0.31	0.17	3.42	1.32	0.22
2001	0.14	0.09	0.03	0.47	0.84	0.31	2017	0.67	0.29	0.20	4.30	1.47	0.23
2002	0.14	0.09	0.04	0.59	0.86	0.31	2018	0.75	0.31	0.18	4.85	1.52	0.23
2003	0.14	0.10	0.04	0.46	0.84	0.28	2019	0.79	0.30	0.17	5.14	1.59	0.24
2004	0.13	0.09	0.04	0.50	0.92	0.27	2020	0.72	0.31	0.16	4.62	1.56	0.22

资料来源:同图 6。

---

[1] 以 2018 年为例,北京、天津、上海与西藏四地的第一产业产值分别为 119、173、104、130 亿元,而产值最高的山东、四川、河南、江苏分别为 4951、4427、4289、4142 亿元。

[2] 基尼系数主要用于测度收入或财富在不同人群间的分布,但也广泛用于测度地区间差异,如人均 GDP 差异。计算基尼系数需要考虑关注的变量和规模变量,在此,前者是各地区的农业支持强度,后者是当地的第一产业产值规模。

六、 结语

新中国成立七十年以来,财政支农支出有了长足的发展。本文对七十年财政支农的关键特征进行了总结,并有以下发现:第一,七十年来,支农支出总量显著增加,农业支持强度和重视程度也显著增强。按支持强度变化可将七十年分为1978 年前的探索阶段,1978—1997 年的调整阶段,1998 年至今的反哺阶段。特别是 2004 年以来,中央一号文件持续关注"三农"问题,一直强调财政对农业、农村和农民的支持,有力保障了财政支农强度的持续增长,成功构建起了工业反哺农业、城市支持农村,城乡公共资源均衡配置的制度框架。第二,七十年来,财政支农支出的结构显著优化。通过梳理七十年以来支农支出涉及的类级、款级与项级功能科目,以及不同支出占比的变化,发现科目分类更加细致合理,覆盖领域更广,在 2007 年政府支出分类改革后尤为明显。支农支出从重点支持农业生产、水利建设转向对农业、农村和农民的全面支持,已基本构建起支持农民增收、农村重大改革、农业基础设施建设、农业可持续发展和农村民生改善的综合体系。第三,从政府间财政关系来看,中央财政一度在基本建设支出中有较高的比重,但多数时期的支农支出由地方财政承担。2007 年后地方占比显著上升,但中央农林水专项转移支付有重要的影响。地方省、市、县、乡级政府的占比也存在显著差异。第四,农业支持强度存在显著的区域差异和省际差异,但差异在逐渐缩小,财政支农支出的均等化取得明显的成就。总体而言,七十年来财政支农支出有长足进步,国家对农业、农村和农民由"取"向"予"转变,财政支农从重点支持农业生产转向对农业、农村和农民的全面支持,支农支出也更加分权,地区间差异明显缩小。

不可否认的是,财政支农支出仍存在一些有待改进的问题,值得进一步研究。首先,支农支出投入巨大,但其使用效率仍值得深究。《中共中央国务院关于全面实施预算绩效管理的意见》就指出,目前的财政支出绩效管理仍存在部分问题[①],支农支出也不例外。而从审计署审计报告来看,部分支农支出仍

[①] 意见指出现行预算绩效管理仍然存在一些突出问题,主要是:绩效理念尚未牢固树立,一些地方和部门存在重投入轻管理、重支出轻绩效的意识;绩效管理的广度和深度不足,尚未覆盖所有财政资金,一些领域财政资金低效无效、闲置沉淀、损失浪费的问题较为突出,克扣挪用、截留私分、虚报冒领的问题时有发生;绩效激励约束作用不强,绩效评价结果与预算安排和政策调整的挂钩机制尚未建立。

然存在资金管理使用不规范甚至违规违法等问题①，需要认真解决。其次，支农支出中存在多种类型的支出，不同类型的支出的影响值得评估。鉴于目前支农支出总量已经不低，结构问题可能更加关键。随着农业、农村、农民问题的新发展，支农支出结构在未来如何调整，也值得分析。比如，在我们已从以农为本、以土为生、以村而治、根植于土的"乡土中国"，进入乡土变故土、告别过密化农业、乡村变故乡、城乡互动的"城乡中国"之后（刘守英、王一鸽，2018），如何调整支农支出结构，助推乡村振兴，无疑值得深思。再次，从政府间关系来看，地方支农支出高度依赖专项转移支付，而专项转移支付的缺陷需要认真分析并加以纠正。部分地区省级政府的比重很高，乡镇级的占比较低，是否有必要进一步分权，使县乡政府承担更大比例的支出，也值得考虑。最后，各地支农支出的结构差异同样值得分析。已有的对各地支农支出的分析研究通常只关注总支出②，但不同地区支农支出的结构不同，重点有异，有待进一步观察。而部分地区省内差异巨大，也有必要使用地级与县级数据进行分析。

参考文献

安广实，1999，《我国财政对农业投入的问题及对策思考》，《中国农村经济》第 9 期，

---

① 国家审计署网站公布了 2004 年以来历年审计公告，近年来涉及支农支出的主要有以下公告：2004 年第 2 号公告：50 个县财政支农资金审计调查结果；2006 年第 1 号公告：部分水利建设资金和项目审计结果；2008 年第 6 号公告：50 个县中央支农专项资金审计调查结果；2009 年第 4 号公告：10 省区市财政支农资金管理使用情况审计调查结果；2010 年第 5 号公告：103 个县农村饮水安全工作审计调查结果；2011 年第 33 号公告：388 个农业基础设施建设项目审计结果；2013 年第 31 号公告：19 个县 2010 年至 2012 年财政扶贫资金审计结果；2016 年第 7 号公告：审计署关于 40 个县财政扶贫资金的审计结果；2016 年第 11 号公告：审计署关于农林水专项资金审计结果；2017 年第 6 号公告：158 个贫困县扶贫审计结果；2017 年第 8 号公告：涉农水利专项资金审计结果；2018 年第 46 号公告：145 个贫困县扶贫审计结果；2019 年第 3 号公告：179 个县惠农补贴资金审计结果；2019 年第 6 号公告：乡村振兴相关政策和资金审计结果；等等。这些审计报告均发现农林水支出资金使用存在部分问题。

② 这也与公开的财政支出决算统计不够细化有关。各地大都只主动公开省本级的财政支出决算明细，较少公开全省支出明细。以 2018 年为例，各省、自治区、直辖市中，仅有河北、辽宁、黑龙江、湖南、广西、贵州、云南、西藏、甘肃、宁夏、新疆等 11 地在政府或财政部门网站、财政年鉴等主动公开了全省财政支出明细，且多数地区只有 2015 年至今的数据。

第 44—48 页。

蔡昉、杨涛,2000,《城乡收入差距的政治经济学》,《中国社会科学》第 4 期,第 11—
　　22 页。

财政部,历年,《政府收支分类科目》,北京:中国财政经济出版社。

财政部国库司,历年,《地方财政统计资料》,北京:中国财政经济出版社。

财政部农业司,1999,《国家财政用于农业支出统计资料(1950—1995)》,北京:经济
　　科学出版社。

财政部预算司,2006,《政府收支分类改革问题解答》,北京:中国财政经济出版社。

陈家建、巩阅瑄,2021,《项目制的"双重效应"研究——基于城乡社区项目的数据分
　　析》,《社会学研究》第 2 期,第 115—137 页。

狄金华,2015,《政策性负担、信息督查与逆向软预算约束——对项目运作中地方政
　　府组织行为的一个解释》,《社会学研究》第 6 期,第 49—72 页。

杜润生,2018,《从包产到户到家庭联产承包经营责任制》,中国经济体制改革研究
　　会编,《见证重大改革决策:改革亲历者口述历史》,北京:社会科学文献出版
　　社,第 1—7 页。

范子英、李欣,2014,《部长的政治关联效应与财政转移支付分配》,《经济研究》第 6
　　期,第 129—141 页。

付伟、焦长权,2015,《"协调型"政权:项目制运作下的乡镇政府》,《社会学研究》第
　　2 期,第 98—123 页。

桂华,2014,《项目制与农村公共品供给体制分析——以农地整治为例》,《政治学研
　　究》第 4 期,第 50—62 页。

蒋俊朋、田国强、郭沛,2011,《中国区域财政支农投入:地区差距的度量及分解》,
　　《中国农村经济》第 8 期,第 33—40 页。

李放、朱靖娟,2007,《试论我国财政支农支出口径的调整》,《南京农业大学学报》
　　(社会科学版)第 8 期,第 18—26 页。

李江一,2016,《农业补贴政策效应评估:激励效应与财富效应》,《中国农村经济》第
　　12 期,第 17—32 页。

李普亮、贾卫丽、陈锐,2010,《中国财政农业投入"悖论"探析》,《南方经济》第 10
　　期,第 18—34 页。

李燕凌、欧阳万福,2011,《县乡政府财政支农支出效率的实证分析》,《经济研究》第
　　10 期,第 110—122 页。

李祖佩、钟涨宝,2016,《项目制实践与基层治理结构——基于中国南部 B 县的调查
　　分析》,《中国农村经济》第 8 期,第 2—14 页。

林万龙、茹玉,2014,《对 2001 年以来中国农民直接补贴政策体系与投入状况的初步分析》,《中国农村经济》第 12 期,第 4—12 页。

刘守英、王一鸽,2018,《从乡土中国到城乡中国——中国转型的乡村变迁视角》,《管理世界》第 10 期,第 128—146 页。

陆铭、陈钊,2004,《城市化、城市倾向的经济政策与城乡收入差距》,《经济研究》第 6 期,第 50—58 页。

毛其淋,2011,《地方政府财政支农支出与农村居民消费——来自中国 29 个省市面板数据的经验证据》,《经济评论》第 5 期,第 86—97 页。

潘彪、田志宏,2018,《购机补贴政策对中国农业机械使用效率的影响分析》,《中国农村经济》第 6 期,第 21—37 页。

世界银行,2008,《2008 年世界发展报告:以农业促发展》,北京:清华大学出版社。

陶然、刘明兴、章奇,2003,《农民负担、政府管制与财政体制改革》,《经济研究》第 4 期,第 3—12 页。

陶然、苏福兵,2021,《经济增长的"中国模式":两个备择理论假说和一个系统性分析框架》,《比较》第 114 期,第 128—189 页。

万广华,2008,《不平等的度量与分解》,《经济学》(季刊)第 4 期,第 347—368 页。

万海远、田志磊、徐琰超,2015,《中国农村财政与村庄收入分配》,《管理世界》第 11 期,第 95—105 页。

王德文、何宇鹏,2005,《城乡差距的本质、多面性与政策含义》,《中国农村观察》第 3 期,第 25—37 页。

王娟、张克中,2012,《公共支出结构与农村减贫——基于省级面板数据的证据》,《中国农村经济》第 1 期,第 31—42 页。

温涛、董文杰,2011,《财政金融支农政策的总体效应与时空差异——基于中国省际面板数据的研究》,《农业技术经济》第 1 期,第 24—33 页。

项怀诚,2009,《中国财政体制改革六十年》,《中国财政》第 19 期,第 18—23 页。

肖卫东、张宝辉、贺畅、杜志雄,2013,《公共财政补贴农业保险:国际经验与中国实践》,《中国农村经济》第 7 期,第 13—23 页。

杨良松,2016,《转移支付对地方财政农业支出的影响——基于 2003—2009 年地级面板数据的研究》,《经济评论》第 5 期,第 148—160 页。

杨良松、周宇、刘俊,2020,《地方全口径财政扶贫支出评估——规模、结构与变迁》,《中国行政管理》第 4 期,第 21—27 页。

杨其静、聂辉华,2008,《保护市场的联邦主义及其批判》,《经济研究》第 3 期,第 99—114 页。

殷浩栋、汪三贵、郭子豪，2017，《精准扶贫与基层治理理性——对于 A 省 D 县扶贫项目库建设的解构》，《社会学研究》第 6 期，第 70—93 页。

张俊伟，2006，《财政支农的规模和结构》，《国务院发展研究中心调查研究报告》第 156 期。

张元红，2000，《财政政策与中国农业的周期性波动》，《中国农村观察》第 4 期，第 2—11 页。

章奇、刘明兴、单伟，2004，《政府管制，法律软约束与农村基层民主》，《经济研究》第 6 期，第 59—68 页。

折晓叶、陈婴婴，2011，《项目制的分级运作机制和治理逻辑——对"项目进村"案例的社会学分析》，《中国社会科学》第 4 期，第 126—148 页。

周飞舟、赵阳，2003，《剖析农村公共财政：乡镇财政的困境和成因——对中西部地区乡镇财政的案例研究》，《中国农村观察》第 4 期，第 25—37 页。

周飞舟，2006，《从汲取型政权到"悬浮型"政权——税费改革对国家与农民关系之影响》，《社会学研究》第 3 期，第 1—38 页。

——，2012，《财政资金的专项化及其问题》，《社会》第 1 期，第 1—37 页。

朱满德、李辛一、程国强，2015，《综合性收入补贴对中国玉米全要素生产率的影响分析——基于省级面板数据的 DEA-Tobit 两阶段法》，《中国农村经济》第 11 期，第 4—14 页。

朱钢，1998，《我国财政支农规模问题分析》，《中国农村经济》第 10 期，第 16—23 页。

Hayek, F., 1945. "The Use of Knowledge in Society. " *The American Economic Review*, 35(4): 519-530.

Liu, M., J. Wang, R. Tao and R. Murphy, 2009. "The Political Economy of Earmarked Transfers in A State-designated Poor County in Western China: Central Policies, Local Responses. " *The China Quarterly*, 200(1): 973-994.

Oates, W., 1972. "Fiscal Federalism" New York: Harcourt Brace Jovanovich.

Prud' Homme, R., 1995. "The Dangers of Decentralization. " *The World Bank Research Observer*, 10(2): 201-220.

Tiebout, C., 1956. " A Pure Theory of Local Expenditures. " *Journal of Political Economy*, 64(5): 416-424.

可持续的地方政府创新何以可能？ *

——多阶段政策制定框架下成都社会治理政策创新经验研究

郭圣莉　杨威威**

摘要："人走政息"和命名式创新是当前地方政府创新的常见问题，推进地方政府可持续性政策创新成为理论与实践的重要命题。本文通过构建"多阶段政策制定"分析框架，以个案研究的过程追踪法研究体现出可持续性创新的十余年成都社会治理政策创新历史经验，通过分析成都政策创新历史阶段间的关联机制，阐明地方可持续性政策创新的条件与机制。研究发现，地方政府在特定领域的政策创新通常会经历多阶段、长时段的过程，特定阶段创新的绩效与成本（包含风险）会影响到后续阶段中政策制定者的认识、政策执行者的认可，其中明确且正面的绩效会连同成本激活后续政策创新的结构，约束地方政治流废旧立新的动机，提供可持续性政策创新以前提条件。可持续性创新的机制使政策创新初始理念能在后续阶段中稳定地定义问题、选择方案，建设目标一致、手段契合的政策体系，理念的确立与扩散是地方政策创新领域中多主体自觉合作的产物。

关键词：地方政府创新　可持续性政策创新　绩效　成本　理念

---

* 本文系教育部人文社会科学研究规划基金项目"组织再造与网络互动：城乡社区治理组织体系研究"（项目编号：20YJA840008）、国家社科基金重大项目"中国特色社会体制改革与社会治理创新研究"（项目编号：16ZDA078）的阶段性成果。
** 郭圣莉，华东理工大学社会与公共管理学院教授（1024646827@qq.com）；杨威威（通讯作者），华东理工大学社会与公共管理学院博士研究生（weiyvip@163.com）。

一、　问题意识与文献回顾

（一）问题意识

地方政府的政策创新始终是学界与政界关注的热点,现有研究将政策创新模式分为中央主导型、地方回应型和地方自发型三种类型（王猛,2020）,倾向在央地关系视角下研究地方创新的动机与扩散机制（杨宏山,2013）。动机主要分为问题说和政绩说,即政策创新是为了解决特定问题或帮助官员获得晋升政绩（Wu & Zhang,2018;陈家喜、汪永成,2013）,政策扩散也遵循类似动力（朱亚鹏、丁淑娟,2016）。由于地方政府创新涉及政治改革、行政改革、公共服务和社会治理有较高的创新风险（俞可平,2020）,因此地方创新需要平衡风险控制和绩效追求两种取向（冯猛,2020）。在此背景下,地方政府倾向采纳概念简单、操作简便、反对面少的方案以追求创新政绩,导致政策创新难以持续（吴建南、张攀,2014）。这种问题在社会治理创新领域尤其突出,社会治理创新的绩效难以量化考核（付建军,2018）,给地方形式化创新与概念化创新提供了机会空间（郝宇青,2020）,并借以制造“印象绩效”争取中央政府的关注与认可（杨宏山、李娉,2019）,这使得“人走政息”“为竞争而创新”等成为地方社会治理政策创新的常见现象（何艳玲、李妮,2017）。

然而,仍有部分地方表现出创新的持续性,在未获得中央（上级）正式认可情况下,地方自主创新的政策不仅得以持续且在原有框架下不断深化发展,形成了具有地方特色的政策体系。那么,面对可持续性难题,为何有的地方能够突破困境实现可持续性政策创新？这是本研究基于现实所提出的研究问题。

（二）文献综述

现有研究主要从动机激励、组织管理视角解释地方政府创新的持续性问题。

动机激励视角把创新认为是政绩竞争的产物,而“人走政息”则是理性选择的结果。首先,中国地方政府存在很强的“一把手”色彩（俞可平,2012）,在横向政府创新竞争下,新领导人倾向于将政策创新视为政绩筹码(王大鹏等,2020;朱旭峰、赵慧,2016),甚至会弃用行之有效的项目或政策而重新创新(高新军,2008)。其次,地方政府创新有一定风险,规避风险便成为创新的隐性目标(冯猛,2020),甚至近年来很多地方政府开始放弃创新以减少风险(李智超、刘霞,2019),但张翔等(2020)认为地方政府可通过建设政绩安全区推进政策持续性运作。该视角将政策创新视为地方领导人的个人行为,废旧立新是合乎理性逻辑的。因而有学者将"创新政策的可持续性"寄托于"伦理"之维,即具有高度创新意愿且愿意承继既有政策的主政者成为创新可持续性的必要乃至充分条件(高新军,2008;钟哲,2015)。

　　组织管理视角将政策创新嵌入在国家体制、科层组织结构与社会系统等结构中分析创新可持续性的条件。主政者的政策制定行为不是任意的,而是在党政权力和科层组织中的实践(贺东航、孔繁斌,2011;陈家建、边慧敏、邓湘树,2013)。在压力型体制下,面临来自中央和上级的逐级考核压力及中央权力集中,地方创新的风险越来越高,部分研究者观察到近年来地方政府逐渐放弃自主探索与政策试验路线而开始请示授权新方式,以获取上级明确支持(郁建兴、黄飙,2017)。因此,合法性是地方创新可持续的关键(徐卫华,2017)。地方政府创新可持续性还在于有效契合地方社会情况(刘伟,2014)。俞可平等学者基于"政府创新奖"数据库归纳了能体现出可持续性项目的各类条件,包括项目(政策)的实际效果、影响力、外在环境、民众支持认可、契合地方实际需要以及地方领导人的自觉自愿(俞可平,2019;吴理财、刘建,2019),但并未说明这些条件之间的理论关联(刘伟、毛寿龙,2014),因而无法对地方政府创新的可持续性给出一致解释,即面临相同的制度结构和激励函数,为何多数地方政府在现有激励机制下"人走政息",而部分地方政府却能够突破内、外限制产生持续性的政策创新? 动机激励与组织管理之间有何理论关联?

　　动机激励论从"行动者"出发,将地方政府或主政者视为理性行动者,激励函数(绩效-风险)就成为地方政策创新的核心机制。组织管理论则认为地方政府创新是组织行为,主政者个人决策自主性会受到权力关系、程序和相关行动者的结构性因素影响(朱亚鹏、肖棣文,2014)。因此,部分公共政策研究者通过引入多源流理论来分析中国地方政府政策创新,以兼顾行动与结构并试图推进该理论的"中国化"(王刚、唐曼,2019),这为我们开展本研究提供了有益借鉴。

　　但这些研究均是针对一次性创新并将持续性等同于特定项目或政策的持

续时间,本研究认为地方政策创新是一个长时段、多阶段的过程,往往不能一蹴而就,持续性的特征在于:既有行之有效的政策或项目持续性发挥作用,并推进后续阶段的叠加性创新。因此,本文借助多源流理论分析特定政策创新阶段中的行动与结构,并利用制度理论拓展多源流分析框架的时间维度以分析各个阶段之间的连接性,从而考察地方可持续性政策创新的条件与机制,并以典型案例分析验证。

二、 理论基础与分析框架

多源流理论被广泛用于分析特定政策的政策过程,将政策过程拆解为政策流、政治流、问题流、政策企业家和政策之窗等不同方面进行联动分析,进而研究政策嵌入的情境对政策过程的影响机制。这一理论框架虽建立在西方政治制度基础上,但国内学者也因其框架的可操作性将其应用于分析中国特定政策的过程。

(一)一次性政策制定:多源流理论下特定阶段政策创新

根据多源流理论,政策制定过程可以分为议程建立、方案选择等环节,这些环节会受到政治流、政策流和问题流交错复杂的影响。在问题流中,政府官员与其他利益团体会对诸多对公共治理问题进行赋值、排序进而界定政策议程,其中指标、焦点事件和执行反馈都可能发挥界定议程作用(金登,2004:3—4)。议程建立后,决策精英在政策流中筛选政策方案。但政策方案并非直接对应特定议程(Haas, 1992),因此决策者需要借助某些原则筛选政策方案(Holland & Shepherd, 2013),例如技术可行性、价值可接受性等,这些原则呈现为理念的形态(Beland, 2005)。定义议程与选择方案后形成政策草案,其正式通过受限于短暂的"政策之窗"。例如获取决策精英的注意力、政策主题明确、高层授权开启、政策与政党意识形态等条件(金登,2004: 85—86; Keeler, 1993; Zohlnhöfer & Herweg, 2015)。当政策之窗开启时,如有政策企业家的积极参与,政策通过的概率会增加。政策企业家与"三流"密切相关,他们敏锐地观察经验世界、尝试定义问题、利用专业知识生产政策方案,并运用策略通过特定政策(Crow, 2010)。政策企业家广泛分布于社会成员中,其身份与特定政治体制密切相关(萨巴蒂尔,2004:100—101、119)。中国的特征在于,在政党统合的体制下,政策过程往往具有一定规律性而不会过于分散(王刚、唐曼,2019),因而在政策制定过程中,政治流扮演着主导作用(朱朝霞、陈琪,2015)。中国的政策企业家与西方的"利益集团"不同,往往指代专家学者、科层内技术官僚,他们谨慎地在"政治流"给定的空间内发挥作用(朱亚鹏、肖棣文,2014)。

　　基于此,本研究主要借助政治流、政策流、问题流与政策之窗四个理论要素,将政策企业家置于政治流中分析特定阶段中一次性政策创新过程。根据本文对创新持续性的定义,需要将政策创新划分为不同的阶段,在每一个阶段中考虑政策的制定及其与前一阶段的关联,分析政策创新各阶段之间的链接机制。

(二) 多阶段政策制定:历史制度主义下的多源流分析框架

1. 不可持续性政策创新的条件

　　将创新的持续性过程由一次性转变为长时期、多阶段,便需要考虑阶段间的链接机制问题,以考察"不可持续性"与"可持续性"两种结果的原因条件。

　　首先是不可持续性政策创新的条件。在中国式多源流分析框架下,第一,地方政府创新政策不具有法定性而相对灵活,"政治流"高度集中于政府特别是党政一、二把手中,拥有较高的自由裁量权(朱朝霞、陈琪,2015),专家、其他利益相关者依附于政治流开设的议程建立与方案选择环节(谭爽,2019),这是政绩追求与风险规避等动机能够发挥作用的组织基础。第二,地方创新中问题定义与政策选择会受到中央释放的"政策信号"和同级政府的影响(黄晓春,2015)。当地方政府原创性政策出现与上级政策的明显冲突时,政策便不可持续。同时,公共治理目标具有模糊性且绩效难于量化考核,这给地方政府因同级横向竞争提供了废旧立新的机会空间。第三,"实质性创新"往往包含较高的合法性风险和社会风险,在风险不可知与绩效模糊的情况下,地方政府容易诱发出"形式化创新"行为(吴理财、吴侗,2018),加剧了政策的不可持续性。第四,政策创新及其中止等行为受到正式制度和其他社会环境的结构约束(刘伟,2014),但这些结构往往流于形式而难以发挥作用(张紧跟,2014)。

2. 可持续性政策创新的条件及推论命题

　　从以上的分析可知,要保证政策创新的持续性,需要建立约束机制来促使地方政府不因个人喜好、主观判断、政绩冲动等因素随意抛弃"旧问题"和"旧政策"。这一方面需要满足激励要求,即与"弃旧立新"相比,继承"旧问题"和"旧政策"进行持续的创新更符合主政者的利益;另一方面,前一阶段政策创新的后果需要与现阶段的新背景联合发挥作用,使其不因求新而放弃既有历史探索。这与历史制度主义关于"制度创新"的认识有相似之处,诺斯与戴维斯认为制度创新源于两种情形:创新能够改变潜在的利润(绩效);创新成本的降低使得创新变得合算(科斯,2014:185—189),即"绩效-成本"函数发生了改革,促进了制度的延续。

首先,地方持续性政策创新的实现需要创建有效的"绩效-成本"函数,来激发地方主政者"继承性"创新动机,这首先源于绩效的效用,当既有创新政策产生了明确正向绩效时,后续决策者如果要放弃旧政策,需要面对来自原有政策制定与执行过程中众多人员的质疑与挑战,同时也会加大对新政策的绩效期待。其次,既有政策在执行过程中会产生组织改革、财政投入、人力培训的成本,会使得弃旧立新的创新面临着成本压力(Mahoney,2000),同时拥有明确正向绩效的政策也能够减少合法性风险(赵鼎新,2016)。绩效不明确与成本压力会使得弃旧立新不太合算。由此,我们提出命题 1:

当原有创新政策产生明确且正向绩效时,在原政策框架下的持续创新的可能性大于弃旧立新的可能性,同时,维持原有政策的成本小于弃旧立新的成本。

再次,不同于经济治理,公共治理领域的绩效实现缺乏明确方式,且其绩效往往具有模糊性。因此,面临公共治理领域内可能的风险,相关行动者致力于寻求创新绩效证据并建立品牌获得影响力(谷志军、黄卫平,2018),争取上级肯定与外界认可(李亮,江晓东,2017),从而帮助规避风险(张翔、Zhao,2020)、扩大政策支持者范围(高新军,2008),这些实践是为了约束后续政策制定者延续该政策(俞可平,2019)。由此,我们得出命题 2:

当地方政府的创新政策产生广泛的社会认同时,领导人的"决策权"会受到约束,延续旧政策进行创新的可能性更大。

最后,地方在公共治理领域的政策创新过程也是一个政策学习的过程,政治流核心决策者会基于"试验—验证—明确—完善"的创新路径,形塑出明确的理念来应对不确定性的治理难题。一旦理念体现有效性与合法性,则会以此稳定地定义问题与筛选方案,引领地方主政者更具自主性地展开创新,由此推论命题 3:

当政策创新具有持续性时,政策创新所凭借的理念将会稳定性发挥作用。

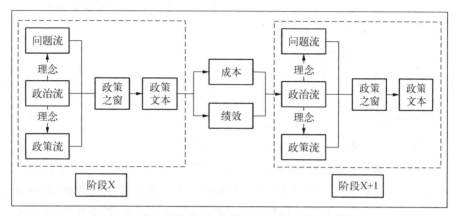

图1　多阶段政策制定分析框架图示

资料来源:笔者自制。

总结而言,多阶段政策制定分析框架通过延展政策创新过程的时间维度,以"绩效-成本"机制来分析阶段间的关联,考量前一阶段的创新政策如何借助"绩效-成本"来激活后续阶段的结构,进而约束政治流的主观偏好与动机,使其受到激励愿意承继以往阶段中行之有效的政策并在此基础上持续地创新。特定阶段创新政策产生的明确实质性绩效会从主观和客观两方面促进政策持续性创新,当此过程被不断重复时,政策过程中关于问题定义与方案选择的理念会稳定发挥作用并形成制度化的条件,推进不同阶段创新政策的体系化。

三、　案例说明与研究方法

目前学界尚未达成"政府创新的持续性"概念的共识定义,俞可平从创新客体出发界定为"创新项目的要素得以留存和扩散,继续在公共治理中发挥作用"(俞可平,2019)。包国宪则从创新主体(政府)出发界定为"地方政府创新的优良因子在选择、模仿和试错性学习的过程中得以保留、扩散,产生后续政府创新的过程"(包国宪、孙斐,2011)。

本文综合两种范式并将其定义为:地方政府在面对特定领域的治理问题时,其政策创新往往难以一蹴而就,相反需要经历长时段、多阶段的政策创新过程,在过程中不断探索与调整、完善或重构该领域中的政策,以期解决所面临的治理问题。而可持续性的政策创新则意味着,特定行之有效的政策能够持续留存并在本地发挥作用,后续阶段创新的政策能够在既有政策基础上不断拓展深化,各个阶段的创新政策表现出目标理念上的一致性、方法手段的契合性,从而实现以政策体系的形式协同应对特定综合性、模糊性的治理领域。大体来说,上海始于 20 世纪 90 年代的“二级政府三级管理”改革、深广两地的社会工作制度建设发展、成都以社区为基础的社会治理政策创新等都符合本文定义,均是在创新社会管理(治理)体制领域中逐步形成了具有体系性、持续性的地方政策体系。

本文的研究对象是成都社会治理的政策创新历程与结果,其典型性在于社会治理政策创新跨越历史周期长,经历城乡统筹发展、社会管理创新、社会治理创新三个中央政策信号阶段,市内则历经多届主政者,可贵的是,在未获得来自中央明确肯定基础上,其社会治理政策创新仍旧维持在既有路径不断持续性创新。

具体而言,成都社会治理政策的可持续性创新表现在如下方面:首先,成都市社会治理核心政策方案能够在长时段、多阶段政策创新历程中发挥作用,如公共财政、民主议事、社会组织等。其次,成都社会治理历经十余年的政策创新所产生的政策,能够在理念层面保持逻辑一致性,均将“社会自主性”“还权、赋能、归位”视为目标。最后,跨越阶段的多个政策能够在方法手段上具有契合性,公共财政、民主协商、社会工作、社会组织四大政策方案是核心政策方案,后续的社区营造、社会企业等新型政策皆是不断优化核心方案的组合效能,这最终塑造了成都特色的社会治理政策体系。

本文的资料包括政府文件、公开报道、新媒体推送等文献资料和访谈、调查问卷。笔者自 2017 年起曾六次去成都进行现场调研,访谈对象有市民政局、人大、区社治委、街道办事处、基金会、社区、社会组织(包括一些其他地方的社会组织成员)工作人员以及研究人员、社区一般居民,其中包括多名政策深度介入者。除了现场随访和个别访谈外,还进行过两次座谈会、三次现场观摩。针对成都的公服资金使用效率于 2019 年对社区负责人进行了问卷调查,收集了 197 份有效问卷。通过对调研资料的分析,我们运用过程追踪法分析成都社会治理政策创新的历史进程,分析各阶段内政策创新过程及其各阶段间的关联。具体而言,首先,结合成都实际和中央政策信号,将成都社会治理政策创新划分为三个阶段。其次,利用多源流分析框架考察阶段内的政策创新过程,同时重视把握上一阶段的政策创新是如何影响当前阶段的政策创新。最后,结合多阶段政策制定分析框架与成都案例,分析地方政府(政策)可持续性创新的条件及其机制。

四、 初始政策创新阶段中的理念与方案探索

根据调研与文献梳理,本文将成都十余年社会治理政策创新的历程划分为三个阶段:2003—2010 年社会治理的启动阶段;2010—2013 年社会治理确立与制度化阶段;2013 年至今社会治理发展阶段。

(一) 成都社会治理的起步与政策创新初始阶段

成都市社会治理政策创新起始于城乡统筹试验改革,而政策在抢险救灾中产生明确且正向绩效并派生出新型政策方案,为后续阶段政策创新提供了理念、目标及方案等核心要素。

1. 政策之窗开启与成都社会治理政策创新起步

本世纪初,党和国家提出"统筹城乡发展"来应对城乡发展不平衡问题。2003 年,成都市开启城乡统筹政策试验,并在 2007 年与重庆一同成为国家改革试验区,间接明确中央对成都政策创新的肯定,打开了成都社会治理政策创新的政策之窗。

成都市城乡统筹包括经济改革和社会改革两个方面,经济改革强调"还权、赋能",即"归还财产权利,赋予农民更完备的产权权能",在全市范围内完成对农村集体土地所有权、使用权和全部房屋所有权的确权、登记和颁证,规范流转农地承包经营权、山林承包权。为避免其他地方因征地而衍生社会矛盾,成都在政策制定之初邀请了北京社会学家 L 和当地社会科研院研究人员共同组成专家团队参与政策的制定过程,相继出台《关于进一步健全和完善村务公开和民主管理制度的意见(2004)》《关于做好农村村组管理体制改革工作意见(2005)》等政策文件。社会学家 L 团队的"社会建设"理念在政策文本中得到了充分的体现。而这一包含社会面相的政策实施取得了良好效果,是其获得2007 国家试验区的基础,也引来了一些早期学者的关注。这部分学者主要来自经济学界和社会学者,其焦点在土地征收政策(周其仁,2017:196—200)。

2. 政策创新的初始方案与初始理念探索

具体而言,成都社会改革有三点特征:第一,开始由政府公共财政支持村级公共服务事业发展。第二,建立经济合作组织与议事监督委员会来完善农村社区治理体系,提供村民民主参与村庄经济规划、事务决策、资产管理等事务的渠道与平台。第三,依托民主协商机制构建村庄民主化参与的规则与程序。公共财政、社区自治与民主协商成为社会治理核心政策要素,而"社区自治"则成为社会改革着力点。① 其中第一条的意义在于缓解了原有户籍制度分割所导致的城乡公共服务非均等化的困境,而后两条的意义则更加强调从"建设"角度思考社会何以可能,即在推进公共服务均等化配置的过程中,重视搭建社会力量参与所凭借的组织基础与技术支撑,让社会力量与村庄民众参与进来。

成为试验区后,成都总结前期经验并出台了《关于深化城乡统筹进一步提高村级公共服务和社会管理水平的意见(2008)》,将"社会建设"明确为:(1)政府主导,多方参与;(2)充分发挥村(社区)自治组织的作用;(3)充分尊重农民意愿,维护农民的民主权益;(4)突出重点,分步实施。这些目标强调"社会自主性",重视提升民众社区参与的意愿和能力,并构建配套的村民参与的组织架构与平台机制。

成都社会治理初期政策创新体现为我国"试验主义"政策创新的特征,依托中央授权,地方政治精英在吸纳专家意见基础上推进政策创新。在此阶段中,社会治理政策目的是配套经济发展,但却具有新颖理念,即以"社会缺乏自主性"来界定社会治理问题,以"还权、赋能"作为制定经济与社会政策的理念,制定出公共财政、民主议事、社区治理结构改革等政策来完善社区自治的资源基础、规则程序、组织平台,保障民众的经济/社会(自治)的权利(能),较早地重视在地方发展政策中考量"社会建设"的问题。地方财政体系变革(将村庄公共事业与社会管理纳入地方财政预算),及村庄组织改革是成都市社会治理领域政策创新的初始成本,财政投入和组织改革都有一定制度刚性,在后续政策中不断叠加构成了"弃旧"的高沉没成本。

---

① 参照《国务院关于推进重庆市统筹城乡改革和发展的若干意见》,重庆市虽然也在统筹城乡发展过程中设立了专门性用于供给农村公共服务的公共财政,但是其并未设计相关社区民主协商配置制度,公共财政资金的运作大多由相关政府部门运作,民众欠缺监督和利益表达机制。

（二）政策创新绩效显露与新型政策方案涌现

1. 焦点事件与政策创新绩效的意外性显现

2003 年农村改革政策的直接目标是农村土地征收，社会面向某种程度上是为了平衡过渡和土地征收后农民的公共福利。这一政策目标顺利达成，证明了这一社会策略的有效。但还没有完全消除当时普遍存在着的担心，即"还权"长期发展后的失控风险。① 2008 年汶川地震后，抢险救灾成为中央和地方政府优先政策议程，救灾物资筹集与分配、灾后重建选址和建设、灾后援助政策制定成为实践的关键难题。

此时，前期探索的农村社会治理政策意外地彰显出明确的正面绩效。在物资供应和分配过程存在一定问题下（李天德、沈子荣、王鹏，2008），相较于未改造的社区，改造后的灾后社区更为有序，未发生一起群体性事件，这给当时政策制定者留下了鲜明印象，也在一定程度上解除了此前的担心：

> 既有农村改革经受了地震的巨大负面后果考验，我们当初坚持还权于民和以自主参与的理念推进村民民主议事能力提高，取得了非常可贵的效果，这也是我们后续在制定相关政策时头脑中挥之不去的一段历史。②

> "5·12"（汶川地震）当时给我最大的震撼是没想到社会管理体制机制的调整原来那么有作用，我们当时的一些改革实际上有"求新争先"的目的，很多同志像我一样都不能完全理解这些政策的价值意义，但救灾过程中老百姓有序地自主配给救灾物资，不争不抢，确实改变了我当时对农村管理的认识。③

这一意外后果提供了一个客观的证据，在很大程度上说服了担心失控的人。而后，成都出台了《关于在受灾群众集中安置点实行社区化管理的通知》《关于构建新型村级治理机制的指导意见》，将社区管理纳入到灾后社区，在村

---

① 在访谈过程中，诸多熟悉成都政策发展历程的干部均表示当时政策出台时，有很多人对使用"还权"概念而非"赋权"概念表示担忧，担心后期农村、农民的权能增强导致农村社会管理的无序化。并表示事实证明这一担心是多余的。
② 访谈 JW，成都市民政局干部，2017 年 12 月 12 日。
③ 访谈 T，锦江区社区发展治理委员会干部，2017 年 8 月 18 日。

庄内认可了既有探索思路并以纲领性文件确立了民主协商、社区自治和公共财政等具体政策工具。

2. 社会工作与社会组织:社会治理政策创新的新方案

抢险救灾另一个意外后果是突显了社会工作和社会组织的功能。此前成都周边多贫困山区,社会组织较为活跃,但社会组织的功能及其风险性难以把握。各类社会组织和专业社会工作在救灾与灾后重建中的表现获得党和国家的认可。中央开始尝试将社会工作与社会组织纳入常规性的政策方案之中,民政部于 2008 年 11 月 28 日设置社会工作司并要求各地职责同构设置类似部门,2008 年也被视为中国的公益元年。

作为地震的主要受灾城市,成都直接受益于社会组织与专业社会工作。社会组织高效灵活为灾区筹集大量人力、物力资源,淡化了此前对于社会组织的风险认知(Hsiar & White, 2002),被《成都年鉴》评价为"政府抗震救灾和灾后重建的有力助手和补充力量"①。

> 2008 年的重大事件肯定是社会组织历史中一个重要的分水岭,我们行政工作者对社会组织的认识经历了一个翻天覆地的变化,原本没想到能用到社会组织,这么多社会组织似乎是从水下面突然浮上来,浮上来后竟然还能解决社会问题……所以,我们民政系统在 2008 年之后就出台了一系列优惠政策,吸引社会组织救灾后不要走,入驻在成都。②

我们在调研中很多人都提到成都可能是政府与社会组织关系最好的地方,并认为这一信任关系来源于 2008 年的救灾:

> 2008 年前我们就做了社会组织,当时主要是和国际上一些组织的合作,包括香港乐施会,但政府支持很少,也不太信任我们,2008 年地震后,全国全世界的人都来了,不是被称为志愿者元年吗? 成都在这个过程中发现了社会组织的功能,而且也不会产生什么后果,就放心了。等到芦山

---

① 根据《成都年鉴(2009)》显示,社会组织在总体过程中共帮助筹集捐款 12.02 亿元、物资折价 3.8 亿元、组织抗震救灾人员 18475 人次、组织社会志愿者 20623 人次、出动社会车辆 7398 车次,安排灾区群众再就业 8625 人次,培训灾区群众 21580 人次,救治伤员 6212 人次,对口援建灾区项目 8616.24 万元。

② 访谈 W,锦江区民政局干部,2017 年 8 月 18 日。

发生地震时,成都已经很成熟了,我们组织也很快就到了现场,合作得特别顺。[1]

因此,成都市在灾后迅速将社会组织纳入社会治理的方案工具库中(王逸帅,2012),陆续出台《关于建立政府购买社会组织服务制度的意见(2009)》《关于开展社会组织登记管理体制改革试点工作的意见(2010)》[2],保障社会组织发展经费与身份。这使得成都市迅速成为社会组织发展的"高地",2008 年共有 5081 家社会组织,是 2007 年数量的七倍,相比较上海 2008 年 8942 家的数量也并不处于弱势地位。

2003—2008 年是成都社会治理政策创新的起始阶段,涌现了成都社会治理政策体系的雏形,即将"社会缺乏自主性"作为社会治理问题的诊断,将"还权、赋能"作为政策方案选择的基础理念,公共财政、民主协商、社会组织、社会工作则构成社会治理政策的核心要素。政策体系的理念与方案在抢险救灾中获得明确实质性绩效,体现了其内在价值与低风险属性,给成都社会治理核心决策者与行动者提供了坚持的绩效证明。

五、 绩效激励下政策创新理念与方案的确认

(一) 还权、赋能、归位:政策创新理念的确认与扩散

创新政策在抢险救灾过程中显露出的明确正面绩效与低风险,推进成都市在灾后将农村政策扩展到城市。一方面推进农村行之有效的公共财政与民主协商政策迁移到城市,另一方面,开始探索如何让新兴的社会工作与社会组织发挥功能效用。成都市陆续出台《完善城市社区居民自治机制试点方案(2010)》《成都市城市社区公共服务和社会管理专项资金管理办法(2012)》,在城市社区中推行民主协商与公共财政制度,同时基于政府购买服务将专业

---

① 访谈 Z,某社会组织负责人,2017 年 9 月 1 日。

② 其政策文件远早于中央部委出台的相似政策文件,例如民政部、财政部于 2012 年制定的《关于政府购买社会工作服务的指导意见》及 2013 年国务院办公厅颁布的《关于政府向社会力量购买服务的指导意见》。

社会组织纳入到社区治理体系中。但此时社会治理政策创新已然显露出主体性而不再作为经济改革的配套政策,并在官方文件里首次明确社会治理的"还权、赋能、归位"的理念,这成为后续十余年的成都市社会治理的理念基础。

2011 年,党中央、国务院陆续在多个场合内阐发"加强和创新社会管理",成都市迅速把握此政策信号并敞开地方政策之窗,将《完善城市社区居民自治机制试点方案》作为上位文件建设第一个市域社会治理政策体系——《成都市深化社会体制改革加快城乡社会建设五大实施纲要》①,灵活组合民主协商、公共财政、社会组织、社会工作等政策方案。"实施纲要"在外形上看似成都社会管理创新时代的新型政策创新,但其内在则从理念、问题定义与政策方案延续了 2003 年以来的政策框架。

在 2010 年社会建设政策创新过程中,相比 2003 年时期社会管理配套改革,当政者表现出高度理论自觉而非依靠专家诊断与方案设计,参与制定 2010 年政策的 G 教授讲述了当年情形:

> 我们最早拿出来的是"赋权、增能、归位",但市委领导认为表述有误,说社区的自治权利本身就是居民的,不应是"赋"而应是"还"。他们原来不具有相关治理经验,又谈何"增"? 还是改成赋能比较好,而当社区民众有权,并有能力行使时,政府就可以归位了,所以"还权、赋能、归位"更合适。②

这项理念不局限于个别领导,"这是当时从市、区到相关政府部门的一批政府官员的理念共识"③。为保证政策能够有效执行,成都在 2010 年政策出台后,组织聘请高校学者与实务专家为政府相关部门、街镇政府、村社区工作者开展轮训,重点讲解政策创新的历史背景、"还权、赋能、归位"内涵、政策执行规则与有机组合技巧,争取政策制定者与执行者的共识。持续参与成都市社会治理的专家 G 非常推崇"轮训机制",认为这奠定当前成都社会治理活力的重要基础:"培训不仅能提升工作人员政策执行能力,关键是使他们认识到社

---

① 包含《社会规范同体系建设实施纲要》《城乡基本公共服务均衡发展机制建设实施纲要》《城乡社区治理机制建设实施纲要》《社会组织发展和公民志愿服务机制建设实施纲要》《社会矛盾疏导和化解机制建设实施纲要》。
② 访谈 GH,四川社会科学院教授,2017 年 2 月 1 日。
③ 访谈 GH,四川社会科学院教授,2017 年 2 月 1 日。

区自治、还权赋能归位的重要性。因此，当下推进社区营造非常顺利，因为他们在能力和理念上很容易跟上政策变化。"

　　我在武侯区民政口子工作好多年了，说实话，这十几年思路一直在变，现实中老百姓的作用、社区的意义、社会组织的功能不断刷新我的认识，有些事情根本不能很好理解，但在过程中我越来越觉得我们成都的"还权、赋能、归位"这六个字提得好、提得精准。①

在农村与灾区显露的明确治理绩效下，成都市将核心政策要素由农村转移到城市，并第一次建构了政策体系。与当时学界和其他政府关于"社会管理创新"的认识不同，成都并不是强调公共权力部门流程优化（贾玉娇，2015），相反则重视以社会参与、社会活力、社区自治等来实现社会秩序与活力，所凭借的"还权、赋能、归位"理念放在当时有"步子跨得太大"的风险。但幸运的是，这些政策工具在老旧小区院落治理中表现出明确且正向绩效，并为成都赢得巨大品牌声誉。

（二）内部政策创新竞赛机制下的政策方案确认与持续性创新

1. 以区为单位的社会治理政策创新机制及其成效

在明确提出"还权、赋能、归位"理念及其制定社会治理政策体系后，成都市试图调动各区政策执行的积极性，并将政策创新权能下放给区级政府，探索如何在城市领域中进一步以理念为指导优化组合核心政策方案。成都市采取以区为单位的内部创新竞赛机制来探索创新措施，轮训培训建构了各区创新所凭借的共同基础，避免市级与区级政策创新成果难以衔接。

从实践过程看，一些具体创新做法都是在区层面先展开的。如锦江区在2008年以"社会创新区"为目标，依据"还权、赋能、归位"理念改革街道管理体制、社会组织管理体制和社区治理机制，成立"中共成都市锦江区委社会建设工作委员会"。6月，印发《关于进一步加强街道办事处社会管理和公共服务职能的决定》，在全国率先剥离街道办的经济管理职能而聚焦于基层党建、城市

① 访谈 L，武侯区社治委干部，2018 年 3 月 9 日。

管理、公共服务、社区建设等事务。10 月,下发《关于完善城乡社区治理机制,进一步推进基层民主政治建设的意见》并配套出台《社区工作准入审批暂行办法》,将社区公共服务站上收到街道统一设立管理,促使社区减负归位。2009年底,出台《关于培育和发展社会组织的意见》以及《政府向社会组织购买服务项目指导目录》等一系列相关配套文件。2010 年开始重点培育和发展社会组织工作。一系列政策创新为成都市社会治理政策创新提供启发,同时也为锦江区及其成都市赢得全国声誉,相继获得全国和谐社区建设示范城区、全国社区治理和服务创新试验区、全国社会组织创新示范区、全国社会工作服务示范区等荣誉。这些经验政策很大部分被市级政策吸取采纳,并促进了其他区的学习跟进。

武侯区在锦江基础上进一步推进政策创新,其中"139 项改革"即是破解锦江区未能解决的社会组织应发挥何种功能作用的难题,"139 项改革"试图借助社会组织承担社区行政职能方式来实现社区的减负归位①,当年即投入 3000万资金。为此武侯区出台了《区级部门政务服务事项准入社区管理办法》《社区平台购买社会服务的指导意见》《社区平台购买社会服务资金管理办法》等"1+7"系列改革的配套政策,鼓励发展各类社会组织参与社会治理。这些改革探索促进了社区减负和社会组织发展,试图在社区场域中探寻"还权、赋能、归位"的具体实践举措,以满足"社会自主性"的问题定义理念。区级政府部门的重视也激励党政系统内各个部门,例如组织部门、红十字会、工会、共青团等开始参与到社会治理创新工作中。

2. 持续性政策创新下的绩效增长与外界认可度提升

2012 年《成都市民政局关于加强社区居民院落自治的指导意见》出台,尝试以城市社区次级单位的"院落"②为主体综合执行民主协商、公共财政、社会组织和社会工作政策方案,解决老旧小区管理难题。院落自治保留了之前农村社区治理的基本要素,但依据城市空间与产权特点进行了两点变革:一是依据历史情况和治理可行性原则划分院落,在院落里设立自治管理小组和民情代表议事会;二是增加了自筹经费。公服资金使用程序仍旧采取民主议事的

---

① "139 项改革"指代的是通过梳理社区需要为居民提供的政务类与行政类公共服务共 139 项,每年注资 4000 万元交由社会组织执行开展,减少社区行政负担。锦江区当时的领导是成都社会政策设计的主要参与人之一。

② "院落"指代的是行政划分社区下的自然形成的居民居住区,具有空间范围较小、人口数量较少、一般设有围墙等特点。

方式，但当公服资金应用于维护社区基础设施时，居民需自筹一定比例的经费，激发社区居民参与的责任意识。政策工具的优化组合有效地解决了老旧小区因物业缺位、市场不足常见的问题，验证了公共财政、民主议事在城市社区中的有效性。晋阳社区书记 HF 谈及：

> 我们作为老旧小区，利用居民自主协商、议事与筹资的方式，购买了包含环卫等一系列社区公共服务，成本很低，仅需每户差不多自主每月筹资 80 元，相比物管社区每月的二三百元物业费少了很多。①

老旧小区的社区管理是全国的各城市面临普遍问题，成都院落自治的成功源于灵活运用了公共财政与民主协商的政策，解决了居民参与不足、物业公司不愿入驻导致的公共设施维护与建设难题，低运作成本与高社区活力吸引大量外地专家与政府人员前来考察学习。后期，基于客观治理的明确正面绩效，成都对院落自治的理念、模式与实现机制加以总结，将其建构为"微治理"社会治理品牌，随着学界的介入与阐释，这一品牌给成都带来广泛的声誉。

六、 理念制度化、结构性要素激活与可持续性政策创新

2013 年，党的十八届三中全会提出"社会治理创新"命题，各地开始围绕"社会治理创新"展开创新竞赛，此轮创新突出特征是以市域为单位的体系化政策制定。例如，上海市 2014 年的"1+6"文件，聚焦于"治理重心下移、治理资源下沉"主题，将重点放在"街道体制改革"（黄晓春 等，2017）。北京市 2017 年的"街镇吹哨、部门报到"是在上海基础上进一步推进，核心在于结合"12345"工作机制理顺街道与区级职能部门关系（向春玲、吴昌、王拓涵，2019）。

面临中央新型政策信号与横向创新竞争，成都市是延续既有政策框架持续性创新，抑或是废旧立新发出"创新"信号？决策者面临着新选择。成都并未及时响应中央政策信号及其模仿其他城市制定市域社会治理政策体系，相反仍旧立足社区探索如何实现"社会自主性"与"还权、赋能、归位"的初始理

---

① 访谈 HF，晋阳社区书记，2017 年 8 月 15 日。

念,并进一步优化组合公共财政、民主协商、社会组织与社会工作政策方案以发挥实践效能。

（一）约束"废旧立新"动机:"绩效-成本"
机制下的理念制度化功能

成都市在院落自治后开始推进公共财政、民主协商、社会工作、社会组织核心政策要素,由院落到一般性城市社区普及。

1. "废旧立新"的实践机会

2010 年社会治理政策体系的支点是公共财政,即借助公服资金制度的资源支持,推进社区居民以民主协商方式参与社区事务并决策购买公共服务,民主协商与公共财政两项政策在老旧小区"院落"的管理中表现出明确实质性绩效,并获得了院落自治、微治理的品牌,但并不能彰显城市社会治理政策体系的整体性绩效,也未解决社会组织与社会工作如何在社区治理中如何发挥功能作用。政策执行的困难在于:第一,社区干部并不明晰社会工作、社会组织进入到社区后承担的职能与作用。第二,公服资金的使用需要采取项目制的方式,履行标准管理程序,即需要动员居民自筹经费、设计合乎社区需求的项目、招投标社会组织,对项目绩效进行评议反馈等。政策组合目标不清晰、公服资金使用程序烦琐,导致广大社区干部不愿动用公服资金,其结果是公服资金的大量积压。基于此,成都市先后在 2015、2016 年尝试简化公服资金项目的使用程序,但使用率仍长期保持较低水平。这使得部分政策制定者开始质疑既有探索,并尝试改变既有立足社区角度推进社会治理创新的路径。

2. 理念制度化与稳定地定义问题与选择方案

但成都并未放弃以社区为支点推进社会治理创新的路径,相反以高度的实践自觉试图依据"社区营造"的理念与方法推进社区治理转型进一步提升社会自主性,并化解既有政策产生的实践问题。美国、日本、中国台湾、中国大陆的部分城市在成都之前均对"社区营造"有所探索,强调培育社区自组织与领头人作为社区治理力量,利用本土资源和基于特定议题来撬动社区参与,从而把社区建设为社会生活共同体。"社区营造"的目标与"还权、赋能、归位"理念具有契合性,而方法技术则为既有政策落地提供系列有效的实践方法,如"人文地产景"的实践框架。理念相通与方案契合使得社区营造赢得了成都社会治理的青睐，多次邀请各地社区营造学者和实务专家前往成都开设课程与创建试点，课程授课对象包括区县分管基层组织建设的组织部副部长、民政局副局长、基政科科长、街道分管领导和村社书记，涉及基层社会治理各方面的政策执行者。社区营造迅速获得村社区干部的好感，为他们明确如何组合政策的方法论与具体技术，玉林东路社区书记 Y 回忆了培训带给自身的感受："听了人文地产景这个概念与方案，一下子打开了我的思路，这是一个系统论的方法，让我能够关照到社区生活的各个维度——人文地产景。"[1]JW 在访谈中表示：

> 我们在推进院落自治、公服资金、社会组织入驻社区等工作中，逐步发现社区治理的关键不是这些，而是一套动力机制，这套动力机制要能够去激发人与人信任链接，重塑社区的内生动力，构建社区生活共同体。[2]

经过了解课程反馈和评估试点效果后，成都陆续在 2016、2018 年连续通过两部市域"社区营造"政策文件，在轮训中将其表述为社区治理的方法论，并修订公服资金购买范围以把"社区营造"纳入其中。

3. 可持续性政策创新的绩效增长与认可度提升

在民政部门推进社区营造后，社区公服资金使用率得以明确提高。[3] 同时，社区营造作为成都社会治理创新的新名片，理念与具体技术获得了全国学术与实务专家的青睐，前往成都市开展政策试验，例如建立罗氏议事规则、社区企业、信托制物业、社区剧场，进一步刺激其他地方前来成都参访学习、学术研究和新闻报道。社区营造首次为成都市带来市级整体性社会治理创新的声誉绩效，并借助多项技术化解了社区治理的常见难题：

> 我研究物业管理这块好久了，这几年总算弄明白了小区业主和物业服务人员之间总是出现矛盾的原因，在逻辑上探索出一种信托制的新模式，但一直苦于找不到能够试行、愿意施行的城市，后来了解到成都对外来社会组

---

① 访谈 YYH，玉林东路社区书记，2017 年 8 月 16 日。

② 访谈 JW，成都市民政局干部，2017 年 12 月 12 日。

③ 2017 年底，本课题组抽样选取 183 个社区调研公服资金使用效率，其中 34 个社区使用率为 100%，129 个社区为 75%—99%，16 个社区为 50%—74%，9 个社区为 25%—49%，10 个社区在 25%以下。

织和专家比较欢迎和支持,就打算去成都试一试,没想到还真的成了。①

(二) 结构性要素激活:政策创新中政治
流制度化与政策体系确立

1. "社治委"成立:可持续性政策创新中"政治流"的制度化

在看到社区营造所体现的治理效能后,成都进一步明确"社区"在社会治理创新的中轴地位,并借助党建引领、政策体系再完善的方式进一步发挥效能及其削弱可能的创新风险。2013 年后,为响应中央政策、呼应其他地方的政策创新经验,成都市成立了市、区两级党委下属的"城乡社区发展治理委员会",以政治组织结构调整再度提升"社区"在市域社会治理创新的权重,并基于 2011 年以来政策创新成果及其成效,完善了市域社会治理政策体系。"社治委"的成立推进地方政策之窗由以往的间断性开启,转变为常态化开启,"社治委"成员利用此政策窗口一方面梳理以往的政策经验,一方面开展向外地的学习,加快政策体系化产出。根据 JW 回忆"社治委"初建立的历史时期:

> "社治委"在组建初期,即便干部并没有最终确定就已经开始高强度工作,干什么呢,没日没夜、每天加班,几乎不到十点钟下不了班,疯狂地熬夜制定、讨论政策方案,所以才在短短一年内出台了那么多文件。②

2. "1+6+N"政策体系:可持续性政策创新的政策体系确认

成都在 2018 年才出台了"社会治理创新"时代的"1+6+N"社会治理政策体系,在制定过程中学习吸取了上海等地的经验,但其政策体系依旧表征出明显的"成都属性",除却实质性学习社区工作者管理办法外,其余各项政策皆是其既有历史创新的各项政策要素,且始终将"社会治理创新"的核心中轴(也即是政策体系内的"1")放在城乡社区,而不同于上海市的"加强基层建设"的街镇层级。机构改革和政策学习的"和而不同",标示着成都市社会治理政策创新明确了其中的"制度路径",而政策体系的建立则奠定当前成都社会治理创

---

① 访谈 SKX,物业管理研究者,2019 年 12 月 20 日。
② 访谈 JW,成都市民政局干部,2017 年 12 月 12 日。

新的制度基础。

　　根据成都政策创新与中央政策信号，可以明确成都社会治理政策创新各阶段的创新缘起、目标、内容与特征，发现其逐渐走向一条由中央授权下的试验性创新到地方实践自觉下的制度性创新道路（参见附录），其中以社区为载体提升"社会自主性""还权、赋能、归位"的理念不断明确，而公共财政、民主协商、社会组织、社会工作核心政策方案持续发挥作用，根据阶段顺序推进政策体系化并迭代升级，以破解上阶段遗留问题。最终，成都社会治理创新推进政治流制度化与市域社会治理政策体系确认，成为今后成都社会治理持续性政策创新的组织基础与制度基础，稳定地践行初始阶段所定义的问题与选择的方案，使"社会自主性""还权、赋能、归位"不断由理念转化为现实，走出一条特色的成都社会治理路径，建构出独有的"成都品牌"。

七、　结论与讨论

　　在央地关系与横向竞争体制中，中国地方政府创新面临着控制政治风险与追求治理绩效的困境，因而普遍以"创新政绩"替代"实际绩效"，导致政府创新的项目或政策的可持续性日益成为一个难题，这在社会治理创新领域表现尤甚，各地社会治理创新政策层出不穷而又朝令夕改。既有"动机论"的研究范式认为不可持续性是合乎理性的，而"组织管理论"虽然归纳了可持续性创新诸多结构层面的必要不充分条件，但无法明确其内在生成机制，两大范式间的关联机制也并不清晰，导致无法明确地方政府可持续性政策创新的条件与机制。基于此，本文建构了"多阶段政策制定"的分析框架，基于成都案例研究验证了理论命题，认识到"绩效-成本"是可持续性创新的条件，而理念则是可持续性创新的机制。

　　首先，本文结合多源流与制度主义理论建构了"多阶段政策制定"分析框架，拓展了多源流理论分析的时间维度，从而依托阶段间的"绩效-成本"机制，考察政策创新的行动与结构间的关系，从而认识可持续性政策创新的条件。特定阶段创新的政策会生产出绩效与成本，构成下一阶段政策创新所面临的背景，其中绩效是借助自身的"明确性-模糊性""正面性-负面性"属性发挥作用，明确正面的绩效会促使后续政策创新阶段坚持前期政策并推进叠加型创新，明确负面的绩效会使后续阶段政策创新废止政策，模糊性政策则给后续阶段破旧立新重新开启机会窗口。明确正面的绩效迥异于当前诸多的"创新型绩效",前者的绩效需要立足政策执行后果来评估绩效,而创新性绩效则是在政策制定时通过援引中央政策信号、凭借理论乃至政策名称来说明创新绩效。明确正面绩效会塑造出地方政策制定者与执行者的共识,及其对原有政策的偏好,从而激活后续阶段政策创新结构的约束作用,避免一般性政治流的废旧立新动机。当政治流中的"一把手"面临其他行动者的质疑与期待,以及对新政策实际绩效难于预估的情况,出于理性考量会延续既有行之有效的政策,并在此基础上考量如何进一步创新,从而呈现为可持续性创新。成本是附属于绩效来发挥约束作用,创新政策在执行过程中需要投入组织、财政、教育等多重成本,帮助执行者理解、掌握与认同政策。同时,在央地关系下,地方创新政策持续时间越长、认可度越高,能够侧面彰显出政策的低风险性,但废旧立新的新政策则会重新面临风险检查。成本机制并不能独立发挥作用,只有协同明确正面性绩效方才有助于激活后续阶段的结构,避免政治流废旧立新的动机。如果既有政策绩效表现为模糊性、负面性,那么前期投入成本并不计入后续阶段政策创新的计算中,那么也会使得废旧立新与追求创新政绩成为政治流的理性行动目标。多源流理论突显出单一阶段政策创新中决策的偶然性,而制度主义理论由于强调"路径依赖"而无法有效解决制度变迁问题,多阶段政策制定分析框架通过赋予政策创新长时段性、阶段性,则有效弥补了上述理论分析效力的不足,不仅认识到特定阶段中政策创新行动与结构的关系,更是强调重视分析地方政策创新的历史进程中绩效与成本的作用,帮助我们更好地认识在社会治理、环保、志愿服务等抽象事务领域中地方政策创新特征及其生成原因。

其次,通过把绩效、成本及其匹配性效应带入进来,能够丰富对地方(政府)政策创新的阶段、行动与结构间关系的认识,为中国地方政府创新研究建构更完整的解释图景。特定地方政府创新的项目与政策,并非一定是跨地域政策学习的产物,相反也可能是镶嵌于特定地方的政府创新时间性历程中。面对特定领域的公共管理事务,地方政策创新不仅需要考虑创新性,更需要重视持续性,以避免人走政息、朝令夕改带给基层政策执行者的迷茫心理,及其难以发挥政策体系性效用的难题。为实现地方政策可持续性创新目标,需要同时发挥特定阶段中行动与结构双重作用,行动需要不断提出创新目标与政策方案,而结构则需要推进创新行动不破坏持续性,避免普遍的废旧立新抑或创新惰政现象。在中国党政体制下,实现可持续性创新的重点在于以"绩效-

成本"机制约束政治流废旧立新动机，并激活外部行动者作为结构的约束作用，使政治流逐步形塑明确的理念，依托创新动力与政策理念稳定地定义问题、筛选方案，助推多重阶段的政策创新不断叠加升级，建立与完善地方政策体系。

最后，在中国特色的央地关系下，成都、深圳、上海等地多元化的社会治理政策创新现实，也进一步使我们理解我国国家治理体制的优越性。地方政策创新是在国家给定的合法性框架下展开的，一个未被认可或被明确支持的政策均不存在持续性的问题，相反，一个具有明确正面绩效的政策能否得以持续并推进后续阶段的政策创新，才是地方政策可持续性创新需要考虑的结构难题。成都案例的启示在于，历经十余年社会治理的政策创新明确有效地彰显出自身实质性绩效，并为其获得了巨大声誉和品牌效应，但始终未得到中央明确支持认可，这也从侧面展现出我国在单一型制体制下具有较高的治理灵活性与包容性。

参考文献

包国宪、孙斐，2011，《演化范式下中国地方政府创新可持续性研究》，《公共管理学报》第 1 期，第 104—113 页。

陈家喜、汪永成，2013，《政绩驱动：地方政府创新的动力分析》，《政治学研究》第 4 期，第 50—56 页。

陈家建、边慧敏、邓湘树，2013，《科层结构与政策执行》，《社会学研究》第 6 期，第 1—20 页。

付建军，2018，《当代中国社会治理创新的发生机制与内在张力——兼论社会治理创新的技术治理逻辑》，《当代世界与社会主义》第 6 期，第 181—190 页。

冯猛，2020，《目标权衡与过程控制：地方政府创新的行为逻辑》，《社会学研究》第 2 期，第 124—145 页。

高新军，2008，《地方政府创新缘何难持续——以重庆市开县麻柳乡为例》，《中国改革》第 5 期，第 29—32 页。

谷志军、黄卫平，2018，《"上下联动"：地方政府创新可持续性的影响因素分析》，《学术研究》第 10 期，第 59—64 页。

郝宇青,2020,《基层社会治理的政治学论纲》,《社会科学》第 6 期,第 15—31 页。

贺东航、孔繁斌,2011,《公共政策执行的中国经验》,《中国社会科学》第 5 期,第 61—79 页。

黄晓春,2015,《当代中国社会组织的制度环境与发展》,《中国社会科学》第 9 期,第 146—164 页。

黄晓春、嵇欣、虞锦美、程培,2017,《上海社会治理创新中街道体制改革研究》,《科学发展》第 12 期,第 104—112 页。

何艳玲、李妮,2017,《为创新而竞争:一种新的地方政府竞争机制》,《武汉大学学报》(哲学社会科学版)第 1 期,第 87—96 页。

贾玉娇,2015,《从社会管理到社会治理:现代国家治理能力提升路径研究》,《吉林大学社会科学学报》第 4 期,第 99—107 页。

科斯,罗纳德,2014,《财产权利与制度变迁——产权学派与新制度学派译文集》,刘守英等译,上海:上海人民出版社。

李亮、江晓东,2017,《电子商务环境下的品牌资产研究——基于信息不对称的视角经济问题》,《经济问题》第 3 期,第 85—90 页。

李天德、沈子荣、王鹏,2008,《汶川大地震后灾区重建物资供应、资金筹集与分配的有效性分析》,《西南民族大学学报》(人文社科版)第 9 期,第 17—20 页。

刘伟,2014,《社会嵌入与地方政府创新之可持续性——公共服务创新的比较案例分析》,《南京社会科学》第 1 期,第 87—93 页。

刘伟、毛寿龙,2014,《地方政府创新与有限政府》,《学术界》第 4 期,第 40—49 页。

李智超、刘霞,2019,《政府创新能带来官员晋升吗——基于"中国地方政府创新奖"(2001—2015)的实证分析》,《甘肃行政学院学报》第 4 期,第 25—33 页。

萨巴蒂尔,保罗,2004,《政策过程理论》,彭宗超译,上海:三联书店。

谭爽,2019,《草根 NGO 如何成为政策企业家——垃圾治理场域中的历时观察》,《公共管理学报》第 2 期,第 79—90 页。

吴建南、张攀,2014,《创新特征与扩散:一个多案例比较研究》,《行政论坛》第 1 期,第 1—7 页。

吴理财、吴侗,2018,《论地方政府创新韧性》,《江苏社会科学》第 1 期,第 127—132 页。

吴理财、刘建,2019,《地方政府创新的可持续性分析——基于"中国地方政府创新奖"中部地区获奖项目的跟踪调查》,《江汉论坛》第 8 期,第 11—16 页。

王大鹏、岳春颖、项皓、何增科,2020,《中国地方政府创新可持续性的影响因素分析——基于华北五省区市政府创新获奖项目的调查》,《云南行政学院学报》第

1 期,第 6—16 页。

王刚、唐曼,2019,《理论验证与适用场域:多源流框架的理论分析——基于 14 个案例的检验分析》,《公共行政评论》第 5 期,第 28—46 页。

王猛,2020,《中国地方政府创新的类型学:基于"控制‐嵌入‐规范"框架的分析》,《求实》第 3 期,第 42—56 页。

王逸帅,2012,《合作治理:危机事件中政府与社会组织新型关系的构建——以汶川地震危机应对实践为例》,《湖北社会科学》第 12 期,第 31—34 页。

向春玲、吴闫、王拓涵,2019,《"街乡吹哨、部门报到":突破中国城市治理瓶颈——以北京市海淀区为例》,《治理现代化研究》第 6 期,第 66—72 页。

徐卫华,2017,《政治合法性视角下地方政府创新的可持续性探析——以基层公推直选实践为例》,《湖北社会科学》第 1 期,第 30—40 页。

杨宏山,2013,《双轨制政策试验:政策创新的中国经验》,《中国行政管理》第 6 期,第 12—15 页。

杨宏山、李娉,2019,《政策创新争先模式的府际学习机制》,《公共管理学报》第 2 期,第 1—14 页。

郁建兴、黄飚,2017,《当代中国地方政府创新的新进展——兼论纵向政府间关系的重构》,《政治学研究》第 5 期,第 88—103 页。

俞可平,2012,《中美两国"政府创新"之比较———基于中国与美国"政府创新奖"的分析》,《学术月刊》第 3 期,第 5—15 页。

——,2019,《中国地方政府创新的可持续性(2000—2015)——以"中国地方政府创新奖"获奖项目为例》,《公共管理学报》第 1 期,第 1—15 页。

——,2020,《最好政体与最坏政体——亚里士多德的〈政治学〉及其政体观再评》,《北京大学学报》(哲学社会科学版)第 1 期,第 91—103 页。

金登,约翰,2004,《议程、备选方案与公共政策》,丁煌等译,北京:中国人民大学出版社。

赵鼎新,2016,《国家合法性和国家社会关系》,《学术月刊》第 8 期,第 166—178 页。

张紧跟,2014,《参与式治理:地方政府治理体系创新的趋向》,《中国人民大学学报》第 6 期,第 113—123 页。

朱旭峰、赵慧,2016,《政府间关系视角下的社会政策扩散——以城市低保制度为例(1993—1999)》,《中国社会科学》第 8 期,第 95—116 页。

朱亚鹏、肖棣文,2014,《政策企业家与社会政策创新》,《社会学研究》第 3 期,第 56—76 页。

朱亚鹏、丁淑娟,2016,《政策属性与中国社会政策创新的扩散研究》,《社会学研究》

第 5 期,第 88—113 页。

朱朝霞、陈琪,2015,《政治流为中心的层次性多源流框架及应用研究——以上海自贸区设立过程为例》,《经济社会体制比较》第 6 期,第 68—76 页。

钟哲,2015,《地方政府社会治理创新可持续性提升的路径选择——以制度伦理为视角》,《东北师大学报》(哲学社会科学版)第 2 期,第 11—16 页。

周其仁,2017,《城乡中国》,北京:中信出版社。

张翔、Zhao Wenyao G.,2020,《地方政府创新何以持续:基于"政绩安全区"的组织学解释——对一个县级市"智慧市"项目过程的案例观察》,《公共管理学报》第 4 期,第 98—109 页。

Beland, Daniel. 2005. "Ideas and Social Policy: An Institutionalist Perspective." *Social Policy and Administration* 39(2): 11-18.

Crow, Deserai. 2010. "Policy Entrepreneurs, Issue Experts, and Water Rights Policy Change in Colorado." *Review of Policy Research* 27(1): 299-315.

Haas, Peter. 1992. "Introduction: Epistemic Communities and International Policy Coordination." *International Organization* 46(1): 1-5.

Holland, Daniel & Dean Shepherd. 2013. "Deciding to Persist: Adversity, Values, and Entrepreneurs." *Entrepreneurship Theory and Practice* 37(2): 331-358.

Hsiar, Renee Y. & Lynn T. White. 2002. "Working amid Corporatism and Confusion: Foreign NGOs in China." *Nonprofit and Voluntary Sector Quarterly* 31(3): 329-351.

Keeler, John T. S. 1993. "Opening the Window for Reform: Mandates, Crises, and Extraordinary Policy-Making." *Comparative Political Studies* 25(4): 433-486.

Mahoney, James. 2000. "Path Dependence in Historical Sociology." *Theory and Society* 29(4): 507-548.

Wu, Jiannan & Pan Zhang. 2018. "Local Government Innovation Diffusion in China: An Event History Analysis of a Performance-based Reform Programme." *International Review of Administrative Sciences* 84(1): 63-81.

Zohlnhöfer, Reimut & Nicole Herweg. 2015. "TheoreticalRefinements of the Multiple Stream Framework." *European Journal of Political Research* 54(3): 412-418.

附录　成都市社会治理政策创新阶段分析

阶段	政策创新核心内容	明确正面性绩效	声誉、品牌	政策产生的问题
城乡统筹发展——地震抢险救灾	1. 初步提出"还权、赋能"理念。 2. 以公共财政、民主协商，保障村庄公共服务与社会管理经费，重构村级社区治理架构，推进村民参与社区事务。	1. 灾后社区治理没有发生一起群体性事件。 2. 意外发现社会组织、社会工作的作用。	（无）	（不明确）
灾后社区重建——"社会管理创新"政策信号发出	1. 创新政府购买服务制度、社会组织管理制度。 2. 将公共财政、民主协商迁移到城市社区、院落，优化公共财政制度，给社会工作、社会组织落地提供空间。 3. 明确提出"还权、赋能、归位"社会治理理念，并以此出台首个市域社会治理政策体系。 4. 借助区级试验竞赛，优化组合4个核心要素，贯彻"还权、赋能、归位"理念。	1. 院落治理获得成功，解决了老旧小区治理老大难问题。 2. 社会组织数量迅速提升。 3. 激励党政多个部门参与到社会治理创新中。 4. 区级探索出诸多进一步实现理念的政策。	1. "微治理"品牌。 2. 区级社会治理体制改革获得的荣誉。	1. 社区"公服资金"利用率低。 2. 政策创新超前带来潜在风险。
社区营造（社会治理创新）	1. 创新"社区营造"，赋能村社区干部优化组合公共财政、民主协商、社会工作与社会组织。 2. 成立"社区发展治理委员会"，出台"1+6+N"政策体系，再度明确"还权、赋能、归位"理念，及其社区在社会治理中的核心。	1. 社区公服资金使用效率提升，村社区干部能够更灵活地组合应用公共财政、民主协商、社会工作与社会组织。 2. 在社区营造框架下，探索出社会企业、信托制物业等原创性政策方案，帮助社区治理体系与规则更加完善。 3. 吸引学术专家与实务专家大量前往成都。	1. 在全国社会治理创新中，获得领先位置。 2. 社区营造、社会企业、社区基金会、信托制物业等成为全国社会治理中的先进典型品牌。	1. 仍旧没有明确获得来自中央明确的认可，以使得其部分政策要素在全国推行。

资料来源：笔者自制。

民众意愿何以影响政策执行？

——以"禁补令"政策在湖县地区的执行失效为例

朱云品*

摘要：在已有关于政策执行偏移的研究中，作为政策目标群体的民众尚未得到充分的关注，其对政策执行成效的影响亦在一定程度上被忽略。本文以"禁补令"政策在县域社会的执行情况为例，从民众意愿这一自下而上的视角解释该政策执行失效的原因，并在此基础上探究民众意愿对于政策执行的作用机制。研究发现，包括多数学生家长和教师群体在内的民众主体，对于"禁补令"政策的实质反对意愿是构成家教活动得以在基层社会隐秘而持续存在的基础。而民众意愿则是通过"制造隐秘""舆论施压""关系庇护"三条路径分别从实践、话语以及制度与文化层面对政策的执行过程产生影响。

关键词：民众意愿 有偿家教 在职教师 政策执行成效 县域社会

一、 问题的提出

党的十九大报告提出："发展教育事业要全面贯彻党的教育方针，落实立德树人根本任务，发展素质教育，推进教育公平。"其中，义务教育是我国国民教育事业的重中之重。2021 年 7 月 24 日，中共中央办公厅、国务院办公厅印发的《关于进一步减轻义务教育阶段学生作业负担和校外培训负担的意见》再一次引发了社会舆论对我国义务教育事业发展现状，尤其是校外培训现象的激烈讨论。自本世纪初以来，在教育市场化、激烈的学业竞争以及民众经济生活水平的提升等诸多因素的推动下，中小学生寻求额外的学业辅导已然不是一件新鲜事。而校外培训的组织模式和表现形式也并非仅局限于教育培训机构（公司），由在职教师组织参与的有偿家教同样是被政府和社会长期关注的

---

* 朱云品，南京大学社会学院博士研究生（932760147@qq.com）。

话题。

在政策制定方面，出于减轻义务教育阶段学生课业负担、规范在职教师师德师风以及维护义务教育阶段教育公平等目的，以教育部为主体的中央政府各相关部门连续出台了多条旨在禁止"在职教师参与组织有偿家教"的政策禁令①（以下简称"禁补令"）。虽然各级地方政府皆紧随其后积极制定相关方案以响应上级号召②，但从实际成效来看，政策的执行情况并不理想，甚至一度出现政策失灵的倾向。我们从媒体围绕"教师私自开办辅导班"的公开报道③、学者以在职教师涉足"影子教育"（shadow education）为主题的众多研究（潘冬冬、李佳丽，2021；Zhang，2014；Zhang & Bray，2015）抑或是作为普通民众的日常生活体验中都可以发现，在职教师参与有偿家教的现象不仅没有在政府禁令的管制下销声匿迹，反而在诸多基层社会④场域中持续存在。为何在职教师参与有偿家教这一现象屡禁不绝？为何"禁补令"在基层社会一再失效？本文从县域社会这一特定区域情境出发，集中关注该政策在基层社会的执行实践中发生偏移的问题，并尝试从民众意愿这一自下而上的视角探究该政策执行失效的原因。

---

① 中央政府出台的政策禁令包括：2008 年的《中小学教师职业道德规范》、2014 年的《中小学教师违反职业道德行为处理方法》、2015 年的《严禁中小学校和在职中小学教师有偿补课的规定》、2018 年的《新时代中小学教师职业行为十项准则》、2019 年的《关于加强和改进新时代师德师风建设的意见》、2021 年的《关于开展中小学有偿补课和教师违规收受礼品礼金问题专项整治工作的通知》。

② 地方政府后续出台的相关政策文件例如：山东省 2008 年出台的《关于大力开展师德教育禁止中小学教师从事有偿家教的通知》，南京市教育局 2013 年发布的《关于禁止中小学在职教师从事有偿家教的规定》，安徽省教育厅 2016 年印发的《关于开展全省治理中小学校和在职中小学教师有偿补课专项行动实施方案》，北京市政府教育督导室 2017 年出台的《关于加强中小学生和在职中小学教师有偿补课长效治理工作的意见》，杭州市教育局 2021 年发布的《关于开展全市中小学有偿补课和教师违规收受礼品礼金问题专项整治工作的通知》，等等。

③ 媒体曝光的案例诸如 2021 年 7 月 27 日安徽网所报道的"别墅补课"事件，即安徽省黄山市屯溪一中的某位在职教师利用暑期时间在其别墅内私自开办辅导班；2021 年 8 月 17 日据新华社转载的消息，山西省原平市育才学校两名教师因在校外组织学生有偿补课、为校外机构提供培训服务等被解聘。

④ 本文将县级而不是乡镇级视为基层社会的原因在于：一是伴随着乡镇财政的"空壳化"和其他一系列决策权的上移，乡镇政府地位日渐没落，与此同时拥有相对完善的财政权、决策权以及完整的公共服务职能和能力的县级政府在地方社会的治理中发挥了愈加重要的作用（周飞舟，2006；欧阳静，2015；王春光，2016）；二是在本文所关注的案例中，"禁补令"政策执行的末梢是落在县域社会，其执行主体和目标群体亦是县域政府以及县域社会中的民众。

二、 制约政策执行的相关因素

在政府的治理实践中,完全符合预期的政策执行结果近乎是一种奢求,而政策执行出现偏移走样乃是常态。这些未达到政策初始目标甚至与之相逆的非预期现象有着纷繁复杂的表现形式,例如"变通式执行"(陈振明,1998;周雪光,2008)、"过度执行"(Deng, O' Brien & Chen, 2018)、"替换性执行"(宁国良,2000)、"选择性执行"(O' Brien & Li, 1999)、"象征式执行"(李瑞昌,2012;Olsen,1970)、"政策失灵"(汤敏轩,2004;仇叶,2021)等。这些现象的出现不仅意味着治理目标在一定程度上的失败,甚至会在基层社会引发一些负面后果。是故,学界围绕该议题进行了大量的研究。其中制约政策执行进而使其产生负面效能的相关因素是学者们所关注的重点。总体而言,已有研究的分析视角涵盖了政策内容、政策执行主体、政策目标群体这一系列身处政策执行链条上的相关组成部分。

政策文本自身的完善性与科学性被认为是影响政策贯彻落实的要素之一(Smith, 1973)。政策在合理性、明晰性、协调性、稳定性以及公平性等维度上的缺失不仅会导致执行过程受阻,甚至还会引发执行主体之间的矛盾及其对政策信任感的缺失(丁煌,2002a)。例如模糊的政策信息会引发上下级组织因对同一政策内容的理解不同而出现多重解释的问题(March, 1994),过高的指标设定忽视了责任主体的现实处境(王汉生、王一鸽,2009),频繁变动的政策议程则降低了组织活动的连贯性(Gulen & Ion, 2016),这都为政策在后续实施过程中的偏移埋下了隐患。而完善健全的政策体系则被认为有利于提升政策绩效(李俊杰、陶文庆,2021)。

政策执行主体的表现对于治理目标的达成更是不言而喻。此处"执行主体"的概念内涵是广义的,它既可以指涉官僚体制中的某一行政层级或相应的职能部门,也可以指代肩负具体行政任务的政策实施者。从这一视角出发,学者们指出地方政府在执行政策的过程中并不是毫无自主性的,相反,他们会在适宜的情境下依据自身层级的利益策略性地执行政策指令(何显明,2008;杨爱平、余雁鸿,2012;赵静、陈玲、薛澜,2013;孙发锋,2020),而不对称的信息结构以及不合理的激励制度又为这类行为的发生提供了组织基础(周雪光,2008)。就政策实施者而言,基层干部对于政策效能的发挥同样至关重要,这也是一些学者将县乡干部称为"战略性群体"(strategic group)的关键原因(Herberer & Schubert, 2012)。一方面,基层干部长期植根于地方性网络之中,有着突出的地域性行为特征以及强大的实务能力(周雪光,2016),例如村干部在诸如"土地确权"这一类直接面向民众的政策任务中充当着不可或缺的角色(狄金华,2019)。另一方面,"街头官僚理论"指出一线行政人员往往会利用手中的自由裁量权为自己牟取私利(Lipsky, 1980),从而干扰甚至破坏政策的实施。这在当下的"项目进村""低保户认定"等惠民政策的执行中都有一定的体现(李祖佩,2016;安永军,2018)。因此,不论是作为科层制组织的地方政府,还是作为责任主体的基层公务人员,他们都有可能利用一定程度的自主权使得政策的实施朝着符合他们预期的方向发展,从而导致政策偏移的发生。

在考察政策目标群体这一因素时,既有研究则显得相对稀缺。有学者提出目标群体虽然通常被视为是公共政策"调整和控制"的对象(高建华,2007),但其对于政策内容仍然有着自身的价值偏好和主观理解(陈庆云,1996:242—243),同时他们的利益需求也反映了政策对"利益关系安排的恰当与可行性程度"(丁煌,2002b:74—75)。这意味着目标群体对于政策的认知、态度和配合程度可能会对政策效能的发挥造成影响(李俊杰、陶文庆,2021;Smith, 1973;Sabatier & Mazmanian, 1980)。因此,治理主体应当充分考虑目标群体的利益格局和差异性(丁煌,2004;王绍光、樊鹏,2013),而政策的有效实施也离不开两者之间的互动与沟通(钱再见,2010;吴群芳、刘清华,2021)。这一研究视角与本文的议题最为接近,即是从政策目标群体这一自下而上的视角审视政策的实践过程。但以上研究虽然认识到地方微观环境与政策之间的互动,以及上层权威与基层民众诉求之间的张力,却没有进一步讨论目标群体围绕某一政策的态度或意愿何以形成,以及这些态度和意愿又是如何对政策执行造成影响。

以往的研究虽然从不同进路为我们理解差异化的政策执行偏移现象提供了理论启迪,但在这些分析框架中,作为政策目标群体的民众所受到的关注相对不足,其作为能动者的主观意愿以及该意愿对政策执行的影响效应亦在很大程度上被忽略了。虽然一些研究也曾描述过基层政府在政策执行过程中与作为目标群体的民众合谋应付上级的现象(艾云,2011)[①],但其突出的依然是

---

① 例如在计划生育政策的执行过程中,乡镇干部也会指示村干部协助村民转移"超生孩"以应付上级的突击检查。

官僚体制内部的张力。① 民众在研究所呈现的治理图景中虽有出场,但他们所充当的依然是一个被动协助科层组织去完成任务的"配角",其自身的主体性和行为实践并没有得到细致的关注。正如一些学者所观察到的:民众并不是一个仅仅被动接受政策的"容器"(O'Brien & Li, 1999),他们一直保留着维护乃至扩张自身权益的意识和能力。因此本文试图从政策目标群体这一自下而上的视角进一步讨论影响政策执行的关键因素。

　　笔者以"民众意愿"作为本文的核心变量,并将其定义为"作为政策目标群体的普通民众对于某一政策指令的认知、态度与评价"。该定义界定了民众意愿的具体指向目标同时也突出了其"社会政治态度"(王来华,2009)。本文认为,作为政策执行对象的普通民众,他们对于政策本身的实质性意愿在一定情境中会对政策的实践过程产生深远影响。而论证"民众意愿"如何形成,以及揭示其影响政策执行的作用机制则是本文的努力方向。需要说明的是,与"抗争政治"(contentious politics)研究中所呈现出的"愤怒的民众"及其与地方政府之间的"激烈"交锋不同(于建嵘,2006;应星,2009;Deng & O'Brien, 2013),我们认为政策目标群体对于政策的(反对)意愿形式在不同情境下存在差异,这也影响了其后续行动策略的选择。例如在本文案例中,民众虽然对于政策本身存在诸多不满与质疑,但其对于政策的抵抗形式是"软性"而隐秘的,这一反抗方式相对"弱者的武器"而言又显得更加积极主动并富有策略性。总之,在当下的中国基层治理领域之中,作为政策目标群体的普通民众有其对于政策内容和治理实践的理解与考量,而由此引发的对于政策执行的影响效应也日益凸显并呈现扩散状态。是故,我们应该关注民众意愿这一变量影响政策成效的作用机制。

三、 研究方法与案例介绍

　　本文采用半结构式访谈和参与观察的研究方法,所选取的田野调查地点是位于我国东部某省的湖县②县城。访谈过程按照时间分为三个阶段:2018 年

---

① 这些张力包括正式制度与非正式关系的共存局面、有限的治理资源和高强度的政策执行压力之间的矛盾等。

② 按照学术惯例,文中所出现的人名、地名和有关组织机构的名称皆经过匿名处理。

10 月、2019 年 1 月、2019 年 10 月。后续笔者又于 2020 年 6 月和 2021 年 8 月围绕家教现象的一些变化进行了回访。在调研中，笔者亦走访了湖县多处由在职教师组织的有偿家教现场及两家民办辅导机构，文中所引用的相关资料皆来自实地调研。

在城镇化运动的背景下，湖县自本世纪初每年都有大量农村户籍人口从原下辖乡镇迁入县城。与此同时，湖县又因其在承接长三角产业转移上的区位优势吸引了一定规模的外来劳动力。人口的大量流入导致了县城学生规模的迅速扩张。目前，该县县城常住人口约 44 万人，中小学在校生共 35 000 余人。而原本位于乡镇尤其是村庄的各中小学校则在"撤点并校"以及人口外迁的背景下日趋没落甚至"消失"（熊春文，2009；邬志辉、史宁中，2011）。虽然这一"文字上移"的社会事实并不在本文的研究议题之内，但却是我们在分析有偿家教时只关注县城区域且忽略学生数占比极少的乡镇地区的原因。在社会经济发展方面，湖县因大规模承接长三角产业转移以及融入 N 市"都市圈"①而实现了快速发展。湖县目前拥有两个省级经济开发区，并一度在全市 GDP 评比中跻身前四（该市 GDP 在全省排名中位列第三）。其中，2020 年城镇居民人均年度可支配收入也一度达到 37 421 元。② 此外，该县地方社会中亦延续着中国长期以来重视教育的传统，这在当地家长对于孩子的教育投资以及学生对于自身的学业规划中都有显著体现。

但受制于区域发展的结构性约束以及县域社会自身的发展瓶颈，相比于城市地区或者发达省份一些同行政级别的县城而言（例如"江苏江阴""浙江温岭"等"百强县"），湖县在教育、医疗、公共交通、商品贸易等公共资源配置以及市场力量的培育上依然相对滞后。其中，课外辅导培训产业便是一例。截至 2020 年，湖县尚无一家具有专业资质的品牌性校外辅导机构（例如"新东方""学而思"等），而正在运行的几家教辅中心不论在硬件设施、师资力量还是管理模式上都差强人意，甚至存在诸多不符合基本办学规范的乱象。在 2021 年 7 月中央出台了"双减"政策之后，湖县教育辅导机构则面临着更大的生存困境。同时，培训机构的"劣质"与"衰败"也在客观上促进了教师家教活动的

① N 市是与湖县相邻的经济发达城市，其近年提出的"都市核心圈发展规划"旨在将包括湖县在内的多个周边地区纳入之中，"依托这一空间范围，统筹考虑区域资源禀赋和发展潜力"并最终"建成具有国际影响力的现代化都市圈"。

② 数据来源于湖县政府官网公示的财政报表。此外，本文所涉及的湖县社会经济发展数据，若无特殊说明，皆来自于笔者从相关行政部门查阅到的文件资料。

产生。

　　总体而言,湖县当下的在职教师有偿家教现象呈现如下三个特征:第一个特征是参与规模普遍化,这体现在湖县跨越整个义务教育阶段的中小学师生参与/组织家教的规模上。在小学和初中阶段的班级中,超过半数的学生都正在接受家教。这个比例在高中约为三分之一。而任教"重点科目"①的教师则更是几乎人人都(曾)涉足家教活动。② 第二个特征是组织状态稳固化。虽然湖县政府近年在上级有关部门的号召下针对有偿家教现象开展了多次整治行动,但该现象却一直"顽固"地存续着,而没有遭到取缔。第三个特征是运作方式隐秘化。显然,湖县当下的家教活动并不具备政策意义上的"合法性",这也决定了其必须具备一定的"隐蔽性"。

四、 民众意愿何以形成

(一) 学生及家长的认同基础

　　在湖县,对于有补习需求的学生及家长而言,在职教师提供的学业辅导几乎是他们的最优选择。这是由在职教师的岗位性质、课外补习的需求特征以及县域社会的情境性因素共同形塑的。

　　首先,身处教学一线的在职教师具有相关教学资源的"垄断"优势。他们掌握着与特定学科、特定年级相匹配的教学资源,其中包括对于教学进度的规划、命题方向的掌握以及学生反馈的了解等。因此,教师可以利用这些信息优势更加高效地指导参与家教的学生,帮助他们进行有针对性的"培优补差"。这一优势在那些选择"自己班级教师"作为授课者的课外辅导中更加明显。正如一位初中学生家长所言:"小孩在(自己班上的)老师那里补课我放心的,效果也好的,因为就是自己班上的,所以老师最了解他,知道他哪里(知识)会与

---

① 重点科目包括英语、数学以及初高中阶段的物理和化学。
② 正在从事有偿家教的教师,其年龄段一般分布在 30—55 岁之间。这主要是因为:一方面,刚刚入职的年轻教师缺乏教学经验(同时也缺乏足够抵御查处风险的"社会资本",这将在下文中详细论述);另一方面,接近退休年纪的教师精力有限。而从调研中了解到这些"老教师"几乎也都曾组织过家教活动。

不会。"①

其次，在职教师拥有丰富的教学经验与成熟的教学技巧。后者在应试教育体制的多数场景下是指"教会学生如何提分的技巧"，这也是学业竞争中最为核心的环节。以上教学能力的习得得益于长期且连贯的教学实践。这也就解释了为什么一些父母(其中不乏政府公务人员和教师自己)即便接受过高等教育，但仍然选择将孩子送到相应科目的教师家中接受辅导。因为他们认识到"自己会做题"与"教会学生做题"完全是两码事。

再次，多数在职教师制定的收费标准长期以来都保持在一个可以让大多数家庭接受的水平。具体而言，小学和初中阶段的家教规模通常维持在单次4—5个学生，其收费标准是每月人均200—300元。而高中阶段的家教则是更为小班化的"一对一"的辅导，虽然其收费标准是每节课人均100—200元，但因高中阶段的家教授课频率低(一个月1—2节课)，最终的支出总额也不会很高。总之，课外补习这一项"教育投资"并没有给大多数家庭带来过大的经济负担，也没有在客观上造成教育资源的分配不均。

最后，县域优质课外辅导资源的缺乏又进一步凸显了教师家教服务的"珍贵"。如前文所述，湖县既有的几家辅导中心不论在硬件设施、师资力量还是管理模式上都差强人意，甚至存在诸多不符合基本办学规范的问题。因此在很多湖县的学生家长看来，辅导机构"只能哄哄小孩"②，辅导机构的老师则"根本不像个老师该有的样子……还是学校的老师最靠谱"③。正是在以上多重因素的推动和约束下，在职教师的家教行为不仅没有受到学生家长的抵制，反而具备了坚实的民意基础，进而在"契约"双方之间形成了一个稳定且牢固的利益共同体。

(二) 教师自我行为的正当性构建

作为"禁补令"的重点执行对象，同时也是归属于普通民众范畴的在职教师，他们是怎样看待该项国家政策对于职业团体的约束？又是如何建构家教行为的正当性呢？

教师首先谈到的是薪资待遇问题。诸多教师认为自己的工资收入长期处

---

① 访谈20191023，THM家长，2019年10月23日。
② 访谈20191007，GJP家长，2019年10月7日。
③ 访谈20191105，LQ家长，2019年11月5日。

于较低水平 ①,在将自己的薪酬福利与同级别同工作年限的政府公务人员进行对比后更是产生了巨大的心理落差。此外,教师对于"禁补令"本身的适用性也存在异议。在湖县教师看来,如果自己没有出现"上课不讲下课讲"或者"刻意逼迫"学生参与补课的恶劣行为,那么政府就没有权力去取缔他们进行额外合法劳动的权利,否则这就是"公权对私欲的蔑视与僭越"(檀传宝,2005)。正如湖县某初中教师所言:

> 我是完成了我的本职工作之后才去搞家教的,学生也是自愿来的,并不是说学生不来我逼他来,也不是说学生不来我在学校就给他"穿小鞋"。在课堂上我是一视同仁的,我要是(对学生)搞特殊化,现在的学生和家长也都不是"傻子",他们可以去告我的状,举报我,校长电话和政府办公室电话都很好找的。②

由此可见,教师主体围绕其职业困境的叙事构成了他们在为家教行为进行正当性"辩护"时的有效"辩词"。

(三) 学生及家长与教师的信任互构

那么,教师又是如何让他们"建构"出的"正当性"具有普遍意义呢? 或者说他们如何将其转化为学生及家长的信任基础? 其中,最为关键的是教师必须确保家教活动的"绩效表现":在一定时间内学生的学业成绩应当有实质性的提高。为了保障这一目标的达成,多数教师确立了"生源筛选机制"和"自愿进出机制"两大原则。前者是指教师会有选择性地招收参与有偿家教的学生,以确保家教活动的秩序和效率。某高中教师 CXK 就此解释道:

> 学生来我这(补课)都是指望进步的,所以我和家长还有学生讲得很清楚,太优秀的学生你不用来,太差的学生你来了也没用……而且学习态度是第一位,如果你来了不学习在这调皮,还把其他学生带坏了,那我不留你。③

---

① 这一观点在青年教师群体中更为普遍和强烈。
② 访谈 20200205,湖县 ZBJ 老师,2020 年 2 月 5 日。
③ 访谈 20201003,湖县 XCK 老师,2020 年 10 月 3 日。

"自愿进出机制"则是指在家教活动开展的全过程中遵循自愿原则：如果有学生或家长认为自己已经不再需要或者某教师的辅导课程已经不再适合，他们可以与老师协商退出。以上两大组织原则的确立不仅让学生和家长对家教活动建立了初步的良好印象，并消解了因"禁补令"宣传所带来的负面顾虑，而且也在一定程度上保障了他们对提升学生学业的期待。此外，这也可以被视为教师的一种"自我保护"策略，毕竟与学生（家长）之间信任纽带的维系是家教活动得以安全开展的基础。某初中教师 SLX 的话印证了这一点：

> 因为毕竟我们这个（家教）行为还是违规的，所以我们更要小心，不能被人家抓住"小辫子"说我们闲话，说什么老师在骗学生钱……我是和家长约法三章的，就是你要是觉得好就继续在这学，要是觉得不好就可以走人，都是自愿的，我们大家彼此要讲信用。①

以上内容讨论了家教活动何以在县域社会中获得了与"禁补令"导向相反的民意基础。总体而言，即是学生及家长希望通过课外辅导以快速提升学业表现的目标，与在职教师改善自身境遇的诉求不谋而合。双方的行为动机与行动策略紧密相连并互为强化，家教活动因此在湖县获得了稳固的民意基础，这也促成了他们之间共同体纽带的形塑与维系，进而对"禁补令"的执行产生了深远影响。

五、 民众意愿何以影响政策执行

学生及家长对于课外辅导的需求以及教师身处的结构性困境奠定了家教行为在县域社会被普遍接纳的民意基础。但是面对着来自中央政府强大的权威感召以及地方行政权力的持续在场，它又是如何影响到"禁补令"的执行成效呢？

---

① 访谈 20191121,湖县 SLX 老师,2019 年 11 月 21 日。

（一）制造隐秘

由于教师家教活动在当前并不具备法理意义上的正当性，因此它必须在一种"隐秘化"的状态下开展。而为了"制造隐秘"，学生、家长以及教师都在其中发挥了不同程度的作用。

教师是家教活动的组织者，也是风险承担者，他们深知"隐秘"的重要性。因此在家教活动开展的全环节中，教师始终都在淡化补习活动的公开痕迹。在确定授课对象时，他们通常会选择那些"值得信赖"的学生，并再三叮嘱其不要和陌生人透露包括授课地点、老师姓名在内的相关信息。同时，在家教场地的选择以及家教费用的收取方式等方面教师也会精心规划。

家长在"制造隐秘"的过程中，充当了甚至可以用"戏剧化"来形容的重要角色。一些家长主动地在教学地点附近为家教活动"放哨"，以助其躲避政府相关督导部门的巡视，这在政府开展"有偿家教专项整治行动"期间较为常见；一些家长则会帮助老师统一收取费用以规避潜在的资金查处风险；部分有条件的家长甚至还会提供"安全隐蔽"的场地以供教师开展有偿家教。例如，湖县城郊的一个纺织厂老板无偿提供了一间闲置小厂房作为包括自己孩子在内的 8 个学生接受课外辅导的场所。这位纺织厂老板如此评价家长们的行为："一切为了孩子，我们做家长的能出钱的出钱，能出力的出力。"[①]实际上，在"制造隐秘"的实践过程中，作为政策目标的民众群体之间的行动常常是呈现联合状态的，而这一联合性也贯穿于民众意愿影响政策执行的全路径之中。

（二）舆论施压

伴随着信息技术的迅速发展以及电子产品的广泛普及，互联网作为一种线上的公共空间，既提高了民众参与公共议题讨论的可能性，也促进了各类社会思潮的表达与传播（桂勇、黄荣贵、丁昳，2018）。湖县民众围绕着"禁补令"这一议题在各类地方性网络互动平台上展开了激烈的讨论。不过，与当今网络社群互动中所常常呈现出的分裂状况和激烈态势不同，湖县民众不仅在围绕该议题的态度上保持着高度的一致，而且在其舆论表达中也并未使用超出

---

① 访谈 20210715，MR 家长，2021 年 7 月 15 日。

现行网络空间管制边界的话语。事实上,地方民众在舆论施压的过程中所采取的是一种"软性"的表意抗争策略,其目的主要在于唤起地方政府的"同理心"和注意力。在湖县官方政务互动平台上,一位学生家长于 2015 年 8 月中旬写下这样的帖子:

> 　各位领导晚上好,我是一名高一学生的家长,我想请问政府今年突然查家教的目的是什么? 前几年把学校组织的补课停了……现在又不给教师开补习班……说是规范师德,我想请问师德不好的教师我们家长愿意让孩子去他家上课吗? 又有几个学生是像政府说的被教师强迫去补课? ……孩子假期不补课怎么行呢? 暑期时间被白白浪费。我相信这也是很多学生家长的心声,我相信很多有孩子还在上学的县政府领导也可以理解这一心情,希望政府结合我县实际情况考虑一下学生的学习问题和学校教育问题,不要一味地搞"一刀切"命令,这只会让那些基础不好和自制力差的学生(在考试中)更加吃亏,这也是我们县人才的损失。①

这一留言展现了民众对于地方政府的复杂态度,即很多家长既不满地方政府的做法,但又对后者的现实处境表示"理解"。在他们看来"湖县政府也没多少权力",因此"只能按照上级的意思办事"。正如一些家长谈道:"和我家小孩一起补课的同学里面,也有不少家长是在政府里面上班的,他们自己也说(政府内部)没人愿意主动搞这个('禁补令'),否则这不就是'大义灭亲'了嘛?"②这一态度也体现在他们的话语策略中:一方面,民众虽然直接流露出其对于地方政府执行"禁补令"这个"一刀切"政策的不满与质疑,但其并没有选择以一种更为激烈的言辞对地方政府进行直接抨击。另一方面,民众又试图以一个学生家长的身份角色去唤起"同为孩子父母"的地方政府官员的同理心,以寄希望于他们在执行上级的政策时能够留有一定的余地。民众对于政府的复杂态度以及行动策略既可能是受制于政府的各项舆论规章制度,也可能是出于他们对下级政府在很大程度上受制于上级政府这一政治规则的认知,即所谓的"官大一级压死人"。因此上述留言中的这位家长只能含蓄地说政府的做法是不符"实际情况"的,换句话说即是没有考虑到普通民众的实

---

① 为了让文本内容更加流畅以便于理解,在不影响主题的情况下,笔者对留言略有改动,下同。
② 访谈 20201023,湖县家长群体,2020 年 10 月 23 日。

际需求,同时又进一步强调这会导致"县里人才的损失"。

而在同一时期湖县另一个非官方的地方性网络社交平台——"湖县论坛"上,民众对于湖县家教现象以及"禁补令"的讨论也在进行中:

> 楼主:今年政府怎么了? 不给学校补课就算了,还逮①老师家教……我们家长自己出的钱又没让他(政府)出钱……大家都来说说家里小孩暑假在家怎么学习的?
>
> 网民1:听在政府上班的朋友说是今年上面(上级政府)下死命令了……不给老师补课……分管教育的领导天天开会强调……小孩在家天天玩(不学习)我也快急死了。
>
> 网民2:真的无语,我家小孩马上高一,我找了好几个老师,他们都说今年暑假情况特殊不敢补课……
>
> 网民3:(政府)天天瞎搞,学生找教师补课都是自愿的,不调研清楚就搞"一刀切",到最后苦的是我们普通老百姓……人家大城市里面学生假期有好的辅导机构还有各种夏令营,我们小县城什么都没有……以后(考试)都是一张试卷,以后孩子(考试)拿什么和别人竞争。
>
> 网民4:县政府也没办法啊,他也听上面(政府)的啊,政府领导自己家孩子也补课啊,不要问我怎么知道的。
>
> 网民5:谁还敢和政府讨价还价呢? 上级(政府)让下级干什么就干什么! 县政府让老百姓干什么就干什么!

与湖县官方的"政务平台"不同,"湖县论坛"的非制度化属性使得民众的表达方式显得相对自由和随意。事实上,出于舆情掌控和舆论疏导等目的,湖县政府一直都以各种形式保持着"在场"的状态。因此,虽然民众的表达内容受制于各类监督规则只能被限制在一定的话语体系之内,但这并不意味着他们的言论被地方政府所忽略,以及相应的诉求没有被政府所感知。湖县分管教育的官员在谈到家教问题中家长的态度以及政府的反应时说:

> 你可以去网上看看……家长现在都会说得很呢! 有时候我们(政府)

---

① "逮"在湖县方言中指代的意思大致等同于"查处",但在此处语境中更加强调的是一种"突击检查"的意思。

确实也是没办法,上面政策来了我们必须重视,但你说为什么家教问题老
是解决不了,主要还是因为老百姓他们确实需要这个……不只是我们一
个地方这样,中国很多其他地方也一样。①

　　地方政府在面对可能引发治理风险的网络舆论时,需要仔细权衡如何给
予其实质性的回应,而不仅仅是在帖文后复制粘贴相关政策术语。一方面,地
方政府并不想因此制造出与民众之间本可避免的矛盾;另一方面,在县域社会
中衍生出的错综复杂的关系网络也在逐步消解政策的实际效力。事实上,在
后续的治理实践中地方政府也确实相对"放松"了对有偿家教的严厉管制:若
是没有上级的政策指令,地方政府并不会主动地开展"整治行动"。家教活动
亦可以在隐秘的状态下持续下去。

　　在本案例中,我们发现当作为家长的普通民众遭遇与其息息相关但又意
愿相悖的公共政策——"禁补令"时,他们的参与意识和表达诉求也会被激活。
而民众围绕该议题生成的舆论及其所反映的实际诉求也逐渐形成了一种"地
方性规范":家教行为是"合理且迫切"的,"禁补令"则是"不符合实际的"。这
一规范既约束了各方参与主体的行为实践,也维持了既有社会秩序的再生产,
进而对地方政府构成了一定的压力。

(三) 关系庇护

　　"关系"在中国社会的日常运作中有着不可或缺的作用(翟学伟,2009),它
也时常以一种非正式的形态出现在制度化的行政体制之中。诸多学者观察到
"关系"在地方政府行为中的实践方式和作用效能并提出了一系列重要概念,
例如"正式权力的非正式运作"(孙立平、郭于华,2000)、"行政关系人缘化"
(周雪光,2008)、"关系控制"(邓燕华,2016;Deng & O' Brien, 2013)等。但以
往文献中所阐述的"关系"更多的是被地方政府当作一种内生性资源去完成其
治理目标,而本文所呈现的恰恰是体制内外交融的地方关系网络产生了消解
科层组织政策执行成效的反向力量。

　　自 2015 年湖县政府在上级部门的号召下首次发动"家教专项整治行动"
(以下简称"整治行动")之后,这种针对家教的"运动式治理"几乎每年都会

---

① 访谈 20191007,湖县 DFC 官员,2019 年 10 月 7 日。

"重演"一至两次①,而这些身处不同时间节点上的"运动",在组织形式、动员模式乃至运动规模上却仅存在有限的差异,以至于这一基层运动式治理在事实上已经逐渐成为常规性行政机制的一部分(欧阳静,2014)。这些整治行动②在组织程序的安排上大致包括以下四步:"广泛动员""集中学习""立查立改""组织考核"。同时,各阶段的行动目标又分别对应着:"人员调配""政策宣传""活动执行""检查验收"。其中,整个运动的核心同时亦是能够对家教活动产生实质性影响的是第三阶段。具体而言,"立查立改"是指湖县政府在调动各部门人员③的基础上采取"学校自查"和"部门督查"的方式对教师有偿家教行为进行"摸底排查",并"对于违反规定的在职中小学教师,视情节轻重,分别给予批判教育、训诫谈话、责令检查、通报批评直至相应的行政处分"。但在实际的检查活动尤其是所谓的"突击检查"中,却充斥着以信息私通为主要形式的庇护和隐瞒行为,这使得"整治行动"的效果每况愈下,并最终呈现出"仪式化"的特征(周雪光,2012)。

首先,在学校内部,教师可以从学校领导那里获知相关信息。若是"风声比较松",即地方政府尚没有开展整治行动的计划时,校领导在开会时只会进行常规性的文件宣读,语气也较为缓和。而当真正的整治行动即将开展之时,校领导不仅在会议上会以强烈的语气和措辞发出警示,而且在私下也会让下属干部(例如年级组长、学科教研组长等)给相关教师"再做叮嘱",即让他们暂停家教活动。校领导除了发挥信息传输的作用外还承担着一个重要的"兜底"功能:若有教师在家教整治行动中被查处④,校领导出于维护学校声誉和教师利益的双重考虑也会出面进行斡旋,并尽可能地将督导部门对涉事教师的行政处罚最小化。由此可见,学校内部的关系网络既为教师提供了相当的信息支持,也降低了其可能遭遇严厉处罚的概率。

其次,在政府行政部门,教师还会积极地构建与"体制内人士"的关系网

---

① 在 2016—2020 这五年间,湖县在上级部门的政策指令下针对教师家教行为所开展的运动式治理共计 8 次,这些运动的开展时间大多集中分布在劳动节、国庆节、寒暑假等持续时间较长的假期前夕或中间。

② 以下述及的整治行动相关内容皆来源于湖县政府文件。

③ 动员力量虽然除了包括学校领导层和教育局的相关人员外,政府还会从诸如信访、民政局、科技局、司法局等其他政府行政部门"借调"人员。但在实际的"督导活动"中,绝大部分的实质性工作还是由学校领导层和教育局承担。

④ 这一危机情况的发生概率是极低的。调研中得知,自 2012 年以来,湖县仅有不超过 5 位教师因在"整治行动"开展进行中"顶风作案"而被惩罚,其所受到的实质性惩罚包括调离原有工作岗位、取消职称(评定)资格等,但未出现开除公职的情况。

络。这些科层组织内的"社会资本"包括教师在教育局和其他政府部门工作的同乡、同学、亲人与朋友。同时，家长群体在整治行动中看似置身事外实则又"渗透"在政府、学校等科层组织之中。在县域社会这一有限的互动场域之中，各部门掌握政策裁决权或实际执行权的领导干部或普通公务人员可能自身就是学生家长或者与这些家长和教师有着千丝万缕的社会关系。正如作为学生家长同时也是湖县政府工作者的 THM 所言："就（湖县）这么点大的地方，谁不认识谁？更不用说教师和公务员之间了。"①而这些身处科层体制内的学生家长对于"禁补令"的态度与那些所谓的体制外普通民众几乎没有差异。因此他们也会在适宜的情况下发挥与上述信息私通和提供"兜底"保障类似的庇护作用。

由此可见，由普通民众、教师以及部分公务人员共同构筑的地方关系网络会逐步消解"禁补令"的实际效力，并合力维系家教活动隐秘而稳固的生存状态。其中我们发现，传统意义上的地方治理主体与治理对象之间的界限并不是明晰的，他们有着相当程度的"共享知识"。同时，所谓的体制内外也并不是高度分离的，原本应当各居两端的政策执行者和目标群体之间竟产生了"共谋"。那么各参与主体之间得以发生联结的纽带是什么？我们认为答案在于政策目标群体对"禁补令"在县域社会中适用性的质疑和反对。易言之，这一民众意愿的汇聚是后续他们彼此之间关系场域得以建立的机制所在。需要说明的是，这一庇护行为亦是存在边界的，地方政府对于以下两类情况几乎是采取"零容忍"的态度：一是教师在政府开展"家教整治行动"的过程中"顶风作案"；二是出现教师逼迫学生或者刻意保留教学内容等违反基本职业道德的情况。

（四）民众意愿影响政策执行的内在机制

结合本文对于"禁补令"在县域社会执行失效的案例分析，我们认为民众意愿影响政策执行的作用机制沿着以下路径展开：

---

① 访谈 20200103，湖县 THM 家长、官员，2020 年 1 月 3 日。

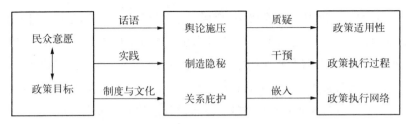

图 1 民众意愿影响"禁补令"政策执行成效的作用路径

首先是民众舆论的施压(激励)效应。其对应着话语层面,即民众对于某一政策的反馈和评价在形成一定共识基础后可以被基层政府乃至更上级政府所感知并对其构成压力。而民众对于某一政策的消极意愿则可能基于两种情况而产生:一是政策导向自身没有问题,但是部分政策执行者的实践方式因损害了民众的合法权益而遭到后者的抵制,例如农业税费时代基层干部强制征收超额"三提五统"(贺雪峰、王习明,2003)、城市管理工作者暴力违规执法(陈柏峰,2013);二是政策在地方社会中的适应性问题,即上级制定的政策可能没有考虑到基层的实际情况(陈家建、张琼文,2015),进而引发了民众的质疑与不满,本文讨论的案例在一定程度上归属于第二类。在舆论媒介迅猛发展的今天,政府向社会公开的各类政务平台以及民众自身积极参与的网络社交平台(后者时常更为关键)都为民意的传播与表达提供了多样化的便利渠道,而对于这些民意的甄别、管理和回应也为地方政府的治理能力提出了更高的要求与挑战。若是政府长期对于民众舆论中所体现出的负面情绪视而不见或者毫无作为,后续则可能引发未知的治理风险。

其次是民众在政策执行过程中的正面参与。其对应着的实践层面是民众会积极援引相关资源去策略性地干预或抵制政策的实施过程。这类参与行为在极端情况下会以令政府部门棘手的"集体抗争"形式而出现(于建嵘,2006;Deng & Yang, 2013)。而这一行为的抗争烈度在一定程度上取决于民众对于政策持消极意愿的强弱,政府是否及时了"调整"政策,以及民众诉求是否得到了有效回应。在本案例中,民众在抵御查处风险时合力参与的"制造隐秘"实践则是此类路径的表现形式,同时这一对于政策的"抵抗"形式又是"软性"且隐秘的。

最后是民众在政策实施过程中的间接参与。这一间接性路径并非与上述正面参与路径相对立,而应当被视为后者的补充。它体现为作为政策目标群体的民众通过构筑关系网络进而从体制内部约束政策执行的力度。这一时常以"共谋"行为呈现出的作用路径对应着制度与文化层面,而这背后所隐藏的则是国家治理的制度逻辑和社会文化之间的交互作用。值得一提的是,此处的"共谋"既不是发生在政府上下层级之间也不是存在于横向科层组织内部,而是横跨在官僚体制内外。换句话说是作为"正式制度代理人"的基层政府与作为"生活世界主体"的普通民众之间形成了联盟并共同去应付上级政府的政策意志。在本案例中,这表现为那些(曾经)作为学生家长并且理解课外辅导"必要性"的政府官员,本着同理心或者囿于私人关系会主动给教师提供以信息私通为主要形式的庇护行为,并协助其降低遭遇严厉惩罚的风险。

六、 民众意愿的约束条件

就本文研究的案例而言,很容易产生一个差异性发问:县域社会中的家教现象和其他社会情境中的家教现象有何不同? 例如在城市社区中,围绕"禁补令"政策而产生的民众意愿呈现何种形态? 它又是否能够对政策执行过程产生影响? 这也引出本小节要进一步探讨的问题:民众意愿在何种情况下更容易达成一致? 其对于政策执行的作用效应是否存在约束条件?

事实上,荷市政府作为湖县政府的管辖者亦需要在市区执行"禁补令",但其执行成效却远远"胜过"湖县:如今荷市市区内的家教在规模上要比湖县小得多。对于这一差异性现象的解释,我们依然可以基于民众意愿的视角从两方面展开讨论。

首先,荷市围绕"禁补令"而产生的民众意愿并没有像湖县那样达成一致。对于市区的在职教师而言,其所拥有的相对优越的薪资待遇使得他们并没有足够的动机冒着被查处的风险再去从事家教活动,这也意味着从事家教的教师群体规模相对有限。对于学生家长而言,虽然由在职教师参与组织的家教活动依然具有"吸引力",但市区相对正规且优质的课外辅导机构①在很大程度上也可以弥补教师家教资源的稀缺。因此教师家教资源在湖县案例中的那种"垄断性"色彩在荷市并不突出。除此之外,因为教师家教资源在荷市仅能被极少数家庭所拥有(这一点在下文即将展开论述),而那些同在荷市教育系统

① 相比于湖县课外辅导机构"低水平的师资力量"和"混乱的管理模式",荷市正在运行的课外辅导机构则要优质得多,目前荷市已开设包括"新东方""学而思""学为贵"在内的多家连锁型品牌教育辅导机构。

中的其他大多数学生(家长)由于被"排斥"在该资源覆盖范围之外,反而对前
者存在"嫉妒"和不满。总之,荷市中的学生、家长和教师对于"禁补令"的意愿
不仅没有达成一致,反而在群体内部呈现出分裂甚至对立的局面。

　　其次,荷市教育系统中虽然存在极少数的家教"残余势力",但这些受益的
政策目标群体并不能对"禁补令"执行过程进一步造成影响。事实上,荷市目
前能够享受到家教资源的人群仅局限于教师家庭或与之有着"强关系"①的群
体内部,这一点与湖县案例中所呈现的普遍性规模形成鲜明对比。而造成这
一差异的关键在于,荷市并不存在湖县社会中那样跨越民众、教育系统和政府
部门之间的紧密关系网络。这也导致学生家长和教师无法获得充分的信息以
规避风险。即便部分教师有着组织家教活动的想法,但由于缺乏庇护网络也
只能选择放弃。此外,一些家长作为"体制内人士"可能掌握了相关信息,但他
们与教师群体之间相对疏远的"弱关系"也使其并不敢与后者进行直接分享,
更不用说提供"兜底"保障了。因此,荷市的家教活动被"禁补令"约束在一个
极小的范围之内。

　　通过上述不同社会情境中的案例对比分析,我们认为民众意愿的形成逻
辑和作用效应都是存在约束条件的(具体机制如图 2 所示):

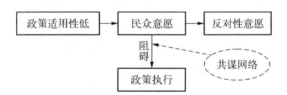

图 2　民众意愿的约束条件

　　就形成逻辑而言,政策的适用性问题是关键要素,这亦会影响后续民众意
愿影响政策执行的作用机制。较高或者较低的政策适用性都会使得民众意愿
更容易达成一致,这是因为政策在普遍意义上受到了大多数民众的支持或者
反对。此时可分为两种情况:如果政策的适用性高,即政策文本的目标导向与
基层社会的实际需求契合度高,那么民众意愿出现实质性支持的概率就会上
升,政策执行起来所受到的外部阻力也相应较小,这时政府若是可以协调解决
好科层组织内部的资源与矛盾,政策的实际效能也可以被相对理想地发挥出
来。但若政策的适用性低,那么政策在执行过程中所遭遇到的来自政策目标

---

① 　这些"强关系"主要包括亲属和朋友。

群体的阻力也相应较高，在这一情况下，即便政策最终在官僚体制强大的推动下被强行执行下去，其所产生的社会效应也未必理想，只是可能不会在短期之内凸显出来。

就作用效应而言，正如并不是所有社会结构中衍生出的怨恨都会产生集体行动或者社会运动一样（Smelser，1962；Tilly，1978），也并不是所有达成相对一致的民众意愿都能够对政策执行产生实质性影响，其中，政策目标群体与政策执行主体之间可能构成的"共谋"式关系是触发民众意愿得以影响政策执行的重要因素之一。假设某一项政策在遭遇到基层民众普遍反对时仍被要求强制执行下去，这意味着基层政府既需要承受来自上级政府的执行压力，又需要面对因辖区民众"抵抗"行为可能带来的治理风险。基层政府需要在治理风险和治理绩效的权衡中规划该项政策的执行方式与执行程度。此时若是在作为政策目标群体的民众与基层政府之间搭建起一座沟通与合作的桥梁，上述政策执行悖论或许可以被适当地"调和"：不仅民众意愿可以得到一定程度的有效回应，而且国家意志也在形式上得到了贯彻。但是，该项政策的实际执行效力也必然被部分消解，从而出现政策执行偏移乃至失灵的现象。

七、　研究结论

在中国政府近年来出台的教育政策文件和规章制度中，"禁止在职教师参与组织有偿家教"是一个被持续提及的议题。为何该现象屡禁不止？本文从民众意愿之影响这一自下而上的视角，对该政策执行失效的原因进行了探究。

研究发现，包括多数学生家长和教师群体在内的民众主体，对于"禁补令"政策的实质反对意见是促成他们彼此之间信任纽带形成的基础，这也是家教市场得以在基层社会隐秘而稳固运作的核心机制。而该政策之所以遭到如此普遍的质疑与反对，是因为在县域社会情境的约束与形塑下，学生及家长希望通过课外辅导以快速提升学业表现的目标，与在职教师改善自身境遇的诉求不谋而合。民众意愿后续通过"制造隐秘""舆论施压""关系庇护"三条路径分别从实践、话语以及制度与文化层面对"禁补令"政策的执行过程产生影响，并最终使其失去原本应当发挥的效能。在此过程中，本文认为身处转型期的中国县域社会有着不同于传统乡村社会和现代城市社区的独特属性，其社会性质的特殊性集中体现在区域正式制度代理人与生活主体之间松散关联的社会网络形态上,即政府行政人员与普通民众在地方社会中所具备的角色属性,以及所援引的行动规则之间的边界并不是清晰恒定的,这种模糊性与交融性在遭遇某些社会现象和政府行为时会被加倍放大,且有可能影响到社会规范的形塑以及治理实践的成效。

此外,通过不同社会情境中的案例比较分析,本文认为民众意愿的形成逻辑与作用效应都存在一定的约束条件。就形成条件而言,政策的适用性问题是关键要素,这牵涉到政策本身的目标导向与地方社会的实际需求或地方规范之间的契合程度。较高或者较低的政策适用性都会使得民众意愿更容易达成一致,而契合度的高低则在一定程度上决定着政策在执行过程中所受外部阻力的大小。就作用效应而言,政策目标群体与政策执行主体之间可能构成的"共谋"式关系是触发民众意愿得以影响政策执行成效的重要因素之一,而这一关系的形成机制则可能受到地方性规范、政策执行压力、辖区领导干部的行政风格等多重因素的影响,这亦是后续需要进一步深究的议题。

总而言之,本文认为在当下的中国基层治理领域中,虽然政策的设定、实施和检查考核等控制权依然被牢牢地掌握在国家官僚组织手中(周雪光、练宏,2012),但国家若想仅仅依靠科层组织的自我革新意志,独立解决"权威体制"与"有效治理"之间的矛盾,成本恐怕是巨大的。或许我们可以适当地将视角转向政策目标群体,把"民众意愿"这一影响因素带回到政策执行的研究脉络中来,并将他们的认知、态度与评价等意愿形式纳入进政府治理体系之中,而这也与执政党所一贯强调的"群众路线"相吻合。

参考文献

艾云,2011,《上下级政府间"考核检查"与"应对"过程的组织学分析——以 A 县"计划生育"年终考核为例》,《社会》第 3 期,第 68—87 页。

安永军,2018,《规则软化与农村低保政策目标偏移》,《北京社会科学》第 9 期,第 110—118 页。

陈柏峰,2013,《城管执法冲突的社会情境——以〈城管来了〉为文本展开》,《法学家》第 6 期,第 15—32 页。

陈振明,1998,《政策科学》,北京:中国人民大学出版社。

陈家建、张琼文,2015,《政策执行波动与基层治理问题》,《社会学研究》第 3 期,第
　　23—45 页。

陈庆云,1996,《公共政策分析》,北京:中国经济出版社。

丁煌,2002a,《政策制定的科学性与政策执行的有效性》,《南京社会科学》第 1 期,
　　第 38—44 页。

——,2002b,《政策执行阻滞机制及其防治对策》,北京:人民出版社,第 74—75 页。

——,2004,《利益分析:研究政策执行问题的基本方法论原则》,《广东行政学院学
　　报》第 3 期,第 27—30 页。

狄金华,2019,《"权力-利益"与行动伦理:基层政府政策动员的多重逻辑——基于
　　农地确权政策执行的案例分析》,《社会学研究》第 4 期,第 122—145 页。

邓燕华,2016,《中国基层政府的关系控制实践》,《学海》第 5 期,第 31—39 页。

高建华,2007,《影响公共政策有效执行之政策目标群体因素分析》,《学术论坛》第 6
　　期,第 53—57 页。

桂勇、黄荣贵、丁昳,2018,《网络左翼的三重面相 基于个案观察和大数据的探索性
　　研究》,《社会》第 3 期,第 203—239 页。

何显明,2008,《市场化进程中的地方政府行为逻辑》,北京:人民出版社。

贺雪峰、王习明,2003,《农民负担的现状与症结——湖北 J 市调查》,《中国农史》第
　　2 期,第 100—109 页。

李瑞昌,2012,《中国公共政策实施中的"政策空转"现象研究》,《公共行政评论》第
　　3 期,第 59—85 页。

李俊杰、陶文庆,2021,《兴边富民行动政策执行的制约因素与破解路径——基于史
　　密斯政策执行过程模型的分析》,《民族学刊》待刊(DOI:10.969/j. issn. 1674 -
　　9391.2021.09.001)。

宁国良,2000,《论公共政策执行偏差及其矫正》,《湖南大学学报》(社会科学版)第
　　3 期,第 95—98 页。

欧阳静,2014,《论基层运动型治理——兼与周雪光等商榷》,《开放时代》第 6 期,第
　　180—190 页。

——,2015,《县级政府研究的路径分析》,《天津行政学院学报》第 3 期,第 73—
　　78 页。

潘冬冬、李佳丽,2021,《国际视野下的影子教育研究理论述评:新自由主义、资本与
　　身份》,《苏州大学学报》(教育科学版)第 9 期,第 55—64 页。

仇叶,2021,《县级政策转换与有效治理——对中国公共政策过程的反思》,《经济社
　　会体制比较》第 3 期,第 99—10 页。

钱再见,2010,《论政策执行中的政策宣传及其创新——基于政策工具视角的学理分析》,《甘肃行政学院学报》第 1 期,第 11—18 页。

孙发锋,2020,《象征性政策执行:表现、根源及治理策略》,《中州学刊》第 12 期,第 15—20 页。

孙立平、郭于华,2000,《"软硬兼施":正式权力非正式运作的过程分析———华北 B 镇定购粮收购的个案研究》,清华大学社会学系主编,《清华社会学评论特辑》,厦门:鹭江出版社,第 21—46 页。

檀传宝,2005,《公权对私域的蔑视与僭越:对"有偿家教"及其行政处理方式的若干思考》,《教师教育研究》第 1 期,第 78—80 页。

汤敏轩,2004,《公共政策失灵:政策分析的一个新领域》,《中国行政管理》第 12 期,第 79—83 页。

王春光,2016,《对作为基层社会的县域社会的社会学思考》,《北京工业大学学报》第 1 期,第 1—11 页。

王来华,2009,《舆情研究与民意研究的差异性》,《天津大学学报》第 4 期,第 336—340 页。

王汉生、王一鸽,2009,《目标管理责任制:农村基层政权的实践逻辑》,《社会学研究》第 2 期,第 61—92 页。

吴群芳、刘清华,2021,《目标群体的政策规避与政策悬浮:生活垃圾分类何以不能落地生根——以天津市滨海新区为例》,《城市发展研究》第 11 期,第 104—119 页。

王绍光、樊鹏,2013,《中国式共识型决策:"开门"与"磨合"》,北京:中国人民大学出版社。

邬志辉、史宁中,2011,《农村学校布局调整的十年走势与政策议题》,《教育研究》第 7 期,第 22—30 页。

熊春文,2009,《"文字上移":20 世纪 90 年代末以来中国乡村教育的新趋向》,《社会学研究》第 5 期,第 110—140 页。

杨爱平、余雁鸿,2012,《选择性应付:社区居委会行动逻辑的组织分析——以 G 市 L 社区为例》,《社会学研究》第 4 期,第 105—126 页。

于建嵘,2006,《集体行动的原动力机制研究——基于 H 县农民维权抗争的考察》,《学海》第 2 期,第 26—32 页。

应星,2009,《"气场"与群体性事件的发生机制——两个个案的比较》,《社会学研究》第 6 期,第 105—121 页。

周飞舟,2006,《分税制十年:制度及其影响》,《中国社会科学》第 6 期,第 100—

115 页。

赵静、陈玲、薛澜,2013,《地方政府的角色原型、利益选择和行为差异————一项基于政策过程研究的地方政府理论》第 2 期,第 90—106 页。

周雪光,2008,《基层政府间的"共谋现象"————一个政府行为的制度逻辑》,《社会学研究》第 6 期,第 1—21 页。

——,2012,《运动型治理机制:中国国家治理的制度逻辑再思考》,《开放时代》第 9 期,第 105—125 页。

周雪光、练宏,2012,《中国政府的治理模式:一个"控制权"理论》,《社会学研究》第 5 期,第 69—93 页。

翟学伟,2009,《是"关系",还是社会资本》,《社会》第 1 期,第 109—121 页。

Deng, Yanhua, & Kevin J. O' Brien. 2013. "Relational Repression in China: Using Social Ties to Demobilize Protesters." *China Quarterly* 215: 533-552.

Deng, Yanhua, & Guobin Yang. 2013. "Pollution and Protest in China: Environmental Mobilization in Context." *China Quarterly* 214: 321-336.

Deng, Yanhua, Kevin J. O'Brien, & Jiajian Chen. 2018. "Enthusiastic Policy Implementation in China: Explaining the Sudden Expansion of the Microfinance for Women Program." *The China Quarterly* 234: 506-526.

Gulen, Huseyin, & Mihai Ion. 2016. "Policy Uncertainty and Corporate Investment." *The Review of Financial Studies* 29(3): 523-564.

Lipsky, Michael. 1980. *Street-level bureaucracy*. New York: Russell Sage Foundation.

March, James G. 1994. *A Primer on Decision Making : How decisions happen*. New York: Free Press.

Olsen, Johan P. 1970. "Local Budgeting, Decision-making or A Ritual Act." *Scandinavian Political Studies* 5(A5): 85-118.

O'Brien, K. J., & Lianjiang Li. 1999. "Selective Policy Implementation in Rural China." *Comparative Politics* 31(2): 167-186.

Smith, Thomas B. 1973. "The Policy Implementation Process." *Policy Sciences* 4(2), 197-209.

Smelser, Neil J. 1962. *Theory of Collective Behavior*. New York: Free Press

Sabatier, Paul, & Daniel Mazmanian. 1980. "The Implementation of Public Policy: A Framework of Analysis." *Policy Studies Journal* 8(4): 538-560.

Tilly, Charles. 1978. *From Mobilization to Revolution*. New York: Random Press.

Zhang, Wei. 2014. "The Demand for Shadow Education in China: Mainstream Teachers and Power Relations." *Asia Pacific Journal of Education* 34(4): 436-454.

Zhang, Wei, & Mark Bray. 2015. "Shadow Education in Chongqing, China: Factors Underlying Demand and Policy Implications." *KEDI Journal of Educational Policy* 12(1): 83-106.

学术论文

在个人与社会之间:《敕勒川年华》叙事的社会学分析[*]

刘亚秋[**]

摘要:自传体小说《敕勒川年华》包括三个彼此关联的主题:知青的使命感、忏悔记忆以及社会主体性的凸显。知青的述说不再呈"自我中心主义",在"他者"视角的观照下,"知青苦难说"弱化。知青的"忏悔"也是在清理一部分社会和文化的痼疾,以及某部分深层自我;通过讲述罪责,知青个体获得清明。对他者主体性的承认和尊重,也成就了知青个体的人格。"他者主体性"是主体视角下的社会和文化,并不是外在的纯粹客体;它需要经由主体的"体认"。对于"个体如何适应社会"的问题,尤其需要关注个体的"体认"过程。唯有立足于此,个体人格才会在社会和个体之间取得一种平衡,从而在个体修养和社会教育之间找到恰当的切入点。

关键词:知青叙事 使命感 社会主体性 自我认知

一、 引论: 知青的自我认知及转变的社会机制

在很大程度上,每部小说都是作家的一个自我呈现,或是自我探寻的一个过程。尤其是知青身份作家所写的知青小说,这种自我呈现往往鲜明地体现在他们的第一部作品或早期作品中。例如礼平的《晚霞消失的时候》(1980/2010)、梁晓声的《这是一片神奇的土地》(1982/1993)、叶辛的《蹉跎岁月》(1982/2009)、张承志的《黑骏马》(1982/2001)、史铁生的《我的遥远的清平湾》(1983/2001)、老鬼的《血色黄昏》(1987)、姜戎的《狼图腾》(2004)、刘海的

---

* 本文得以完成,除《敕勒川年华》文本,亦受益于与冯同庆教授的两次交谈;文章完成后,得到冯老师的指点和建议,特此致谢。文责自负。

** 刘亚秋,社会学博士,中国社会科学院社会发展战略研究院研究员(yaqiuliu@ 163. com)。

《青春无主》(2009)、更的的之《鱼挂到臭　猫叫到瘦》(2012)、冯同庆的《敕勒川年华》(2018)等等。

从 20 世纪 80 年代初至今,知青小说成为中国文化的一道靓丽风景,表现在其数量多、种类多、持续时间长,最为重要的是,知青议题争论较大,且争论主要来自知青群体内部。这是一个数量庞大、构成也十分复杂的群体。据统计,从 20 世纪 60 年代初到 70 年代末,曾有 1700 万以上的城镇知识青年被送往农村(刘小萌,1998)。其中还不包括回乡知青群体,也就是那些家在农村的知识青年。回乡知青比下乡知青的数量更多,但他们却是一个沉默和失语的群体(参见定宜庄,1998)。他们的那些故事往往留在自己心里,消逝在历史中。[1]

目前广泛流传的知青话语,主要来自城市的下乡知青。所谓知青议题争论大,主要指从 20 世纪 90 年代开始的"青春无悔"话语,至今它仍然是一个争论热点。这种争论有时势如水火,笔者曾参加一个知青聚会,目睹和亲历了"有悔说"和"无悔说"两派的抵牾。在这种情况下,具有公共身份的知青作家往往被广大知青群体寄托了更多的期待,即希望他们能广泛代表知青群体,也因此,知青作家的知青小说也最容易引发争议。例如一直活跃在文坛且持续以知青题材为小说创作主题的知青梁晓声,他的作品中引起争议最大的莫过于《知青》这部小说,该小说 2012 年出版,同年 6 月同名电视剧《知青》在央视一台黄金剧场播出,由此引发知青网友的热议,甚至有知青表达了较为极端的愤怒情绪,他们喊出"敬告梁晓声我们还活着"的口号(椰子,2012)。我们发现,被期待为知青群体代言的知青作家,其被赋予的"使命"具有无法承担之重的特征。

已有的知青文学研究中,较为常见的是在文学研究范式下对作家、作品和历史地理等进行分析(例如孟繁华,2018;陶东风,2017;赵坤,2016;车红梅,2010;刘可可,2006;吴志峰,2006;郭小东,2005;刘起林,2003;杨健,2002;姚新勇,2001;等等)。本文则试图从知青个体经历的角度去探究知青文学的叙事。从个体经历的社会学角度看知青小说,似乎显得太过个体化。但这种个体经历是个体人格和社会境遇的混融,里面充满了社会的限制和提升(陈涛,2015;

---

[1]　定宜庄曾讨论过回乡知青群体。

涂尔干,2011),个体的碰壁以及主动选择(伯格森,2018)。①

　　如果我们从知青作家的个体经历角度去理解知青小说,或许争议就会减少很多,例如梁晓声就不必强要背负代表知青群体之责,或可免去不能代表其他知青的痛苦,因为事实上他只能代表他个人对知青运动的看法,其中写满了他的私人经历和个体反思。也就是说,不同知青作家的相关作品很大程度上只是代表了他们个人对知青运动和自我的反思。这一个体视角可以解释一些现象。譬如,我们观察到不同知青作家之间也难以取得彼此间的认同,而且,不同知青之间也存在较大争议,这些情况大概都因为个体经历不同,以及个体人格的成长阶段不同所导致的。当然,不同知青的述说,以及不同知青作家的述说,都是十分必要的阶段,通过不同经历、不同人格的述说,或许会拼凑成一个相对完整的故事。这种观点也较为常见。我认为,如果将每个知青都视为独特的个体,而他们的经历也都是独特的话,那么事实上这个完整的故事是无法凑成的,因为不是每个知青,特别是回乡知青,都有发声的机会和被倾听的可能。但是,不同主体的述说依然是必要的,因为诸多经历终将汇成多元的声音,从而有助于构建一种彼此尊重与理解每个人和每段经历的、相对真诚的交流环境。

　　我将知青小说作为知青探寻自我的一个过程,当然,以知青小说作为探寻自我方式的知青当属知青群体中的文化群体,在这里指知青作家。在知青群体中,无论底层还是精英,有人早早放弃了自我找寻,或还停留于早年的精神认知状态,或用各种外在性(如身份地位等)来定义自我,从而导致个体人格中仍有很多精神创伤尚未清理。有些人则有勇气不断探寻自我,在这过程中不仅治愈了创伤,还获得了个体的成长。而人生就是一次次的成长过程。所谓"四十而不惑,五十而知天命,六十而耳顺,七十而随心所欲、不逾矩",说的就是这样的道理。中国古话,"朝闻道,夕死可矣",大概说的也是这一过程。

　　我曾梳理过自 20 世纪 80 年代初至今的十几本影响较大的知青小说,也印证了上述观点,即知青的小说叙事,大可看作知青个体探寻自我的一个过程。他们在追忆逝去的故事,基本上都是在梳理自己的过去,在思考过去的经历和后来社会各种变化之间的关系。从广义上看,知青文学大体上做的也是这样

---

① 本文从个体经历角度看待知青文学叙事,在方法论上,也受到伯格森的影响。他提议,社会学不应该只将重点放在社会如何影响人的方面,还应该关注人如何适应社会的过程。本文便是伯格森建议的方法的一次尝试。

的事情。值得指出的是,知青文学的种类十分丰富,除邓贤的报告文学,还应该包括各类知青回忆录,后者包含了更多的普通知青。因此,参与知青文学创作的是一个数量相对庞大的知青群体。知青的声音是非常多元的,而知青群体中出现的"青春无悔""有悔""无从后悔",以及"忏悔说",都是源自知青们的自我认知,虽然是对过去的总结,但都带有很强的个体烙印。为此,很难说谁对谁错。

不过,从 2010 年左右广泛出现的"忏悔说"中可以看出,这是知青个体人格的一次较大成长。这时的知青,尤其是"老三届"知青群体已经进入退休年龄,他们对过去的反思,不再仅仅停留于知青经历,而是将特殊年代的个体境遇和行为,乃至自身精神世界,作为深刻解剖的对象,他们中有些人勇敢地揭开了自己的伤疤,并有勇气展示给公众看。很大程度上可以认为,这是一次更彻底的创伤治愈过程。这个过程也是知青个体人格成长和走向健全的一个过程。知青对自我的认识还在不断深入,即便有些人已经进入古稀之年。我发现,有人甚至进入了修身的过程。可以说,他们中一些人的主体性已经达到相当高的程度,展现了相对成熟的个体人格,那么,这种个体转变的社会机制又是什么呢?

本文尝试以冯同庆的《敕勒川年华》来回答这个问题(冯同庆,2018)。这是一个出现在 2018 年的知青叙事,在很大程度上代表了知青自我寻找的深刻性和全面性。之所以说它深入和全面,在于这个知青叙事把知青放了历史、放入了其自我成长的周遭环境,更为重要的是赋予了农村社会主体性,这种主体性与知青的主体性至少是对等的,由此,知青主体对历史、对环境,更重要的是对自我都有了一个相对明晰的认识。这个过程是一个完整人格的生成过程。

二、《敕勒川年华》的回忆主题

《敕勒川年华》是冯同庆出版的第一部小说,带有很强的自传色彩。很大程度上,也是作者对自己下乡五年(1968—1973)经历的梳理。书中的叙述者是司马小宁,来自京城名校舜天男中,《敕勒川年华》是以他的第一人称讲述的一段知青经历。其中还重点讲述了同插女知青赵小驹、卞清怡、张朵儿的下乡经历;当然,也包括当地农村的重要人物,如被除军籍的王二杆子(望奎)、岱村安氏族长安福锁、岱村好青年隋妮妮等等。

这部小说大致有三个主题，分别是：知青的使命感、忏悔记忆以及作为"他者"的农村社会主体性的强化。

其一，知青们的使命感。这是自知青下乡前就有的主题，它存在于知青下乡的整个过程中，延续至知青下乡后，至今在知青群体中依然存在，尤其在知青的精英阶层中。这种使命感表现在《敕勒川年华》中的几个主要知青身上。赵小驹是老红卫兵，作为激进的革命派，她紧跟当时的政治形势，在农村犯下了一些错误，甚至在运动中还背负了人命。司马小宁则是温和的改良派，能够体会到当地人的情理，将在农村大有作为的意图与当地的社会发展结合起来，而且在当地社会中发挥了重要作用，不过，他也做了一些至今仍然后悔的事情。卞清怡的家庭出身有一定问题，为了证明自己的革命性，她到农村后不久便远赴滇缅边境，加入了缅共游击队，后来身负重伤——一只眼睛失明了。张朵儿也是一个温和的改良派，她能够和当地人打成一片，在下乡结束后，去非洲搞良种，践行年轻时的理想主义，但后来因意外不幸去世，可谓鞠躬尽瘁，死而后已。

那么，在这些知青心中一直延续的使命感又是什么呢？知青下乡的最终结论是知青和当地农民是无法完全融合在一起的，经历了农村生活之后，司马小宁意识到，当时的革命理想主义的"不接地气"性。离开农村后的司马小宁们带着这些省悟，"使命"的内容有了很大调整，至少变得更"接地气"了，更考虑社会情理了，他们中的一些人也成就了一番事业。司马小宁的同学和同插队友令狐时间，后来成为建筑结构设计软件系统专家，被誉为"行业乔布斯"，而司马小宁则成为记录历史和反思历史的人（项飙，2019）。

其二，作为他者的农村社会的主体性。在《敕勒川年华》中，对农村社会的主体的描写，可以说超越了既往知青小说和知青回忆录，其中最为关键的一点是，《敕勒川年华》的回忆，非常清醒地走出了"知青中心论"的叙事，这里的农村社会自成一个整体，"在胡地讲胡理"是这部小说反复强调的主题。而"胡理"不仅体现在当地农民的言行中，还体现在当地所具有的深厚历史底蕴和文化底蕴中。农村社会的主体性，表现在农村的一系列人物身上，如当地女青年隋妮妮、王二杆子（望奎）、安福锁及其家人等等。可以说，他们也是这部书的主角。

在《敕勒川年华》中呈现出的农村社会主体，表现为回忆主体知青对农村的敬重，而且这种感情是发自内心的。农村社会主体值得敬重，不仅在于它的深厚历史底蕴和文化底蕴，还在于它对知青们使命感的纠偏作用。"胡地胡理"显然与知青大有作为的革命理想主义有着很大的差距。例如赵小驹的激进革命理想主义,因为收粮不顺利,她甚至屠杀了当地的狗,伤害了当地的情理。即便司马小宁是温和的改良派,但他的理想与当地之间也是有张力的,例如因为吃不饱饭,当地农民决定私分一部分公粮,并决定让知青们也参与私分,这样就找不出谁对谁错了。但温和的知青改良派们即便默许了农民们的私分行为,但决意不参与私分,这样就和农民之间有了隔阂,也引起农民的猜疑。后来私分公粮时,农民们是瞒着知青进行的。当副大队长司马小宁得知被瞒着时,无名火升起,他冲动之下打了背着私分粮食的农民安福锁一巴掌,这甚至成为他一生的痛。因此,对农村社会主体性的凸显必然带着知青们的忏悔心情。

其三,所谓"忏悔",在这里是记忆主体司马小宁对知青们做错事的梳理和讲述。典型事例是赵小驹对背负人命的忏悔,以及司马小宁对失手打人一巴掌的悔悟。这两个事件的性质是完全不一样的。《敕勒川年华》对于这类事件的讲述和思考,也超越了既往的知青叙事。赵小驹的人命案,属于较为极端且在下乡地较少发生的一类事情。在运动结束后,她带着"革命"失败和被农村社会挫败的心情,离开下乡地去参军了,但人命一事成为她心中永远的结。该如何处理呢?《敕勒川年华》给出了一个救赎自我的途径,这个救赎并不是以自我为中心(即急于摆脱负罪感的个体心理),它事实上是寻求一种个体和社会之间的平衡,这种救赎方式也来自他们的下乡地,是那里的"胡理"——"赔命价"。

三、 知青对做过的错事的两种讲法

(一) 赵小驹:"赔命价"的方式

赵小驹是典型的老红卫兵。她的做事原则是:不能犹豫、彷徨、动摇,这样才能改天换地,才能完成党和国家交给知青的继续革命的使命。在她看来,农村的很多事情都要推进下去(即便农民有不同意见),这样才能把运动进行到底。(冯同庆,2018:106)

赵小驹在岱村的使命感实践,或曰革命实践,一直是与农村"隔着"的,甚至是伤害农村社会的。大概有四件事情:找阶级敌人、剜苗、查罂粟、征粮杀狗。

赵小驹找阶级敌人的契机和背景是上边下达了要求:"运动要深入了,依靠知青"(冯同庆,2018:73)。当地农民劝诫她,但她执拗地寻找阶级敌人,且听风就是雨,也不听当地干部的劝告:"要动动脑筋,不要掺和到里面去。"她反而宣言:"我们知识青年,义不容辞,誓把运动进行到底!"(冯同庆,2018:71、73)她一心想抓坏人,为运动添柴加火。她让父亲的战友巴师长帮忙,但巴师长却让小驹"撤火":"叔叔告诉你,什么这组织那组织,纯属子虚乌有,你去撤火,不要添柴。"(冯同庆,2018:80、82)结果巴师长被拿下。

在这次运动中,小驹身上还背了命案。公社搞运动,草木皆兵。群专大院,要求各村深查目标,锁定目标后,就把人带进大院监房。公社副书记云贵小被查后一直没有认供,就被整治:放倒在长条凳上,肚脐眼上炭块煨火。他昏死过去,苏醒后,又被推出去熬站,在夜里跌倒后死去。赵小驹让民兵撬开他的嘴,看看是否服毒了。她又怀疑起其他人。这时德旺书记到公社对赵小驹说:"云贵小从小在青城武馆练拳,他要真是坏人,就把你们先弄死了,之后自己再去死也可以啊。他选择了自亡,你想想,他至死没有伤你们。再者,他是巴师长的部下,巴师长来电话说把你调到公社去,大家都知道你是赵军长的女儿,贵小书记,是不想给军长添麻烦。你该想想啊!"(冯同庆,2018:112)赵小驹这才肯罢休。云贵小这件事一直成为赵小驹的心结,也是她难以走出的人生阴影。

赵小驹触犯岱村众怒的事情是她在岱村催粮时杀狗的举动。春荒时节,赵小驹来催粮,"上级已发文,征集'忠字粮',可是我们岱村,迟迟没有动静","粮不够吃,为什么还养狗?有狗粮,没有军粮?交不出军粮,就杀狗!"(冯同庆,2018:114)她把两个营子的狗都集中起来,把其中一条狗吊起来,她抓住牵狗绳,猛一发力,狗竟身首异处。当地女青年隋妮妮赶上来说:"赵姐姐,你想做不洁之人吗?走遍敕勒川,哪有人杀狗啊?杀了狗的人,自己就脏啦!"(冯同庆,2018:115)在草原上,人们用狗驱赶狼群,看护毡包,防范禽兽,守望堡院,人们不会杀狗。此后,赵小驹和岱村结下了梁子,她也不敢再回岱村了。

后来上边下达文件,要纠正运动。自此,赵小驹知道错已铸成。她从公社回了村,但不好意思在村里再待下去,父亲安排她去当兵(冯同庆,2018:138)。赵小驹在离开岱村前,去看了巴师长,并向他道歉。她还做了一个梦,说她和巴师长一起套狼,她套住了头狼,被巴师长制止了。赵小驹说,她要吃狼肉、喝狼血。巴师长说:"有人吃狼肉、喝狼血吗?没有吧?……不要随意伤害啊……蒙人的毡帐,环环的,敕勒穹庐,环环的,环环为圆圆,做事想周全,才能做圆满。"(冯同庆,2018:157)她带着应该如何做人的教诲离开了草原。

　　云贵小在运动中的死亡,成为她一生背负的心债。在事情发生时,赵小驹有些慌乱,不过那时她还没有认为自己错了。后来上头纠正运动扩大化,事实上是对这一运动的否定。这意味着,原来所犯下的错是需要"纠正"的。赵小驹因为连着命案,所以在公社待不下去了(冯同庆,2018:135、138)。当然,云贵小的死不能说是她一个人的责任,但她必须要承担属于自己的责任。因为她的"极左"行为,导致她在岱村也待不下去了,于是通过父亲的关系去当兵了。事实上,这是对原有错误的一种逃避。这一时期她还在提"灵魂深处闹革命"(冯同庆,2018:141)。只是通过这一失败的斗争实践,她意识到了做事要"圆圆""圆满"(冯同庆,2018:157),而不能一味蛮干。即便她对自己的运动对象巴师长当面道了歉,但她依然缺乏发自内心的"愧疚"。

　　在她离开岱村前,岱村书记和大队长对于云贵小之死向她表达过意见。一个公社书记,活生生就没了,终究要查,让小驹得有心理准备。认不认罪?认不认罚?运动扩大化,逼供信、误伤误亡,要彻底平反时,责任人是推卸不了干系的。大队长的女儿隋妮妮告诉了赵小驹该如何认罪、如何认罚的方法。但赵小驹这时是躲闪的,她"想打个马虎眼,蒙混过关"(冯同庆,2018:319)。

　　当地农村的罪与罚的准则是什么呢?不是"一伤抵一伤,一命偿一命",而是"说实情、赔命价",然后"事了断"。也就是说,按照敕勒川民俗,不讲偿命,讲"偿命价",命的价钱不是用性命去赔偿,而是用"命价"去赔偿。他们认为,一命偿一命,伤害太大。

　　偿命价,就是把死者的命折价,比如值多少牲畜、多少财产,要杀人者偿还等价的财物。通过偿还财物,杀人者生计受影响,甚至危及生存,就有了教训,再不敢伤人了,死者和杀人者之间的仇怨也就扯平、了断了。否则不断寻仇复仇,血换血、命抵命,没有物的赔偿,没有心理安抚,就会埋下伺机复仇的种子。

　　对于这些规则,赵小驹似悟非悟,她说,"如果真来查,再说吧"。隋妮妮提出了敕勒川人的告诫,那就是虽然问题主要出自上面,但作为一个青年,以后的路很长,应该在这件事上吸取教训,"做事情要好好合计"(冯同庆,2018:320)。也就是说让赵小驹吸取教训。

　　对于这场扩大化运动,后来是有追查的,涉及者中有调离、降级、劳动、判刑的,也有赔偿的,死者有一次性抚恤,伤者也有赔偿。涉及者中既有干部、职工,也有普通人,包括居民、农民、牧民。当然,运动中也有互伤的情况,伤人者也被伤,被伤者也伤人。因为抚恤、赔偿都是财政支付,没有在私人之间纠缠

（冯同庆，2018：321）。

在这次追查中，赵小驹"躲过一劫"，但她自己心有不安："就真这么过去了？"1976 年，"文革"结束后，她心里更没底了。她担心会不会出现清算？如果真有清算，她该怎么认罪认罚？尽管国家的大政策是"宜粗不宜细"，在北京似乎远离了云贵小之死的地点，也就远离了这件事（冯同庆，2018：323）。但赵小驹的心魔一直未曾远去。

20 世纪 80 年代，赵小驹找到一份《解决遗留问题的领款证明》。内容包括领款人姓名、领款时间，领款原因写着或伤或亡，然后有大队盖章、领款人盖章。死亡领款数额几十到百十来元不等，伤者领款从二三十元到四五十元不等，看不出是一次性的，还是持续性的。时间都是 1978、1979 年，当时大学毕业生工资每月大约是 50 元。

小驹说，"现在什么都看不进去，看到这个证明，直戳我心窝子"。她说，"自己得做点儿什么，也算是个认赔"。司马小宁建议她到雍和宫去认赔、赎罪。雍和宫也是蒙藏佛教寺院，蒙地人诵经礼佛去得最多的地方（冯同庆，2018：324）。

司马小宁和隋妮妮指给赵小驹的路是按照蒙地的"胡理"做一个了结。司马小宁认为，"赔血价""赔命价"可能是一个更好的办法，这有利于厘清过去罪责，解决伤人者、被伤者、互伤者之间无休止的恩怨，一方面有利于伤人者的更好的解脱，另一方面抚平那全局性、长时间的过失带给人们的伤痛（冯同庆，2018：327）。而这些都应该趁早不趁晚。"明日复明日，明日何其多，拖延下去事情就蹉跎了。"时间长了也容易结成仇怨。而忏悔和救赎是必须的。

司马小宁和赵小驹来到天王殿弥勒佛前，司马小宁也有属于自己的需要忏悔的东西，他手摸自己的肚脐，对着布袋和尚忏悔。赵小驹也手摸肚脐，念叨，"大肚能容，容天下难容之事"，连着鞠躬，之后，她伸出双手的手指，都含到嘴里，周身都在抖动。默念了一阵后，她把钱包里面的所有钱，都安放在供桌上。她神情难以自控，热泪涌出，双手捂面，强忍悲声。她对司马小宁说："我对不住岱村的人，对不住云贵小书记，我真的好懊悔啊！""以后还要再来，再来忏悔。"（冯同庆，2018：328）

肯于忏悔的赵小驹，在这场运动中也有委屈。譬如，有人说她打砸抢了雍和宫，还出现了人命，其实那时候雍和宫已经贴了封条，被周总理派人保护下来。面对因"文革"中的罪和委屈而不能自拔的赵小驹，作为长辈的司马小宁的父亲给赵小驹写了两行字："弥勒肚中无仇怨，有知长想人情暖。"（冯同庆，

2018：330）

　　据回忆者称，赵小驹是战争年代军人的孩子，没有父母陪伴，很少得到父亲的关爱。如此，她在"文革"中的极端行为似乎得到部分解释。老一辈还为这代中犯了错误的人指明了方向：各种苦、各种难就是磨砺，不过之后需要修复、调理、调适、调整，就会真正成器。所谓"艰难困苦，玉汝于成"（冯同庆，2018：332）。赵小驹也期待着国家不再失序，如此，人格、个性都能得到完善。

　　对于"文革"中的错，与赵小驹有关的还有他们中学校长之死这一命案。赵小驹说，这成了她们永远的痛。还有人怀疑她，说校长被打死的事情她也在其中。但事实上，她还没有"捞到"动手机会，校长就不行了（冯同庆，2018：325）。

　　那真正动手的是谁呢？赵小驹说，那时候小，都是初中生，疯了似的，蜂拥而上，高中生劝都劝不住。这意味着没有让校长致命的某一个人，伤害校长的是群体行为，有法不责众的意思。赵小驹认为，如果真有那么一个责任人，可事实上是群众乱打一通，能否将所有过错归为一个人吗？如果大家都动手了，让哪一个认罪、认罚呢？她说，蒙地的胡理"赔命价"应该是一个好办法；因为这是众责，所以更好认、好赔（冯同庆，2018：326）。

　　对于"文革"中的血案，《敕勒川年华》给出了一个相对合理的解决方式，即"赔命价"；但事实上，在现实中的执行又有难度，因为这毕竟是"蒙地胡理"，不见得被所有人认可，尤其是不见得被受害者认可。害人者的心魔也不能完全依靠这一方法得到化解，例如赵小驹来到雍和宫，不仅试着"偿命价"，还拜了弥勒佛，但是内心依然难以平复，她说，自己以后还会多次来忏悔的。

　　当大错已铸成，心魔该如何去除？作为长辈的司马小宁的父亲给出了一个方向："弥勒肚中无仇怨，有知长想人情暖"，也就是不去想这些仇怨，而多想人情温暖之处。这种态度被回忆者司马小宁所认可，他认为父亲是一个达观的人，其价值观是"扬善"，尽管父亲的历史问题在很长时间没有结论，等到四十年后，他 80 多岁了，才得到了正评（冯同庆，2018：333）。他并不是内心无纠结，也不是心里没有重荷，而是以"达观""扬善"的心态走到了最后。

（二）司马小宁：内省与修行成为人生底蕴

　　司马小宁冲动之下，错手打人一巴掌的事情，成为影响他一生的"惆怅"和心结，时刻提醒他"理想"和"现实"间的冲突。革命理想的"不接地气"性和

"胡理"的社会底蕴,愈发让他去尊重社会主体性。

他意识到,这一巴掌伤害的不仅是安福锁一人,更是当地的整个社会。安福锁,富农,但种地、赶车、漏粉,有一身好手艺(冯同庆,2018:69),也是敕勒川岱村社会的一个重要部分。老乡们说,"你们安家的人,都长得富态,娶的媳妇子,也都蛮舒展"(冯同庆,2018:198)。他们安家的家谱,有十几个世代了,一铺展开,宽近丈,长丈余。安家少有"劳作狡黠、亲族忤逆、邻里寡交"的陋习。队上干活计,普遍出工不出力,可是这个姓氏的劳力,无论男女,都要谨慎得多、自律得多,他们成分高得多,但司马小宁认为,他们的良善行为也不尽然是恐惧和压力。他们的把式活计,包括扶楼下种、赶骡马车、碾场扬场、盘炕架梁、垒窑淘井、土豆漏粉、种畜交配,多是他们上手,且干得讲究。安家的女人也更会操持,日子显得安逸殷实。教会司马小宁干农活的招弟和秀珍,分别是安福锁的女儿和侄女,也是安家的姑娘,是十分优秀的女孩子(冯同庆,2018:159—162、165)。

安氏在敕勒川的历史也较为久远,在华北大饥荒时由太原府流落到这里。安氏族人进入敕勒川时,敕勒川也是饿殍遍野。他们来到岱村,隋氏倾其所有,对其安抚、收容。他们在岱村落下脚,开始了蒙汉共居,一起分耕分食。他们带来了农作,还通过和镇上汉人的商业往来,使岱村兴旺起来。安氏还在这里割烟,生活富足,但(割烟)也有负面影响。自从义和拳变、回民教乱、民国军阀交战,安家人如福锁从小学武,有些功底,又出现高墙大院。后来经历了日占、内战、运动,岱村人可谓无所不见(冯同庆,2018:198—204)。

安福锁构成了岱村社会的一个重要组成部分,或可称之为"社会底蕴"(杨善华、孙飞宇,2015)。在这里,社会底蕴意味着勤劳、朴实、安稳、平静、富足的农家生活。但是,司马小宁却因为瞒产私分的事情,单单打了安福锁一巴掌,旁观的村民们都觉得是司马做得不对。这给司马小宁带来长久的良心不安。

一向较为温和的司马小宁动手打了富农安福锁,事后他有悔意,但没有当面道歉过。当时,他也没有起过道歉的念想,但又心有不安。"再见着怎么面对?躲着?我也不想,不躲着,又……"(冯同庆,2018:182)当地的闺女媳妇们和他说了一些理。他当时知道安福锁没有伤着,自己也没伤着,安福锁还不再计较了,心里就平静了一些。二人算是"和解"了(冯同庆,2018:184)。

他说,这种平静,让自己当时有了一种解脱感;但多年后,一想起来,反而更加煎熬,一生难以平复、难以解脱。多年后,他回到岱村,想找安福锁道歉,但没有见到;想找安福锁的儿子道歉,也没有找到;想找找娣女子、招弟、秀珍,就更没有见到了(冯同庆,2018:185)。他至今没有和对方达成言语上的"和解"。这一直成为他的心魔,"想着自己无知,竟然动粗,人家笑对,想想这些,自己脸都热,惭愧! 现在才懂得,伤人者自伤"(冯同庆,2018:205)。在与赵小驹一起去雍和宫时,他面对着布袋和尚,未尝不是为这件事赎罪。他后来多次表达了那时少不更事的莽撞,说自己"少见多怪,没有见识",还说"越是没见识的人,越容易自以为是,胡来乱来",反复说"自己真没见识过什么"。而"深浅不知的自己,真是配不上安家的女儿"(他有一段时间对安家的两个女孩有好感)。而"胡地的老百姓,经历了悠长的岁月,什么没见过呢?"(冯同庆,2018:204—205)言外之意,他们才是真正有智慧的人。他打福锁老汉这巴掌,不仅不理解汉族移民的理数,也坏了原住民的"胡理"(冯同庆,2018:211)。

他甚至认为,因为自己的执拗给当地社会带来了伤害。迷信、盲从,执拗于一种说法,对当时制定的政策,从相信到迷信,从服从到盲目,甚至"九一三"事件后,甚至都没有认真反思(冯同庆,2018:273)。运动中这种"左"的东西,体现在知青的头脑中和言行中,愧对当地老百姓(冯同庆,2018:287)。

作为他心魔的一部分,《敕勒川年华》频频提到安家的历史。安家作为敕勒川岱村重要的汉族移民后代,他们的礼数十分周到,令人钦佩。虽然他们家成分高,但是技艺也高,村里有技术含量的活,往往需要他们家人上阵;他们家人干活也不惜力,在其他村民磨洋工时,往往是他们干得像模像样;安家的女性也更会操持,把日子过得安逸殷实;安家有家谱、有传承(冯同庆,2018:198—201)。一言蔽之,安家人不可小觑。这样一个像模像样的家族,却被司马小宁打了脸,这反而伤了他自己。《敕勒川年华》中频频出现安家人,也是司马小宁自我忏悔与和解的方式之一。

尽管这件事在当年,经过其他相关人的"说和"给说开了,似乎他也与当事人和解了,但越是随着时间流逝,他越是觉得愧疚。这种歉意并没有引导他必然找到当事人当面说声道歉,他转而将安家作为敕勒川社会的底蕴,也作为农村社会的主体之一,他对敕勒川社会充满了尊重和爱意。在《敕勒川年华》中,他将知青置于"少不更事"的位置,将农村社会置于"宽乡"的位置上,从而他的知青叙事出现了以农村社会为主体的独特特征。

此外,司马小宁对知青自身伤痕的叙事是弱化的,例如他对于农村劳动苦重的回忆,基本一笔带过,最为突出的一部分是写知青们参与黄河灌溉,以及他在锄地时的不适,但是,回忆黄河灌溉时更多展现的是当地的文化,回忆锄地时则重在写安家两个女孩的美好。知青的"苦难说"在这里弱化,它转向了哪里?在《敕勒川年华》的叙事中可以看出,知青叙事走出了知青中心论,与其他的同类叙事相比,它超越自身的程度要更大一些,甚至可以说,它促成了知青叙事的质变——《敕勒川年华》转向了更广阔背景下中国社会的叙事。

四、 农村社会主体性对知青使命感的作用

使命感、忏悔和农村社会主体性三个主题是密切勾连在一起的。知青们的使命感在农村的现实生活中有了某种挫败感,赵小驹的革命行为便是一个较为典型的极端例子。当然,使命感并不仅仅包括这些内容,它能延续至今的内容是知青们想为国家为社会为人民做点实事的情怀。知青在"文革"时期就至少分为两派,一派较为激进,还有一派较为温和。作为温和派的司马小宁等为农村带来了新风,作为副大队长的司马小宁有勇气在岱村做了一些当地人都头疼的事情。主要包括:"整治干部吃喝",这就是著名的"咆哮供销社事件"。他发现供销社里几个队长正在吃喝,他——

> 不知哪来的勇气,没怕烫,也没怕沉,端起肉盆,拎起酒瓶,从热灶上,抄起100印的大铁锅,连菜带油,一件一件,从房门里,扔撒到外面(冯同庆,2018:257)。

对于乡亲们来说,只有知青娃娃,才能管得住他们(冯同庆,2018:253)。他说很多年后才明白,"贪之害,非仅在饮食",更在于"作务、吏治、农事、国本",贪饮食,懒作务,吏不治,农事缓(冯同庆,2018:259)。

另外一件事是"司马修门窗"。这是他在农村的抓赌行为。"修"是整治、砍削、剪除的意思。村民说:"怕你司马,你真抓一次,他们就再也不敢啦!"(冯同庆,2018:290)他闯进保管员家的赌桌,让大家把赌钱放在桌子上。然后拎起一个镐头,照着屋子的门窗,就抡开了,门窗稀里哗啦就毁塌了(冯同庆,2018:291—292)。

回忆起当年的这些事,他说,当年在敕勒川,自以为做了这个做了那个,但"弄不出什么光景",主要是"不得法"(冯同庆,2018:260)。

后来他调整了自己的志向,离开农村上大学去了。之前,插友们在扎根、拔根的争论中,最后得出结论,因为政策变化,上学、进厂也没有什么不对(冯

同庆,2018:294)。京城最好男中的几个知青,后来都上了大学。在这一变化中可以看出,知青们在这一时期,原有的理想主义在遭遇农村的社会实践之后,已经发生了内容上的变化。知青们在下乡初期的"革命主义"是"站在炕上,排列成行,左手拿毛主席语录,右手握拳上举,面对毛主席画像,早请示,晚汇报"。知青开会的内容,要么改造自我,斗私批修,要么改造农村,设计蓝图。

那么,随着时代变迁,他们使命感的实质发生变化了吗? 事实上没有变化。下乡之初,他们作为京城最好男中的学生,个个心有不甘、胸怀大志(冯同庆,2018:298)。到敕勒川的一个愿望是,自己干出成绩,让毛主席亲自接见(冯同庆,2018:322)。之后他们这种志向即便内容发生转换,本质也没有变化。一个典型例子就是张朵儿结束下乡后继续学农学。张朵儿在敕勒川就搞试验田(冯同庆,2018:102),后来离开敕勒川出国,但因为有敕勒川情结,报考了农科,考入康奈尔大学攻读农业经济(冯同庆,2018:312)。因为卞清怡的关系,她还去金三角指导种植一些作物,"去毒种,兴农种,派去了专家,技术人员"(冯同庆,2018:314)。

这一代人还普遍倾向于把一些个体努力归到一个大目标之下,这也是他们使命感的表现,也就是说,他们将自己的日常行为与远大的理想做勾连,更易于激发自己对日常生活的激情和日常行动的动力。例如,张朵儿在"文革"后期把学英语看成是为了完成崇高使命的行为。她对司马小宁说:"学吧,好好学,你们不是知识青年嘛,抗战中的南侨机工、滇缅远征军的青年军,也都是知识青年,一寸山河一寸血,十万青年十万军,都要靠英语沟通。"

不过,上述"使命感"在回忆者司马小宁的回忆中有所反思。面对具有深厚历史和文化底蕴的农村社会主体,他的个体反思可以概括为:"少不更事,胡来乱来。"多年后,经过世事的历练,司马小宁自我总结:当时有志向却少不更事,甚至"人格有缺陷"(冯同庆,2018:27)。他认为,这种使命感常造成内心与行为分离,对上服从,对身边的人反而不尊重。非要逾越、崇尚超我,泯灭自我、本我,舍我其谁,骤膺拔擢,以当重任,"现在看来,当年的我们是少不更事呦"(冯同庆,2018:32)。

在经历了打安福锁事件之后,他深入反思了农村人的行为规则以及农村文化,反而觉得人家敕勒川老百姓"什么没见过?"而试图战天斗地的知青们则:"真没见识过什么!"(冯同庆,2018:204)因为少见才多怪,无论人或事,没有见识,反而容易自以为是,胡来乱来。

就学大寨来说,农村人不认可,他们有一套办法,就是出工不出力,虽然无力反抗大环境,但有一些"反行为"。就司马小宁打安福锁一事:"一巴掌打下去,人家不还手,以笑相对,还追寻着问,京娃娃伤着没有?"司马认为,这是因为当地的"义"文化使然:他们有义学,让生计艰难的流浪儿有书读;有义堂,专收流落无依的孤贫残老。这是一个义地,使饿殍孤魂有所归处(冯同庆,2018:205)。而知青们,也是被当地人接纳的一股"流民"。念及此,司马小宁的忏悔之心更加迫切:"本人无自知,竟然动粗,人家笑对,想想这些,自己脸都热,惭愧! 现在才懂得,伤人者自伤。""那时的我,深浅不知。"(冯同庆,2018:205)

　　他在反思自己逼问安福锁,甚至打他的事情时,想起了当年毛主席的相关思考。毛主席说过,中国的土地,深入人心,农民一寸土地也是得来不容易,土地买卖,更让农民留恋土地,拿人家的祖业是没有良心的。毛主席强调,在土地改革中,必须把绝大部分土地分给农民,满足他们的土地要求,只有在他们完全自愿的条件下,才能把极少一部分土地用来建立国营农场。毛主席也检讨自己,说在井冈山时,亲手烧过一家地主的房子,以为农民会鼓掌赞成,可当时农民不但没有鼓掌,反而低头而散。司马小宁觉得自己这一巴掌,是不了解当地的理数,也破坏了原住民的"胡理"。他后来忏悔自己的行为,但那时大家都怀揣着红宝书,并不相信这些,也不以为然(冯同庆,2018:210—211)。

　　当年的一些知青,拼了命苦干,农民也不买账,农民们"出工摇,干活聊,收工逃",还挺反动,编排歌谣(冯同庆,2018:283)。在当时,就有人大胆反思:"大跃进"、人民公社化运动这样轰轰烈烈,为什么没有解放出更多的生产力,改善农民的生活,改变他们的境遇? (冯同庆,2018:284)当然,这些思考在"文革"时期是"反动"的。

　　多年后,司马回到下乡地,看到当年自己组织挖掘的几眼井废弃了,自己亲自组织栽种的林木已一片凋零,集体财产因为家庭经营而无人看护了。但当地老百姓的生活水平都提升了。他领悟到,农民们干的往往是不符合条文却符合常识的事,而农村社会转变恰恰是从回归常识开始的。那时知青们有知识,却往往不符合常识(冯同庆,2018:287)。

　　在敕勒川的经历,一方面,让回忆主体司马小宁回归常识常情常理,例如,他下乡时对于亲情看得很淡,认为可离父母一世,不可离毛主席一时。可下乡回家时,一向调皮、冒失、心硬的他,开始悟到母爱(冯同庆,2018:248)。这时候还是暗下决心好好干,实现自己的愿望,让母亲切切实实感到安慰。从中可见,他的使命感有了调整,将母亲纳入自己的思考和情感范围。

另一方面,他也体会到了乡村的常情常理,其中之一是知青们刚刚下乡,老乡们就说,"毛主席不会让你在农村一辈子"(冯同庆,2018:295)。知青们和老乡争论,要在这里奉献青春,甚至人生。当然,最后知青们的下乡实践验证了老乡们的正确性。

显然,敕勒川在他们的青春期带给他们的是一种复杂的生活感受,难以一言尽之。如同司马小宁说,"敕勒川生活的点点滴滴,不断让我反思感悟,这感悟伴随我一生,沉淀在生命深处"(冯同庆,2018:295)。

这复杂感受之一是当地人"宅心仁厚""有情有义",回忆主体司马小宁认为对他产生重要影响的观念来自滋养他精神生命的第二故乡(敕勒川)的社会情理。他觉得经历敕勒川生活后,身上自带痕迹,有一种豁达、率性,他走在大学校园里一眼就能看出来这些。比如,一次遇到大学食堂有人打架,他主动去劝住他们(也忘记了自己的安危),并认为,"事过就了""不会留下太大的疤"(冯同庆,2018:300—301、303)。所谓有情有义,无遮的情、内敛的义,是其内涵。他在做招生工作时,冒着一定风险把出身有问题的钟教授的女儿招回学校,改变了他们的命运。他也是因为自己被招上大学,改变了个人的生活轨迹和命运。而他的"招生义举"也是一种反馈和报答。他觉得他的举动就是敕勒川的"义"。

回忆主体司马小宁觉得敕勒川的人"圆融通达",让知青们的性情都有了改变(冯同庆,2018:307)。其他知青也有类似感受,例如他的同插伙伴令狐认为,那里给他情感和智慧以丰厚滋养;敕勒川的生活,常常对他有启发、有激励,让他胸有自信、心有机巧(冯同庆,2018:340)。

敕勒川也充实了这代人的理想内容。女知青张朵儿离开敕勒川后,一直研习农业,辗转来到非洲,力主农牧商业兼营(冯同庆,2018:7)。她后来做的事业一直与下乡经历有关。她开始在罗马工作,走出了"文革"时期的出身阴影;后来她又去了非洲,选择非洲也与毛主席的思想有关,因为毛主席也关心非洲(冯同庆,2018:9、12):都是穷朋友,要改变他们的贫穷面貌。总体上,即便知青们的使命感的内容转变了,但也还是一种站在底层立场为底层的责任感,为此他们一直抱有兢兢业业的激情。

五、 知青的自我认知与人格成长

自传体小说《敕勒川年华》从个体经历、人格养成的角度,向我们展现了一个知青群体的案例。回忆主体司马小宁提到，下乡时有志向却少不更事，甚至"人格有缺陷"（冯同庆，2018：27）。而经过世事的变迁、个人阅历的增长、修省能力的提高，回忆主体的人格有了一个走向完善的过程。如上述提及的知青们的"使命感"的内容随着时代发生了调整。这种调整并不仅仅来自外力，更多来自回忆主体的一种主观努力。而且，它的突出表现并不是知青们的使命感在内容上的调整，而是知青个体对于这一经历的"格局"的认识和思考。这一"格局"至少涉及三个层面：国家、社会和个人。在《敕勒川年华》中，社会即农村社会，农村不再仅仅作为知青们下乡的发生地和需要改造的地方，更不再是知青们奋力要逃离的地方和返城后日夜缅怀的乡愁之地；农村，是一个值得敬重的地方，它具有深厚的历史底蕴和文化底蕴，乡亲们以及这方水土，都是值得敬重的。这一叙事产生的效果之一是：知青的故事不再是知青的自我中心主义的体现，即农村不仅是上山下乡运动的发生背景，它更是一个有自己逻辑和思想的主体。农村是知青叙事的"他者"。而能将"他者"作为主体，需要叙述者个体人格的成长和完善。《敕勒川年华》叙事完成了"我"和"他"的剥离，在将"自我"视为主体的同时，也能讲出"他者"的主体性，这是知青叙事的一个质的飞跃。确定"他者"的主体性，也会影响"自我"主体性的讲法。在《敕勒川年华》中，知青的主体性，表现得不再是"自我中心主义"，在"他者"主体性的观照下，知青苦难说的色彩变淡，当然在这方面，也可能会引发知青群体内部的争议。

　　因为包含了对"他者"作为主体的尊重，《敕勒川年华》对于使命感和忏悔的认识也就更为深刻。尤为突出的是"忏悔"的讲法。综合来看，这是知青叙事中，有关忏悔主题的一个非常全面和深刻的梳理。它包括两类忏悔：一类是身负血债的赵小驹；一类是一心想做好事、无心打人的司马小宁。二者都构成了知青的深层自我。对于第一类忏悔，《敕勒川年华》给出了一个建设性的提议，那就是"偿命价"，它给社会和解带来了切实可行的建议，对于历史的罪与罚的平复提出了一个非常好的路径。而且这一智慧也是来自回忆者对民间社会的调查，它在蒙地是存在的，说明在现实中也是可行的。这可以为灾后社会重建提供智力支持。对于第二类忏悔，根据我的知青调查，这在知青群体中占有一定比例。这种自我反思更需要一种勇气。它走出了"无悔说""苦难说""无从后悔说"，而将自我的伤痛作为深刻反省的对象。上述两类伤痛都带有一种自我否定的意涵，即把自己/群体的伤疤再次揭开，从精神分析角度来看，这也是一种治愈的过程。

　　而自我治愈概念,则意味着知青群体或个体还是带有创伤的。在存在主义哲学家别尔嘉耶夫看来,"人格"的形成过程,就是一个创伤治愈的过程。而人格的形成并不是自动的,需要一个明确的主体努力过程,其中"体认"便是一个重要的主体努力。别尔嘉耶夫指出,主体有爱就有痛苦,对这两者间的体认以及二者之间对张的角力,是人格生成的必要条件。

　　人格深藏于个体性的核心。个体人格在构成上包括一种提升的力量和一种下降的力量:"向上"意味着至善和圆满,是对残缺和失去的补足,"向下"则意味着怜悯之爱,意味着饮啜痛苦,俯向世界的黑暗和丑恶(别尔嘉耶夫,1994:37)。其中有这样一极力量:强烈的个体人格意识以罪和忏悔的生存为前提,而对罪、忏悔和世界的恶麻木不仁,这意味着个体人格意识的匮乏,意味着个体人格消融在普遍的、宇宙的和社会的进程中。但人的本质不是恶,即使人犯罪,也只能做出部分的、非最后的判断和指责。因此,人格主义力主废除死刑(别尔嘉耶夫,1994:37、39)。

　　据此,我认为,知青的"忏悔"事实上是一种个体人格的成长过程,它是知青个体人格对"罪"的觉醒和修正的力量,意味着一种饱满的人格意识和健全的生命,它也彰显出极强的人的个性。

　　按照潘光旦的说法,人的个性是文明进步的基础。这是潘光旦的社会理论中的一个重要观点(参见潘光旦,1939/2014:80—96)。[1]　就知青对忏悔的讲述而言,事实上,也是在清理一部分社会和文化的痼疾,以及某部分深层自我。知青通过讲述罪责,个体获得清明,向"人格之谜"[2]的答案不断逼近(别尔嘉耶夫,1994),这是找寻自我的一种伟大的努力,从而也是推进社会进步的一股力量。我认为,讲出忏悔意涵的知青叙事,更彰显了知青的主体性。这个主体性也是靠"他者"来说明的,在《敕勒川年华》中,这个"他者"便是农村社会,而且这个"他者"也是有主体性的,对他者主体性的承认和尊重,也成就了知青个体的人格。

　　自 20 世纪 80 年代以来,知青文学兴盛以后,从知青的"青春无悔说",到知青的"苦难说""忏悔记忆"等等,知青叙事的主题多样化、复杂化,甚至相互冲突,这意味着知青主体性的复杂多变。我在访谈中发现,即便某个具体知青,

———————————

① 潘光旦提出"三纲两目论"。其中个人和社会分别作为一纲,个人有三个要目,社会也有三个要目。个人要目之一就是,个性为文明进步张本。

② 别尔嘉耶夫说,世间最幽邃的谜也许是人,究其原因,并非在于人是社会或动物的生存,也并非在于人是社会或自然的一个部分,而在于人是个体人格,个体人格铸成了人这一谜。

也往往带着这种复杂性,即心中有苦难,也有无悔,甚至还有忏悔。而知青讲述的故事特征多受到访谈的场景或时代的影响,事实上难以表现出完满的人格。因为人格本身是复杂的,也可以是矛盾着的,有"悔"也有"不悔"。但个体人格并不是凝固的状态,它突破、扩展、丰盈、充满(别尔嘉耶夫,1994:8)。如上所述,在知青叙事中,存在着一种知青个体人格的逐渐完善的过程,突出表现在知青的"忏悔"话语,以及农村社会主体形象的逐渐明晰上。尽管就"忏悔说"而言,在不同时代的知青叙事中也都有呈现,例如老鬼的《血色黄昏》中也有忏悔情结(老鬼,1987)。但2018年的《敕勒川年华》的忏悔叙事,有了一个新的提法("赔命价"),而且不仅如此,这一悔过的基础还建立在对"农村社会主体"的清晰认知上,也就是说,知青对自我的认识,是通过对他者赋予主体性来完成的。《敕勒川年华》对他者的主体性的认识深度是以往知青叙事中少见的。而知青经过反思后的"使命感"也是建立在这一坚实基础上的。"使命"在别尔嘉耶夫的人格理论中,也是人格中的一个提升力量,即超越自我的力量。在《敕勒川年华》中所表现出的使命感也具有这样的意涵。而使命本身就是一种超越,它是一个蕴含着动力的积极主动的创造过程,是一种深刻的体认,体认"地狱"深渊,引发创造之举(别尔嘉耶夫,1994:13)。而个体人格的寻找过程,就是一个创造性的过程,也是一个通向自由的路径。这个超越虽然是一种向上的生命力量,但它也是通过向下的悲悯之心完成的(别尔嘉耶夫,1994:37),这在《敕勒川年华》中表现为知青对农村社会主体的体认和永恒的关切。

综上,本文将知青叙事作为知青群体或个体不断寻求自我的过程,从这个角度来看,《敕勒川年华》是知青叙事中一个重要的标志,它的关键机制在于对知青生命中的重要"他者"的体认,这个"他者"便是农村社会。在《敕勒川年华》中,农村社会不再仅仅是知青的下乡地和他们人生故事的重要背景或底蕴,而是独立出来,成为一个丰满的、值得敬重的主体,在它的作用下,知青的自我认知得以进一步完成。

而这个机制也可以发生在其他群体身上,即其他群体也可以超越自身身份和经历看到"他者",并通过"他者"来提升自我,这是一个双向互动的过程。伯格森所说的"个体适应社会"问题,其机制就在于面向社会和文化的个体调节。不过,这一社会和文化,并不是外在的纯粹客观,它需要经由个体的"体认",本文将农村社会主体性称为"他者",就包含了知青主体对社会的体认过程,这一"他者"便是主体视角下的社会。对于中国社会的个体认知的研究,需要强调中国社会和文化的特征对个体的影响及其个体的"体认",尤其是后一问题。唯有立足于此,个体人格才会在社会和个体之间取到一个平衡,从而才能在个体修养和社会教育之间找到一个恰当的切入点。

参考文献

别尔嘉耶夫,尼古拉,1994,《人的奴役与自由》,徐黎明译,贵阳:贵州人民出版社。

伯格森,亨利,2018,《宗教和道德的两个来源》,彭海涛译,北京:北京时代华文书局。

车红梅,2010,《北大荒知青文学研究》,吉林大学博士学位论文。

陈涛,2015,《道德的起源与变迁——涂尔干宗教研究的意图》,《社会学研究》第 3 期,第 69—95 页。

更的的,2012,《鱼挂到臭　猫叫到瘦》,北京:中国大百科全书出版社。

定宜庄,1998,《中国知青史——初澜(1953—1968)》,北京:中国社会科学出版社。

冯同庆,2018,《敕勒川年华》,北京:世界知识出版社。

郭小东,2005,《中国知青文学——非主流倾向的现状表述》,《汕头大学学报》第 5 期,第 7—14 页。

姜戎,2004,《狼图腾》,武汉:长江文艺出版社。

老鬼,1987,《血色黄昏》,北京:工人出版社。

礼平,1980/2010,《晚霞消失的时候》,广州:花城出版社。

梁晓声,1982/1993,《这是一片神奇的土地》,中国香港:中国文学出版社。

梁晓声,2012,《知青》,青岛:青岛出版社。

刘可可,2006,《知青小说叙事的演变及其背后》,吉林大学博士学位论文。

刘海,2009,《青春无主》,北京:人民日报出版社。

刘起林,2003,《中国知青作家论》,复旦大学博士学位论文。

刘小萌,1998,《前言》,《中国知青史——大潮(1966—1980)》,北京:中国社会科学出版社。

孟繁华,2018,《这一代人的青春之歌——知青文学四十年》,《文艺争鸣》第 2 期,第 38—41 页。

潘光旦,1939/2014,《论青年与社会思想》,《自由之路》,北京:群言出版社。

史铁生,1983/2001,《我的遥远的清平湾》,广州:广州出版社。

陶东风,2017,《梁晓声的知青小说的叙事模式与价值误区》,《南方文坛》第 5 期,第

114—123 页。

涂尔干,爱弥尔,2011,《宗教生活的基本形式》,渠东、汲喆译,北京:商务印书馆。

吴志峰,2006,《社会主义现代化进程中的城乡叙事——知青文学(1966—1986)研究》,华东师范大学博士学位论文。

项飙,2019,《走出青春的乡愁》,《读书》第 3 期,第 58—62 页。

杨健,2002,《中国知青文学史》,北京:中国工人出版社。

杨善华、孙飞宇,2015,《社会底蕴:田野经验与思考》,《社会》第 1 期,第 74—91 页。

叶辛,1982/2009,《蹉跎岁月》,北京:作家出版社。

姚新勇,2001,《从知青到老三届——主体向世俗符号的蜕变——知青文学研究之三》,《暨南学报》第 2 期,第 107—114 页。

椰子,2012,《敬告梁晓声我们还活着》,爱思想网,6 月 18 日,http://www. aisixiang. com/data/54474. html,获取日期:2021 年 10 月 2 日。

张承志,1982/2001,《黑骏马》,武汉:长江文艺出版社。

赵坤,2016,《张承志与新时期中国文学思潮》,福建师范大学博士学位论文。

社会转型与知识生产[*]

——对改革以来中国"社会不平等"议题的知识社会学分析

许弘智　柳建坤[**]

摘要：社会不平等是人类社会发展所面对的重大议题。本文从知识社会学角度，以中国社会转型为背景，对作为一种知识的"社会不平等"的生产、演化特征及其变迁机制进行分析。基于对中国知网文献库（CNKI 1979—2016）中与不平等相关的文献进行主题模型训练，本文提炼出了"政治身份地位不平等"与"社会资源分配不平等"两类在研究议题与分析话语方面截然不同的知识型，并发现：国内学界关于"社会不平等"知识的生产存在一定的时空演化特征，伴随改革的深入，"社会资源分配不平等"知识型逐渐成为关注的重心。进一步结合宏观社会经济数据的时间序列分析表明，现实社会不平等状况的变迁和学术共同体的发展是影响转型期"社会不平等"知识生产与演化的外在与内在双重机制：前者构成了相关知识生产的现实需求、感知基础与经验素材，后者则为相关知识生产提供了组织支持、专业引导及制度激励。

关键词：社会不平等　社会转型　知识社会学　文本分析　主题模型

一、 研究背景与问题

不平等是伴随人类社会演化而产生的历史现象，与之相关的问题始终深

---

* 本文系福建省社会科学规划一般项目"新时代中国特色社会主义制度建设的文化机理与文化路径研究"（FJ2020B005）研究成果。

** 许弘智，社会学博士，厦门大学马克思主义学院助理教授，厦门大学中国特色社会主义研究中心研究人员（xuhz@ xmu. edu. cn）；柳建坤，社会学博士，哈尔滨工程大学人文社会科学学院副教授（jkliu@ hrbeu. edu. cn）。

刻地影响着人类文明的发展轨迹。然而，人类所生产的有关"社会不平等"的知识并不是一以贯之的，而是与各种不同的研究者所处的时空情境存在着密切联系（周仲秋，2002）。例如，在前现代社会向现代社会转型的历史关键期，启蒙学者与新兴中产阶级关心"自由、平等、博爱"等理论上的政治自然权利平等诉求（卢梭，2009）；这相较于现代社会中，当代学者对于收入分配、教育公平以及区域发展等方面的现实社会不平等问题的思考已经存在明显差异（森，2006）。由此观之，对"社会不平等"知识的生产和演化规律本身进行的研究将具有独特的历史与现实意义，它在一定程度上能够为我们理解社会不平等现象及相关思想的变迁，乃至人类社会转型与发展的进程带来新的视角。

对于当代中国而言，改革以来的中国社会处于剧烈的制度转型进程之中，经济迅猛发展的同时，社会结构在较短时间内也出现明显分化。改革前的平均主义意识形态导向逐渐减弱，阶层分化与社会资源分配不平等的状况增加，甚至存在愈发严峻的贫富悬殊状况（Parish, 1984; Nee, 1989; Walder, 1992; Piketty, Li, & Zucman, 2017）。于是，中国在市场转型过程中产生的经济迅猛增长与分配差距不断扩大的内在张力，使社会主要矛盾逐渐演化为"人民日益增长的美好生活需要和不平衡不充分的发展"之间的矛盾（习近平，2017）。

面对这一背景，国内学界对改革以来中国社会的不平等研究已然形成了庞大的知识体系（刘欣、田丰，2018），但这些学术知识体系得以迅速发展的动力机制如何，尚未有研究专门对国内学界关于"社会不平等"知识的生产过程及其演化机制进行理论分析与实证检验。事实上，对近代西方国家转型的知识社会学研究表明，社会转型与发展所带来的不仅是现实社会制度的变革，同时也促进了新学科知识与话语体系的形成（Erikson & Hamilton, 2018）。同样，我们认为，在中国迅速社会转型的情境下，整个社会关于"社会不平等"的知识型，关于不平等的讨论议题与分析话语也都发生了根本性的变化。换言之，在不同社会历史时期，不平等问题的性质与表现形式有所不同，学术共同体的状况也有所差异，这势必使学者们形成不同的认知方式与分析视角，进而生产出各种关于"社会不平等"的知识，为社会提供着各式各样的关于"社会不平等"问题的认识框架。

基于此，本文采用知识社会学的视角，借助自动文本分析、时间序列分析等方法，首先探索转型中国情境下学界关于"社会不平等"知识的生产与演化历程，其次分析关于"社会不平等"知识的生产与演化历程与社会转型之间的关联。具体而言，本文试图回答两个问题：其一，改革以来，国内学界对于"社会不平等"的研究议题与分析话语呈现出怎样的时空演化特征？其二,哪些结构性原因引起了学界对"社会不平等"的理解与认识发生变化？由此,本文将为理解中国社会转型的逻辑提供全新的"知识-社会"互动的分析视角,这将有助于加深对中国转型社会的不平等问题,以及学术共同体的相关知识生产与演化过程的理解。

二、 关于"社会不平等"研究议题的知识考古

(一) 从"社会不平等"议题到"社会不平等"知识

尽管社会不平等在不同的人类历史阶段受到了各式各样的关注与讨论,但其具体考察不平等的讨论议题以及分析话语却可能各有侧重,甚至截然不同。根据知识考古学的观点,各种关于某一公共议题的讨论及其分析话语实际上指涉着对该问题本身的知识型(episteme)——使得特定知识或经验得以生产、传播和演化的话语类型规则及认知结构组合,而这些研究议题、分析话语以及知识类型变化其实是嵌入于特定的社会时空条件下,并与人类历史实践的演化相伴而行的(福柯,1998)。

同样地,"社会不平等"的研究议题与分析话语演化的背后,其实是关于"社会不平等"的潜在知识型的变迁。已有部分西方学者对各种与不平等有关的理论知识做出了总结。许茨(2011)率先指出了两类知识型:卢梭等启蒙学者讨论的自然权利平等论具有抽象、超验、先赋性及追求普世意义的理想化主观倾向等特征,这脱离了人类日常生活的常识基础;而经验常识意义上的相对主义平等论则立足于不同社会身份的个体日常需要,侧重对现实的机会平等问题及客观的不平等状况进行研究。森(2002)则进一步将现代社会以来的西方平等理论归纳为"罗尔斯式平等、功利主义平等及福利主义平等"三大类:罗尔斯式的平等融合了政治哲学层面的正义与自由等原则,而功利主义与福利主义的平等论则相对接近,二者都更多关注实际的效用与福利的分配情况。

然而,上述总结主要是以启蒙时代以来的西方现代社会为基础的,尚未有学者系统性地基于中国社会转型的情境展开研究。鉴于几乎少有以往研究作

为直接参照,下文将以关于中国社会不平等问题相关的学术脉络切入讨论,从而为提炼国内学界的"社会不平等"知识型提供推论基础。

(二) 改革以来中国"社会不平等"知识型的演化

借鉴上述"知识型"的理论概念,我们同样可能在回顾中国社会不平等问题的学术脉络的基础上,对中国"社会不平等"问题的知识型模式进行探索。

具体而言,在针对中国社会不平等问题的既有文献中,社会分层研究是其中最为重要的部分。在 20 世纪 80 年代,国内的分层与不平等研究刚刚起步,并受到较为明显的官方意识形态的影响,学者对中国社会的不平等问题研究主要集中于对政治身份地位、再分配权力以及单位体制等国家社会主义式的不平等的探讨,其侧重点在于辨识不同的社会-政治阶级群体结构(李春玲,2008),泛政治化"阶级斗争"观念的影响仍旧较为明显(刘欣、田丰,2018),而社会大众的经济收入差距并非最为核心的议题(Kraus, 1981; Parish, 1984; Walder, 1986)。同时,基于身份地位和政治权益的不平等分析也在民族平等、妇女解放的社会议题方面得以集中体现。例如,彼时有不少研究者结合自身的社会实务工作经历,从马克思主义理论的视角,对中国各民族在理论上的政治权益平等问题进行讨论(李作南,1980);或是以现代妇女解放与妇女权利意识等框架来讨论性别之间的不平等问题(黄筱娜,1988)。不难发现,在改革之初,学界对不平等问题的讨论主要围绕"政治身份地位不平等"展开,这些研究具有一定的共性特点:其在研究议题上以特定政治身份主体的基本权利地位为核心,而在分析话语上更多具有官方政治意识形态色彩。

而 20 世纪 90 年代以来,市场转型理论成为社会分层与不平等研究的重点,社会收入分配不平等状况成为分析的中心。此时,西方文献逐渐开始关注市场改革在经济层面究竟是增加了中国的人力资本、市场部门等要素的报酬、并且削弱了体制性因素和干部身份的报酬,还是相反(参见 Nee, 1989, 1991; Rona-Tas, 1994; Oi, 1992; Lin, 1995; Bian & Logan, 1996)。相对应地,国内学者也参与到市场转型理论的对话中:在中国由再分配经济向市场经济转型的过程中,社会资源分配不平等状况将会扩大还是缩小? 哪些群体将在改革进程中获益? (参见刘欣,2003;孙立平,2005)这也意味着,在这一理论视野下,越来越多的国内学者对日渐增长的收入差距、劳动力市场分割及社会贫富分化等经济方面的不平等议题做出了讨论(王天夫、崔晓雄,2010;李实、罗楚亮,2011)。类似地,教育不平等问题也由对教育基本权利的规范性研究(杨秀明,1987),逐渐转向对教育资源分配不平等的思考(李春玲,2014)。而在更宏观的区域结构层面,城乡等区域发展差距及其资源分配不均等也更多地被纳入国内学界的研究视野(郝大海、李路路,2006;段成荣等,2013)。由此观之,伴随改革的不断深入,一种以"社会资源分配不平等"为核心的不平等研究逐渐引起热议,研究者更多地关注包括经济收入、教育资源、城乡发展机会等资源分配平等的议题,并且政治意识形态话语减弱,而实证主义相关的话语及现实主义的取向增强,且基于经验资料和数据分析的分层与不平等研究范式逐渐占据主流(参见李春玲,2008;柳建坤、陈云松,2018)。

综上,剧烈的社会转型使得中国社会时空情景发生巨大变化,国内学界关于"社会不平等"的研究也历经了特定的演化过程。通过以上对国内外相关研究脉络的回顾,借鉴西方学者对不平等理论的类型化概括,本文推论,在转型中国的"社会不平等"研究议题演化历程中存在着"政治身份地位不平等"与"社会资源分配不平等"两类潜在的知识型:前者类似启蒙学者的自然权利平等论,主要指不同身份主体在政治权利层面是否被承认具有平等的地位;而后者则接近功利主义的平等观,主要指不同结构性群体在社会经济等资源分配方面的平等状况。从逻辑顺序上看,只有在特定群体的基本人身权利得到合法化后,社会资源分配的多寡问题才对其有意义。相对应地,两类知识型在分析话语上也存在明显的差异,前者更具意识形态色彩,而后者更具实证主义色彩。据此,本文首先对于改革开放以来中国"社会不平等"知识的生产和相关知识型的演化历程特征做出如下假设:

假设 1:改革开放以来,国内学界关于"社会不平等"知识("政治身份地位不平等"与"社会资源分配不平等"知识型)的生产,存在特定的时空演化特征。

三、　改革以来中国"社会不平等"
知识生产与演化的机制

除了对国内学界关于"社会不平等"知识型的演化特征进行描述以外,本文还希望引入知识社会学的视角对其演化的动力机制做出进一步的解释。知识社会学的理论并非仅从知识的内部逻辑结构来理解思想意识的变迁,而是把知识与社会的复杂互动关系带回了研究重心：一方面，人类的思想观念、知识结构是在特定社会存在与社会结构情境下得以生产和传播的；另一方面，特定类型的知识生产与传播又参与影响人类实践与社会行动（默顿，2003；曼海姆，2014）。本文侧重关注前一方面的内容，其中，环境决定论与知识建构论分别构成了解释知识生产与演化现象的外在与内在机制（黄晓慧、黄甫全，2008）。下文将在回顾这两大经典理论视角的基础上，对影响改革以来中国"社会不平等"知识生产与演化特征的机制展开分析。

（一）环境决定论与知识建构论

环境决定论强调外在的现实环境、社会存在等外在因素对知识生产的决定性作用。具体而言，一方面，不同社会环境对不同类型的知识存在差异化的需求（Durkheim，1982）；另一方面，社会存在的变化往往先于社会意识的变迁，前者为后者提供现实物质基础，而人类的知识从属于主观意识的范畴，实际上是对特定社会存在的感知（马克思、恩格斯，1995）。尽管决定论在某种意义上可能夸大社会环境的影响效果，但这一理论传统仍极大地影响着其后的学者，如曼海姆（2014）就在此基础上提出"关联主义"分析法，并且进一步引入了利益代表机制的解释，即认为特定思想立场的背后所反映的是不同社会群体的利益分化状况。

知识建构论则强调行动主体的信念倾向、注意力资源分配以及其对经验现实的能动选择等内在因素在知识与意识形成过程中的作用。其主张知识并不完全是对客观现实世界的简单反映，而是行动主体所建构的相对独立的精神产物（许茨，2011）。就微观而言，知识的生产被视为特定分析话语或叙事方式的表达，无论是人们日常生活中的叙事知识还是科学研究中的科学知识，都会受到行动主体的认知偏好及话语风格的影响（福柯，1998）；而宏观地来看，随着科学知识本身被纳入知识社会学的视野，知识生产的过程又被认为是特定社会群体的产物（默顿，2003），科学知识产生于学术共同体的集体活动，不同学科的学术分工产生着不同的研究"范式"，这使得具有相似信仰的研究者得以依循特定的共同体规范来开展知识生产工作（库恩，2003）。因此，学术共同体的结构对特定知识生产过程存在重要影响。

值得注意的是，上述两大理论传统和解释逻辑并不是截然对立的，二者在实际分析中往往呈现出互相补充的关系。例如，布迪厄的场域-实践理论就认为,人类社会的知识图式生产既是社会结构的产物,也是人们心智结构的产物(Bourdieu, 1990;赵万里、赵超,2012)。而在近期的经验研究中,埃里克森等学者则进一步为知识生产的研究带入了综合的社会变迁视角,他们发现,16—18世纪英国特许公司制度的扩散以及相关商人群体的兴起共同构筑了某种新的组织间公共领域,从而催生了早期的基于经验实证的经济学思想的诞生(Erikson & Hamilton, 2018)。类似地,本文同样选择综合环境决定论与知识建构论的观点,结合中国社会转型的现实,对改革以来中国的"社会不平等"知识的生产与演化现象进行分析。

(二) 转型中国情境下"社会不平等"知识生产与演化的双重机制

不难发现,改革开放以来中国"社会不平等"知识的生产是嵌入在中国社会转型发展的过程之中的,其明显受到如下两方面因素的影响:其一,现实社会中的不平等的性质与状况伴随社会转型而发生显著的变迁;其二,作为知识生产者的学术共同体也在社会转型进程中出现了明显的分化。二者分别构成了转型时期"社会不平等"知识生产与演化的外在与内在双重机制:

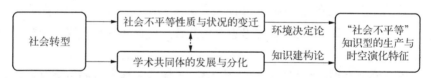

图 1　中国社会转型情境下"社会不平等"知识生产与演化的双重机制

具体而言,首先,在中国社会转型的进程中,现实社会的不平等性质和状况出现了明显的变迁。改革开放以前的中国经济发展水平总体较低,且社会具有较强的再分配体制特征(Nee, 1989;孙立平,2005),这虽然使得社会大众在诸如经济收入、城乡发展机会等方面的不平等程度较低,但却维系着以阶级政治与意识形态为核心的政治制度,致使不同阶级背景出身的群体在政治身份地位方面存在不平等待遇(Whyte, 1975; Parish, 1984),因而改革初期的学者对不平等问题的关注很可能延续了改革前的状况,更多对具有意识形态话语色彩的"政治身份地位不平等"进行研究。

伴随改革开放的深入,"政治挂帅"的发展思路和相关话语逐渐被叫停,而经济建设则被当作国家发展的中心任务(刘欣、田丰,2018)。加速的市场化、工业化以及城镇化进程的确给中国带来了经济总量上的迅猛增长,但与此同时,社会资源分配的不平等状况却趋于严重,社会贫富差距、教育资源不均以及城乡二元结构等问题突显,社会阶层之间的壁垒增加(孙立平,2003;刘精明,2006;李实、罗楚亮,2011)。转型中国的社会不平等问题的主要性质和表现形式发生了变化,社会由资源总量有限、政治身份群体之间关系紧张的状况逐渐转变为迅速的经济腾飞与日益扩大的阶层、区域差距现象并存的状况。这一新的转变一方面亟须不平等研究相关领域的学者对其做出阐释,另一方面也为关于"社会资源分配不平等"的研究提供了丰富的现实感知基础与经验素材。基于环境决定论的思路,做出如下假设:

假设2:现实社会不平等性质与状况的变迁为"社会不平等"知识的生产与演化提供现实需求、感知基础与经验素材,使得学界对不平等问题的讨论以"政治身份地位不平等"为主逐渐演变为以"社会资源分配不平等"为主。

其次,改革开放以来的学术共同体结构也伴随社会转型而产生分化,这也影响着国内学界对不同"社会不平等"知识型的注意力资源分配程度。在改革初期,中国社会结构的状况很大程度上仍然保留了"两个阶级、一个阶层"的特征,作为学术共同体成员的知识分子被统一于无产阶级这一政治地位群体之中(陆学艺,2004),并且高等教育和研究事业刚刚起步,包括社会学在内的一些社会科学体系尚未成熟,因而彼时存在较多研究者秉持经典的马列主义和阶级分析等意识形态色彩较强的话语,对"政治身份地位不平等"进行讨论。

伴随社会转型的深入,学术共同体内部出现了进一步的分化与发展。第一,从组织机构的角度来看,学术中心与研究资源逐渐向各大高校集中,高等教育与研究事业迅速发展,社会出现了越来越多关怀社会公共议题的公共知识分子(苏力,2003),其能够相对集中在高等院校内独立地从事科研工作,而非分散地依附于政府、企业或其他具体的实践部门。第二,从学术分工来看,包括社会学、经济学、管理学以及教育学等学科在内的社会科学体系逐渐得到恢复与发展,这些学科相较于改革初期传统的政法门类学科而言,在问题意识上更可能关注社会实际资源分配不平等的状况,在实际研究中也有更多的相关专业学者致力于探索西方社会科学理论与方法的本土化路径(周晓虹,2014)。最后,从制度建设来看,"中文社会科学引文索引目录"等学术期刊索引目录的建立更是意味着我国社会科学的学科建制及评价体系趋于完善(邹志仁,2000),这能为新一代国内社科研究者关怀现实社会不平等问题提供制度激励和参照规范。以上的情况说明,关注现实社会"资源分配不平等"的独立公共知识分子数量在增长,其在学术分工上亦更为专业细化,在研究范式与评价标准上更为规范,学术共同体的成员因而更有激励与条件对特定的前沿信息与现实不平等议题予以集中关注和自主讨论。基于知识建构论的思路,做出假设 3:

假设 3:学术共同体的发展与分化为学界关于"社会不平等"知识的生产与演化提供组织支持、专业引导及制度激励,使得学界对不平等问题的讨论以"政治身份地位不平等"为主逐渐演变为以"社会资源分配不平等"为主。

四、 研究设计

(一) 数据获取

研究的数据主要来自中国知网(CNKI)文献数据库。中国知网是"目前全球最大的中文数据库,内容覆盖自然科学、工程技术、农业、哲学、医学、人文社会科学等各个领域"(中国知网期刊全文数据库)。本文通过该数据库的高级检索栏,对 1979—2017 年收录的文献进行以"不平等"为主题词的精确检索,初步得到 24 482 篇文献。考虑主题相关性和研究影响力,我们剔除了与"社会不平等"议题相关度不大(如"不平等条约"等主题)的文献,并选取了被引量不小于 1 的文献,这样共得到 6232 篇文献的基本信息,包括文献的发表年度、标题、关键词、来源期刊、作者及所在单位等。

另外,关于现实社会的宏观测量指标,本研究综合了 1979—2016 年的《中国统计年鉴》《中国发展报告》《中国住户调查年鉴》以及世界收入不平等数据库(World Income Inequality Database)等公开发布的相关资料进行整合,具体指标选取与操作化方式将在下文进一步说明。

(二) 变量的生成与操作化

1. 因变量

研究的核心因变量是学术文献对两种"社会不平等"知识型的关注度。伴随大数据时代的来临和计算社会科学范式的兴起,已有不少研究者选择应用无监督的自动文本分析技术来对各种政策文本、新闻文本以及学术文献等非结构化数据进行分析,这一方法能够在尽量少地依赖先验知识的情况下,更便捷且全面地挖掘文本的内容信息(孟天广、郑思尧,2017)。具体而言,主题模型是一种对文本信息进行降维的方法(王涛,2017),其将特定文本视为由诸多词向量组成的文本-词汇矩阵,通过对全部词向量的词频特征以及共现网络状况的归纳,并且基于潜在狄利克雷分布(LDA),自动聚类出现有文本资料背后可能存在的主题个数,并得到每篇文本在各个主题上的标准化概率得分。其所聚类的主题表现为具有相关意义词汇的集合序列,每个词汇在特定主题中有相应权重,且同一个词汇可以在多个主题中有不同权重。显然,一篇文本可能涉及多个主题,因而主题模型能够输出其在各个主题的标准化概率得分,且同一篇文本的各个主题得分之和为1。由上可知,主题模型聚类的方法不仅能够刻画特定知识型的议题,也可以呈现其对应的分析话语。

在操作化过程中,本文首先利用 R 软件的 topicmodels 程序包对入选的全部 6232 篇文献的关键词进行主题模型训练,在得到主题个数以及每篇文献的相应主题概率得分以后,再根据其文献所发表的年份,取该年全部文献在特定主题上的概率得分的平均值,即形成了各年份学界对特定"社会不平等"知识型的关注度状况。

此外,考虑到本文还期望检验学界对特定"社会不平等"知识型关注度演化的空间特征,因而在得到每篇文献的主题概率得分后,我们基于该文献第一作者所在机构的省份位置,对样本做出不同省份、不同地区的细分,并计算不同区域样本对特定"社会不平等"知识型的年均关注度。

2. 解释变量

研究的解释变量分为现实社会状况与学术共同体状况两类。

就前者而言,本文选取改革开放以来中国的城镇化率、城乡收入差距以及收入基尼系数来刻画经济日益发展但资源分配不均的现象:首先,改革开放以来我国的加速城镇建设是与经济发展和市场转型状况密切相伴而行的,我们因此选取 1979—2016 年的中国城镇化率作为现实社会变迁的测量指标之一(资料源于历年《中国统计年鉴》)。其次,我们还使用城乡收入差距以及收入基尼系数来作为现实资源分配不平等状况的测量指标,城乡收入差距(1980—2016)用城乡居民收入比来表示(资料源于历年《中国统计年鉴》);而收入基尼系数由于缺乏官方公布的长时段连续统计数据,本文综合了《中国发展报告》《中国住户调查年鉴》及世界收入不平等数据库所记录的 1979—2016 年全部中国收入基尼系数,并计算其年份均值以抹平统计口径偏差,从而得到改革以来中国历年的收入基尼系数。

就后者而言,本文通过考察这 6232 篇关于"社会不平等"文献的来源变化特征,来间接反映学术共同体的变迁:首先,从组织机构来看,我们统计了 1979—2016 年间,历年高等院校学者的论文入样篇数占该年总论文篇数的比重,称为"高校篇数占比"指数[1],如果特定年份高校篇数占比越高,说明更多的文献来源于高校学者的发表。其次,从学术分工来看,显然社会学、教育学、经济学及管理学更可能对资源分配不平等议题侧重关注,而核心期刊的文献也通常有更高的专业水平与研究质量,因此我们统计了 1979—2016 年间,这四个学科历年入样的核心期刊论文数目占该年入样核心期刊论文总数的比重,称为"核心期刊结构"指数[2],如果特定年份该指数越高,说明入样文献中的核心期刊文献有越多是社会学、教育学、经济学及管理学的期刊所发表的。最后,从制度建设来看,为了考察核心期刊作为学术评价体系与学科建制的效果,我们也单独筛选出核心期刊的文献,计算了其对特定"社会不平等"知识型的年均关注度情况,称为"核心期刊关注度"指数,以备将其与全部文献的结果比较。

(三) 分析策略

本文的数据分析策略分为两个部分:

其一是主题模型训练,即根据上文所述的理论与方法,结合模型数据结果的复杂度(perplexity)检验,来最终确立聚类的主题个数以及计算每篇文本的相应主题概率得分。这一部分的分析单位是每篇文章,基于其文章的关键词,可以生成每篇文章在不同主题方面的得分。

其二是对特定"社会不平等"知识关注度的演化机制进行分析。这一部分的分析单位为年份,将某年的全部文献在特定主题上的概率得分取平均值,即形成了各年份学界对特定"社会不平等"知识型的关注度状况。考虑到所涉及

---

[1] 如果有多个学者合作,就考虑第一作者所从属的机构性质。其他机构性质包括政府机构、企业部门、中小学等教育单位等等。

[2] 对于文献所属的学科,主要依据其所发表的期刊性质来判断,除了文中提及的学科外,还包括如政治学与法学、马克思主义学科、综合学科以及其他类别。根据笔者对相关文献检索和回顾,传统政法类的学科对于"政治身份地位不平等"的问题更为关注。另外,本文依据 2017 年的 CSSCI 目录来标识其来源期刊是否为核心期刊。

的变量皆为时间序列变量,除了描述变量之间的实践变化趋势以外,还建立了向量自回归(VAR)模型,以便对随机过程之间的作用路径和机制进行了条件格兰杰因果检验,其检验的原假设为:在时间序列分析中,变量 X 的滞后期对估计变量 Y 的当期值没有帮助,如果原假设被拒绝,则称 X 是 Y 的"格兰杰原因"。这一检验的前提是所分析的时间序列数据为平稳数据(即不存在单位根),据增广的迪基-富勒检验与菲利普-帕芬检验,本文所涉及的变量的一阶差分皆为平稳序列,故在 VAR 模型中,我们使用的是经一阶差分处理后的各个变量取值,其条件格兰杰检验的意义变成:在其他条件不变的情况下,变量 X 的变化对变量 Y 的变化是否具有显著影响效果。

五、 数据结果

(一)"社会不平等"知识的聚类结果与时空演化特征

1. 主题模型聚类结果

根据所选取的文献关键词,我们首先绘制了高频词的词云图,词汇的图像越大,说明该词汇出现的频次越多。由图 2 可知,词云图中的高频词有"民族""女性""收入""教育""农村"等,这背后可能暗含着各种不同的社会不平等研究议题。

图 2   所选文献关键词词云

　　研究进一步进行了主题模型训练,并发现选择 5 个主题进行聚类较为合适。① 表 1 报告了各主题排序前 12 位的词汇,词汇由上到下的排序位置反映了其在该主题所代表的权重位置的由高到低状况,每个主题对语料库的各种词汇有着不同排序。显然,各主题所涉及的研究议题与分析话语有所不同:前两个主题更侧重关心"民族""社会主义""妇女""女性主义"等议题,其分析话语明显更具意识形态色彩,我们将这两个主题分别命名为"民族与意识形态不平等""性别地位不平等";后三个主题更侧重讨论"收入""指数","教育""机会","城乡""农民工"等议题,其分析话语也更具实证主义色彩,我们对其分别命名为"经济不平等""教育不平等"以及"城乡不平等"。

表 1　"社会不平等"文献的主题类型及其潜在知识型

主题	1	2	3	4	5
词汇举例	发展	性别	收入	教育	社会
	经济	女性	分配	平等	不平等
	政治	就业	不平等	公平	制度
	民族	妇女	差距	权利	城乡
	理论	文化	经济	机会	农村
	问题	社会	增长	正义	政策
	结构	劳动	贫困	高等教育	市场
	关系	女性主义	基尼系数	原则	资本
	二元	法律	指数	公正	流动
	国家	关系	分解	自由	健康
	地区	地位	人力资本	价值	农民工
	社会主义	歧视	土地	高校	中国
研究议题 (主题命名)	民族与意识 形态主题	性别地 位主题	经济主题	教育主题	城乡主题
分析话语	较强意识形态色彩		较强实证主义色彩		
潜在知识型	政治身份地位不平等		社会资源分配不平等		

① 复杂度指标由 2 个主题到 7 个主题的值分别为:939.372、826.923、793.300、735.038、723.630、724.440。当主题个数为 5 时,复杂度指标出现了明显下降。

2. "社会不平等"知识生产与演化的时空特征

图3-1显示了五个主题在1979—2016年的年均关注度变化,反映出学界对不同"社会不平等"议题的关注度变化。结合图中的热度变化趋势以及相关分析结果,发现"经济不平等""教育不平等"以及"城乡不平等"这三个主题类型有较高的关联性,因而其背后可能意味着某类相似的"社会不平等"知识型,我们称之为"社会资源分配不平等"知识型,并将三个主题的年均关注度加总,代表"社会资源分配不平等"知识型的关注度演化。对应地,我们将"民族与意识形态不平等"与"性别地位不平等"两类主题的年均关注度加总,代表"政治身份地位不平等"知识型关注的演化特征。图3-2显示了这两类知识型的关注度演化特征:改革以来,学界对"社会资源分配不平等"的关注度不断上升,

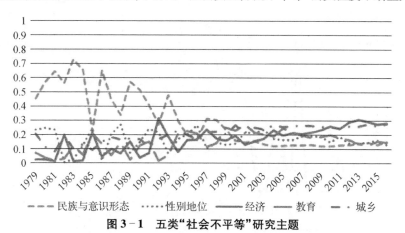

图3-1　五类"社会不平等"研究主题

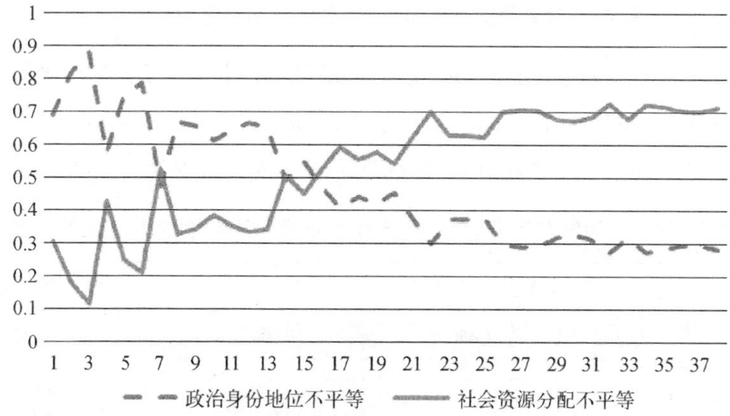

图3-2　两类潜在的"社会不平等"知识型

图3　1979—2016年"社会不平等"主题关注度与潜在知识型关注度的时间演化趋势

且大约在 20 世纪 90 年代中期以后超过 50%,逐渐占据主流;相对应地,"政治身份地位不平等"的关注度则由 80 年代的 70% 左右逐渐下降,至 2010 年以来稳定在 30% 左右。由于两类知识型的关注度之和为 1,因而下文主要以"社会资源分配不平等"关注度演化特征为例展开进一步的分析。

图 4 说明,上述两种潜在知识型还存在特定的空间演化特征。以其中的"社会资源分配不平等"知识型为例,将样本按照东、中、西地区分类以后,计算其各自地区历年来对"社会资源分配不平等"知识的关注度情况。由此可以看出,总体而言,东部地区的学者较早地关注了这一问题。

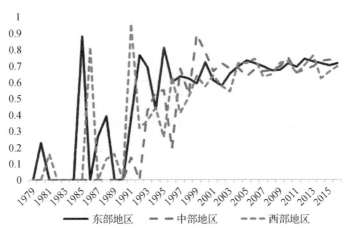

图 4 "社会资源分配不平等"关注度的地区演化特征

表 2 进一步检验了上述发现。以西部地区的"社会资源分配不平等"关注度的变化为被预测变量时,东部地区的"社会资源分配不平等"关注度的变化对其有非常明显的预测作用;但中西部地区之间的关联则相对不显著。

表 2 1984—2016 年不同地区"社会资源分配不平等"关注度变化的关系

	被预测变量 1	被预测变量 2	被预测变量 3
	东部地区	中部地区	西部地区
东部地区	—	7.708 (0.103)	28.046*** (0.000)
中部地区	1.256 (0.869)	—	1.929 (0.749)

续表

	被预测变量 1	被预测变量 2	被预测变量 3
	东部地区	中部地区	西部地区
西部地区	7.969! (0.093)	6.910 (0.141)	—
残差自相关检验			
滞后 1 阶		15.354 ! (0.081)	
滞后 2 阶		14.912 ! (0.093)	
样本量 N		33	

注:表格中未加括号的数值为 chi2 检验结果,加括号的数值为对应的 p 值。*** $p<$ 0.001,** $p<0.01$,* $p<0.05$,! $p<0.1$。残差自相关检验的原假设是残差不存在自相关。根据 AIC、SBIC 和 HQIC 的结果,此模型纳入了 4 阶滞后项,另外经稳健性检验,此 VAR 模型残差稳健(所有特征根在单位元内)。

综上,改革以来国内学界关于"社会不平等"知识的生产出现了如下演化特征:从时间维度来看,伴随改革深入,学界的关注重心从以"政治身份地位不平等"为主转变为以"社会资源分配不平等"为主;而从空间维度来看,"社会资源分配不平等"知识型最先被东部学者所关注,而后向西部地区扩散(假设 1 得证)。

(二) 知识生产的双重机制:以"社会资源分配不平等"知识型为例

通过前文的分析可知,改革开放以来学界对"社会不平等"知识的生产逐渐从以"政治身份地位不平等"为主转变为以"社会资源分配不平等"为主。那么,这样的演化特征究竟为何出现? 为什么"社会资源分配不平等"这一知识型越来越引起关注和重视? 下文综合了环境决定论与知识建构论的视角,对这些问题进行进一步的探索。

1. 现实社会不平等性质与状况的变迁作为外在机制

学界对于"社会资源分配不平等"知识型的关注度与现实中国社会不平等的性质与状况的变迁有关。图 5 描述了这一关联状况,从总体趋势来看,学界对"社会资源分配不平等"的关注度与城镇化率、城乡收入差距以及收入基尼系数都出现明显的增长状况。

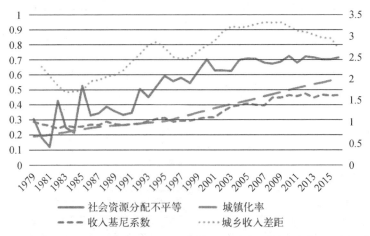

图 5　1979—2016 年"社会资源分配不平等"关注度与现实不平等状况的变迁①

进一步来看,表 3 报告了"社会资源分配不平等"关注度一阶差分与现实社会不平等状况一阶差分的格兰杰检验结果。当以"社会资源分配不平等"关注度变化为被预测变量时,城镇化率的变化、城乡收入差距的变化以及收入基尼系数的变化对其皆有较为明显的预测作用;在其他变量为被预测变量的检验中,城乡收入差距、城镇化率以及基尼系数这三者的变化具有较强的相互影响效果,而"社会资源分配不平等"关注度变化一定程度上仅能够预测城镇化率的变化,但显著效果不如其反方向的显著性高,这说明学界对于"社会资源分配不平等"知识型的关注与讨论在某种意义上具有相对独立性。

---

① 此图中的城乡收入差距的值以右侧的坐标轴为基准,社会资源分配不平等、城镇化率、收入基尼系数的值以左侧坐标轴为基准。

表3　1983—2016年"社会资源分配不平等"关注度变化与现实社会不平等状况变化的关系

	被预测变量1	被预测变量2	被预测变量3	被预测变量4
	社会资源分配不平等	城镇化率	城乡收入差距	收入基尼系数
社会资源分配不平等	—	9.447 ** (0.009)	0.334 (0.846)	0.425 (0.809)
城镇化率	14.122 *** (0.001)	—	6.493 * (0.039)	11.009 ** (0.004)
城乡收入差距	5.061 ! (0.080)	6.024 * (0.049)	—	14.541 *** (0.001)
收入基尼系数	8.732 * (0.013)	2.973 (0.226)	11.273 ** (0.004)	—
残差自相关检验				
滞后1阶	11.772 (0.760)			
滞后2阶	17.430 (0.358)			
样本量N	34			

注:此模型纳入了2阶滞后项。

　　上述结果说明,改革以来现实社会不平等性质与状况发生了根本性的变化,经济迅速发展与社会资源分配不均现象日益突显,加速城镇化、收入差距日益扩大的社会现实环境为学界生产"社会资源分配不平等"知识提供了感知基础、经验素材以及社会需求;而相应地,这一现实社会情景的变化使得传统意义上的"政治身份地位不平等"的状况不再是社会不平等的主要表现形式,故学界对于"政治身份地位不平等"知识型的关注度也有所下降(假设2得证)。

2. 学术共同体的发展与分化作为内在机制

　　另外,图6显示了学术共同体的变迁与"社会资源分配不平等"知识型的关注度演化关系。总体而言,越来越多的与不平等议题相关的文章来源于高校学者的发表,在2000年来基本高达70%,并且其增长趋势与核心期刊对"社会资源分配不平等"的关注度以及学界整体对该知识型的关注度演化情况相近。而在关注不平等问题的核心期刊文献中,社会学、教育学、经济学以及管理学的期刊占比在 2000 年来逐渐稳定在 30%左右,此时也正是 CSSCI 评价体系逐渐完善的阶段。

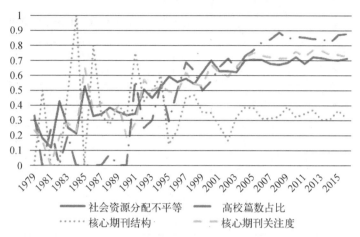

图 6　1979—2016 年"社会资源分配不平等"关注度与学术共同体的变迁

表 4 进一步展现了二者的关系。以"社会资源分配不平等"关注度的变化为被预测变量,高校篇数占比、核心期刊结构以及核心期刊对"社会资源分配不平等"关注度的变化对其有非常显著的预测效果;而以核心期刊对"社会资源分配不平等"关注度的变化为被预测变量,其他三个变量的变化对其同样有较为显著的预测效果;另外在以核心期刊结构变化为被预测变量时,高校篇数占比以及核心期刊对"社会资源分配不平等"关注度的变化也具有一定显著的预测效果。

表 4　1984—2016"社会资源分配不平等"关注度变化与学术共同体状况变化的关系

	被预测变量 1	被预测变量 2	被预测变量 3	被预测变量 4
	社会资源分配不平等	高校篇数占比	核心期刊结构	核心期刊关注度
社会资源分配不平等	—	9.445！ (0.051)	5.367 (0.252)	64.508 *** (0.000)
高校篇数占比	23.919 *** (0.000)	—	37.14 *** (0.000)	15.543 ** (0.004)
核心期刊结构	104.15 *** (0.000)	5.022 (0.285)	—	214.91 *** (0.000)

	被预测变量1	被预测变量2	被预测变量3	被预测变量4
	社会资源分配不平等	高校篇数占比	核心期刊结构	核心期刊关注度
核心期刊关注度	33.325*** (0.000)	8.732！ (0.068)	11.15* (0.025)	—
残差自相关检验				
滞后1阶	18.431 (0.299)			
滞后2阶	16.849 (0.395)			
样本量N	33			

注:此模型纳入了4阶滞后项,并且纳入了城乡收入差距、城镇化率以及基尼系数作为外生变量进行控制。

　　综上结果显示,伴随社会转型,学术共同体内部也出现了发展与分化。一方面,改革开放以来,社会的学术中心与相关研究资源逐渐向各种高等院校集中,高校学术研究事业的发展使得越来越多的公共知识分子可以相对独立集中地对社会公共问题展开研究;与之相伴的另一方面是,包括社会学、经济学、教育学以及管理学等在内的现代社会科学体系逐渐成熟,令核心期刊中有更多文献关注与社会不平等相关的议题,影响着学界的注意力资源分配与研究议程的设置,并且核心期刊对"社会资源分配不平等"知识的讨论又能够与学界整体对"社会资源分配不平等"知识的关注形成互相影响的正反馈机制(假设3得证)。

六、 结论与讨论

　　基于转型中国的社会情景,本文从知识社会学的视角切入,结合中国知网文献数据库(CNKI 1979—2017)以及其他宏观社会经济统计数据,运用自动文本分析技术中的主题模型与时间序列分析中的格兰杰检验等方法,考察了改革开放以来我国学界关于"社会不平等"知识的生产、演化特征及其变迁的动力机制。本文主要发现:

　　首先,学界对"社会不平等"研究议题的认识并非一成不变,各种"社会不平等"研究议题的背后存在着"政治身份地位不平等"与"社会资源分配不平等"两类知识型:前者在研究议题上侧重关注特定政治身份群体的法律权利地位平等议题,在分析话语上更具有政治与意识形态色彩;而后者则更多采用实证主义的分析话语,对特定结构性群体在社会经济等资源分配方面的平等状况做出研究。改革开放以来,学界关于"社会不平等"知识的生产存在特定的时空演化特征,在时间维度,"社会资源分配不平等"知识逐渐受到关注与热议,并在 20 世纪 90 年代中期以来占据学界不平等研究的主流;而在空间维度,相较于西部而言,东部地区的学者更广泛且更早地对"社会资源分配不平等"知识予以关注。

　　其次,国内关于"社会不平等"知识的生产同样是嵌入于中国社会本身的转型演化过程之中的,中国迅速的社会转型构成了影响"社会不平等"知识演化的外在与内在双重机制。一方面,改革开放以来的社会不平等性质与状况发生明显变化,迅速的经济增长、城镇化建设和扩大的收入悬殊、城乡发展差距等现象并存,这为学界生产"社会资源分配不平等"知识提供了感知基础、经验素材及社会需求;另一方面,学术共同体自身也伴随社会转型而有所发展与分化,高校学术研究事业的发展与公共知识分子群体的兴起、包括社会学、教育学、经济学及管理学在内的诸多社会科学体系的完善以及核心期刊学术评价体系的建立等,都使学界得以将研究议程与注意力资源更多地倾向于"社会资源分配不平等"知识的生产,以更好地对相关的现实社会问题进行及时关注与专业研究。

　　本文的研究发现具有理论、方法与实践层面的诸多意义。就理论上来看,一方面,本文为理解社会转型与社会不平等问题提供了新的知识社会学视角。研究表明,尽管不平等问题始终贯穿社会发展的各个阶段,但不同阶段人们对于不平等问题的认识以及相关的知识生产模式却总处于演化与变迁之中(亦可参见李春玲,2008)。而作为知识社会学中的经典理论命题,环境决定论和知识建构论互为补充地揭示了转型社会中"社会不平等"知识的生产与演化的双重机制:迅速的社会转型与变迁不仅会影响真实社会不平等的状况,也影响着学术共同体的状况,进而对学界的知识生产带来改变。另一方面,本文也为知识发现与知识生产的研究带来了新的社会转型理论视角:学术思想与学科知识的剧变往往并不是孤立发展的,而是紧密地与社会现实的变迁,以及相应的学术共同体的发展相联系(Erikson & Hamilton, 2018)。这也意味着,研究者在对特定理论知识、学术流派乃至社会思潮加以理解之时,需要将其知识与思想置于特定的社会变迁过程中加以讨论,才能看到其观点立场背后的社会基础。

就方法而言,大数据时代的计算社会科学研究范式逐渐兴起,这使得研究者能够在经典理论指引下对更为宏大的社会现象进行研究(陈云松,2015;罗家德等,2018)。本文在综合了经典理论的基础上,也尝试性地将新兴的计算社会科学方法与经典的知识社会学理论结合起来,以此构建了基于实证资料的知识社会学研究。

另外在实践层面,对学术共同体而言,各种"社会资源分配不平等"的新表现形式,如信息、健康等方面的不平等问题,以及何者成为新兴的分配资源的问题,皆可能成为未来我国不平等研究的热点;同时,进一步加快学科专业化分工发展、完善科学合理的学术评价标准,以及构建中国特色的哲学社会科学体系,等等,都对于深入理解与研究现实不平等及其相关社会问题有重要帮助。而对于政策制定者而言,在总结改革以来取得的诸多成果的同时,也有必要对新形势下的各种社会资源分配不平等问题,以及社会各界对于不平等问题的感知予以更多的关注和重视。

诚然,本文在理论与方法方面还存有一定不足。首先在理论层面,本文仅侧重于探讨环境存在论与知识建构论在"社会不平等"知识生产方面的作用,但事实上,"社会"还可能以各种方式参与到特定知识的生产过程之中,如通过媒介影响知识生产的议程设置(张云昊,2011),或以特定事件经历形塑知识分子的个人特质与兴趣取向(张可,2020),以及不同地区的研究机构特点及其合作网络的影响(句国栋、陈云松、贺光烨,2019),等等,则有待未来研究加以探讨和检验。其次在数据和方法方面,目前的主题模型训练结果中的主题词仍具有一定的模糊性,且主题模型聚类尚无法分析出不同学者对待不平等问题的倾向态度,而如何平衡无监督算法与经典社会科学测量之间的张力同样值得进一步的探讨;同时,基于时间序列的宏观数据检验在"反事实因果"的统计推断效力方面相对较弱,有待于后续研究做出更多的改进。

参考文献

陈云松,2015,《大数据中的百年社会学——基于百万书籍的文化影响力研究》,《社会学研究》第 1 期,第 23—48 页。

段成荣、吕利丹、郭静等,2013,《我国农村留守儿童生存和发展基本状况——基于第六次人口普查数据的分析》,《人口学刊》第 3 期,第 37—49 页。

福柯,米歇尔,1998,《知识考古学》,谢强、马月译,北京:生活·读书·新知三联书店。

句国栋、陈云松、贺光烨,2019,《中国当代人文社科的合作网络图谱——以权威学术期刊 11 年论文为例(2007—2017)》,《清华社会科学》第 1 期,第 86—110 页。

郝大海、李路路,2006,《区域差异改革中的国家垄断与收入不平等——基于 2003 年全国综合社会调查资料》,《中国社会科学》第 2 期,第 110—124 页。

黄晓慧、黄甫全,2008,《从决定论到建构论——知识社会学理论发展轨迹考略》,《学术研究》第 1 期,第 91—96 页。

黄筱娜,1988,《现代妇女解放与女性自我意识》,《广西社会科学》第 1 期,第 150—156 页。

李春玲,2008,《意识形态变迁与中国社会分层研究》,《中国研究》第 1 期,第 58—83 页。

——,2014,《教育不平等的年代变化趋势(1940—2010)——对城乡教育机会不平等的再考察》,《社会学研究》第 2 期,第 65—89 页。

李实、罗楚亮,2011,《中国收入差距究竟有多大——对修正样本结构偏差的尝试》,《经济研究》第 4 期,第 68—79 页。

李作南,1980,《民族语言平等是马克思主义的一个原则》,《内蒙古大学学报》(哲学社会科学版)第 1 期,第 14—27 页。

刘精明,2006,《高等教育扩展与入学机会差异:1978—2003》,《社会》第 3 期,第 158—179 页。

刘欣,2003,《市场转型与社会分层:理论争辩的焦点和有待研究的问题》,《中国社会科学》第 5 期,第 102—110 页。

刘欣、田丰,2018,《社会结构研究 40 年:中国社会学研究者的探索》,《江苏社会科学》第 4 期,第 33—46 页。

柳建坤、陈云松,2018,《公共话语中的社会分层关注度——基于书籍大数据的实证
　　分析(1949—2008)》,《社会学研究》第4期,第191—215页。

卢梭,2009,《论人类不平等的起源》,高修娟译,上海:上海三联书店。

陆学艺,2004,《对社会主义社会阶级阶层结构是"两个阶级一个阶层"论的剖析》,
　　《江苏社会科学》第6期,第88—92页。

曼海姆,卡尔,2014,《意识形态与乌托邦》,李步楼、尚伟、祁阿红、朱泱译,北京:商
　　务印书馆。

默顿,罗伯特,2003,《科学社会学》,鲁旭东、林聚任译,北京:商务印书馆。

罗家德、刘济帆、杨鲲昊等,2018,《论社会学理论导引的大数据研究——大数据、理
　　论与预测模型的三角对话》,《社会学研究》第5期,第117—138页。

马克思、恩格斯,1995,《马克思恩格斯选集》(第2卷),中共中央马克思恩格斯列宁
　　斯大林著作编译局编译,北京:人民出版社。

孟天广、郑思尧,2017,《信息、传播与影响:网络治理中的政府新媒体——结合大数
　　据与小数据分析的探索》,《公共行政评论》第1期,第29—52页。

森,阿玛蒂亚,2006,《论经济不平等 不平等之再考察》,王利文、于占杰译,北京:社
　　会科学文献出版社。

森,阿玛蒂亚,2002,《什么样的平等?》,闲云译,《世界哲学》第2期,第54—65页。

苏力,2003,《中国当代公共知识分子的社会建构》,《社会学研究》第2期,第101—
　　113页。

孙立平,2003,《断裂:20世纪90年代以来的中国社会》,北京:社会科学文献出
　　版社。

孙立平,2005,《社会转型:发展社会学的新议题》,《社会学研究》第1期,第1—
　　24页。

库恩,托马斯,2003,《科学革命的结构》,金吾伦、胡新和译,北京:北京大学出版社。

王涛,2017,《18世纪德语历史文献的数据挖掘:以主题模型为例》,《学海》第1期,
　　第206—216页。

王天夫、崔晓雄,2010,《行业是如何影响收入的——基于多层线性模型的分析》,
　　《中国社会科学》第5期,第165—180页。

许茨,2011,《社会理论研究》,霍桂桓译,杭州:浙江大学出版社。

习近平,2017,《决胜全面建成小康社会 夺取新时代中国特色社会主义伟大胜
　　利——在中国共产党第十九次全国代表大会上的报告》,新华社,http://www.
　　xinhuanet.com/2017-10/27/c_1121867529.htm,获取日期:10月27日。

张云昊,2011,《学术研究的议程设置:基于知识社会系统的考量》,《科学学研究》第

11 期,第 1613—1618 页。

周晓虹,2014,《社会转型与中国社会科学的历史使命》,《南京社会科学》第 1 期,第
1—10 页。

周仲秋,2002,《平等观念的历程》,海口:海南出版社。

邹志仁,2000,《中文社会科学引文索引(CSSCI)之研制、意义与功能》,《南京大学学
报》(哲学·人文科学·社会科学版)第 4 期,第 145—154 页。

赵万里、赵超,2012,《生成图式与反思理性 解析布迪厄的知识社会学理论》,《社会》
第 2 期,第 33—50 页。

张可,2020,《当代中国知识分子研究的社会学转向:概念、成果与分析框架》,《社会
学评论》第 5 期,第 104—116 页。

Bian, Yanjie & John R. Logan. 1996. "Market Transition and the Persistence of Power:
The Changing Stratification System in Urban China." *American Sociological Review*
61(5): 739-758.

Bourdieu, Pierre. 1990. "The Scholastic Point of View." *Cultural Anthropology* 5(4):
380-391.

Durkheim, Emile. 1982. *What is a Social Fact ?The Rules of Sociological Method : And
Selected Texts on Sociology and Its Method*, New York: The Free Press.

Erikson, Emily & Mark Hamilton. 2018. "Companies and the Rise of Economic Thought:
The Institutional Foundations of Early Economics in England, 1550-1720." *American
Journal of Sociology* 124(1): 111-149.

Kraus, Richard Curt. 1981. *Class Conflict in Chinese Socialism*, New York: Columbia
University Press.

Lin, Nan. 1995. "Local Market Socialism: Local Corporatism in Action in Rural China."
Theory & Society 24(3): 301-354.

Nee, Victor. 1989. "A Theory of Market Transition: From Redistribution to Markets in
State Socialism." *American Sociological Review* 54(5): 663-681.

——. 1991. "Social Inequality in Reforming State Socialism." *American Sociological
Review* 56(3): 267-282.

Oi, Jean C. 1992. "Fiscal Reform and the Economic Foundations of Local State
Corporatism in China." *World Politics* 45(01):99-126.

Parish, William L. 1984. "Destratification in China." pp. 84-120 in *Class and Social
Stratification in Post-Revolution China*, edited by James L. Watson, New York:
Cambridge University Press.

Piketty, Thomas, Li Yang & Gabriel Zucman. 2017. "Capital Accumulation, Private Property and Rising Inequality in China 1978-2015." *American Economic Review* 109 (7): 2469-2496.

Rona-Tas, Akos. 1994. "The First Shall Be Last? Entrepreneurship and Communist Cadres in the Transition from Socialism." *American Journal of Sociology* 100 (1): 40-69.

Walder, Andrew G. 1986. *Communist Neo-Traditionalism : Work and Authority in Chinese Industry*, Berkeley CA: University of California Press.

——. 1992. "Property Rights and Stratification in Socialist Redistributive Economies." *American Sociological Review* 57(4): 524-539.

Whyte, Martin King. 1975. "Inequality and Stratification in China." *China Quarterly* 64: 684-711.

过度自信与金融诈骗损失[*]

——来自中国家庭的经验证据

贾　男[**]

摘要：近年来金融诈骗现象日益严重，本文试图从个体心理层面解释家庭遭受诈骗损失的原因。利用中国家庭金融调查的微观数据，本文研究了过度自信对诈骗损失概率和损失金额的影响。在利用工具变量法克服了潜在的内生性偏误以及进行多种稳健性检验之后，本文发现过度自信是导致金融诈骗损失的重要原因，对个体遭受诈骗损失的概率具有显著的正向影响，但并不影响诈骗损失的金额。个体的金融知识对过度自信具有调节作用，金融知识将降低过度自信影响诈骗损失概率的程度。过度自信导致金融诈骗受损并不是由于个体的风险偏好差异，而是基于风险感知偏差。

关键词：过度自信　诈骗损失　金融知识

一、引言

随着金融产品创新层出不穷，金融工具日益复杂化，各类金融诈骗也日趋隐蔽化和智能化，令人防不胜防。据最高人民检察院数据，2018年全国检察机关批捕破坏金融管理秩序和金融诈骗犯罪案件2.2万余人。《2019年网络诈骗趋势研究报告》[①]显示，2014—2019年，金融诈骗举报呈显著增长趋势，2019年共收到有效诈骗举报15 505例，其中金融诈骗占比最高，为21.4%。并且金融诈骗损失高昂，2019年举报者被骗总金额达3.8亿元，人均损失为24 549元。根据中国家庭金融调查2015年数据，58.41%的家庭曾经遭遇过诈骗；在

---

* 本文受中央高校基本科研业务费（YJ201970）资助。

** 贾男，四川大学经济学院教授、博士生导师（jianan@scu.edu.cn）。

① 360猎网平台基于其收到的两万多条诈骗举报进行统计。

遭遇过诈骗的家庭中有 6.13% 的家庭遭受了诈骗损失,其中 95.29% 的家庭未能追回损失。

金融诈骗等金融犯罪活动不仅对居民的财产安全造成了巨大的威胁,也严重破坏了金融秩序、集聚了金融风险。吴琼和冯静生(2012)通过对安徽省法院系统 2007—2011 年审结的 1655 件金融犯罪案件进行统计分析发现,金融犯罪是金融风险的重要诱因,金融犯罪会向金融体系传导风险,金融犯罪越严重、发案次数越多,风险就越大。不仅如此,金融诈骗还具有严重的社会危害,它不仅导致人与人之间日益缺乏信任,也显著降低家庭的幸福感和安全感,导致家庭对社区治安管理的不满意度增强,以及对整个社会不公平的认知的加重(路晓蒙、吴雨、尹思源,2020)。

许多文献对金融知识在金融活动中的重要性进行了研究,认为金融知识与金融素养影响家庭的金融参与(尹志超、宋全云、吴雨,2014;尹志超、仇化,2019;Christelis Jappelli & Padula, 2010; Almenberg & Dreber, 2015; Van Rooij, Lusardi & Alessie, 2011)和金融资产配置行为(尹志超、宋全云、吴雨,2014;曾志耕等,2015;吴卫星、吴锟、张旭阳,2018),并能增进家庭的信贷可得性(宋全云、吴雨、尹志超,2017)。投资者金融专业知识的缺乏被认为是金融诈骗得逞的重要原因之一,刘阳和张雨涵(2020)、李媛媛、张春蕾和随力瑞(2020)研究发现居民金融素养水平的提高可以显著降低家庭因诈骗产生损失的可能性。在实务界监管机构和许多金融机构也纷纷开展金融知识普及活动,以防范金融诈骗,避免金融消费者权益受损。如中国人民银行从 2013 年开始,将每年 9 月定为全国性的"金融知识普及月",定期开展金融知识普及教育。2016 年国务院首次出台文件《推进普惠金融发展规划(2016—2020 年)》,从国家层面提出要加强金融知识普及教育。

但是为什么在金融知识越来越普及的同时,金融诈骗却依然逐年增加,金融诈骗损失也有增无减呢? 行为金融学理论指出,人们倾向于认为自己知识的准确性比实际的程度更高,即人是过度自信的,尤其对其自身知识的准确性过度自信(Gervais & Odean, 2001)。Goel 与 Thakor(2008)指出过度自信的人有狭窄的置信区间,因此倾向于高估精确度以及低估风险。许多研究表明过度自信很可能使得居民更容易暴露在高风险的金融活动中,会使风险市场参与概率和参与规模均有所提升(胡振、臧日宏;2016;李云峰、徐书林、白丽华,2018;高楠、梁平汉、何青,2019; Breuer, Riesener & Salzmann, 2014; Xia, Wang & Li, 2014),相反健康保险市场的参与却会下降(Huang & Luo, 2015)。国外少数研究发现了过度自信与金融诈骗的相关性(Drew & Cross, 2016; Gamble, et al., 2014),但关于过度自信与金融诈骗损失之间因果联系的经验证据还相当缺乏。

关于我国金融诈骗损失的研究更加少见,刘阳和张雨涵(2020)、李媛媛、张春蕾和随力瑞(2020)研究了金融素养(也即金融知识)对诈骗损失的影响。但他们没有考虑过度自信在诈骗损失中所起的作用,也没能考察金融知识与过度自信在诈骗损失中谁更重要以及二者之间的相互作用。本文利用中国家庭金融调查(CHFS)数据为这一主题提供了经验证据,通过研究发现:过度自信是导致金融诈骗损失的重要原因,对个体遭受诈骗损失的概率具有显著的正向影响。个体的金融知识对过度自信具有调节作用,金融知识将降低过度自信影响诈骗损失概率的程度。过度自信导致金融诈骗受损并不是由于风险偏好差异,而是基于风险感知偏差。

二、 文献述评与理论假说

个体的众多特征都可能影响其是否遭受金融诈骗损失,例如受教育程度、风险态度等(李媛媛、张春蕾、随力瑞,2020),对于老年人而言还可能存在健康状况、认知能力等影响因素(李媛媛、单承芸,2020;Gamble, et al., 2014)。然而,《2019 年网络诈骗趋势研究报告》显示 20—30 岁是金融诈骗受害的主要人群;中国青年网对全国 10518 名大学生进行的问卷调查结果显示,超四成大学生曾遇到过金融诈骗。这些现象很难用以上因素来解释。在控制了教育、风险态度、健康和认知能力等因素后,金融诈骗损失是否还存在其他关键的影响因素呢?

近年来,金融知识和金融素养在金融活动中的重要性日益受到关注,研究者也就容易将金融知识或金融素养与金融诈骗损失联系起来。刘阳和张雨涵(2020)、李媛媛、张春蕾、随力瑞(2020)研究了金融素养对诈骗损失的影响,他们都采用了工具变量法来克服内生性偏误,并且都发现金融素养对金融诈骗损失概率有显著的负向影响,有利于降低金融诈骗损失的概率。但是他们的研究中均忽略了过度自信这一重要的心理特征对金融诈骗损失的潜在影响。

过度自信是指人们对某件事情的判断过于肯定(Lichtenstein, Fischhoff & Phillips, 2014),或者说人们缩小了对某一现象后验分布的判断范围(谭松涛,

2007）。过度自信是广泛存在的。多于三分之二的小企业在四年内倒闭的结果表明，许多企业家高估了其成功的可能性（Cooper, Woo & Dunkelberg, 1998）。过度自信的个体参与竞争性市场更加积极，他们过于相信自己的能力，最后反而更可能失败（Camerer & Lovallo, 1999）。并且，华人与欧美人更加过度自信（Lee, et al., 1995）。在公司金融领域，大量文献研究发现公司管理者过度自信对企业生产经营所带来的负面影响，可能导致企业家更倾向于冒险创业（Trevelyan, 2008）、激进负债（余明桂、夏新平、邹振松，2006）、加剧企业过度投资（姜付秀等，2009；Malmendier & Tate, 2005）、并降低企业投资效率（李云鹤，2014；刘艳霞、祁怀锦，2019），增加企业经营风险（毕晓方、张俊民、李海英，2015）。在金融市场投资领域，研究表明市场投资者过度自信可能引起金融市场过度波动（吴卫星、汪勇祥、梁衡义，2006；陈其安、高国婷、陈慧，2011；Gervais & Odean, 2001；Chuang & Lee, 2006）、加剧股市反转效应（何诚颖等，2014）和动量效应（李富军、姜富伟、杨桦，2019）。

中国个体过度自信的研究还有待进一步挖掘，过度自信是否是导致金融诈骗损失的原因还缺乏研究。国外研究提供了一些关于过度自信加剧了居民遭受金融诈骗损失的经验证据，Drew 与 Cross（2016）通过分析欺诈者影响个体思维和决策过程的心理策略，证明了投资知识的过度自信可能更容易受到欺诈。Gamble 等研究者（2014）发现美国老年人遭受金融诈骗的主要原因是认知能力的下降、对自己金融知识的过度自信以及风险偏好态度。因此，本文提出第一个待检验假说。

假说 1：过度自信是导致金融诈骗损失的重要原因，对个体遭受诈骗损失的概率具有显著的正向影响。

过度自信的一个重要表现是人们过于高估了自己知识的精确程度（Fischhoff, Slovic & Lichtenstein, 1997；Alpert & Raiffa, 1982）。在一定任务难度下，专业知识的高低影响个体的自信程度。研究表明，当任务难度小时、可预测性非常高时，专家一般比普通人校准得更好（Hausch, Ziemba, & Rubinstein, 1981）。但当任务难度增大、可预测性非常低时，专家比新手更加过度自信（Oskamp, 1965）。March 与 Shapira（1987）发现当经理认为自己是专家时，更倾向于高估成功的概率。由于在金融诈骗过程中，任务难度难以衡量，因此很难判断金融知识会降低过度自信的程度，还是增强过度自信的程度。但金融知识与过度自信应该存在交互作用，由此提出本文第二个待检验假说。

假说 2：金融知识与过度自信存在交互作用，可能通过影响过度自信的程度影响个体遭受金融诈骗损失的概率。

那么过度自信对金融诈骗损失产生影响的机制可能是什么呢？一个容易令人联想到的机制是过度自信的人更加偏好风险。确实也有研究表明，心理偏误对个人行为的影响可能是由风险偏好的差异导致的（Breuer, Riesener & Salzmann, 2014）。高楠、梁平汉、何青（2019）也发现相比其他个体，过度自信个体的风险偏好存在显著差异，导致其风险投资种类更加多样化。但与此同时，也有文献指出，过度自信者承担更多风险可能不是由于偏好风险，而是由于没有意识到风险（Simon, Houghton & Aquino, 2000），或者是对风险的感知下降（Keil, Depledge & Rai, 2007）。本文将对这一机制做出实证检验，提出第三个待检验假说。

假说 3：过度自信导致金融诈骗受损并不是由于风险偏好差异，而是基于风险感知偏差。

三、 经验模型与识别策略

遭遇诈骗可以看成是一个外生事件，比如收到一条诈骗短信，这不由个体特征决定；但遭受诈骗损失却是一个内生事件，受到个体特征的影响。本文关注居民遭受诈骗损失可能性的影响因素，因此建立如下离散选择模型：

$$Fraud_i = 1[X_i\beta + \gamma \cdot OC_i + u_i > 0] \tag{1}$$

其中，$Fraud_i$ 是被解释变量，表示是否遭受诈骗损失，取 1 表示遭受了诈骗损失，取 0 表示虽然遭遇过诈骗但未遭受损失。OC_i 代表是否过度自信的虚拟变量，取 1 表示受访者过度自信，取 0 表示受访者未过度自信。X_i 表示控制变量，包括个体的特征和所在家庭的特征，如个体的年龄、性别、受教育程度、婚姻状况、健康状况、认知能力、户口类型、风险态度等；家庭的收入、资产、居住地等。

除了诈骗损失概率以外，本文也关注诈骗损失金额大小的影响因素，考虑如下线性回归模型：

$$Loss_i = X_i\beta + \gamma \cdot OC_i + u_i \tag{2}$$

其中，$Loss_i$ 表示个体遭受的诈骗损失金额数，其他变量与方程（1）中相同。

模型(1)—(2)中解释变量过度自信 OC_i 也是二值虚拟变量,假设其决定过程可以由以下方程进行刻画:

$$OC_i = 1[\delta \cdot Z_i + v_i > 0] \tag{3}$$

其中 Z_i 是可能影响过度自信的一系列变量,v_i 是误差项。通常可以假定模型(3)和模型(1)—(2)的误差项 v_i 和 u_i 均为标准正态分布 $v_i \sim N(0,1)$,$u_i \sim N(0,1)$。如果误差项 u_i 和 v_i 不相关,则 OC_i 为模型(1)—(2)的外生变量,模型(1)可以用单变量 Probit 模型来进行估计,模型(2)可以用 OLS 来估计。但如果误差项 v_i 和 u_i 相关,则 OC_i 就变成模型(1)—(2)的内生变量,用 Probit 模型估计模型(1)、用 OLS 估计模型(2)就存在内生性偏差。

本文中内生性的来源可能有两方面:一是遗漏变量,某些不可观测的变量可能同时影响个体的过度自信程度和金融诈骗损失,包括个体层面的特征,如性格、经验、专业背景、家庭氛围、社会网络、信息获取等;例如 Locke 和 Mami 发现没有经验的投资者更倾向于过度自信,同时也可能更容易遭受诈骗。也包括环境层面的特征,如当地的正规制度和价值观念、文化传统、风俗习惯等非正规制度因素。二是反向因果,金融诈骗遭遇也可能反过来影响个体的过度自信程度,遭受过诈骗损失的个体可能更倾向于较轻的过度自信程度。

要克服潜在的内生性问题,在与解释变量 OC_i 相关的因素 Z_i 中如果有与模型(1)—(2)的误差项 u_i 不相关的变量,可以作为工具变量,从而克服内生性偏差。工具变量需要满足个体过度自信相关,但与(1)—(2)式中的误差项不相关的要求。模型(2)的被解释变量为连续变量,引入工具变量后可直接实行两阶段最小二乘(2SLS)估计,将可以得到参数 γ 的一致估计量。但模型(1)的被解释变量 $Fraud_i$ 为虚拟变量,解释变量 OC_i 也为虚拟变量,因此不能直接应用两阶段最小二乘(2SLS)或 IV-probit 进行估计,需要运用最大似然估计(MLE)法。

不失一般性,假设:

$$u_i = \rho v_i + \varepsilon_i \tag{4}$$

其中,ρ 表示残差项 u_i 和 v_i 的相关系数,$\varepsilon_i \sim N(0,1-\rho^2)$。

将(4)代入(1),得:

$$Fraud_i = 1[X_i\beta + \gamma \cdot OC_i + \rho v_i + \varepsilon_i > 0] \tag{5}$$

因为金融损失诈骗概率 $Fraud_i$ 和过度自信 OC_i 均为 0—1 变量,两个变量会有四种不同的组合,样本中的每位个体都处于这四种组合中的一种。四种组合中,式(5)和式(3)的联合密度函数如下:

组合 1:($Fraud=1, OC=1$)

$$Pr(Fraud = 1, OC = 1 \mid Z) = Pr(X_i\beta + \gamma \cdot OC_i + \rho v_i + \varepsilon_i > 0, Z_i\delta + v_i > 0 \mid Z)$$

$$= Pr(\varepsilon_i > -X_i\beta - \gamma \cdot OC_i - \rho v_i, v_i > -Z_i\delta \mid Z)$$

$$= \int_{-Z\delta}^{\infty} \Phi\left(\frac{X\beta + \gamma \cdot OC + \rho v}{\sqrt{1-\rho^2}}\right) \varphi(v) d$$

组合 2:($Fraud=0, OC=1$)

$$Pr(Fraud = 0, OC = 1 \mid Z) = Pr(X_i\beta + \gamma \cdot OC_i + \rho v_i + \varepsilon_i < 0, Z_i\delta + v_i > 0 \mid Z)$$

$$= Pr(\varepsilon_i < -X_i\beta - \gamma \cdot OC_i - \rho v_i, v_i > -Z_i\delta \mid Z)$$

$$= \int_{-Z\delta}^{\infty} \left(1 - \Phi\left(\frac{X\beta + \gamma \cdot OC + \rho v}{\sqrt{1-\rho^2}}\right)\right) \varphi(v) dv$$

组合 3:($Fraud=1, OC=0$)

$$Pr(Fraud = 1, OC = 0 \mid Z) = Pr(X_i\beta + \gamma \cdot OC_i + \rho v_i + \varepsilon_i > 0, Z_i\delta + v_i < 0 \mid Z)$$

$$= Pr(\varepsilon_i > -X_i\beta - \gamma \cdot OC_i - \rho v_i, v_i < -Z_i\delta \mid Z)$$

$$= \int_{-Z\delta}^{\infty} \Phi\left(\frac{X\beta + \gamma \cdot OC + \rho v}{\sqrt{1-\rho^2}}\right) \varphi(v) dv$$

组合 4:($Fraud=0, OC=0$)

$$Pr(Fraud = 0, OC = 0 \mid Z) = Pr(X_i\beta + \gamma \cdot OC_i + \rho v_i + \varepsilon_i < 0, Z_i\delta + v_i < 0 \mid Z)$$

$$= Pr(\varepsilon_i < -X_i\beta - \gamma \cdot OC_i - \rho v_i, v_i < -Z_i\delta \mid Z)$$

$$= \int_{\infty}^{-Z\delta} \left(1 - \Phi\left(\frac{X\beta + \gamma \cdot OC + \rho v}{\sqrt{1-\rho^2}}\right)\right) \varphi(v) dv$$

在估计时,对以上四种情形的联合密度函数取对数似然函数(Log-likelihood Function)之和进行 MLE 估计:

$$\ln L = 1(Fraud = 1, OC = 1)\ln\int_{-Z\delta}^{\infty} \varPhi\left(\frac{X\beta + \gamma \cdot OC + \rho v}{\sqrt{1 - \rho^2}}\right)\varphi(v)\,dv$$

$$+ 1(Fraud = 0, OC = 1)\ln\int_{-Z\delta}^{\infty}\left(1 - \varPhi\left(\frac{X\beta + \gamma \cdot OC + \rho v}{\sqrt{1 - \rho^2}}\right)\right)\varphi(v)\,dv$$

$$+ 1(Fraud = 1, OC = 0)\ln\int_{-\infty}^{-Z\delta} \varPhi\left(\frac{X\beta + \gamma \cdot OC + \rho v}{\sqrt{1 - \rho^2}}\right)\varphi(v)\,dv$$

$$+ 1(Fraud = 0, OC = 0)\ln\int_{-\infty}^{-Z\delta}\left(1 - \varPhi\left(\frac{X\beta + \gamma \cdot OC + \rho v}{\sqrt{1 - \rho^2}}\right)\right)\varphi(v)\,dv \quad (6)$$

用最大似然估计出的系数并不是解释变量的边际效应,因此要知道解释变量变动对被解释变量的边际影响,我们还需进一步计算边际效应。由于模型(5)是离散选择模型,所以我们感兴趣的实际上是边际概率效应(Marginal Probability Effect),即解释变量的变动引起被解释变量以多少概率变化。当解释变量为虚拟变量时,边际效应采用式(7)计算:

$$\text{Marginal Probability Effect of } OC_j = \varPhi(OC_{1i}^T\beta) - \varPhi(OC_{0i}^T\beta) \quad (7)$$

其中,OC_{1i} 表示虚拟变量 OC 取 1,OC_{0i} 表示虚拟变量 OC 取 0,上标 T 表示转置,其他解释变量均取均值。

四、 数据和变量说明

本文研究采用“中国家庭金融调查(China Household Finance Survey, CHFS)”2015 年数据。该年数据详细询问了受访者遭遇诈骗及遭受损失的情况,同时还包含受访者及其配偶详细的人口学特征、家庭特征、金融知识等必要的信息。该调查运用了科学的随机抽样技术,数据具有全国代表性和省级代表性,为本文提供了理想的数据来源。

2015 年数据中共有 37 288 个家庭,其中 58.41%遭遇过诈骗;在遭遇过诈骗的家庭中又有 6.13%的家庭遭受了诈骗损失。本文剔除了未遭遇过诈骗的样本家庭,因为未接触到诈骗,也就无从观测其是否会遭受诈骗损失。仅保留遭遇过诈骗的家庭样本,并剔除了受访者年龄在 18 岁以下或 100 岁以上的样本和变量存在缺失值的样本,最终用于分析的样本数为 16 760 个,其中 6.00%的样本遭受了诈骗损失,与原始样本非常接近。

　　由于中国家庭金融调查将"最了解家庭财务状况"的家庭成员作为受访者，因此有理由相信受访者的过度自信可能是家庭遭受诈骗损失的重要原因；同时由于金融知识等主观态度问题只询问了受访者，因此本文将受访者过度自信作为最关注的解释变量。对于过度自信的衡量，公司金融文献中常用高管相对薪酬（姜付秀等，2009；Brown & Sarma，2007）、盈利预测偏误（姜付秀等，2009；马春爱、易彩，2017；刘艳霞、祁怀锦，2019）等方法作为管理者过度自信的衡量指标。金融市场投资文献中常用历史收益率可以解释的交易量（Chuang & Lee，2006）作为投资者过度自信的衡量指标。高楠、梁平汉、何青（2019）采用受访者对自有房产的价值评估和住房实际价值的差异定义过度自信。Xia 等人（2014）、胡振和臧日宏（2016）以及李云峰、徐书林和白丽华（2018）则更侧重于测度金融知识或金融素养过度自信的内涵，将受访者对自己金融知识的主观评价与金融知识问题回答的客观得分进行比较，如果主观评价高于客观得分则定义为过度自信。由于本文研究金融诈骗损失，因此对过度自信的衡量将沿用这一做法。具体而言，受访者对自己的主观评价采用数据中"您是否上过经济或金融类课程"这一问题，回答"是"定义为自我评价高。采用这一衡量指标是由于该问题只有"是"或"否"两个选项，答案非常清晰，尽可能地减少了测量误差的影响；并且是否上过某类课程相比于是否关注某类信息而言是一个更加强的评价，更有利于衡量过度自信。客观金融知识则采用数据中关于银行存款利率、通货膨胀率和彩票预期收益三个问题[①]的得分来衡量，借鉴尹志超、宋全云、吴雨（2014）的做法，将三个问题回答正确的个数作为得分，回答正确一题记 1 分。两个变量的观测值矩阵如表 1 所示。最后将主观评价为"上过课程"但客观得分低于等于 1 分的定义为过度自信的样本。

[①] 三个问题的具体问法为"假设银行的年利率是 4%，如果把 100 元钱存 1 年定期，1 年后获得的本金和利息为多少""假设银行的年利率是 5%，通货膨胀率每年是 3%，把 100 元钱存银行一年之后能够买到的东西将比一年期多还是少""如果现在有两张彩票供您选择，若选第一张，您有100%的机会获得 4000 元，若选第二张，您有 50%的机会获得 10 000 元，50%的机会什么也没有，您愿意选哪张"。

表 1　主观金融评价与客观金融得分

		客观金融得分			
		0	1	2	3
主观金融评价	未上过经济金融类课程	6 945	5 536	2 306	374
	上过经济金融类课程	367	636	457	139

　　控制变量包括受访者的个体特征和家庭特征。个体特征包括受访者的年龄、性别、受教育程度、婚姻状况、就业状况、健康状况、户口类型、认知能力等；其中，健康状况的衡量来自受访者的自评健康，自评健康为"非常好"或"好"的取值为1，否则取值为0；认知能力的衡量来自问卷中访员作答的问题"受访者回答问题时，需要您来解释吗？"，如果访员回答"根本不需要"或"基本上不需要"则定义该受访者认知能力较高，取值为1，否则取值为0。家庭特征包括居住地是城市还是农村，家庭的收入和资产，等等。此外还控制了样本所在省的固定效应。

　　Mobius 等人（2006）基于实验证据发现，美貌工人的自信水平也更高，进而从生产率和雇主观感两方面提高了其工资水平。Kinser（2014）指出更美貌的个人在成长过程中可能面临更少的不安全感，自信伴随其生活中的诸多方面，进而容易演化成为过度自信。Mobius 等人（2006）还认为外貌的作用对需要面对面或者言语交流的工作者更为明显。因此，个人的外貌与其过度自信的程度有较强的相关性。高楠、梁平汉、何青（2019）利用外貌作为过度自信的工具变量，研究了过度自信对家庭风险偏好和资产配置的影响。与此同时，外貌是比较外生的变量，只通过过度自信影响金融诈骗损失，而不会通过其他的遗留变量影响金融诈骗损失，满足排他性约束。因此本文采用外貌作为过度自信的工具变量。问卷中由访员对受访者外貌从1—10分进行评分，本文定义评分8分及以上为外貌较好，取值1，否则取值0。

　　主要变量的统计描述性如表2所示：

表 2　主要变量的统计性描述

变量	观测值	均值	标准差	最小值	最大值
是否遭遇诈骗（是＝1）	16 760	0.1	0.2	0	1
诈骗损失（对数）	987	7.1	2.2	1.4	14.9
过度自信	16 760	0.1	0.2	0	1

续表

变量	观测值	均值	标准差	最小值	最大值
金融知识	16 760	0.8	0.8	0	3
受访者个人特征					
年龄	16 760	50.1	14.3	18	95
性别(男性=1)	16 760	0.5	0.5	0	1
初中及以下	16 760	0.5	0.5	0	1
高中	16 760	0.3	0.5	0	1
大学及以上	16 760	0.1	0.3	0	1
户口类型(非农业或统一居民户口=1)	16 760	0.6	0.5	0	1
婚姻状况(已婚=1)	16 760	0.9	0.3	0	1
是否就业(是=1)	16 760	0.6	0.5	0	1
认知能力	16 760	0.6	0.5	0	1
家庭特征					
居住地(城市=1)	16 760	0.7	0.5	0	1
家庭收入(对数)	16 760	10.8	1.4	0.7	16.4
家庭总资产(对数)	16 760	13.3	1.3	6	20.7
工具变量:外貌(评分 8 分及以上=1)	16 760	0.4	0.5	0	1

五、　实证分析结果

(一)过度自信对诈骗损失的影响

首先检验假说 1,过度自信对诈骗损失的影响存在广延边际(extensive margin)和集约边际(intensive margin)之分。广延边际指在遭遇过诈骗的家庭中,遭受诈骗损失的概率是多少,用模型(1)进行估计;集约边际指在遭受过诈骗损失的家庭中,损失金额为多少,用模型(2)进行估计。考虑到过度自信可能存在的内生性偏误,广延边际估计在引入工具变量后,需利用最大似然法对等式(6)所表示的似然函数求最大值,并估计出各参数值。集约边际估计在引入工具变量后,采用两阶段最小二乘法进行参数估计,结果汇报在表 3 中。表 3 的(1)—(2)列是对广延边际的估计结果,第(1)列是 Probit 估计的结果,过度自信对诈骗损失概率具有显著的正效应,过度自信的人遭受诈骗的可能性提高了 1.59 个百分点,由于在样本中遭遇诈骗个体的比例为 6%(表 2 第 1 行),这就意味着过度自信使得遭受诈骗的概率平均提高了 26.5%(1.59/6%)。第(2)列是引入工具变量后 MLE 的估计结果,考虑了潜在的内生性偏误后,过度自信对诈骗损失概率仍有显著为正的影响,过度自信的人遭受诈骗的可能性提高了 0.19 个百分点,这意味着过度自信使得遭受诈骗的概率平均提高了 3.17%(0.19/6%)。工具变量受访者的外貌估计系数也显著为正,表明外貌越好的个人越易于产生过度自信的心理特征。对相关系数 ρ 等于 0 的 Wald 检验结果表明,拒绝该零假设,方程(1)和(3)的误差项存在相关性,也即存在内生性偏误。表 3 的(3)—(4)列是对集约边际的估计结果,OLS 和 2SLS 回归中过度自信的系数都不显著,这说明过度自信对于诈骗损失金额的多少没有显著影响。

表 3　过度自信对诈骗损失的影响

	诈骗损失概率(边际效应)		诈骗损失金额	
	Probit (1)	MLE (2)	OLS (3)	2SLS (4)
过度自信	0.015 9** (0.007 63)	0.001 93*** (0.000 252)	0.206 (0.279)	16.937 (17.732)
年龄	−0.004 18*** (0.000 794)	−0.000 105* (5.74e−05)	0.042 6 (0.032 6)	−0.026 6 (0.097 4)
年龄的平方	4.55e−05*** (7.66e−06)	1.13e−06* (6.08e−07)	−0.000 418 (0.000 304)	0.000 114 (0.000 826)
性别	−0.002 97 (0.003 84)	2.73e−05 (0.000 101)	−0.029 1 (0.141)	0.040 8 (0.309)
婚姻状况	−0.003 51 (0.005 72)	−0.000 449* (0.000 240)	0.207 (0.198)	1.203 (1.140)
健康状况	−0.009 39** (0.003 85)	4.44e−05 (0.000 101)	−0.161 (0.142)	−0.605 (0.561)
是否就业	−0.000 382 (0.004 73)	5.10e−05 (0.000 126)	−0.255 (0.163)	−0.802 (0.676)

续表

	诈骗损失概率(边际效应)		诈骗损失金额	
	Probit（1）	MLE（2）	OLS（3）	2SLS（4）
认知能力	−0.007 78* (0.004 04)	0.000 103 (0.000 127)	0.192 (0.149)	0.216 (0.318)
户口类型	−0.016 7*** (0.005 64)	−7.63e−05 (0.000 158)	0.383* (0.212)	0.571 (0.461)
高中学历	0.005 86 (0.004 66)	0.001 33** (0.000 574)	0.155 (0.191)	−1.407 (1.696)
大学学历	0.000 520 (0.007 28)	0.001 50** (0.000 661)	−0.209 (0.319)	−3.250 (3.279)
家庭总收入	−0.002 55 (0.001 56)	6.31e−06 (4.39e−05)	−0.013 1 (0.057 6)	0.007 30 (0.123)
家庭总资产	0.001 69 (0.001 86)	0.000 289** (0.000 130)	0.279*** (0.067 6)	−0.008 22 (0.335)
居住地	−0.011 6** (0.005 64)	1.86e−05 (0.000 176)	0.129 (0.203)	−0.060 7 (0.458)
省固定效应	Y	Y	Y	Y
工具变量: 外貌(系数)		0.103*** (0.036 4)		0.018 3 (0.017 6)
Wald 检验相关 系数＝0		Chi2(1)＝3.917 p＝0.047 8		
观测值	16 760	16 760	987	987

注:*、**、***分别表示在 10%、5%和 1%的水平上显著,下同。

我们以第(2)列的结果来解释控制变量的估计系数。控制变量的系数估计值与预期或文献基本保持一致。年龄对诈骗损失概率有非线性的影响,随着年龄的增加,诈骗损失概率降低,但当年龄增加到一定程度,诈骗损失概率又会提高。许多文献重点关注老年人受到诈骗损失的情况(李媛媛、单承芸,2020;Gamble, et al., 2014),正是基于这一事实。已婚的婚姻状态能降低诈骗损失概率,而受访者性别、健康状况、就业、认知能力和户口类型均对诈骗损失概率均没有显著影响。受教育程度对诈骗损失概率具有显著的正向影响,相比于初中学历者而言,高中和大学学历均增大了诈骗损失概率,这与现实中频繁观察到的大学生遭遇诈骗损失的现象高度一致。家庭总收入对诈骗损失概率没有显著影响,但家庭总资产有显著的正向影响。最后,家庭居住地在城市还是农村对诈骗损失概率也没有显著影响。

（二）金融知识对过度自信的调节效应

从表3的结果我们发现过度自信显著影响个体遭受诈骗损失的概率,但并不影响诈骗损失的多少,因此后文的分析我们将重点集中于诈骗损失概率。为检验假说2,需要在模型中引入金融知识这一变量,并分析金融知识与过度自信的交互作用。已有文献的研究表明,金融知识本身对诈骗损失概率也有影响,因此这里我们考察两种模型设定,一是只加入金融知识与过度自信的交互项,二是既加入金融知识与过度自信的交互项,也加入金融知识变量,估计结果汇报在表4中。表4的(1)—(2)列汇报了 Probit 模型的回归结果,第(1)列只加入了金融知识与过度自信的交互项,交互项系数[①]并不显著;第(2)列又加入了金融知识变量,此时交互项系数依然不显著,但过度自信和金融知识的边际效应都显著为正。表4的(3)—(4)列是引入工具变量后采用 MLE 的估计结果,第(3)列中金融知识和过度自信的交互项系数显著为负,过度自信的边际效应显著为正,此时过度自信使得遭受诈骗的概率平均提高了9.83% (0.59/6%);第(4)列中进一步加入了金融知识变量,此时过度自信的边际效应依然为正,且数值变化不大,过度自信使得遭受诈骗的概率平均提高了9.50%(0.57/6%);而金融知识的边际效应符号变成了负号,且在1%水平上显著,说明金融知识能够有效降低诈骗损失的概率,这与文献中的结果是一致的(刘阳、张雨涵,2020;李媛媛、张春蕾、随力瑞,2020)。与此同时,金融知识与过度自信的交互项系数显著为负,这说明金融知识能够降低过度自信对诈骗损失概率的影响程度。

---

① 在离散选择模型中交互项的边际效应没有意义,因此表4中交互项都汇报的是系数。

表 4   金融知识对过度自信的调节效应

	Probit		MLE	
	（1）	（2）	（3）	（4）
过度自信（边际效应）	0.016 7 （0.012 1）	0.026 1** （0.012 4）	0.005 88** （0.002 7）	0.005 70** （0.002 26）
金融知识（边际效应）		0.009 11*** （0.002 38）		-0.004 25*** （0.001 19）
过度自信*金融知识（系数）	-0.011 1 （0.128）	-0.083 2 （0.130）	-0.982* （0.597）	-0.857* （0.440）
工具变量:外貌（系数）			0.081 3 （0.051 7）	0.155** （0.061 8）
控制变量	Y	Y	Y	Y
观测值	16 760	16 760	16 760	16 760

注:表中控制变量与表3中一致,为节省篇幅没有报告,下同。

（三）影响机制:风险偏好还是风险感知

接下来检验假说3,过度自信的人是因为更偏好风险而更容易遭受诈骗损失,还是因为缺乏风险感知而容易遭受诈骗损失。对于风险偏好的衡量,借鉴尹志超、宋全云、吴雨(2014)的做法,采用问卷中对受访者风险态度的调查问题"如果有一笔钱,您愿意选择哪种投资项目",如果受访者选择"高风险高回报"和"略高风险略高回报"则定义其为风险偏好,取值为1;如果受访者选择"平均风险平均回报""略低风险略低回报"和"不愿承担任何风险"则定义其为风险规避,取值为0。对于风险感知的衡量,文献中尚没有标准的衡量方法,本文采用问卷中对受访者询问"您对不认识的人信任度如何"[①],如果受访者回答"非常信任"则定义其缺乏风险感知,取值为1,否则取值为0。利用过度自信对风险偏好和风险感知的回归结果汇报在表5中。表5的(1)—(2)列汇报了过度自信对风险偏好的影响结果,Probit模型估计的边际效应显著为正,但引入工具变量后MLE过度自信的边际效应就变得不显著了,表明过度自信对

---

① 在问卷中该问题只针对一部分家庭进行询问,该部分家庭的选择来自于随机抽样,故风险感知的回归中样本量大约为全样本的一半,但仍具有代表性。

个体的风险偏好并没有显著影响。第(3)—(4)列汇报了过度自信对风险感知的影响结果,Probit 模型和引入工具变量后的 MLE 估计的边际效应都显著为正,表明过度自信的个体更易于缺乏风险感知。

表 5　影响机制:风险偏好还是风险感知

	风险偏好		风险感知	
	Probit (1)	MLE (2)	Probit (3)	MLE (4)
过度自信(边际效应)	0.030 8*** (0.008 67)	−0.000 103 (0.007 05)	0.010 8*** (0.003 02)	0.000 412*** (0.000 143)
工具变量:外貌(系数)		0.103** (0.037 8)		0.165** (0.049 1)
控制变量	Y	Y	Y	Y
Observations	16 760	16 760	8 951	8 951

六、 稳健性检验

(一) 控制金融知识和风险偏好

在本文表 3 的基准回归中没有控制个体的金融知识和风险偏好变量,表 4 的回归中我们发现金融知识对诈骗损失概率有显著负影响,文献中也探讨了金融知识和风险态度对诈骗损失概率的影响,因此此处我们将这两个变量引入模型作为控制变量,考察表 3 的结果是否依然成立,结果汇报在表 6 中。表 6 的(1)—(2)列是对广延边际的估计,控制了金融知识和风险偏好后,过度自信对诈骗损失概率的边际效应依然显著为正,并且大小与表 3 非常接近。表 6 的(3)—(4)列是对集约边际的估计,控制了金融知识和风险偏好后,过度自信对诈骗损失金额的边际效应依然不显著,说明表 3 的估计结果是比较稳健的。

表 6　稳健性检验:控制金融知识和风险偏好

	诈骗损失概率(边际效应)		诈骗损失金额	
	Probit (1)	MLE (2)	OLS (3)	2SLS (4)
过度自信	0.019 1 ** (0.007 69)	0.002 13 *** (0.000 250)	0.122 (0.287)	16.827 (17.198)
金融知识	0.008 33 *** (0.002 40)	−0.000 705 *** (0.000 197)	−0.172 * (0.088 5)	0.629 (0.844)
风险偏好	0.010 9 * (0.005 97)	0.000 771 *** (0.000 284)	−0.021 4 (0.214)	−0.782 (0.899)
工具变量:外貌(系数)		0.122 *** (0.037 5)		0.018 6 (0.017 4)
控制变量	Y	Y	Y	Y
观测值	16 760	16 760	987	987

(二)改变过度自信的衡量方法

本文对过度自信的衡量侧重于考察对金融知识过度自信的内涵,依赖于对金融知识的衡量方法。文献中除了将客观金融知识按照回答问题计分进行定义以外,还常常采用因子分析法(尹志超、宋全云、吴雨,2014;刘阳、张雨涵,2020;李媛媛、张春蕾、随力瑞,2020)。同时,文献中对主观金融评价的衡量多采用问题"对经济、金融方面的信息关注程度如何"(胡振、臧日宏,2016;李云峰、徐书林、白丽华,2018)。因此,对过度自信定义就存在表 7 中列举的四种组合,在上文的分析中我们采用了第一种组合,此处依据另外三种组合定义过度自信变量作为稳健性检验。具体来说,第二种组合中,如果受访者回答上过经济金融类课程,但客观金融知识的因子分析综合得分位于中位数以下,则定义为过度自信;第三种组合中,如果受访者回答"非常关注"或"很关注"经济金融信息,但客观金融知识计分小于等于 1 分,则定义为过度自信;第四种组合中,如果受访者回答"非常关注"或"很关注"经济金融信息,但客观金融知识的因子分析综合得分位于中位数以下,则定义为过度自信。

表7　过度自信定义的四种组合

		客观金融知识	
		计分制	因子分析
主观金融评价	是否上过经济或金融类课程	(√,√)	(?,?)
	对经济、金融方面的信息关注程度如何	(?,?)	(?,?)

此外,高楠、梁平汉、何青(2019)采用受访者对自有房产的价值评估和住房实际价值的差异定义过度自信,并用社区房价均值估算自有住房的实际价值。本文也沿用他们的衡量方法进行稳健性检验。

诈骗损失概率对以上四种过度自信的衡量方式的回归结果报告在表8中,控制变量除了与表3中保持一致外,还控制了金融知识和风险偏好。从表8的(1)—(4)列MLE的估计结果可以看出,四种衡量方法下过度自信对诈骗损失概率的影响都是显著为正的,表明本文的结果是稳健的。

表8　稳健性检验:改变过度自信的衡量方法

	组合二	组合三	组合四	房产价值评估偏差
	MLE(1)	MLE(2)	MLE(3)	MLE(4)
过度自信 (边际效应)	0.001 16*** (0.000 203)	0.002 67** (0.001 04)	0.001 90*** (0.000 227)	0.025** (0.014)
工具变量:外貌	0.151*** (0.046 8)	0.031 1 (0.031 4)	0.017 5 (0.038 0)	0.198* (0.118)
金融知识	Y	Y	Y	Y
风险偏好	Y	Y	Y	Y
控制变量	Y	Y	Y	Y
观测值	16 760	16 760	16 760	13 800

(三) 改变工具变量

高楠、梁平汉、何青(2019)将受访者的普通话程度作为过度自信的工具变量,借鉴这一做法,我们依据访员对受访者的普通话程度进行的评分中大于等于8分的定义为普通话程度流利,取值为1,否则取值为0,用这一虚拟变量作为过度自信的工具变量重新进行诈骗损失概率对过度自信的回归,结果报告在表 9 中。表 9 的第(1)列是以普通话作为工具变量的回归结果,除表 3 的控制变量外还控制了金融知识和风险偏好,过度自信的边际效应依然显著为正。第(2)列是将外貌和普通话程度均作为工具变量的回归结果,过度自信的边际效应依然显著为正,且大小与第(1)列保持一致。由于只有过度自信一个内生变量,而有两个工具变量,因此第(2)列的结果也表明工具变量通过了过度识别检验。

表 9 稳健性检验:改变工具变量

	MLE	
	(1)	(2)
过度自信(边际效应)	0.002 14 *** (0.000 250)	0.002 14 *** (0.000 250)
工具变量:外貌		0.068 4 * (0.040 9)
工具变量:普通话	0.174 *** (0.041 1)	0.143 *** (0.045 0)
金融知识	Y	Y
风险偏好	Y	Y
控制变量	Y	Y
观测值	16 760	16 760

七、 结论与政策含义

本文研究个体过度自信的心理特征与诈骗损失概率之间的因果联系。利用中国家庭金融调查 2015 年的微观数据,首先基于主观金融评价和客观金融知识的偏差测度了个体过度自信的程度。在利用工具变量法克服了潜在的内生性偏误以及进行多种稳健性检验之后,本文发现过度自信是导致金融诈骗损失的重要原因,对个体遭受诈骗损失的概率具有显著的正向影响,但并不影响诈骗损失的金额。个体的金融知识对过度自信具有调节作用,金融知识将降低过度自信影响诈骗损失概率的程度。过度自信导致金融诈骗受损并不是由于风险偏好差异,而是基于风险感知偏差。

　　本文不仅从新的角度解释了我国居民遭受诈骗损失的原因,同时丰富了从个人心理层面理解其经济金融行为的文献,并对防范金融风险、维持正常金融秩序具有直接的政策含义。监管机构在严厉打击金融诈骗活动的同时,还应准确认识和把握投资者过度自信的心理特征,建立健全诈骗防范机制,与时俱进地根据作案手段的变化改变防范措施,加大对新防范技术的投入,不断更新完善防范系统。与此同时,金融机构和监管机构除了进行金融知识的普及和教育活动外,还需要大力开展投资者风险识别知识和风险防范技能普及教育,不断创新风险防范宣传方式,提升居民风险感知和预警能力。

参考文献

毕晓方、张俊民、李海英,2015,《产业政策、管理者过度自信与企业流动性风险》,《会计研究》第 3 期,第 57—63 页。

陈其安、高国婷、陈慧,2011,《基于个人投资者过度自信的中国股票市场定价模型》,《中国管理科学》第 4 期,第 38—46 页。

高楠、梁平汉、何青,2019,《过度自信、风险偏好和资产配置——来自中国城镇家庭的经验证据》,《经济学》(季刊)第 3 期,第 1081—1100 页。

何诚颖、陈锐、蓝海平等,2014,《投资者非持续性过度自信与股市反转效应》,《管理世界》第 8 期,第 44—54 页。

胡振、臧日宏,2016,《金融素养过度自信影响股票市场参与吗?——基于中国城镇家庭的微观数据》,《北京工商大学学报》(社会科学版)第 6 期,第 101—111 页。

姜付秀、张敏、陆正飞等,2009,《管理者过度自信,企业扩张与财务困境》,《经济研究》第 1 期,第 131—143 页。

李富军、姜富伟、杨桦,2019,《投资者理性特征对动量效应的影响——基于中国 A 股市场的证据》,《宏观经济研究》第 11 期,第 112—122 页。

李媛媛、张春蕾、随力瑞,2020,《居民金融素养对防范金融诈骗风险研究——兼析风险偏好的中介效应》,《价格理论与实践》第 8 期,第 92—95 页。

李媛媛、单承芸,2020,《我国中老年人金融受骗影响因素研究——基于 CHARLS2015 的实证分析》,《南方人口》第 1 期,第 13—26 页。

李云鹤,2014,《公司过度投资源于管理者代理还是过度自信》,《世界经济》第 12 期,第 95—117 页。

李云峰、徐书林、白丽华,2018,《金融知识、过度自信与金融行为》,《宏观经济研究》第 3 期,第 33—47 页。

刘艳霞、祁怀锦,2019,《管理者自信会影响投资效率吗——兼论融资融券制度的公司外部治理效应》,《会计研究》第 4 期,第 43—49 页。

刘阳、张雨涵,2020,《居民金融素养与家庭诈骗损失》,《消费经济》第 2 期,第 60—71 页。

路晓蒙、吴雨、尹思源,2020,《我国诈骗犯罪的现状、社会危害和负外部性——来自微观数据的经验证据》,《福建论坛》(人文社会科学版)第 2 期,第 100—109 页。

马春爱、易彩,2017,《管理者过度自信对财务弹性的影响研究》,《会计研究》第 7 期,第 75—82 页。

宋全云、吴雨、尹志超,2017,《金融知识视角下的家庭信贷行为研究》,《金融研究》第 6 期,第 95—110 页。

谭松涛,2007,《行为金融理论:基于投资者交易行为的视角》,《管理世界》第 8 期,第 140—150 页。

吴琼、冯静生,2012,《金融犯罪与银行业风险刍议》,《贵州农村金融》第 6 期,第 6—10 页。

吴卫星、汪勇祥、梁衡义,2006,《过度自信、有限参与和资产价格泡沫》,《经济研究》第 4 期,第 115—127 页。

吴卫星、吴锟、张旭阳,2018,《金融素养与家庭资产组合有效性》,《国际金融研究》第 5 期,第 66—75 页。

尹志超、宋全云、吴雨,2014,《金融知识、投资经验与家庭资产选择》,《经济研究》第 4 期,第 62—75 页。

尹志超、仇化,2019,《金融知识对互联网金融参与重要吗》,《财贸经济》第 6 期,第 70—84 页。

余明桂、夏新平、邹振松,2006,《管理者过度自信与企业激进负债行为》,《管理世界》第 8 期,第 104—125 页。

曾志耕、何青、吴雨等,2015,《金融知识与家庭投资组合多样性》,《经济学家》第 6 期,第 86—94 页。

Almenberg, Johan, & Anna Dreber. 2015. "Gender, Stock Market Participation and Financial Literacy." *Economics Letters* 137: 140-142.

Alpert, Marc, & Howard Raiffa. 1982. "A Progress Report on The Training of Probability Assessors." in *Judgement Under Uncertainty : Heuristics and Biases*, edited by Tversky, Amos, & Daniel Kahneman. Cambridge: Cambridge University Press.

Breuer, Wolfgang, Michael Riesener, & Astrid Juliane Salzmann. 2014. "Risk Aversion vs. Individualism: What Drives Risk Taking in Household Finance?." *European Journal of Finance* 20(5): 446-462.

Brown, Rayna, & Neal Sarma. 2007. "CEO Overconfidence, CEO Dominance and Corporate Acquisitions." *Journal of Economics and business* 59(5): 358-379.

Camerer, Colin, & Dan Lovallo. 1999. "Overconfidence and Excess Entry: An Experimental Approach." *American Economic Review* 89(1): 306-318.

Christelis, Dimitris, Tullio Jappelli, & Mario Padula. 2010. "Cognitive Abilities and Portfolio Choice." *European Economic Review* 54(1): 18-38.

Chuang, Wen-I., & Bong-Soo Lee. 2006. "An Empirical Evaluation of the Overconfidence Hypothesis." *Journal of Banking & Finance* 30(9): 2489-2515.

Cooper, Arnold C., Carolyn Y. Woo, & William C. Dunkelberg. 1998. "Entrepreneurs' Perceived Chances for Success." *Journal of Business Venturing* 3(2): 97-108.

Drew, Jacqueline M., & Cassandra Cross. 2016. "Fraud and Its PREY: Conceptualising Social Engineering Tactics and Its Impact on Financial Literacy Outcomes." *Financial Literacy and the Limits of Financial Decision-Making*. Palgrave Macmillan, Cham, 325-340.

Fischhoff, Baruch, Paul Slovic, & Sarah Lichtenstein. 1997. "Knowing with Certainty: The Appropriateness of Extreme Confidence." *Journal of Experimental Psychology : Human Perception and Performance* 3(4): 552-564.

Gamble, Keith Jacks, et al. 2014. "The Causes and Consequences of Financial Fraud among Older Americans." *Boston College Center for Retirement Research WP* 13.

Gervais, Simon, & Terrance Odean. 2001. "Learning to Be Overconfident." *The Review of Financial Studies* 14(1): 1-27.

Goel, Anand M., & Anjan V. Thakor. 2008. "Overconfidence, CEO Selection, and Corporate Governance." *The Journal of Finance* 63(6): 2737-2784.

Hausch, Donald B., William T. Ziemba, & Mark Rubinstein. 1981. "Efficiency of the Market for Racetrack Betting." *Management Science* 27(12): 1435-1452.

Huang, Wei, & Mi Luo. 2015. "Overconfidence and Health Insurance Participation among the Elderly." *Working Paper*.

Keil, Mark, Gordon Depledge, & Arun Rai. 2007. "Escalation: The Role of Problem Recognition and Cognitive Bias." *Decision Sciences* 38(3): 391-421.

Kinser, Riley W. 2014. "The Bold and the Beautiful." *Working Paper*.

Lee, Ju Wei, Yates Frank J, Sninotsuka Hiromi, Singh Ramadhar, Onglatcc Mary Lou Uy, Yen Naishing, Gupta Meenakshi, & Bhatnagar Deepti. 1995. "Cross National Difference in Overconfidence" *Asian Journal of Social Psychology* 1: 63-69.

Lichtenstein, Sarah, Baruch Fischhoff, & Lawrence D. Phillips. 2014. "Calibration of Probabilities: The State of the Art." *Decision Making and Change in Human Affairs* 275-324.

Malmendier, Ulrike, & Geoffrey Tate. 2005. "CEO Overconfidence and Corporate Investment." *The Journal of Finance* 60(6): 2661-2700.

March, James G., & Zur Shapira. 1987. "Managerial Perspectives on Risk and Risk Taking." *Management Science* 33(11): 1404-1418.

Mobius, Markus M., & Tanya S. Rosenblat. 2006. "Why Beauty Matters." *American Economic Review* 96(1): 222-235.

Oskamp, Stuart. 1965. "Overconfidence in Case-study Judgments." *Journal of Consulting Psychology* 29(3): 261-265.

Simon, Mark, Susan M. Houghton, & Karl Aquino. 2000. "Cognitive Biases, Risk Perception, and Venture Formation: How Individuals Decide to Start Companies." *Journal of Business Venturing* 15(2): 113-134.

Trevelyan Rose. 2008. "Optimism, Overconfidence and Entrepreneurial Activity." *Management Decision* 46(7): 986-1001.

Van Rooij, Maarten, Annamaria Lusardi, & Rob Alessie. 2011. "Financial Literacy and Stock Market Participation." *Journal of Financial Economics* 101(2): 449-472.

Xia, Tian, Zhengwei Wang, & Kunpeng Li. 2014. "Financial Literacy Overconfidence and Stock Market Participation." *Social Indicators Research* 119(3): 1233-1245.

同情心与实业发展[*]

——以近代水利专家胡步川的个人实践为例

胡　伟　王嫣语[**]

摘要: 为研究中国人如何调整其传统同情心以适应近代实业社会发展,本文以水利专家胡步川的生平为典型个案,以"神启、家庭、声望、公民、市场、实业"这六个同情心领域分析具体时空背景下的社会互动。研究发现,根深蒂固的文化传统虽然会阻碍实业社会的建立,但行动者通过脚踏实地、不计名利、和睦同心、继往开来的社会互动重新诠释传统同情心,可使其与实业社会契合。本研究为反思当前实业社会的发展提供了新的视角。

关键词: 同情的启蒙　心同此理　价值理性　积极公民

一、 问题的提出

"无灵魂的专家,无心的享乐人",韦伯(2004:188)曾对现代实业[①]社会发出掷地有声的批判。然而为实业社会这台"有机的机器"注入"灵魂"或"心"的努力在西方一直没有中断。正如弗雷泽(Michael L. Frazer)指出,西方 18 世纪在理性的启蒙之外存在"同情的启蒙"(the enlightenment of sympathy),后者激励了 19 世纪工业化背景下一系列重大变革,以致杜波伊斯宣称 19 世纪是

* 本文系"江苏省公民道德与社会风尚协同创新中心""江苏省道德发展智库"的成果。本文受教育部人文社会科学研究青年基金项目"水利公共品的公正生成机制研究"(15YJC840011)资助,同时受东南大学中央高校基本科研业务费专项资金"灾疫叙事中的话语伦理与'逆行者'伦理理性研究"(2242020S30005)资助。感谢东南大学人文学院社会学系廖文慧、傅栎木、熊发娣同学对本文的帮助。文责自负。

** 胡伟,东南大学人文学院社会学系讲师(huwei0622@126.com);王嫣语,杭州行至云起科技有限公司(yanyu.wang@outlook.com)。

① 笔者将"industrial"翻译为"实业",考虑到其在中文语境下兼有"工业"和"产业"两方面的含义。

254 中国研究 第 28 期

"人类同情心的第一个世纪"(弗雷泽,2016)。此思潮影响了初创于 19 世纪的社会学,诸如孔德的"实证精神"、涂尔干的"社会团结""集体意识""道德个人主义"等概念背后均隐含着借助"同情心"作为精神内核,为精密机械般自主运行的"社会系统"重新注入"真挚的情感作为动力",从而避免置身其中的人沦为"系统的零件"的努力(成伯清,2011;李猛,1999)。

中国近代效法西方开启工业化进程,"同情的启蒙"亦难回避。西方的先行经验固然值得借鉴,文化差异却不可忽视。如社会学中圣西门、孔德、涂尔干所代表的法国"实证主义"一脉,将基督教"胞爱"(charity)思想置于实业社会背景下重新诠释以引出"同情心"的要素,对于不同文化背景下的中国未必适用。学贯中西的民国思想家辜鸿铭早已指出,中国人有"一种源于同情心或真正的人类的智慧的温良"习性,很难被崇尚"科学"和"逻辑"、"受过理性教育的现代欧洲人"所理解(卢莉,2013:118—120)。这暗示着中国有丰厚的本土"同情心"资源,那么它能否与现代实业社会相契合? 这需要从中国本土经验出发进行一番考察。

孔德的思想提供了考察的切入点:秉持实证精神的科学家替代基督教牧师,从精神上引领人类进步,同情心集中体现在他们身上(孔德,2018)。科学家中直接建设实业社会的部分无疑是工程家,而水利工程无论中西古今都是最重要的工程之一。那么,研究新旧交替时期的水利工程家便对发现这种"同情心"因素具有重要意义。以往水利工程家的研究集中于水利泰斗张謇、现代水利先驱李仪祉,然而他们都未曾见到"实业社会"初步建成之时,因此笔者选择胡步川先生作为更合适的研究对象:第一,其生平横跨清末、民国、建国直到改革开放初期,换言之涵盖实业社会从萌芽直至初步建成的全程;第二,他是李仪祉先生最为得意的弟子之一,具有典型性。

二、 文献回顾与研究方案

(一) 同情心:"社会-个人"相互建构的框架

西方人借助理性和抽象思维建立同情心,中国人则更多源于天性情感的"自然"表露,此观点影响深远。在当代社会学的相关讨论中,周飞舟的观点较有代表性:传统儒家语境下的"同情心"对应"仁"概念,顾名思义为"两个普通而具体的人相对的时候会有感……由这种感受产生出一种善";这种从"我"出发、"不经中间环节"的"镜像式"感受,在"推己及人"过程中必有损失,故其外推通常"不远"进而受"差序格局"所限,如对官员的要求比平民更高(王铭铭等,2016)

　　反观西方社会科学对同情心的讨论,表面上确有"抽象"和"经过中间环节"这般"西方"特色。比如社会心理学中著名的"概化他人"(generalized-others)概念,明显受强调"普遍"(general)的基督教的影响,意味着个体以抽象人格为中介,在想象中扮演他人的角色从而实现彼此同情式理解。然而亦有研究者注意到西方同情心的"具体"层面,比如霍夫曼总结了西方实验心理学中"共情"(empathy①)研究的当代进展,将同情心概括为五种方式:(1)基于镜像神经元的"无意识模仿";(2)经典条件反射作用;(3)观测者和被观测者之间的"直接联系";(4)休谟(David Hume)描述的"理念联系"(Idea-mediated association);(5)斯密(Adam Smith)的想象性的"观点采择"(perspective-taking)(Hoffman, 2000: 36-62)。后两种属于"有意识的,需要认知能力的'高级方式'",符合部分中国学者注意到的中西差异;而前三种均属于"自动无意识的'低级方式'",符合部分中国学者所说的"中国"同情心的特征(弗雷泽,2016:206—207)。

　　于是,中西同情心的差异,是否由"具体-直接"和"抽象-间接"之别,转换为中国人缺少"抽象-间接"的方面?此问题的回答需回溯"同情心"的政治哲学源头以把握"抽象"的含义。在社会学初创期、同时也是实证主义社会科学脱胎于政治哲学之时,圣西门、孔德、涂尔干均试图以同情心为基石来构筑一种与实业社会相称的社会秩序。如孔德认为,历史发展必定先后经历神学、形而上学、实证阶段。"实证"精神与"形而上学"精神的重要区别之一在"同情心"。基于形而上学精神(唯理主义启蒙思想)建立的资产阶级民主制不可避免陷入"利己主义"的"政治病"。与之相反,实证精神"拥有直接的社会性",视"谋求公众利益"为"确保个人幸福的最合适的方式"(孔德,2018:59),"幸福尤其来自活跃的智者,因此它主要取决于同情的本能","善意的感情是在社会状态下唯一可以自由发挥的感情","在社会广泛扩张的情况下,每个人都将重新获得对于永生倾向的正常满足……个体只能通过群体延续下去,因而会

────────────

①　源于政治哲学的 sympathy 概念。

趋向于尽可能与群体融为一体"（孔德，2018：60），"社会联系相应地延伸至一切时代、一切地方"（孔德，2018：59）。孔德的观点虽颇有启发，却并未将"同情心"定义清楚从而转化为可供经验研究的分析性概念，实则延续了以同情心为桥梁连接"公众利益"与"个人幸福"的政治哲学传统。比如"休谟成功地把情感主义从神学和形而上学的基础中解放了出来"（弗雷泽，2016：16），孔德仅步其后尘。休谟认为"人类的感情在一定程度上是具有一致性的。基于我们对他人感情的易受性，这些感情的生动理念就会让我们推己及人"（弗雷泽，2016：49）。一方面，此"理念"明显受到基督教影响，执着于抽象普遍物，试图引入一种"普遍视角"以"纠正随同情心而来的偏见"（弗雷泽，2016：57），直接影响了斯密的"公正的旁观者"概念，后者既是米德的"概化他人"的原型，又是市场经济"看不见的手"之机制发挥作用的前提保障（Boltanski & Thevenot，2006）；另一方面，正如李猛（1999）指出的，在西方理性化进程中"抽象性"也在发生着分化。作为分化的后果之一，同情心的抽象媒介被分入六个具体的"领域"（polity/world）（Boltanski & Thevenot，2006），如表 1 所示：

表 1   当代西方同情心的六个领域

	神启 （Inspired）	家庭 （Domestic）	意见 （Opinion）	公民 （Civic）	市场 （Market）	实业 （Industry）
人际关系	胞爱 （Charity） 共同信仰	人身依附 （下对上、个体对共同体）	赞誉	团结	交换	分工合作 功能连带
媒介-抽象普遍物	神的恩典	谱系 名分	名望	公共利益	公平价格	生产力 效率
行动准则	禁欲修行 （修身）	自我克制 自我牺牲	表演 逢迎	自我洞察 检讨私心	双赢协商	量化 标准化

传统————————————————→现代

这六个领域充分吸收了从政治哲学到社会科学的成果。一方面，浓缩了西方的历史特别是思想史（从基督教神学到启蒙契约论再到社会主义思想，类似孔德的"神学-形而上学-实证"三阶段），比如"公民"和"实业"领域便是在"家庭"和"声望"领域的矛盾中诞生；而"公民"权利学说虽被圣西门斥为怪诞的"半吊子科学"（half-science），却为实业家和科学家提供了对抗"神启"和"家庭"领域的"掩体"，从而有利于"实业社会"的建设（Boltanski & Thevenot，2006：

118)。另一方面,真正化政治哲学为社会科学,将原本过于抽象的"同情心"分解后放入六个生活领域,提供了经验分析的概念(胡伟、王迪,2012)。基于"社会-个人"相互建构的框架,同情心被还原为具体时空背景下社会互动的媒介和产物,以"实业社会"为目标的历史进程也被微缩进"同情心"的演变之中。

相较而言,辜鸿铭所言"中国人的"同情心、周飞舟所说的"仁"概念,在日常行动者的具体运用(伦常日用)中固然很"具体",作为分析性概念却尚未从政治哲学的"云端"降至社会性、历史性的经验研究的"大地",他们强调的中西差异也仅停留在政治哲学层次。然而,即便此层次的此种不同亦未必成立,中国人的同情心中未必缺乏"抽象-间接"的因素,比如,陈立胜(2011)认为,中国人的同情心牵涉"宇宙论"层面;孙小玲(2010)通过解读"老吾老以及人之老,幼吾幼以及人之幼"(《孟子·梁惠王上》)这一儒家政治理想认为,中国人的同情心不仅要求推己及人的能力,而且挑战"自然的偏私性"(近似休谟和斯密的主张),乃至挑战血缘;杨国枢(2012:32—37)分析指出中国人的同情心与"孝"观念密切相关,后者又与一种精心建构的"家国结构"有关——而这种建构与表1中所示"家庭"领域有颇多近似之处。

基于上述讨论,笔者选择跨越表面上的"中西"分野,以表1所示六个领域作为中国同情心发展的参照标准,而将"社会-个人"相互建构作为分析框架。需强调,西方经验表明历史上先行的领域并未完全消亡,而与后来的领域一起融汇成"抽象"而多元的新社会形态(李猛,1999),这点亦值得借鉴。

(二) 近代水利工程及工程家研究

若以表1所示框架观察中国近代的变迁,不难发现:晚清和民国重视"实业救国",暗示着"市场"和"实业"领域的出现;"民国"之"民"带有"公民"之义,意味着"公民"领域的出现;新文化运动倡导"打倒孔家店"、批判"祀天神而拯水旱"这般迷信行为,从西方引入"德先生"(民主)和"赛先生"(科学),暗示着借助"公民"领域和"实业"领域来批判"家庭"领域和"神启"领域。上述破旧立新的大背景理应有利于水利工程建设,后者以现代眼光看无疑属于新兴的"实业"领域。然而事实并非如此,关于淮河和黄河这两条中国命脉河流之治理的研究提供了例证。

1. 民国导淮检讨:"家庭"领域阻碍"专家治水"

佩兹(David Allen Pietz)在《工程国家》一书中分析了民国治理淮河失败背

后的深层社会因素。国民政府将"通过治水、铁路、电力和农业合作等发展农业"（佩兹，2011:45）定为国策，在国家层面重视现代科学知识和工程技术，带有"实业"领域的特征:第一，创办现代工程教育机构（模仿西方），引入现代工程观念，创立河海水利工程专门学校便是典型;第二，"导淮委员会在管理上还积极聘用工程技术人员，这种重视技术的发展理念告别了帝国政府所推崇的儒家治国之道"（佩兹，2011:128），换言之，抛弃带有"神启"或"神学"色彩的"天命皇权"智识体系;第三，作为导淮的核心人物，"张謇是中国第一批工业家和实业家之一，他提出了将农业投资和实业发展结合起来的思想，认为实现国家的复兴之路应该建立在现代工业和教育改革的基础之上"（佩兹，2011:28）。

　　然而，实际的治理过程却困难重重。张謇被认为仅代表了其所在的"江苏省"的利益而被安徽省排斥，"导淮委员会"也处处受掣肘，主要原因是国民政府没有从政治上控制淮河上游即安徽省（佩兹，2011:36）。地方利益集团间的矛盾不利于统一工程规划，暗示着"家庭"领域的影响。正如海外汉学家易劳逸（2019）指出，中国传统社"家庭主义"意识形态虽然以"天下一家"为政治理想，却导致现实社会被分裂为许多大小不一的带有"家庭"属性的集团（如血缘、地缘、业缘乃至军事集团），虽各有谱系、内部团结，相互间却争斗不休，这种意识形态延续至中国近代。

　　国民政府曾力图克服"家庭"领域的不利影响，然而由于内外交困而难以奏效。外部阻碍主要为军阀割据，"国民政府实现其重点政策的能力受到难以掌握基层政府资源的限制。换句话说，国民政府可以制定一个计划，但实施起来却困难重重"（佩兹，2011:127）。比如 1931 年赈济江淮流域水灾的美麦借款在分发过程中遭遇"内政不统一"的阻碍和地方官员腐败违法问题。尽管"这次水灾对于国民政府巩固政权统治却创造了机遇"（佩兹，2011:80）——一方面，赈灾中的"国水委"建立了全国水利地方行政管理的基础;另一方面，赈灾工作作为国民政府把政权向地方社会延伸提供了机会——国民政府却由于内部派系斗争而错失时机。更有甚者，国民党"中央"打着发展实业旗号暗中巩固自身的统治。"蒋介石通过其控制的中央金融委员会拒绝向建设计划拨款，从而打击其潜在的政治对手"（佩兹，2011:60），而导淮工程变成了这种斗争的牺牲品。除开内部斗争，国家税收的大部分被用在军事上，"国民政府最急于解决的是完成国家的统一"（佩兹，2011:60），包含水利在内的民生工程不幸沦为牺牲品。

2. 民国治黄检讨:"神启""意见"与"实业"领域的矛盾

尹北直(2010)分析了1935年水利学家李仪祉从国民政府黄河水利委员会辞职事件始末,认为"由于民国防汛减灾的工程决策存在很多非技术性因素,所以对以李仪祉为代表的'专家治水'力量来说,'官僚治水'的旧势力阻碍依旧大大限制了他们的才力发挥,以致很多具体工程计划失败或流产"。"非技术因素"主要指民国内政(含水政)不统一,阻碍了科学的综合治理所需的统一规划。自晚清以来存在"河流治理的'割据'现象,地方各自为政,不仅省与省之间因为军政力量冲突以邻为壑,甚至乡县之间,村镇之间,也因各有自己的防洪力量而难于联合"。尹北直还认为,沿黄河各省利益不一致,造成黄河下游水患难以治理,这也是李仪祉愤而辞职的另一原因。

缺乏统一规划的工程必难收到实效,这决定了"官僚治水"最终必损害民众利益。然而,圆滑的官僚深谙以"神启"因素取悦下层民众之道:"而孔祥榕等人执著于堵口,迷信'金龙四大王',决口后'怼焉忧之'、'馨香祷祝','极端迷信,凡事必先扶乩占卜,请求神灵指示',反而与黄河下游地区治水的传统相一致。这使得堵口策略更易被当时的民众理解。"(尹北直,2010)这种做法放在"神学"色彩浓厚的中国古代历史中实屡见不鲜,正如著名人类学家杨庆堃(2016)指出,"神道设教""宽容卜筮"自古便是儒家传统。

深谙"表演"之道的官僚还懂得对上显示"政绩",其功名心昭然若揭:"从组成人员来看,黄河水利委员会创建时的骨干,都是在新式教育中成长起来的知识分子,出身和官位较为低微,属于技术官僚。而黄灾会的巨头则包括内政、财政、实业、铁道、交通各部部长,及全国经济委员会筹备处主任等一系列高官要员,它代表的是政府向民众'施赈'的救济性质,有标榜政绩的功效。"(尹北直,2010)事实上,前述导淮失败的原因中,也有国民政府及其官员急功近利的因素:"堤防建设没有按照原定计划的规格要求完成……李仪祉提出这一工程实际上没有完成。"(佩兹,2011:122)

官僚为了表面上的政绩和政声逢迎讨好上下级,可视为"意见"领域的表现,然而亦离不开前述"家庭"领域的作用。所谓"非我族类,其心必异",不同的社会单元(如不同的省份、乡县、村镇)之间缺乏普遍的同情心,难以彼此信任、团结进而共定统一规划,为官僚做表面文章留下了空间。

3. 社会转型与知识人的转变

若以同情心的诸领域考察中国近代转型(含水利转型),则不难发现在"天命皇权"("神启"领域)和"家国天下"("家庭"领域)体系崩溃的背景下,民国亟须建立"公民"领域而为后来的"市场""实业"领域开辟道路:首先,公民领域强调"人人平等",将个体从封建家国的人身依附桎梏中解放出来,方能"公平"买卖从而建立"市场"领域;其次,通过革命将政治权力从大大小小的"家长"手中收回来,集中于国家,方能制定并实施统一的产业规划和国民经济计划(属"实业"领域),自然也有利于现代化水利建设。

然而,上述理想未能实现,原因有:(1)"封建"或"家庭"因素遗留,不仅国家权力不够集中,而且"中央"内部派系林立,不利于国家层面的统一规划;(2)民力未聚,民众仍盼望"官僚=家长"来领导自己,但官僚自清末以来已普遍腐朽,其流弊沿着人身依附链条向下传递导致举国疲敝;(3)民智未开,上至官僚下至百姓,大部分都不具备科学智识因素(官僚不屑于学,百姓没条件学),仍旧停留在孔德所说的"神学"阶段,自然排斥新兴"实业"领域;(4)国民党虽口头鼓吹"实业"、"民生",实际上却忙于政治斗争,近似圣西门所批判的法国大革命后的情况,作为"中间阶级"的法学家和形而上学家操纵了革命,在"功名心"(属"意见"领域)驱使下,在世俗层面重视政治斗争而轻视发展实业,在精神层面只批判神学体系却不关注新体系建设,最终使"实业家的革命"变质为"资产阶级革命"(董煊,2003)。

宏观层面看,旧的同情心因素并未消退而新的同情心因素尚未牢固建立,在这样新旧过渡的"失范"(Anomie)状况下,"同情的启蒙"在中国看似难以实现,然而这并不意味着个体行动者无所作为。比如史学界颇多关注的近代山西文士刘大鹏,虽看似保守(坚守儒家,拒斥"新学""西学"),然而已在悄然突破传统:第一,接受教育的目的,已由"社会流动手段"的科举取士转为"博施济贫"的"经世之学",尽管"经世"仍停留于"道德教化"而未达"实学"的程度;第二,参选地方议员,投身民主政治,进入现代色彩的"公民"领域;第三,自降身份经商,投身"市场"领域;第四,在传统儒家德行("家庭"和"神启"领域)所锻造出的同情心推动下,他凭善举成为"乡里好人"、赢得"名望"(属"意见"领域),并凭此投身"公民"和"市场"领域,并在新的领域中继续发扬同情心(沈艾娣,2013)。似刘大鹏这般"保守"的文士都在发生着变化,遑论新文化运动中肩负启蒙大众使命的"进步"文士?不过以圣西门和孔德的眼光看,他们虽为实业家和科学家提供了对抗传统桎梏的"掩体",却仍属于"形而上学家"范畴,只重视抽象的主义和主观的推理却缺乏"实证",并且只重视"批判"而轻视建设,故借鉴意义有限。

孔德认为实业社会中肩负"从精神上引领人类进步"之责者非科学家莫属。水利属于"实学",水利工程家属于科学家,故研究他们而非文士的同情心转变更符合本文主旨。本文以近代水利专家胡步川先生为典型个案考察这一转变,主要资料来源有:(1)原始资料,包括胡步川先生晚年与好友李瑾侯、胡士秋(笔者伯父)的书信,胡步川自编的《雕虫集选》诗集,他的家人亲戚以及故乡浙江临海县永丰镇(原更楼公社)石鼓村(原石鼓大队)老人的口述回忆,笔者对相关人士的访谈笔记;(2)已出版的文献,包括养女胡以滔(2014)及好友李瑾侯之子李尔昌(2011)撰写的回忆文章,《临海县志》(临海县志编纂委员会,1989)、《临海水利志》(临海市水利水电局,1992)、《中国历史文化名城临海:名人卷》(陈希镯、何达兴,1997)中关于他的记载,他本人所著、2019 年底出版的《李仪祉先生年谱》(胡步川,2019)。

三、 胡步川生平简介

1893 年(清光绪 19 年),胡步川生于浙江省临海县石鼓庄①"一户中落的大户人家"(李尔昌,2011:35),自幼接受传统的儒家童蒙教育。在爆发武昌起义的 1911 年(清宣统 3 年),18 岁的他目睹家乡遭水灾之惨状,在诗中写道:"洪流客岁浩滔天,旷野高原不见田;黍稷稻粱成腐土,登高远望悯且悲。"(胡以滔,2014:144)他出于同情为受灾的佃户免租,与父亲爆发争吵,对父亲的"孝"和对乡民的"义"难以两全。可见新的历史情境下,"天下一家"政治理想的实现,不仅涉及传统的"神启"领域("修身")和"家庭"领域("齐家""治国""平天下"),而且涉及"实业"领域(掌握科学技术以增进生产力)。

与当时众多走上"实业救国"道路的有志青年一样,胡步川萌生了学水利以造福民众的志向。1916 年(民国 5 年),24 岁的胡步川以第一名的成绩毕业于浙江省第六中学,次年考入南京河海工程专门学校(今河海大学),师从李仪祉。临行前,父亲"变卖谷豆""四方借贷"拼凑上学费用,并叮嘱"不要一心为了做官""学点本事,将来能为家乡做一些有益的事情","胡步川喉咙有点哽咽"(李尔昌,2011:36—37)。初到南京,他不肯学同学坐人力车,"因为大家都是人,我这样坐在车上让人家拉着跑,是不近人情的"(李尔昌,2011:37)。

① 今石鼓村,笔者(胡伟)的故乡。

1918 年,26 岁的胡步川经历祖母弃养、娇妻去世、幼女失乳夭亡之痛。1919年,他被推举为南京学生会文书科长,投身五四运动。1921 年,他从河海工程专门学校毕业。那年秋,他与李仪祉同游夫子庙遇陕西灾民,师生将随身所有钱财赠予"一位正在哺乳的年轻母亲"(李尔昌,2011:38),经历娇妻幼女亡故的胡步川必能体会灾民的切肤之痛。

1922 年,30 岁的胡步川随李仪祉入陕修水利,并开始每年储蓄以期捐助家乡农业,次年与王锦女士成婚。1924 年奉师命测绘汉惠渠,因军阀混战、陕局大乱而"功败垂成,愤而离陕"(陈希镯、何达兴,1997:97)。1925 年,受李仪祉之邀复入陕任教西北大学,再度遭受丧女之痛,刚出生的幼女在妻子掩护马克思主义进步组织"乙丑读书会"成员逃避当局追捕过程中不幸染病去世(胡以滔,2014:149)。1926 年陕局再乱,胡步川陷入西安"八月围城"之中,"绝粮几死"(陈希镯、何达兴,1997:97)。

西安解围后,1927 年跟从李仪祉离陕,至南京测绘中山陵。1928 年,国民政府形式上统一中国北方,胡步川随李仪祉赴天津,任华北水利委员会工程师,后勘测黄河中游,时年 36 岁。1929 年,胡步川因心系家乡水利而违背李师好意,赴低薪浙江水利局,改任台州新金清闸工程处主任工程师,与荷兰工程师在工程设计上起冲突。胡步川先生设计的版本因费用减半而获当局采纳①,他还"退食自公"(李瑾侯信件,1974 年 4 月 27 日),"在如此浩大的工程中,只聘用了一个正工程师,一个副工程师,两个工程技术人员"(李尔昌,2011:42)。1933 年,工程大功告成,并沿用至今。

1935 年,43 岁的胡步川又从师入秦参加泾惠渠、洛惠渠工程建设。他在《艮斋忆事》一文中提到,"时川与江西水利局有约,可得高位重薪",但"仍决定从师游……藉谋精神之快乐"(胡步川,2019:54)。次年在西安建造"蜗庐"居所,恰逢西安事变。1937 年全面抗战爆发,他因战争不能返乡,自 1922 年开始的存款也因金圆券贬值而"几成废纸"(李尔昌,2011:45),援助家乡农业的梦想破灭;夫人王锦女士离开临海,跟随他至陕西。1938 年,毛泽东发表《论持久战》,李仪祉嘱弟子继续完成陕西水利后病逝。同年"渭惠渠管理局成立,步川任局长"(李尔昌,2011:44),适逢国民党为求自保而罔顾民生,打着阻止日寇入侵陕西的旗号试图挖开渭惠渠,胡步川多方奔走、据理力争,才避免类似花园口决堤的惨剧在陕西重演。晚年他回忆这段往事时感慨"如我搞西北水利

---

① 这需要精确计算,证明中国人在"量化、标准化"能力上未必输给西方人。

的人，深深领会到，如不是毛主席驻陕北，则西北的水利建设，不是资敌，就是被破坏无余了"（伯父信件，1975 年 5 月 5 日）。1939 年，47 岁的他力拒国民党的"集体入党"，为此被"降职三级、减俸三分之一"，深感"'五四'运动过去已20 多年了，中国仍在原地徘徊"（李尔昌，2011：45）。事实上，胡步川先生一家自搬入"蜗庐"后一直全力支持中国共产党领导的抗战事业，妻子甚至因此被捕入狱。

1947 年，胡宗南"闪击"延安，陕局再乱。55 岁的胡步川辞职回乡，陕西民众闻讯长相送 300 余里。1948 年，他重回陕西建设水利，直至 1956 年。1949年，陕西水利局原局长逃到台湾，先生任代理局长，但仍深入一线实地视察陕西基层水利，还曾力劝好友国民党空军司令周至柔留在大陆。

1957 年，65 岁的胡步川调北京中央水利部潜心修史。"文革"期间蒙冤，胡步川妻离子散。1972 年，80 岁高龄的胡步川辗转返乡，极力推动石鼓大队（村）防洪工程，却频遭上级阻挠，慨叹"堂高廉远、上司重重""官场之事，就是有头无尾"（伯父信件，1973 年 6 月 10 日）。更有甚者，对岸三江村人恶毒咒骂"石鼓村"的胡步川"绝后代胙"，与民国导淮时安徽省人质疑、对抗"江苏省"的张謇如出一辙。经历过两度妻子幼女亡故的人间至不幸，胡步川在此情此景下仍发出"人同此心、心同此理""人之欲善、谁不如我"的呼吁（伯父信件，1973 年 6 月 10 日），期待民众和官方能理解他。在先生的几番努力（如夏日长途跋涉至省水利厅陈情）下工程终于完工，然而另外几项工程建议均被以各种理由拒绝。村民们回忆这段往事，坦言当时"大公无私"思想（不难见出"公民"领域的特征）流行之下"小农思想意识"仍很浓重，只关心局部、眼前，而不顾整体、长远。在 1974 年，胡步川先生又以个人工资捐款石鼓小学校舍，给大队买农业机器。同年中国对印自卫反击战爆发，他在给友人的信中发出"伯禹格苗"的和平期许。1979 年，胡步川终获平反，国家水电部寄回"文革"时被抄家的日记；87 岁的他精神振奋，与友人重游了自己亲手建设的金清、西江二闸。1981 年，家乡通了电，先生逝世，享年 89 岁。

四、 同情心的构成与历史进程

"同情心"意味着自我对他人的快乐和痛苦感同身受。按照"社会-个人"相互建构的分析框架，他人处在社会性联系当中，如孔德所言这种联系可以在空间和时间中无尽延伸;而自我(个人)可分为身体和心灵两面,均与具体时空背景下的社会互动密切相关。因此笔者从身体、心灵、空间、时间四个方面来分析胡步川先生的同情心,并参照表 1 所示的六个领域衡量每个方面的发展进程。

(一) 身体–修身实地

胡步川先生一生谨遵父亲读书"不要一心为了做官"的叮嘱,在民众面前始终保持言语、姿态上的谦恭,却又在思想、行动上走在民众前面。他在给友人张鹏的次韵诗中写道"后乐先忧天下肥"(李瑾侯信件,1978 年 6 月 13 日),在《送李仪祉赴苏俄》诗中写道"忧患当为天下先",一直保持积极进取,即便80 岁高龄,返乡后依然"八旬矍铄夕阳前""心在壮年",并激励当时因文革未能高中毕业的笔者伯父自学新知、莫失了"年少刚锐之气"(伯父信件,1973 年5 月 5 日)——这是五四青年对下一代青年的寄语。他一生以实际行动当好民众的典范,以身作则感召民众修各种民生工程。虽几度当官,然而当官仅是为民众做事的手段,因此当"上边"意图侵犯百姓利益时,不惜多次对抗权贵而致个人利益受损。"官科技"和"官僚治水"的种种弊端,在胡步川先生这里均被克服。

这种克服离不开"身体"的修行。胡步川先生不被物欲(高官厚禄)诱惑了身体,而这从传统看实属难得。尽管儒家意识形态不乏对"民本"的强调,然而知识人一旦踏上仕途、高居庙堂,难免与百姓有隔阂,往往仅在口头上同情于自己想象中的"天地""生民"。而近代西方科学和工程学的传入改善了这一点,强调亲身深入实地考察,这决定了知识人必须与民众接触,考察民生需求以明确工程目标,这也是"实业"的要旨之一。

工程家一旦深入一线实地,易于在交往中用身体感受民众的痛苦,很自然地产生同情。纵观胡步川先生的生平,有多处与民众相交:早年与父老乡亲共水患,晚年"万里归来","仍以故乡为归宿之地";南京求学不肯坐人力车、同情陕西灾民;在西安与普通市民一起经历"八月围城";文革中成为家庭破碎者之一。早年"乡居地主"家庭的经历、成年后修水利与农民打成一片的经历,使其对农民的疾苦感同身受,晚年返乡看到土地被洪水冲走后,在给友人的信中发出"农民的有秋,也是我的有秋"(李瑾侯信件,1976 年 6 月 25 日)、"农民的高兴,就是我的喜乐"(李瑾侯信件,1976 年 11 月 2 日)这般肺腑之言,顶着各级干部的排挤和部分农民的谩骂勉力促成了双港口工程。概言之,吃过底层的苦有助于真正同情底层,西方思想家圣西门、孔德、马克思,中国的毛泽东主席,都有类似经历。

"感同身受"离不开身体,同情心的"具体"层面亦然。经由"身体"的媒介,"同情心"最终造就了"共同的身体"即共同体,家、乡、国、天下均可视为这种身体的延伸。延伸须以修身为前提,这要求知识人用自己的身体去感受民间疾苦,正如"天降大任于斯人也,必先苦其心智、劳其筋骨、饿其体肤"(《孟子·告子下》)所表明的。传统儒家的修身,在新的历史情境下与脚踏实地相结合,从而重新焕发活力。

(二)心灵–立志尚义①

组织修建工程需要高度的理性——依明确目的而采取最佳手段。修身虽可保证"目的"不受物欲干扰,却难以排除非物质层面(如各种或明或暗的"功名心")的干扰。如果在立志修工程的过程中不充分发挥同情心的作用,那便难以抵御这种干扰。对比胡步川先生与传统治水官僚,可见一二。

尹北直曾指出中国部分传统水利官员有一种不为名利、不计个人荣辱得失,超越"工具理性"的"价值理性",简言之即"无我",这点在胡步川先生身上亦有体现。他虽慨叹老师李仪祉"勿视人心皆如我心,以致上当"(胡步川,2019:14),却即便上当受骗,仍和老师一样不改初心。比如晚年返乡后甘心为大队驱驰修水利,明知"用不着时一脚踢出";忍受三江村民的辱骂继续工程,心知工程最终有利于该村。为何甘愿做这般牺牲?胡步川慨叹李仪祉辞高官(黄河水利委员会)时说道:"而此等精神相济之人则万金难买。"(胡步川,2019:22)跟老师类似,他自己辞去黄河水利委员会的职务,就职浙江省低薪职位,自称"辞富居贫",后又辞去江西水利局高薪职位而从师入秦。这些事迹说明在个人的功名利禄之上,胡步川还有更高的追求("藉谋精神之快乐"),否则无法解释哪怕被群众误解、指责并冒着政治风险,他仍要推动工程。他深知,误解和指责背后,是民众和国家对工程家的不信任;但只要工程家不计个人名利并且抱着建设"千秋事业"的责任感去修工程,最终还是能获得所有人的理解。

---

① 胡步川先生在《艮斋忆胜》中提到,李仪祉先生曾打算退休后在"尚义路"新居书斋中闭门著书,受此启发以为题。

在工程建设上,"意见"领域的同情心难与实业社会的要求相称。"工程""工学""工科"的目的固然在于满足"人"的各种需求,但若急功近利地追求这种目标,那么圣西门说的"功名心"便很可能妨碍人们对客观规律的认知。最终结果,要么只做表面文章以博得好名声,治标不治本;要么只重眼前利益而遗留长期损害。当年李仪祉与只会一味讨好国民党高层及民众以邀功的孔祥榕之间的矛盾,原因多半在此。

工程学有句行话,真正的功夫往往下在"看不见"之处——似孔祥榕般贪图表面之功必难真正成功。但传统的儒家士大夫重表面文章似是惯例。李仪祉曾说:"文明各国,治河之役,皆其国之名大匠……我国乃举以委之不学无术之圬者,而以素不习工事之文士督率之。"(尹北直、王思明,2010)这些"文士"往往不屑下到实地,未能亲身体察每一个工程细节,不仅不利于工程成功,而且其同情心容易停留在抽象乃至想象层面,未能真正贴合民情。① 胡步川先生深入实地以修身,克服了这一缺陷。但这并不意味着"抽象"的认知不重要。克服功名心要求远离自身的立场(无我),胡步川先生说"人同此心、心同此理"(伯父信件,1973 年 6 月 10 日),其中的"理"便意味着有了一个抽象的客观标准。修工程不为自己,也不为少数统治者,甚至也不仅为当代人,那为了谁? 只能是抽象的"人",一种如斯密和休谟所说剥离了个人特殊性的抽象视角,其作功用在于确保个体的立场不因移情他人而变动不居("他人"呈现复数形态),而更接近潜在的社会公正标准(胡伟、王迪,2012)。这种不偏不倚的立场,在儒家传统中通常被归入"义"字。中国传统知识人不乏同情心,然而一方面难免带有优越者的自我满足色彩(所谓"居庙堂之高则忧其民"),另一方面在利益彼此冲突的民众当中很难做到无偏颇的同情。只有把这种同情进一步变为人人平等前提下借助抽象规则的"同理"才能克服上述缺陷——而我们看到,胡步川先生早在投身五四运动之前,即发出过"因为大家都是人"的感慨,显然已经具备了这种抽象的认知。

(三) 空间-济民和同

尽管李仪祉曾站在现代角度尖锐批评传统"文士",然而其在组织协调方

---

① "为天地立心,为生民立命,为往圣继绝学,为万世开太平"(张载《横渠语录》)常被很多儒士挂在嘴边,然而真正做到的有几人?

面的优势有利于水利工程建设。正如姚中秋(2014)所说,儒家士君子坚持价值理性高于工具理性("君子喻于义"),"君子愿意付出,投入宝贵的精力,运用自己的道德权威和各种资源组织普通民众。君子具有发起组织、提供公共品的知识和技艺,比如,联合、说服、动员和引导其他人的技艺"。"修身"和"立志"已确保知识人摒除自身私利、获得普遍的立场,对民众产生感召力,下一步便是诉诸"情""理",做好民众的心理建设和组织建设。① 正如周魁一(2007)总结中国古代的治水之道:"'宜推其理而酌之以人情'。'理'就是水的运动规律,'人情'就要考虑到社会的需求。就是说要对水有一个了解,针对水的规律去进行减灾、防灾工作。同时,要酌以人情,要考虑到社会对治水的看法。"从社会学角度看,"情"即"人情",源自家庭或其他小共同体中自然生成的同情心,而"理"的作用就是升华这种情感,以不断向外拓展("推")的方式将"小"同情心不断升华为"大"同情心。

由"小"及"大"的方式中西有别。在西方,个体之间的"小"同情心经由"上帝"或其他抽象普遍物——涂尔干认为"上帝"只不过是"社会"的抽象代名词——的中介而直接获得普遍性(李猛,1999),直接产生了"大"同情心。而在中国,正如姚中秋(2014)指出公共领域具有层次性,"同情心"需要从"小"层次向"大"层次逐级提升:首先,最小是个体层次,人-我之间同理,团结为"家";其次是"家"与"家"同理,团结为"乡"(地方);然后是"乡"与"乡"同理,团结为"国";最后是"国"与"国"同理,团结为"天下",最终实现"天下一家"。然而,每一步提升都需发挥同情心中的公共因素以抑制自私自利的工具理性考量,否则"天下"就会逐次分裂为国、乡、家直至原子化的自我。而这种同情心的倡导者舍知识人其谁? 他们率先做到"无我"然后去感召更多的人,在此意义上姚中秋称他们为"积极公民"。

胡步川先生可为例证:(1)"灾年免租"事件,自家贫苦故而倍加同情农民之苦,合家为乡、由家提升为乡;造福秦川,临行百姓长相送,因家乡遭水患而同情秦川水患,他乡亦故乡②,合乡为国、由乡及国;"伯禹格苗"、希望中印和平,这便是合国为天下、由国及天下;(2)即便大-小共同体之间出现了矛盾,仍选择以大局为重,如妻女去世、慈母弃养,却仍在外读书、修水利,自己付出牺牲;(3)以大局观超越各种大大小小的共同体("家"),谋求共同利益,克服家

---

① 胡步川曾在《悼仪师》中提到,抗战中李仪祉在西北修水利工程的同时,也在"建设后方民众之心理"(胡步川,2019:42)。

② 胡步川在《艮斋忆事》中说道:"川固以秦中为第二故乡。"(胡步川,2019:53)

庭主义的弊端,如在西北建设和管理水利时平均民众水权,晚年返乡修水利中克服村庄之间的猜疑促成工程。

在促进同情心升华的同时,胡步川先生还极力反对种种分裂因素,如五四运动和后来的浙闽开战中痛心"兄弟阋墙",在西北援助延安、反对蒋介石独裁和内战,写信给周至柔希望其留在大陆,建国后亦希望祖国和平统一①,作诗《招台湾友人归来》;晚年劝和有宿怨的浦叶村和石鼓村共修工程(反对"乡"分裂为"家"),期望同为不结盟国家的中国和印度和平相处,如大禹感格苗民一般。特别是他在信中痛斥"北方军阀和国民党反动派不为人民做事"(伯父信件,1973 年 3 月 5 日),细想之下,军阀混战背后正是"家庭主义"的弊端。当新中国成立、天下初定、克服家庭主义弊病之后,先生便义无反顾地选择留在大陆投身建设,甚至晚年以 80 多岁高龄仍试图发挥余热,以弥补早年由于战乱而留下的遗憾。

(四) 时间-崇教垂范

孔德认为同情心作为一种社会情感可以延伸至"一切时代",这与儒家强调士君子"为往圣继绝学,为万世开太平"(张载《横渠语录》)有共通之处。具体来说,孔德认为"每个人都将重新获得对于永生倾向的正常的满足……个体只能通过群体延续下去,因而会趋向于尽可能与群体融为一体",无独有偶,儒家思想亦强调"融于家国群体之中而获得不朽的生命"(郭于华,1992:173)。胡步川先生践行了这点:

第一,维护并传承"文化典范"(儒家通常称之为"师表")。胡步川先生追随大禹、郑国、白公、郑虔②等往圣先贤,如他在西北修水利时在《雕虫集选》里写道"追迹郑公业,堪对白渠柳","郑虔当日贬台州,杜甫临歧泪不休;万里伤心为死别,千秋佳话颂嘉猷;谷阴花晚留贤住,俗美化行直道留;我念台州归不得,秦川南望路悠悠",在自己的墓志铭中写道"立身期禹稷,埋骨傍焦山"。

第二,学习典范之精神后化为己用,以身作则将典范传至后世(所谓"万世师表")。他做工程力求古、今、将来之间的同情:在《艮斋忆事》一文中的《游泾

---

① 1960 年胡步川作《招台湾友人归来》诗中说"台澎一脉连大陆,莫负中原望眼人"。

② 郑国、白公为秦汉时水利专家,郑虔为唐代文学家。

惠渠诗原韵记》诗中说道"霖雨苍生怀往哲,千秋事业仗时贤"(胡步川,2019:
54);晚年修双港口挑水坝,志忐于工程能否永固,"乡人的事,只有成功,不能
失败,倘一失足,即成千古恨,则我在外,日夜期望归田,落得个悲惨的下场! 此
事非同小可,是我着手这一工作以来,日夜□发愁的"[1](李瑾侯信件,1974 年 6
月 25 日);晚年重游浙江金清、西江二闸,"听当地工人说:改装铁筋水泥闸门
(重六吨)时,不慎跌落闸底,但无损伤闸身,足见当时设计好,我亦聊以自慰"
(李瑾侯信件,1979 年 11 月 9 日);墓地选址石鼓村的焦岩,据传说即"石鼓村"
名中的"石鼓",民谚云"石鼓响,五门开",他尽其一生治水,期冀在百年后仍时
刻关注天下民生。

　　第三,大力支持教育事业,保证典范的传承。他在自挽联中说"诗千秋业,
学千年人",不仅在组织民众修工程的过程中言传身教,而且尊师重教:为报师
恩,不辞艰苦地追随四处修水利;抗战中视察瀼河防汛工程时,听闻石鼓村遭
劫,"敌机炸石鼓,叟死小侄子受伤"[2]。这段经历,加上他以自身经历深知平民
子弟求学的不易,在同情心的作用下促成了他晚年捐款小学校舍。

　　新文化运动中传入中国的"赛先生"即科学实证思想要求够脚踏实地。
"科学""实证"从后世眼光看带有"价值中立"和"工具理性"色彩,但在当时以
水利人为典型的工程人眼中则与"价值理性"和社会关怀紧密结合(尹北直、王
思明,2010),而这又正好与"实证"一词在圣西门、孔德那里的含义相一致:在
科学实业时代,科学家如同"牧师"一般从精神上引领人类进步——换言之,承
担"启蒙"的使命。然而这种引领在中国有特殊性:不仅在思想上要贯通古今,
更要以自己的实际行动充当古今之间传承的不可或缺的一环,以这种特殊的
方式实现孔德所说的将同情心延伸至"一切时代"。

五、 结论与讨论

　　"中国文化是一个'情本体'的文化","仁政的实质,实为一套移情和同情
心的逻辑"(成伯清,2011)。中国本土人文思想中不乏"同情心"因素,如"老

---

[1]　有此见识,决定其修水利工程绝不会像传统治水官僚那样只满足于表面文章。
[2]　取自《雕虫集选》,今日石鼓村老年协会墙上的介绍可为佐证,日寇专炸石鼓小学(当时临海城西最大的小学),欲断绝中国未来之希望,用心歹毒。

吾老以及人之老;幼吾幼以及人之幼"(《孟子·梁惠王上》)的理想为人熟知,旨在家庭中培养起自然的同情心,而后将其由家庭情感拓展为社会情感——从 1911 年为受灾佃户免租开始,胡步川先生便践行这种理想。然而这种理想存在局限:第一,"拓展"的方式为推己及人,故对"己"的修养要求很高,通常局限于被"天"拣选("天降大任")的社会上层人士,其主体为葛兰言(2005)所言源于宫廷祭司的文人士大夫,这种浓厚的"神启"色彩甚至延续至近代;第二,即便有足够的修养而产生了同情,则这种同情难免带有自上而下的优越感和某种不切实际的味道,正如古语云"四体不勤、五谷不分",脱离了实际的生产和生活上层人士难知民生疾苦;第三,"君子"和"小人"之德有别(杨联陞,2016:77—78),只有君子即社会上层才具备"拓展"的物质基础("达则兼济天下"),而普通百姓满足于家庭或小社群内部的同情,甚至仅能"穷则独善其身";第四,由于推己及人,进而推小共同体及大共同体,则大小共同体若在利益上有矛盾便难以取舍,社会上层虽倡导"大公无私"却因不切实际而"不近人情",难抑制社会下层的"偏私"乃至分裂倾向("家庭"领域的特征)。

到了近代,由于政治上层建筑的腐败,原本在"神启"和"家庭"领域承担重要职责的文人士大夫阶层丧失神圣性,"神启"因素沦落为官僚取悦民众以博取名声的工具("意见"领域),其作为"父母官"的权威也被用来自我满足,违背了"家庭"领域对自我克制、自我牺牲的要求。民国并未根除业已腐朽的"神启"和"家庭"因素,故新兴的"公民""市场"直至"实业"领域的建立遇到重重阻力。尽管宏观历史背景存在诸多不利因素,但个体层面仍大有可为,胡步川先生的努力有:第一,以生平连接于民众,有助于其同情心脱离上层的优越感和不切实际的色彩,进而在底层与民众一起受苦,切身体会民生疾苦;第二,坚持价值理性(尚义),着眼大局,做到"无我"[①]和"心同此理",克服自私自利的工具理性和传统功名心的干扰——然而这并不仅仅是受到儒家教育、"圣贤书"熏陶的结果,而有其切身的基础,他看到了成千上万的底层民众("我")都遭受同样的痛苦,必须积极行动加以改变;第三,受同情心激发而行动,组织百姓建设水利,在组织过程中以理服人,既无我(不计较个人荣辱得失,频受"小人之心"伤害仍不改初心)又坚持"和同"的一面(超越分歧、寻求共同利益),克服家庭主义的弊病,在社会范围内将同情心普遍化;其四,同情心进一步在时间维度上普遍化,贯通古今,适用于"一切时代""一切地方",最终指向"天下

---

① 既无我又有我,同情、同理于抽象的人,抽象的人当然也包括"我"自己。

一家"的传统政治理想。

　　传统的同情心要素在胡步川先生的重新诠释下与实业社会相契合，如他发挥"家庭"领域中传统文士作为"积极公民"的作用，克服分裂、组织民众，并将自身作为"家国群体"世代传承的节点而将同情心贯通古今；他将"神启"领域中的修身与"实业"领域所要求的脚踏实地相结合，克服"意见"领域的功名心的干扰，不"表演"而"名望"自来，哪怕受误解最终也能获理解。在力所能及的范围内，胡步川先生不仅兴修水利工程直接造福民众，而且以同情心感染更多的人，始终带着"心"和"灵魂"投身实业社会的建设，作为个案对中国"同情的启蒙"起到"试验田"的作用。反思当下，若如部分西方学者般承认现代性是一项"未竟的事业"，那么"同情的启蒙"究竟后续进展如何？此问题值得更深入的研究，胡步川先生作为典型历史个案具有重要的参照价值。

参考文献

陈立胜,2011,《恻隐之心:"同感""同情"与"在世基调"》,《哲学研究》第 12 期,第 19—27 页。

陈希镯、何达兴,1997,《中国历史文化名城临海:名人卷》,哈尔滨:哈尔滨地图出版社。

成伯清,2011,《从同情到尊敬——中国政治文化与公共情感的变迁》,《探索与争鸣》第 9 期,第 46—50 页。

董煊,2003,《圣西门论法国革命》,《中南民族大学学报》(人文社会科学版)第 5 期,第 141—144 页。

弗雷泽,2016,《同情的启蒙:18 世纪与当代的正义和情感道德》,胡靖泽译,南京:译林出版社。

葛兰言,2005,《古代中国的节庆与歌谣》,赵丙祥、张宏明译,桂林:广西师范大学出版社。

郭于华,1992,《死的困扰与生的执著》,北京:中国人民大学出版社。

胡伟、王迪,2012,《从社会学角度建构关于"正义"的理论——读〈论正当性:价值的经济〉》,《浙江社会科学》第 10 期,第 79—88 页。

胡步川,2019,《李仪祉先生年谱》,南京:河海大学出版社。

胡以滔,2014,《怀念母亲王锦》,李尔昌主编,《历史文化名村岭根》,中国文史出版社,第 143—154 页。

孔德,2018,《论实证精神》,黄建华译,北京:商务出版社。

李尔昌,2011,《心系河海驯蛟龙》,章伟林主编,《临海市科普作家作品选》,香港:天马出版有限公司,第 35—48 页。

李猛,1999,《论抽象社会》,《社会学研究》第 1 期,第 1—28 页。

临海市水利水电局,1992,《临海水利志》,北京:团结出版社。

临海县志编纂委员会,1989,《临海县志》,杭州:浙江人民出版社。

卢莉,2013,《恩恩怨怨嘴仗趣》,北京:中国广播电视出版社。

佩兹,戴维,2011,《工程国家》,姜智芹译,南京:江苏人民出版社。

沈艾娣,2013,《梦醒子》,北京:北京大学出版社。

孙小玲,2010,《道德情感是自然的抑或是非自然的——从休谟的"人为的德性"谈起》,《哲学研究》第 6 期,第 107—114 页。

王铭铭等,2016,《"不同文明的知识与知识人——对其角色与作用的比较"(圆桌讨论实录)》,《西北民族研究》第 4 期,第 138—172 页。

韦伯,2004,《韦伯作品集 XII:新教伦理与资本主义精神》,康乐、简惠美译,桂林:广西师范大学出版社。

杨国枢,2012,《中国人的心理》,北京:中国人民大学出版社。

杨联陞,2016,《中国文化中"报""保""包"之意义》,北京:中华书局。

杨庆堃,2016,《中国社会中的宗教》,成都:四川人民出版社。

姚中秋,2014,《重新思考公民与公共生活——基于儒家立场与中国历史经验》,《社会》第 3 期。

易劳逸,2019,《家族、土地与祖先》,重庆:重庆出版社。

尹北直,2010,《民国防汛减灾工程决策的非技术因素探索》,《中国农史》第 2 期,第 132—141 页。

尹北直、王思明,2010,《张謇"导淮":中国近代水利史上的一个转折点》,《古今农业》第 1 期,98—105 页。

周魁一,2007,《纵论中国千年人水关系》,《中国三峡建设》第 5 期,第 5—13 页。

Boltanski, Luc, & Thevenot, Laureant. 2006. *On Justification : Economies of Worth*, translated by Poter Catherine. , Princeton, New Jersey: Princeton University Press.

Hoffman, Martin L. 2000. *Empathy and Moral Development : Implications for Carting and Justice*, New York: Cambridge University Press.

自洽的闭环：社会工程与行动者的互构[*]
——基于贵州"三线"口述史的调研

陈　勇[**]

摘要：本文以贵州三线口述史调研为基础，立足于社会工程-行动者这一双重解释框架，剖析"三线建设"何以可能以及建设者"在地化"现象背后的机理。作为社会工程的"三线建设"包含话语、制度和组织三要素，作为行动者的"三线"建设者则包含价值观、心理世界和生命历程三要素。两者各自形成一个内部自洽的体系，而两者的三要素之间结成网状式的两两交互式影响关系，最终生成一种形塑和反作用的互构关系，构成一种自洽的闭环式机制。国家战略的军事化、统摄性的忠诚政治、单位与生命历程的双向影响是这种机制作用下的具体表现。

关键词："三线建设"　社会工程　行动者　互构　忠诚政治　工业主义

一、历史回访与研究框架

"三线建设"是新中国历史上重大的历史事件，也是一项影响深远的浩大"工程"。二十世纪五六十年代，在美国强化对华军事威胁与中苏关系交恶的背景下，中央做出了"三线建设"的重大战略决策。从 1964 年到 1980 年的 16 年间，在"三线"地区成功地建立起了第二套完整的国防工业和重工业体系，有效拓展了军事战略纵深，深刻改变了国家生产力布局，极大地改变了西南、西北地区的落后面貌。千千万万的"三线"建设者响应"好人好马上三线"的号召，挺进大西南，"献了青春献终身，献了终身献子孙"。他们建设了"三线"，也被历史深刻地塑造着；他们的价值观、心理世界和生命历程熔铸其中，也通过代际传承在后代身上留下深刻的"三线"烙印。这是一段厚重的历史，也是一

---

* 本文系南京大学双一流建设"卓越研究计划"中"新中国工业建设口述史"项目的阶段成果。
** 陈勇，南京大学社会学院博士生，安徽师范大学法学院讲师（chenyong0208@126.com）。

座学术研究的资源宝藏。

2019 年 7 月 15 日,在"三线建设"启动 55 周年、新中国成立 70 周年之际,南京大学当代中国研究院"贵州三线建设口述史研究"项目组在周晓虹教授的带领下奔赴贵州"三线"展开实地调研和口述史访谈,共走访了贵阳、遵义、凯里、都匀、安顺、六盘水等 6 个地市。在为期半个月的调研里,项目组参观了都匀市三线建设博物馆;考察了藏身深山沟的一些半废弃的老旧工厂;走进老厂职工聚居的小区,在随意的闲聊中了解各样的"三线"故事;进入当地的少数民族聚集区,了解他们在"三线建设"中的独特角色;走进以"三线"为主题的创意街区,逛了逛琳琅满目的"三线"主题商店,体验了一把"三线食堂"里原汁原味的粗茶淡饭。当地宣传部门向项目组赠送了"三线"主题的图书资料,一些亲历者则慷慨捐赠了个人信件、老照片、文件和档案等珍贵材料原件或复印件。

口述史访谈是调研的重中之重。在研究主题设置上,纵向以个人生活史为主线,梳理家庭背景、经历、自然情况、生活状态及人生节点重大事件;横向上则涉及社会动员、战备意识、组织与制度结构、文化与认同、社会融入与适应等几大主题。项目组一共对 144 名"三线"人员[①]进行了较为深入的访谈,访谈对象包括两大类:一是 1964—1980 年间的"三线建设"人员,二是 1980 年"三线"企业转型后的人员,并对大类里的各小类人员分地区进行了大致的比例设定(如表 1 所示)。访谈队伍由 12 名教师和 14 名研究生组成,一般 2 人为一小组[②]入户访谈,方式以半结构式访谈为主。

表 1　访谈对象分类及比例设定

大类	细分	比例设定[③]
第一大类	筹建人员、领导人	合占 50%
	技术人员、科研人员和技术工人	
	随迁家属	合占 30%

① 其中贵阳市 72 人,遵义市、六盘水市各 18 人,安顺市、都匀市、凯里市各 12 人。

② 通常由一位老师担任主访者,主要负责现场访谈任务,以及后期的报告或论文的撰写;一位学生充当访谈助理,负责前后的事务联络、访谈录音、拍照、收集文献、证书、档案、老照片和其他实物,以及后续的音频和原始资料整理。

③ 在 6 个地市中,贵阳市以外的 5 个市的人员小类配额按表中的比例配额进行设定;贵阳市则根据当地"三线"历史的独特性,以三大基地(061 基地、083 基地、011 基地)的人员为主,占 80%以上,剩下部分留给有特点的厂矿、研究所等。

大类	细分	比例设定
第一大类	分配学生(技校、大专、本科及以上)	合占30%
	部队转业后参与"三线建设"人员	
	军代表	
	本地招工人员(学生、民工)	
	回迁"三线"人员(包括北京、上海、哈尔滨、天津等)	
	"学兵连"①人员	
第二大类	二代"三线"人(子弟、分配、招工)	合占20%
	现还存续的"三线"企业人员("三线建设"后期进入企业的管理人员、职工)	
	现已破产的"三线"企业中的人员(在其他企业或行业再就业人员、内退人员、无工作人员)	
	其他人员	

　　以高原山地为主,素有"八山一水一山田"之称的西南黔地,其总体地势的崎岖不平,路途的蜿蜒曲折,肉眼直观可见,即使是作为省会的贵阳市区也不例外。都市尚且如此,更遑论"三线"工厂所坐落的深山峡谷了。在这片当初贫瘠闭塞的土地上,建设者们几乎是通过原始的人力,开山凿石,肩扛手挑,建起了一座座工厂;原本的一块块蛮荒之地,也逐渐发展成一座座繁荣的城镇甚至大都市。国家几乎调用了所有领域的优质资源:资金投入共计2052.68亿元,占同期全国基本建设总投资约40%②;来自东北、上海、武汉等工业发达地区的工厂或一分为二,或整建制搬迁到"三线";各地的建设者从四面八方奔赴"三线"……就建设规模和复杂性而言,"三线建设"并不亚于一场大范围的战争,影响之所及也不仅限于军工事业,还包括交通、科研、工业化、西部开发等多个领域。"三线"地区前后共建起1100多个大中型工矿企业、科研单位和大专院校,建设了45个工业产品重大科研、生产基地,诞生了攀枝花、六盘水、十堰等一大批新兴工业城市。这让

① "学兵连",也称"学生连",指20世纪70年代初"三线建设"时期,配属铁道兵部队建设施工,并由部队代管的陕西中学生组成的学生连队。
② 湖北党建信息门户网站,2016,《"三线建设"改变中国》,参见:http://www.hbdysh.cn/2016/1026/12449.shtml,获取日期:2020年5月19日。

人不禁想探究:一项如此宏伟的"工程",是如何变成现实的?

半个多世纪过去了,不仅第一代建设者们扎根"三线",第二代甚至第三代中的相当部分也坚守"三线",实现了代际意义上在"三线"的生根发芽。令人印象深刻的是,大部分受访者并不后悔扎根贵州的决定,哪怕中途曾经有机会返回原籍地,用他们自己的话说,贵州业已成为其内心的"第一故乡"。这种现象肯定无法用个人选择的巧合来解释,须知,当时可是有 400 多万的工人、干部、知识分子、解放军官兵响应党中央号召挺进"三线",成就了新中国历史上规模最大的一次人口迁徙,同时还有上千万人次的民工加入建设队伍。他们往往来自东部、东北和中部等当时相对富足的城市中的单位,生活相对体面,享有较高的社会声望。在旧时代,贫瘠莽荒的贵州作为发配犯人的流放之地,还沾染上些许"不祥"之气,是为正统观念所鄙弃的。以世俗标准来衡量,扎根"三线"这种现象似乎既不符合"人之常情",也不同于一般趋利避害的"理性选择"。故此,第二个值得探究问题是,这种"不合常理"现象背后的成因是什么?

以上的思考可以转换为共生性的两个学术性问题:一,作为社会工程的"三线建设",何以可能? 二,作为行动者的建设者的"在地化"现象,何以形成?

社会工程(social engineering)是一个被众多学科广为引用、含义极富弹性的概念(钱学森、乌家培,1979;盛明泉、金再华,2006;李黎明,2006;白淑英,2008;郑中玉、王雅林,2011;田鹏颖,2012;冯茹、王续琨、宋刚,2015),覆盖理工领域的工程学、哲学领域的系统论、社科领域的管理学和社会学等诸多学科。综合来看,社会工程概念有宏观、中观和微观之分:宏观层面指人类历史上根本性的社会制度,苏联式的社会主义模式即是此类典型;中观层面指以改造社会为导向的系统性的战略部署,主要包括"通过研究制定和实施新的社会发展规划、政策、法律、制度和方案等,改造社会的活动"(盛明泉、金再华,2006);微观层面指社会领域那些相对具体单一的政策性、事务性、技术性的专门性工程,规模也相对较大,比如希望工程、菜篮子工程等等。本文讨论主要集中于中观层面。

人类社会任何的实践都是由行动者(actor)完成的,社会工程的实施也不例外,本文以社会工程-行动者二重框架为基础展开研究。此框架和吉登斯(1998)的结构二重性(duality of structure)具有相通的学理逻辑:社会结构不仅对人的行动具有制约作用,而且也是行动得以进行的前提和中介,它使行动成为可能;行动者的行动既维持着结构,又改变着结构。行动与结构之间这种相互依持、互为辩证的关系反映在处于时空之中的社会实践中。同理,"三线建设"作为重大的社会工程,建设者作为对应的行动者,二者之间是形塑和反向影响的互构关系。对二者关系的分析,不能脱离新中国这个特定历史时段和"三线"这一特定空间。

社会工程("三线建设")范畴包括话语、制度和组织三个要素,行动者(建设者)范畴包含价值观、心理世界和生命历程三个要素。在社会工程范畴内部,话语是一套统摄性的符号体系,它决定着制度的导向和具体内容,制度相应地充当着将话语具体化的载体作用;制度作为一种软性的规范设置,制约着组织的性质、架构和运作方式,相应地,组织起着将制度进一步细化、具体化的作用。在行动者范畴内部,价值观决定着心理世界的具体表现,影响着个体的人生选择,塑造出具体的生命历程;个体的生命历程,也会反向强烈影响其认知、情感、观念、意志与行为,形成特定的价值观,也会因生命历程的差异,对原有价值观产生或固化或冲突的影响。对于二者而言,内部的要素是否形成相互契合的关系,产生正向的影响,将决定着能否形成"自洽"(self-consistent)的结果。具体对于社会工程而言,话语、制度和组织,三者是否相互呼应、印证和支撑,将决定能否构成一个自洽的体系;对于行动者来说原理类同。

社会工程和行动者都不可能是割裂性的存在,而是一种互相依存的共生关系,在具体社会实践中,二者所含的要素两两之间会产生单向或双向的影响关系,比如对于行动者的价值观而言,除了和范畴内的生命历程有双向的互相影响关系,也被社会工程中的多个因素塑造或影响(具体关系如图1所示)。这一双重框架是探讨本文议题的工具,正如布尔迪厄(Pierre Bourdieu)关系主义方法论主张的那样,要素是通过系统获得其意义和功能的,对"三线建设"和建设者的研究议题也只有在相互关系中才能得到理解和解释。

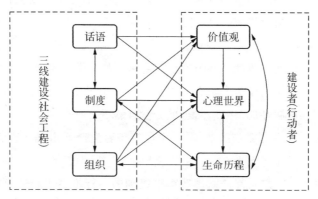

图1　社会工程-行动者二重框架示意图

二、 国家战略的军事化

（一）军事战略与工业主义话语的合流

　　"三线建设"影响了国家战略的调整,本身也是国家战略极重要的组成部分。1962 年的新中国刚刚经历三年困难时期,经济形势极其严峻,中共中央在制定"三五"计划时,曾设想主要着力调整和恢复国民经济,重点抓"吃穿用",着重解决老百姓的生活需求问题。但随着国际形势的恶化,尤其是美苏的军事威胁日益严重,原初设想迅速被打破,"三五"计划指导思想经历了由"解决吃穿用"到以战备为中心的变化:"立足于战争,从准备打仗出发,加快三线建设,大体解决吃、穿、用。""备战备荒为人民"这句广为流传的标志性口号正是此战略转变的最好写照。

　　现代战争归根到底比拼的是工业实力,新中国"一五"计划之所以重点发展重工业,既为发展更高层级生产力,也为增强军事实力。1964 年 4 月总参作战部的一份报告认为我国经济布局已不再适应未来战争需要,中央的判断是"战争不可避免,要立足于大打、早打、打核战争"。备战由此成为一个迫在眉睫的重大战略问题。1964 年 5 月 27 日,毛泽东在中央政治局常委会上指出,"三五"计划要考虑解决全国工业布局问题,要搞一、二、三线的战略布局,加强"三线建设",防备敌人入侵。如果一旦有战争的发生,需要依赖在"三线"地区建立的第二套完整的国防工业和重工业体系,壮大后方工业实力,保证战争状态下军事物资的持续供应。

　　"两个拳头,一个屁股。农业是一个拳头,国防是一个拳头。要使拳头有劲,屁股就要坐稳,屁股就是基础工业。"毛泽东曾这样形象地比喻当时的国家战略布局。把国防比作两个拳头中的一个,工业比作稳住身躯的屁股,那兼具工业和军事双重属性的"三线建设"的分量自然不言而喻。

　　贵州"三线"除了常规工业,军工企业主要有生产歼击机和教练机的安顺011 基地,及生产防空导弹的遵义 061 基地。"三线建设"作为一个保密级别极高的国家战略,各方面都严格遵照军事级别的高标准:彭德怀元帅曾经担任"三线建设"委员会第三副主任,负责军事指导工作;人员选拔要求家庭成分好，招工往往以秘密的名义进行，某单位就以"贵阳棉花厂"的虚构名称招工，并对招收人员的邻居、大队、家庭、工作等情况进行严格的二次考察；选址设厂讲究"分散、隐蔽、进洞""靠山隐蔽扎大营"；重视日常安全保卫，一些工厂甚至有人持枪值班。

为了防止信息泄露，厂名是不能透露产品和所在地等信息的，因而往往采取变通的方法：一是厂名伪装，如在六盘水，和煤相关的工厂使用农场番号，和钢相关的工厂使用林场番号，水城矿务局因此被命名为"大河农场"，下级机构称为生产大队、生产队，水城钢厂称为"林场"，电力部门则称为"渔场"。二是使用数字代码，比如 011 代表航天航空，083 代表军工仪表。数字里还隐藏着一些只有内部人士才能解读的信息，011 基地的 460 厂（贵州黎阳公司[①]）原副经理曾这样解释该厂名称的来历：

> 公司的代码是"460"：4 是指原来工业部的四局，6 是指第六个五年计划。（所以）410 是第一个五年计划，420 是第二个五年计划，430 是第三个五年计划，我们是第六个五年计划。[②]

对于一些以平日以民用为主的工厂，则在工序设置上考虑到了战争状态下民用向军用的切换，以贵州省平坝化工厂为例：

> 我们化工有高炉，平常搞化肥，打仗马上改成硝酸，前面的工序全部一样，最后工序一改，三天就可以了，这就是战备企业。冶炼的高炉平常是冶炼钙镁磷肥，打仗马上就转为特殊钢。[③]

（二）以"工程"为中心的资源调配

"三线建设"是"三五"计划的重心向战备调整的产物，是国家战略层级的工程，在政策、财政、物资、设备、人员等多方面予以优先的资源配置。

在财政方面，从 1964 年到 1980 年的 16 年间，中央政府把计划内 50% 的工

---

① 贵州黎阳公司，又称"贵州航空发动机公司"。
② 访谈 035，黎阳公司原副经理，2019 年 7 月 21 日。
③ 访谈 102，航空工业三〇二医院原工会主席，2019 年 7 月 21 日。

业投资和40%的设计、施工力量投入到"三线建设"中,累计投入资金 2052 亿元,建成了 1100 多个大中型军事和重化工业项目(吴晓波,2013)。而贵州作为全国"三线建设"重点地区,1964—1978 年间国家投资近百亿元,建成了航天、航空和电子三大国防科技工业基地。

国家通过指令计划给"三线建设"提供了最高层级的宏观制度支持。本着"全国一盘棋"精神,国内工业发达地区建立了对"三线"地区全方位的对口支援体系:有些工厂一分为二,比如 1965 年六盘水煤炭基地建设开始后,煤炭部将徐州煤矿机械厂一分为二迁到贵州六枝;有些是成建制搬迁,比如华东煤炭工业公司安徽杜集机厂于 1965 年 6 月初整体调迁至水城红桥,更名为水城矿区指挥部机械厂;有些工厂甚至还是"多合一"搬迁的产物,比如遵义 405 航天控制厂(贵州航天 061 基地),就是先在哈尔滨、沈阳、北京、太原、西安各生产一部分,最后到上海总装而成。为了防止战争状态下因一个环节被破坏而导致整个导弹无法形成系统的不利局面,中央决定将遵义建设成一个各地搬迁汇总形成的成建制基地。彼时遵义市航天基地一共有 32 个单位,包括两所医院、一所技校、一所中专、一所职工大学,其中遵义医学院就是由原来的大连医学院整体搬迁而来的:

> 搬迁到什么程度?把大连医学院的篮球架都搬过来了,彻底搬。大连医学院就不存在了,直接就搬到这儿了。[1]

随工厂搬来的还有当时先进的设备,这对生产能力和业务能力的提高有极大的促进作用:

> 因为当时军工企业国家还是舍得(投入)的,460 厂像是万国博览会,全世界各个地方的好机床我们这都有。我们一个厂的机床就有 800 多台,都是进口机床,许多都没图纸,特别是关键设备坏了以后,工厂就下任务,你赶快给我修出来,这对我业务上的锻炼也是很大的。[2]

当时选拔上的都是各方面的优秀代表,符合"又红又专"的要求,其中不乏

---

[1] 访谈 041,遵义 405 航天控制厂原副厂长,2019 年 7 月 18 日。
[2] 访谈 144,贵州 011 基地 460 厂原技术中心主任,2019 年 7 月 17 日。

著名高校①的毕业生。征调人员也是配套的，包括财务、政工、生产技术、机电管理，有些甚至连食堂都搬过来了：

> 我们厂甚至连上海食堂全套人马都过来了，好人、好马、好设备、好机器。②

在行政级别方面，"三线"工厂大多属于县团级甚至更高，在当地享有较高的政治地位和社会声望，也有一定物质上的优待。工厂人员是当地人非常羡慕的对象，甚至被调侃为"地主"。在工厂内部，工人跟干部的工资待遇差别很小，有些厂规定，总经理工资不能超过工人平均工资的两倍，工人工资也整体比知识分子更高。对职工也很照顾，一些农村户口到这边就转为城市户口：

> 那时候工人最好了，地位高，特别是机械工人，国家很重视；没人愿意经商，没人愿意到银行这些商业部门。③

（三）革命价值观和战备意识

"亲爱的党啊，请你相信我吧。让我到大西南去，滚一身泥巴，炼一颗红心。"攀枝花市原市委书记秦万祥向党组织提交的"请战书"里，说了这样一番话，在纪录片《大三线》里，他回忆起当时的青年是如何踊跃报名参加"三线建设"的。

新民主主义革命在中国取得胜利之前，革命大致意味着以斗争的方式，推翻旧制度，推翻"三座大山"，消灭剥削，争取国家独立和民族解放，建立人民政权，在此基础之上建设社会主义。在新中国成立之后，尤其是社会主义改造完成之后，革命的对象转向帝国主义、"修正主义"。在利益问题上，强调个人利益服从国家利益、集体利益，两者不能两全时不惜牺牲个人利益。

牢固确立的革命价值观，使得"反帝""反修"立场得到建设者们高度的认

---

① 包括清华大学、西北工业大学、西安交通大学、南京理工大学、南京航空航天大学、北京航空航天大学、哈尔滨军事工程学院等等。
② 访谈 057，贵阳新天光学仪器厂原副总经理，2019 年 7 月 17 日。
③ 访谈 057，贵阳新天光学仪器厂原副总经理，2019 年 7 月 17 日。

同,这既是宣传教育的结果,也是个体价值观自然发展的结果,是"又红又专"的建设者群体的自觉意识,在"三线建设"针对对象的问题上,几乎所有的受访者都会提到"反帝""反修":

> "美帝""苏修"亡我之心不死,你不做好准备,红色的政权没法巩固,所以作为战备任务将我们分到贵州来。①

受访者们将"三线建设"看作崇高的事业,将能亲身参与这一历史进程视作无上的荣耀。在他们看来,自我价值的实现取决于对国家的贡献,黔江机械厂原党委宣传部部长是来自上海的"三线"第一代建设者,尽管物质待遇远远不如上海同行,但他并不在意,而更看重对国家的贡献:

> "歼-6"飞机荣获一等奖,我为此付出过辛勤劳动,因而也感到万分荣幸。(我对师弟说,)我对我们国家还是有贡献的,第一架喷气式飞机你们参加制造没有? 我参加制造了! 师弟就说:"噢哟,侬有光荣侬有光荣!"②

建设者以为国家做贡献为荣,不愿意因为个人工作的不力为国家造成不利影响,为此经常处于"玩命"的工作状态:

> 我们不能耽误,不能到最后国家失败了、战争失败了是因为拿不出飞机,拿不出发动机,不能亏在我们这里,不能在我的岗位上出问题,所以当时大家都挺玩命的。③

"三线"建设者具有自觉的战备意识,对国际局势有相当程度的了解,都非常熟稔地提到要响应毛主席号召,"备战、备荒、为人民""深挖洞、广积粮、不称霸";他们也对"三线建设"的意义非常明了,认为它阻遏了美苏对中国进行军事打击的冲动,"三线"的山区环境对于保证我方的二次打击能力意义重大;他们保密意识浓厚,"不该说的话不说,不该做的事不做"。在探亲时也不轻易透露具体信息,哪怕对父母也不例外;写信时不能透露具体的施工范围而使用代

---

① 访谈 144,贵州 011 基地 460 厂原技术中心主任,2019 年 7 月 17 日。
② 访谈 148,黔江机械厂原党委宣传部部长,2019 年 7 月 19 日。
③ 访谈 144,贵州 011 基地 460 厂原技术中心主任,2019 年 7 月 17 日。

号,比如"林泉电机厂"代号是 3651 厂,454 信箱。

三、 统摄性的忠诚政治

在毛泽东时代,高度的政治忠诚是产生超越物质利益作用的根本性精神力量之一。共产主义文明、源远流长的集体主义传统、严密的组织、民主集中制原则,共同构建了一种统摄性的忠诚政治,这是一种上下贯通,有坚实的话语建构、制度具化和组织保障的政治现象,具有刚性和总体性的特征。

忠诚观念被深刻内化于行动者的意识和心理之中,并加以践行,生命历程也与此紧密呼应。令人印象深刻的是,在谈到参与"三线建设"的动力时,亲历者们几乎无一例外地提到他们最大的愿望就是要"让毛主席睡好觉"。对于他们来说,对意识形态、对社会制度、对国家的忠诚,和对领导人的忠诚是完全一致的;中央的权威和领导人的权威也是高度一致的。图 2① 这张富有视觉冲击力的照片,反映的是悬崖峭壁之上,"三线"建设者在毛主席语录牌旁惊险而火热的劳动场景,可谓忠诚政治最直观的诠释。

图 2　峭壁上的语录牌和"三线"建设者

(一) 观念与制度的规训

高度的政治忠诚来源于软性的观念层面和硬性的制度层面的双重规训,并通过严密的组织行为产生作用,具体表现为严格的选拔和政审、饱和式的政

---

① 新关山旧梦,2016,《几张珍贵的三线建设老照片》(原始作品原标题为《战斗在崇山峻岭间》),参见:http://blog.sina.com.cn/s/blog_aed9b2030102x40k.html,获取日期:2020 年 5 月 26 日。

治学习与教育、纪律与惩戒、组织动员、物质的相对满足等等。

严格的选拔和政审保证了建设队伍的精英属性，也构筑起一种天然的政治门槛。按照"又红又专"的标准，只有政治表现积极、业务能力突出的人才有可能被选拔上。六枝煤机厂原副厂长回忆，当时选拔要求"三个过硬"：政治过硬、技术过硬、身体过硬。政审也需要符合三个条件，即根正苗红、真才实学、"三忠于四无限"①。"地、富、反、坏、右"等家庭成分不好的人员是绝不可能进厂的，因此最终能够被选拔上的基本都是党员和技术骨干。

饱和式的思想政治宣传和教育是形塑思想观念的重要途径。单位有常规性的学习制度：其一是半小时的班前会议，除了业务上的通知，还有各种政治学习、政策精神的传达，主要的方式是读报纸、发言讨论。其二是"三会一课"制度，"三会"是指支部大会、支委会、党小组会，"一课"指支部书记讲党课。其三是定期会议，比如每星期有一次干部会，通过中级干部起到上传下达的作用，以及更大规模的全厂职工大会。其四是政治学习氛围的营造，工厂的大喇叭除了播报新闻，也有政治教育的功能，甚至在放电影正片之前，还会见缝插针地插播五六个新闻简报。

政治学习有严格的组织制度加以落实，车间一般会有一个支部书记或指导员管政治。支部书记主要负责思想工作，强调政工、革命传统、军人作风和精神，往往由他们在车间大会上宣传政策和形势，在车间现场观察，做思想工作；监督积极分子写思想汇报，党员一周过一次组织生活。政治学习强调人人落实，车间内再分小单位动员，小单位写决心书贴在墙上，人人表决心。

在"文革"期间，对于毛泽东思想的宣传更加密集，几乎天天开会，每天早上学毛主席语录，"早请示晚汇报"，背"老三篇""新五篇"。在路上有红卫兵设路卡要求背诵语录，商店买东西也要背诵。

组织纪律通常是比较严格的，尤其在"文革"时期偏"左"的政治氛围下，是不能轻易批评"三线建设"的：

> （"文革"时期）动不动就以阶级斗争为纲，你随便说错一句话就得上纲上线，就要挨批斗、挨板子。那时候谁要说"三线"建设艰苦，就要受到

---

① "文革"时期对毛泽东个人崇拜的口号。"三忠于"指忠于毛泽东、毛泽东思想和毛泽东的革命路线。"四无限"指对毛泽东、毛泽东思想和毛泽东的革命路线都要"无限热爱，无限信仰，无限崇拜，无限忠诚"。

批评的,要被写"大字报"的,所以谁也不敢说半句真实情况。①

亲历者们往往用"深入人心"来形容思想政治教育的效果,每星期至少三次政治学习,下班后小组还要组织学习,每次至少持续一小时:

> 学国家形势,读报纸,谈体会。什么叫大局,什么叫国家,工业学大庆,学雷锋,农业学大寨,干部学焦裕禄。所以毛主席伟大就伟大在会教育群众,他灌输思想是很厉害的。②

政治氛围的浓厚并不意味着建设者们不食人间烟火。华尔德(1996)在《共产党社会的新传统主义》的研究发现,单位员工往往用政治上的忠诚来换取领导的认可,以获取晋升机会与物质利益。因此,培育忠诚不单是靠政治观念和制度的规训,还有实质物质待遇的支撑,一个有趣的细节是,一些亲历者报名参加"三线建设"的动力之一就是能够吃上大米。

(二) 行动者的忠诚与服从

在某种意义上,对领导人的忠诚也相当于对革命理想的忠诚,相当于对社会主义、共产主义事业的忠诚:

> 真的是一颗红心,毛主席怎么说,我们就怎么做。对毛主席忠诚,做毛主席的好战士。③

完全服从组织安排,是当时建设者的自觉意识:"调你就是政治","过去大家都很听党的话,党叫干啥就干啥"。有些建设者甚至连目的地在哪儿都不知道,就义无反顾踏上援建之路。当时几乎没有物质利益概念,也就无所谓"失落":

> 你问我们是不是失落,感到后悔? 真没有! 我们毕业时谈"又红又专""哪里艰苦哪安家""党指向哪里,我就打向哪里""任祖国挑选"。就希望到这一种

---

① 访谈 136,红林机械厂(143 厂)原宣传部部长,2019 年 7 月 19 日。
② 访谈 057,贵阳新天光学仪器厂原副总经理,2019 年 7 月 17 日。
③ 访谈 148,黔江机械厂原党委宣传部部长,2019 年 7 月 19 日。

火热的场面中去,越是艰苦的地方越是要去。服从组织安排,也没见过什么豪华的房屋,也不知道舒适生活是什么样。现在人不可以想象。①

四、 单位里的生命历程

(一) 家庭与社会关系的单位化

家属内迁也是"三线建设"的一个重要议题,当时的政策一般是鼓励举家搬迁:"最好能携带家属;如果暂时不能携带,也应争取迅速创造条件,在最短期间搬去。"虽然由于条件所限,这一目标并没有完全实现。据统计(董志凯,2015),截止 1971 年,内迁职工的家属约占总数的百分之二三十,给职工生活和工厂都造成较大困扰,因此在 1971 年进一步明确了内迁职工家属的安置措施:迁入地要主动与迁出地协商,对家属分期分批内迁,到 80 年代初,问题基本得到解决。

这似乎不太容易引人注目,但作为最基础的事实,对于行动者本身和社会工程都有不可忽视的影响。由于"三线建设"有比较长的历史跨度,身处历史进程的建设者完成了两代甚至三代的代际更替,几代之间同处一个单位、同一个社区或至少同地区的共同工作生活成为一种常态。一位来自辽宁鞍钢的知青,经师傅介绍和本厂一名工人成婚,在当地买房落户,三姐妹都来了"三线",两个子女也在当地工作生活,并于 2013 年将老父亲接来共同生活。目前除了一个弟弟尚留在老家鞍山之外,其他几乎所有的家人和亲戚都在水钢。

这一事实的直接影响,就是使得个人生命历程(尤其是婚姻、家庭和社会关系网络)就此和单位及当地建立起高度关联。相当部分"三线"人员当初是举家内迁,系统性地将完整家庭结构和基本的社会关系网络迁入"三线"。随着代际的繁衍,实现了家庭实体、观念、情感和社会关系多代的复制与再生产。

家庭和社会关系与单位的高度融合,极大强化了建设者对"三线"的归属感。如前所述,大多数工厂都在条件允许范围之内尽量解决家属工作问题,到

---

① 访谈 124,水城钢铁厂原总会计师,2019 年 7 月 24 日。

80 年代初基本全面解决。有位职工原来一个人上班,爱人和五个孩子都没工作,家庭生活相当困难,来了"三线"以后,家属都安排正式工作,生活有保障,福利也不错,自己看病不要钱,子女则报销 50%,生活水平有了质的提高。由此建立起的对单位的认同感和归属感是极为牢固的,一位亲历者说:

> 我所有的亲戚什么的都在水钢。一家人常来常往,生活也挺丰富的,也觉得乐在其中。对这里有归属感,觉得挺好、挺幸福的。[①]

(二) 实体社区与精神社区

"三线"单位的社区既有实体空间的意涵,也有"跨越边界的社区"[②]或者精神社区的意涵。

1. 企业办社会

"三线"企业也属于典型的企业办社会,"样样都自己搞,吃喝拉撒睡都得自己管"。有些规模大的工厂职工最多的时候 2 万多,连同家属算四五万人,职能科室齐全,诸如生产科、劳资科、器材科、总务科……尽量安排亲属工作,比如有些厂将家属安排在劳动服务公司,为工厂生产自用的面包。

工厂都有子弟学校和技工学校,学员毕业后进入本厂工厂。老师往往是本厂员工,包括技校的老师,都由厂里生产骨干担任。工厂学历层次相对较高,在一些从上海搬迁来的工厂里,很多教师都毕业于上海正规师范学校。对教师在待遇上通常有一定的倾斜,工资往往比技术员高一档。由于职工全天上班,子弟学校的老师们往往充当多重角色,"在学校既当老师又当阿姨",师生关系非常亲密。

单位全面细致地关照职工生活,比如家属生病,如果职工本人有困难,单位会给予物质补助和看护上的帮助。亲历者认为这是工厂最好的一个传统,是"一种人性化的传统,是一种阶级感情"。

2. 时空、情感和记忆的塑造

对于建设者和其后代来说,单位社区是他们度过人生大部分时光的一个

---

① 访谈 059,六盘水水城钢铁厂原工会副主席,2019 年 7 月 24 日。
② 该概念由项飙首创,参见项飙:《跨越边界的社区》,2000,北京:生活·读书·新知三联书店。

空间载体。这种较长时段的影响简单但深刻:伴随着时空长时期的固定,是人口和关系在代际的再生产,以及同质的集体情感和社会记忆的形成。

在早期条件比较艰苦的时候,建设者们过着典型的集体生活。在单元宿舍楼盖好之前,睡的是上下两层的通铺,有时多达五六十人。即使后来有了单元楼,很多空间也是共享的:在走廊里边生炉子,吃饭时的饭菜不分你我,随时互相走门串户,洗衣间、自来水、厕所等设施都是共用的。集中的空间给众人提供了相互熟识的机会,亲历者都评价那时大家感情好,不闹矛盾。

一些共有的活动则塑造共有的社会记忆,以看电影为例,"每次看电影的时候都要到平坝,走上十几里路,但是还是特别激动"①。大家一起看露天电影,组织毛泽东思想文艺宣传队,排样板戏革命歌曲。单位社区边界的封闭性与活动的独享性,塑造着记忆的独特性和共享性。

交际圈集中在工厂,社会记忆也以单位为承载,因此尽管有些成员因为工作的变动而天各一方,但由于密切的情感和精神纽带的作用,结成了一个跨越边界的精神社群。情感上的难以割舍,常让"三线"人员互相有"舍不得"的牵连。一些已经返回上海居住的"三线"老同事,其大多数社交圈子其实仍在贵州本地,因此仍会候鸟般地回贵州不定期聚会。锻炼、打太极、练剑之类的退休休闲活动,大部分仍是本厂人在一起进行。常年的共同单位经历,塑造了相应的实体社区和精神社区,跨越了社区地理边界,甚至跨越了国境线,即使出了国也仍有紧密的联系。这使得一代一代"三线"人不仅常年保持线上线下的联系,小圈子定期举行聚会活动,甚至多有结成婚姻关系的例子。

(三)在地化

"献了青春献终身,献了终身献子孙",早期的"三线"建设者,通过家属搬迁、单位生活、扎根贵州,完成了人口的再生产,也实现了家庭关系、社会关系的在地化,进而带来生命历程、身份认同等全方位的在地化。其他一些要素则拓展了此现象的广度和深度,诸如,工厂作为全功能的"单位"与社区,所具有的行政等级优势,单位的相对封闭性和在社会上的较高声望。这使得"三线人"不仅选择贵州作为居住地,即使是那些返回原籍地的成员,其社会关系网络也往往以贵州作为重要的枢纽。

① 访谈 059,六盘水水城钢铁厂原工会副主席,2019 年 7 月 24 日。

贵州一些新兴工业城市本身就是依托"三线"厂逐渐发展起来的,水钢之于六盘水即是典型案例。一直到20世纪60年代中期,六盘水都还是一片蛮荒之地,数十万内迁的"三线"建设者,打造了这座"火车拉来的城市"。除了工厂带来的工业化和城市化,还通过在当地农村和少数民族的寨子招收新工人,以及通过水钢等厂对周围地区的帮扶,带动了该地区整体的发展。对于"三线"人而言,他们对工厂和对当地的贡献是一致的,对单位和对地方的归属感基本上也是等效的。

心理的在地化还体现在对贵州作为居住地的高度认同,大多数访谈者都承认贵州相比于东部地区是有明显差距的,但都对现今的发展状况表示认可,并且特别强调贵州的一些特有优势,比如丰富的旅游资源,比较宜居的环境,尤其是贵州的凉爽夏季带来的避暑优势,更是让几乎所有"三线建设"访谈者津津乐道:

> 到现在,我也不后悔从上海到这儿来。国家需要到哪就到哪去,就这么简单单纯的事情。你做一些工作是应该做的,我就好好工作就是了。[①]

根据推拉理论(Push-pull Theory),这种在地化的作用力一是来自原籍地的"推":"我为什么不回去? 一个,我在上海没有家。第二个,我现在回去干什么? 我们年纪都很大了,人家都要年轻的40岁以下的。"[②]二是来自现居地的"拉":"上海天气太热,我们觉得这种气候都适应不了。现在我们只能算贵州人了。1966年到现在,五十多年了,这里肯定变成我的第一故乡了。这地方气候好,我们住的地方也宽敞,有88平方,很舒服。我们在这儿已经很习惯了,也不想回去了。"[③]

五、 自洽而互构的闭环

(一)自洽而互构:结构形塑、行动建构与心理固化

"三线"建设者们参与了历史,被历史所塑造,本身也是历史的一部分。当

---

① 访谈057,贵阳新天光学仪器厂原副总经理,2019年7月17日。
② 访谈057,贵阳新天光学仪器厂原副总经理,2019年7月17日。
③ 访谈057,贵阳新天光学仪器厂原副总经理,2019年7月17日。

时的社会成员受到结构性的制约是一个简单而有力的基本事实:在宏观层面,国家在城市通过单位,在农村通过公社,事实上将每一个个体纳入到国家治理范围,个体在此框架内并无太多自主选择的行动空间。

单位的制度约束以及所营造的空间,让个人生命历程,包括婚姻和社会关系网络高度地单位化,而社会工程的宏观话语则内化成为行动者价值观的一部分,且高度契合。在访谈中,受访者会无意识而又非常熟练地使用官方的话语体系,对历史的叙述和评价也和文本高度一致。这反映出社会工程的话语、叙事深刻影响了他们作为行动者的价值观、认知、情感和心理。例如初到贵州之时,建设者和当地农民的关系一度比较紧张,为了缓和关系,工厂给他们提供一些物质利益,如免费使用工厂水电,享受工厂一些福利。尤其是在当地招工,在提供就业机会的同时,也加深了工厂和本地的社会关系联结。评价这一现象时,亲历者非常自然地认为此举"巩固了工农联盟",显现出官方的话语体系已经内化为个体的价值观和政治认知。

作为一个基本事实,这个群体经过一代两代人的艰辛劳动,切切实实地促成了当地的发展和整体生活水平的提高,为建立对贵州较高程度的认同创造了社会基础和物质基础;同时,也反过来强化了自我价值实现的认同感,削减了当初"异地感"的排斥心理,为最终的在地化发挥助推作用。这是一种能动的力量,也是社会工程和行动者互构的具体体现。

理念和价值观上的呼应,加上利益上的契合,形成了类似于彼得·圣吉(1998)组织理论中的共同愿景(Shared Vision),即组织宏观层面的共同愿景是在有机融合个体愿景基础之上形成的。异曲同工的是,作为社会工程的"三线建设"和作为行动者的建设者,两者之间共享高度一致的话语和价值观,在利益上,表现为"集体利益""国家利益"和"个人利益"之间,"个人价值"和"社会价值"之间关系高度的一致性。这是二者互构的另一种表现。

作为社会工程的"三线建设"和作为行动者的建设者之间的闭环式互构,使得"三线建设"成为一个自洽的工程,也使得建设者完成了关系和心理的在地化,开篇提到的这两个共生性的学术性问题也由此得到解释(见图3)。

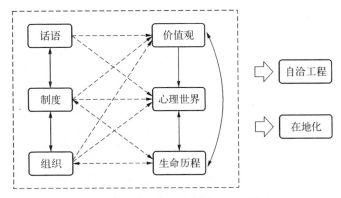

图3　社会工程与行动者的互构与影响

（二）闭环："独立王国"的虚实边界

"洞中方一日,世上已千年。"这是当时用于形容"三线"地区和外部世界相对隔绝导致的闭塞和滞后的诗句,尤其是进入改革开放时代之后,这种状况更为明显。"独立王国""山中王国"曾是建设者引以为豪的说法,后来则成为落后于潮流的自嘲。

以上诗句和绰号反映了一体两面的两个事实:"三线"地区既自成体系,又时时刻刻和外部世界产生交互影响。换言之,这个曾经的"独立王国"既是内部闭环的,又是和外部世界存在双向影响关系的。在内部,其空间塑造下的生命历程、社会关系都存在一种内循环式地再生产的现象;在外部,由于存在资源与人员的流动,存在宏观意义的生产分工以及转型所带来的影响,其与外部世界存在着双向影响的关系。可以说,两者的边界是实的,也是虚的(见图4)。

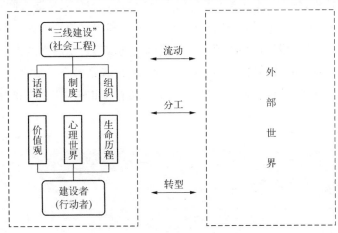

图4　社会工程–行动者与外部世界关系示意图

　　由于相当部分的"三线"企业具有军工性质,对于保密的要求比较高,还有作为社会工程特事特办的属性,因此和贵州本地的社会环境具有天然的区隔。在改革开放之前,单位本身作为一个小社会,这种封闭性更具普遍性。但与此同时,"三线"企业也和当地产生了千丝万缕的联系,包括由于劳动力的不足在当地招工,以及因为具体后勤事务而和当地产生各种各样的关系。此外,这些"三线"企业都承担着一定的社会责任,比如对当地的经济帮扶。

　　"三线"因军工而兴,也因军工政策变化而衰;因国家战略的倾斜而兴,也因改革开放工作重心的转移而衰。前者如尼克松访华之后,随着中美关系的缓和,军品需求量急剧萎缩,"三线"企业被迫开始开发民用产品,走上艰难的转型之路。通常来说,相当部分"三线"企业改制之后经营是比较困难的,原因其一是军品没有市场,其二是自产的民品在市场上缺乏竞争力。"三线"企业在改革开放前后的落差,在宏观的国家层面是基于政治和军事战略的变化,比如在邓小平提出 50 年不打仗之后,军工企业就逐渐衰落。链式反应的影响所及,导致政治军事战略的重心转移,军工企业的地位的反差,前后制度的错位,这也是滋生一些社会问题的宏观层面的症结所在。很多亲历者提及的一个共同问题,是在军工的政策变化之后,企业原有的行政领导级别被取消,企业划归地方,因此出现待遇前后的错位性落差。正如有些亲历者感叹的那样:"大势所趋你有什么办法?"

　　对于历史活动和行动者两者来说,内部是否自洽,相互是否互构,将决定预期是否能实现,结果是正向还是负向。横向比较或许能突出这种影响的重要性,以"文化大革命"和知青"上山下乡"为例,这两个历史事件后来都在观念上不再被认可,行为上不再受支持,个体的生命历程和个人意愿之间也产生脱节,乃至出现更为宏观层面一定程度的社会失序和国家治理失灵。因此,如果将二者与"三线建设"作对比,则它们虽然都受到政治运动的强烈影响,但前者是理想的失落,和行动者存在一定程度的张力;后者则融合了理想、生计、日常生活和心理认同,实现了观念世界、现实世界和心理世界三者的有机融合。

参考文献

《国家记忆》栏目组,2017,《大三线》,北京:中央电视台中文国际频道。

白淑英,2008,《求变、认同与融入:社会工程的困境与超越》,《工程研究-跨学科视野中的工程》第 4 期,第 181—189 页。

董志凯,2015,《三线建设中企业搬迁的经验与教训》,《江西社会科学》第 10 期,第9—16 页。

冯茹、王续琨、宋刚,2015,《社会工程研究的中国进程》,《西安交通大学学报》(社会科学版)第 3 期,第 79—84 页。

华尔德,安德鲁,1996,《共产党社会的新传统主义》,香港:牛津大学出版社。

吉登斯,安东尼,1998,《社会的构成》,上海:三联书店。

李黎明,2006,《社会工程学:一种新的知识探险》,《西安交通大学学报》(社会科学版)第 1 期,第 18—24 页。

钱学森、乌家培,1979,《组织管理社会主义建设的技术——社会工程》,《经济管理》,第 5—9 页。

圣吉,彼得,1998,《第五项修炼》,郭进隆译,上海:三联书店。

盛明泉、金再华,2006,《社会工程投资决策相关问题探析》,《生产力研究》第 10 期,第 126—128 页。

田鹏颖,2012,《社会工程视域下"社会关系生产"的新形态》,《中国社会科学》第 10期,第 4—20 页。

吴晓波,2013,《历代经济变革得失》,杭州:浙江大学出版社。

郑中玉、王雅林,2011,《从社会工程学转向系统的工程社会学——兼论基于"系统主义"的工程社会学知识分工》,《哈尔滨工业大学学报》(社会科学版)第 5 期,第 32—41 页。

中共中央文献研究室,《毛泽东年谱(1949—1976)》,2013,北京:中央文献出版社。

书评与随笔

传统与现代之间的城市政治

——读史谦德《北京的人力车夫：1920 年代的市民与政治》

胡承广*

一、 前言

在英文版出版三十余年后，《北京的人力车夫：1920 年代的市民与政治》（*Rickshaw Beijing : City People and Politics in the 1920s*，以下简称《北京的人力车夫》）中文版终于面世。在这本列文森奖获奖作品当中，作者史谦德（David Strand）通过充分挖掘当时的北京地方报刊等史料，再现了 1920 年代北京的城市生活。在此基础上，《北京的人力车夫》对五四运动结束后十年间的北京城市政治变迁进行了清晰的梳理与分析。

虽然以"人力车夫"为题[①]，但《北京的人力车夫》却并未将全书的关注点局限在人力车夫这一群体。全书共十二章，其中只有第二、第三章对人力车夫进行了具体介绍。在其余章节中，警察、商会、行会、工会等团体逐个被作者引入北京城市政治舞台。通过分析有轨电车进入北京、现代工会兴起、北伐结束等具体的历史进程中北京城内发生的大小冲突矛盾，《北京的人力车夫》向我们生动地描绘了北京的市民团体如何维护并争取自身权益，城市秩序如何在矛盾中得以维持，展现了现代化进程中传统北京的城市风貌。通过对北京城内居民、警察、地方精英等各方主体间互动的全面呈现，本书勾画了纷乱的十年中北京复杂的城市政治生态，展现了"城市对社会和政治变革的折中反应"（史谦德，2021∶5）。

本文将首先讨论人力车夫对于民国北京的特殊意义，接着从车夫掀起的

---

* 胡承广，南京大学社会学系 2021 级硕士研究生（hcg663@ smail. nju. edu. cn）。

① 本书英文标题 *Rickshaw Beijing* 原被翻译为"人力车时代的北京"，中文版最终以"北京的人力车夫"为题出版。

电车风潮切入,分析 1920 年代北京城市政治的变迁。本文还将检视在现代化进程中传统因素对维护城市秩序的作用,并在最后通过比较讨论本书的贡献。

二、 人力车夫:1920 年代北京的缩影

作为北京最典型的"普通百姓"①,人力车夫可以被视作 1920 年代北京市民的代表。根据李景汉的调查,1924 年北京已有人力车夫六万余人,约占北京16 至 50 岁男性人口的六分之一;依靠车夫生活的家口更是有近二十万人,达到了北京总人口的 20%(李景汉,1925)。但是,人力车夫能够获取"典型"的地位不仅是因为这个群体人数众多,还在于其构成的复杂性。作为一种"老少咸宜的谋生方式"(史谦德,2021:22),人力车夫群体中不仅有大量的农村移民、城市贫民,还有部分时运不济或走投无路的政府职员、知识分子等落魄市民,甚至还能找到失势的前清将军乃至皇亲国戚的身影。另外,街头工作的特点使得人力车夫较其他北京市民有着更敏锐的政治感知、更丰富的政治参与经验和更多样的抗争策略。穿梭于北京街头,来往于公私机构的人力车夫常常有机会与城内的政治活动进行零距离接触。在日常的街头生活中,作为弱势群体的车夫们学会了如何通过各种策略抵御外来侵害,并发展出了利用公众关注来维护自身形象、反抗不公的街头智慧。

在更具象征意义的角度上,人力车夫的境况与 1920 年代的北京存在某种相似性。自清末民初开始的缓慢而曲折的城市转型,使 1920 年代的北京呈现出一种"半现代化"的暧昧模糊的面貌。与西方文明的交流为北京带来了电车、电话等设施,政党、工会等团体在城内已初具规模,三民主义等思想也在市民中获得了追随者;但老式城墙、大杂院仍旧主导着北京的风貌,传统的手工业、商业和服务业支撑着城市经济,传统依然是这座城市的底色。人力车夫也处于这样一种介于传统与现代之间的状态。虽然人力车在 1886 年才被作为一种新型交通工具引进北京,但因其"人拉人"的模式以及随后汽车、电车等更加现代化的交通工具相继进入北京并成为公共交通方式,到 20 世纪初,人力车已经被视作落后的象征。对刚进城的农民或城内众多失去收入来源的旗人而

---

① 李兆旭,2021,《史谦德谈北京的人力车夫》,澎湃新闻,参见:https://www.thepaper.cn/newsDetail_forward_15767164,获取日期:2021 年 12 月 20 日。

言,拉人力车承载着他们融入北京城市生活,获得或维持市民身份的希望;但在知识分子或革命家的眼中,人力车夫这一行当却被贴上了不人道、压迫、剥削等标签,是贫穷、社会脱序的铁证。从人力车夫身上,我们可以看到民国北京"被夹在中国帝制时代的过去与中华民族的未来之间"的窘况(史谦德,2021:3)。

三、 电车风潮: 变迁中的城市政治

1928年人力车夫工会的成立,使车夫们终于有机会通过正式、合法的途径提出他们的诉求,也使这一长久以来活跃于街头的群体被卷入国民党政客领导的市总工会内部的权力纠缠之中。自1924年有轨电车进入北京以来,人力车夫便将其视作竞争者和自身生计的威胁者。在1929年国民党新旧势力争夺工会领导地位的斗争中,人力车夫对电车长期的不满终于找到了一个爆发口。是年10月22日,支持总工会现任领导的人力车夫在结束与异见工会(其中包括电车工会)的对峙之后,对一辆驶过的电车展开了攻击,随后越来越多的人加入了破坏的队伍,并最终发展成了一场席卷北京电车系统的动乱。针对电车的攻击至少持续了三个小时,直到警察和军队终于驱散了暴动的人群,这场民国建立以来北京城内第一次具有暴动性质的大规模市民骚乱才最终平息;此次风潮摧毁了北京城内三分之二的电车,参与人数达到了25 000余人,其中大部分是人力车夫(史谦德,2021:310—315)。

诚然,此次电车风潮是一次瞬时的冲突升级,大规模的动乱也不是当时北京城内的普遍情况。但作为1920年代北京城市政治的终章,此次由工会内派系斗争引发的人力车夫暴动背后存在着深刻的社会根源,为分析十年间北京的社会政治变革如何改变城市政治生态提供一个绝佳的切入点。透过此次电车风潮,我们可以窥见1920—1929年间北京的城市政治发生了怎样的变化。

(一) 从行会到工会:劳工组织的发展

1920年代初期,北京的劳工组织呈现出一种不平衡的状态。占北京劳工群体多数的传统劳动者已经按照旧有的经验将自己充分地组织了起来。等级分明且带有浓厚庇护主义色彩的行会、工帮是当时北京最为普遍的劳工组织。

在北京劳工光谱的另一端,是组织松散的现代产业工人。虽然现代化的工厂和企业象征着某种"进步性",但在当时还缺乏工业的北京,作为新兴社会力量的现代产业工人,甚至不如传统行会势力保护下的工人更能维护自身的权益。而在半现代化的人力车行业中,车夫们也没有发展出组织严密的团体。尽管人数众多,但作为一个 19 世纪末期才出现的职业,人力车夫并不像水夫、粪夫等体力劳动者那样有一个同业公会;车夫与车厂之间不稳定的关系、车厂的小规模经营以及车夫分布分散等特点,更使得车夫之间难以形成稳定的联系。车夫们想要联合起来开展行动,面临着重重的困难。

在这种不平衡状态的背后,是行会、工帮等传统劳工组织在代表和维护工人利益等方面依然发挥着的巨大作用。但是,此类组织大多以"身份政治"为基础,组织的运作过程表现出强烈的家长制和精英制的特征,对劳工权益的保护在很大程度上会受到同乡关系、企业利益,甚至组织领导者个人品质等因素的影响。同时,庇护主义的存在使得这类组织会更加强调内部"纵向"的忠诚,而劳工之间"横向"的团结则常常会被忽视(史谦德,2021:164)。

尽管传统劳工组织依然在北京的城市政治中扮演着重要的角色,但 1920 年代北京的一个突出特点是现代工会主义的迅速兴起和发展。现代化的机械产业本身便具有催化工人阶级产生的能力,现代行业中的工人也对工会组织有着天然的倾向性;传统工人在不断参与以行会为基础的劳工政治的过程中也逐渐表现出现代政治潜力。北伐成功之后,工会运动迅速地在北京城内获得了胜利。市总工会于 1928 年 6 月成立,几个月内就吸纳了 16 000 余名会员,其中不仅包括现代产业工人,也包括传统手工行业的从业者(史谦德,2021:260)。到 1920 年代末期,工会这一现代化的组织形式已经在北京劳工阶层当中获得了相当的影响力。从 1929 年的电车风潮中我们也可以看到,工会组织已经成为人力车夫开展集体行动的重要参考框架。

值得注意的是,在电车风潮中,虽然人力车夫发动攻击的直接原因是总工会内部的政治斗争,但工会中的派系矛盾并不能完全解释这次暴动。在工会的站队问题上,人力车夫内部本就存在分歧。在全市各支部工会的车夫中,仅有最先对电车发动攻击的西单牌楼支部的车夫是现任总工会领导的坚定支持者;一些被捕者甚至声称他们是聚在一起支持异见工会的(史谦德,2021:315)。从人力车夫工会各支部间的意见分裂中我们能够分辨出传统行会政治的影子——人力车夫内部根据势力范围划分成了不同的阵营;而西单牌楼支部对现任工会领导的支持,至少部分是源于总工会与西单支部车夫之间的庇护关系(史谦德,2021:307)。

传统行会的习气不仅仅渗透在人力车夫工会当中,彼时方兴未艾的工会运动中也普遍混杂着行会政治的帮派作风。劳工组织的现代化与传统劳工政治派系色彩的交织,成为1920年代北京劳工政治的又一突出特点。

根深蒂固的行会影响制约着国民党和市总工会干部对劳工运动的控制。北京工人以职业分工、乡缘关系等为基础形成的强烈的集体认同感,使工人们将国民党和市总工会干部视作"他者",并使工人们与国民党领导的劳工政治之间出现了一种强烈的疏离感(史谦德,2021:271)。而总工会试图保持对各工会控制的努力,往往进一步地加剧工会和工人之间的分离。

(二) 从联合到竞争:群众政治的激化

电车风潮并非毫无预兆就突然地发生了。在人力车夫发生大规模的暴乱之前,他们已经与电车公司进行过多次激烈的交锋;除此之外,1929年10月,北京的农民、菜贩、佛教僧侣、电车工人等团体间的纠纷也已经引发了多场大型的公众抗议。一连串的冲突事件使得动荡的社会气氛在整座城市当中弥漫开来,塑造了诱发人力车夫暴动的政治体验(史谦德,2021:319)。在很大程度上,我们可以将电车风潮视作1920年代北京群众政治发展以及政治斗争氛围逐渐激烈化的产物。

事实上,大规模的群众政治进入北京的时间并没有很久。传统的北京并没有一个可以让市民讨论、参与政治的公共空间。辛亥革命前,作为"皇帝的臣民",城市居民只能依附于君主,并没有独立的政治权利和能力(叶麒麟,2011);民国成立初期,城市精英们也没有建立一个完全自主的公共领域(史谦德,2021:194)。但到1920年代,现代报业以及通信行业的发展促进了公众对社会问题的知晓,大量正式非正式社会团体自发地发展出了政治目的,社会风气也对公共的讨论给予了正面评价,这一切使得北京初步具备了民众参与政治的条件。当公民开始投入城市政治,"城市政治开始有了自己的生命和逻辑"(史谦德,2021:194)。

五四运动对北京的群众政治有巨大的影响,不仅是因为五四运动本身吸引了大量的北京的工商组织以及普通民众参与到抗议活动当中,更因为这场由爱国主义情感引导的群众运动将政治活动长久地、彻底地推向了北京的公共生活。起初,北京的群众政治是富于理想主义且较为温和的。1920年代,五卅运动等层出不穷的五四式抗议活动往往由学生领导。学生们用"英雄式"的抗争方式,用身体力行的"示范"性领导将北京市民集结在一起,开展反帝国主义、爱国主义的游行。许多政治示威都弥漫着"节日的、祥和的气氛"(史谦德,2021:222)。

但是群众运动的发展最终促成了其自身的分化。随着北京市民逐渐熟悉群众政治的语言和策略,群众运动越来越成为社会团体表达主张和实现利益的手段。在 1925 年 6 月的反帝爱国运动中,部分群体已经开始利用共同的政治行动谋求团体和个人的特殊利益(史谦德,2021:216)。在群众运动不断壮大、分化的同时,职业政客也在不断寻找控制大众政治的机会。职业政客越来越多地参与到群众运动的组织当中,也意味着北京城内的政治竞争变得越来越激烈。随着各种意识形态的冲突将群众政治不断地推向流血暴力,群众运动的理想主义色彩最终消失殆尽。

从政府机关、行会法团到街头社区,各个团体相互对抗、博弈、谋求共识的过程不断地锐化北京市民的政治意识,强化群体暴力的公共习惯,并为电车风潮这类群体性暴动埋下了隐患。

四、 社会秩序：北京的城市韧性

城市的现代化进程总是伴随着矛盾与混乱,而 1920 年代动荡的政局和频繁的军事冲突为北京的城市秩序带来了更多不稳定的因素。在暗涌的骚动与冲突之上,城市政治的参与者们却能共同维持着一套微妙的秩序,使北京表现出一种"冷静"的外表(史谦德,2021:333)。如果说劳工组织与群众运动的演进表现了北京城市政治的现代化发展,那么,在 1920 年代北京维持社会秩序的努力中,我们能够更多地看到这座城市中传统的韧性。

彼时北京最显眼的秩序维持者当属遍布全城的警察。20 世纪 20 年代的北京也许是当时世界上警力最完备的城市之一(史谦德,2021:84)。在中央政府功能普遍失灵的情况下,警察系统在维持公共秩序中的作用却能得到北京市民的认可(史谦德,2021:111)。现代警察制度之所以能够获得市民的接受和广泛承认,与北京警察富于传统主义色彩的行事方式有着密不可分的关系。根据当时北京的警务规范,警察的言行举止需要合乎公众道德情感的诉求,并恪守"以德行政"的警务伦理,总而言之,警察行事应如当代君子(史谦德,

2021:90)。在警务实践中,北京警察往往以人之常情为出发点和标准进行监管,采用调停式的介入方法维护公共秩序。基于传统伦理与价值观的家长式作风,让北京警察近似成为传统家族长老大众化、现代化的翻版。

尽管在维护街头秩序方面卓有成效,但在民国分裂的政治环境中,警察制度也只是社会秩序维持系统的一部分。频繁更替的政权在1920年代的北京留下了大片的政治真空,同时也为北京塑造了一套独特的权力结构,而维持北京城市秩序的系统正是镶嵌在这套权力结构之中的。

史谦德借用了葛兰西关于政治斗争"阵地战"的概念,用"守势政治"来概括北京城的秩序是如何得以维持的——当时中央层面的政治失败,使法团、行会等城市中的团体获得了充分的发展空间,这些团体共同构成了城市政治的防御工事,抵御着不满的民众和失败的政府对城市秩序造成的冲击(史谦德,2021:326)。这些由当地精英分子把控的市级组织,总能通过调解和内部协调的方式摆平群众的抗议和不满;当社会安定受到战争的直接威胁时,城市精英也能临时地接手城市自治,使城市不至于陷入社会动荡。虽然这套防御体系持续地吸纳新兴的社会团体,并会随着城市政治的发展不断进行自我调整,但其终究是一套专注于维持社会控制而非解决社会问题的系统,其缓和社会矛盾的功能依靠的也主要是传统经验的现代化实践(史谦德,2021:330)。

传统的城市韧性使北京能够在动荡的1920年代维持平衡,却也增加了进行彻底的社会改造的难度。通过与城市精英群体的交易,北伐成功后的国民党政权能够借助市级组织的力量获得对北京社会的表面上的控制,但这同时也使国民党的势力难以真正地深入北京城内部,获取更广泛的社会基础。城市精英们在中央政府与基层社会之间筑起了一道屏障,使得政治中心的力量仅仅只能漂浮在城市的表层。因此,无论是军阀还是国民党,都难以对城市政治的基本结构产生根本性的影响。对于一个想要重塑社会秩序的革命者来说,他需要突破传统北京的层层防线,挖掘出城市中潜在的更加活跃、更加激进的政治资源。

五、 比较与讨论

中国的现代化基本上是中国寻求新的文明秩序的一个历史过程,而政治体系则是这一文明秩序的核心(金耀基,1998)。史谦德的《北京的人力车夫》

通过再现现代化过程中北京的城市政治,为我们理解这一文明秩序的探索历程提供了丰富的资料。当然,中国现代性的发展并不是齐驱并进的,通过一些具体的对比,能够帮助我们更好地把握中国现代化进程的复杂性。

裴宜理(Elizabeth J. Perry)在《上海罢工:中国工人政治研究》(以下简称《上海罢工》)中认为 1919—1927 年是上海工人运动激进主义的全盛期。这一时期,上海工人运动不单经历了从无到有的过程,还快速地发展到了一个相当成熟的阶段——工人们不仅提出了组织上和政治上的要求,还表现出了一种明显的世界性意识(裴宜理,2012:89)。1926 至 1927 年,上海工人甚至掀起了三次武装起义。但紧接着,蒋介石发动的"四一二"政变扭转了上海工人运动发展的趋势,上海工人运动的状况急转直下。1927 年之后,国民党开始利用帮会操纵上海的罢工运动,并占据了工人运动的主导权,上海工人运动由是进入了保守主义时期(裴宜理,2012:121)。1920 年代,上海的工人运动已经经历了"发展-高潮-暂时沉寂"三个阶段,但此时的北京甚至还没有发展出严格意义上的工人阶级政治。在《上海罢工》中,裴宜理总结道,"不同工人有不同的政治"(裴宜理,2012:278)。通过对比 1920 年代北京和上海两地工人运动的情况,我们也可以提出一个类似的观点,"不同城市有不同的政治":不同城市在经济产业结构、历史文化背景等方面的差异会塑造出不同的城市政治形态。裴宜理描绘的上海与史谦德笔下的北京为我们呈现了 1920 年代中国发展截然不同的两面,两者之间的张力为我们理解中国的现代性打开了一扇窗口。

试图揭示社会运行机制的社会科学家或许可以在更抽象的层面上来解释现代性的发展。试举一例,巴林顿·摩尔(Barrington Moore)在其讨论专制与民主社会起源的著作中提到,土地贵族与工商业群体间形成的联盟会导致保守甚至专制的政府(摩尔,2013:450),而国民党政权的社会基础正是士绅阶层的后继者以及新兴城市工业、商业群体间的结合(摩尔,2013:195—196)。通过资产阶级与地主间的关系来解释现代政治发展的理论确实有助于我们理解国民党政权的保守和反动。但当我们深入到具体的历史情境当中,看到国民党内部的派系斗争,看到国民党政客在北京政治的防御工事中处处碰壁,看到国民党政权在北京与上海采取的不同统治策略,我们又能发现这种通则意义上的规律与历史实际之间或远或近的距离。而这种"一般"与"特殊"之间的差别,才更能让我们认识到社会史和历史社会学研究各自的价值。也是在具体现象和因果机制的交互之间,我们才更能获得对社会发展规律恰当的把握(李里峰,2018)。

正是在从对比和分析中才能获得对历史更全面理解的意义上,史谦德这本著作带给我们的价值超越了其研究本身。

参考文献

金耀基,1998,《现代性论辩与中国社会学之定位》,《北京大学学报》(哲学社会科学版)第 6 期,第 91—99 页。

李景汉,1925,《北京人力车夫现状的调查》,李文海主编,《民国时期社会调查丛编:城市(劳工)生活卷》,福建:福建教育出版社,第 1153 页。

李里峰,2018,《社会史与历史社会学:一个比较的反思》,《学海》第 3 期,第 25—34 页。

摩尔,巴林顿,2013,《专制与民主的社会起源:现代世界形成过程中的地主和农民》,王茁、顾洁译,上海:上海译文出版社。

裴宜理,2012,《上海罢工:中国工人政治研究》,刘平译,江苏:江苏人民出版社。

史谦德,2021,《北京的人力车夫:1920 年代的市民与政治》,周书垚、袁剑译,江苏:江苏人民出版社。

叶麒麟,2011,《臣民·群众·公民——个体政治角色变迁与中国现代国家成长》,《浙江社会科学》第 3 期,第 31—37 页。

江村：一个人类学社会学地标的再考察

任　远[*]

江村是中国社会学研究的圣地，这自然是由于对费孝通先生《江村经济》著作的纪念。虽然费老自己评价这是一本并不成熟的博士论文（费孝通，2012），但是这一研究确实在相当程度上构成了一位著名的社会学人类学家学术生涯的开端。

这本著作是利用人类学方法研究现代社会和传统社会向现代社会变迁的研究范例，而且这本著作对于了解 20 世纪 20 年代中国长三角地区的农村生活，并进而理解中国乡村社会和社会变迁具有重要价值。从江村出发，费老的研究视野扩展到中国不同地区的农村，理解乡土中国的社会结构和社会秩序；透过观察传统小农社会在工业化和世界市场中发生的变化，发现传统文化制度在社会变迁中仍然具有独立作用，并内嵌在其道路发展的过程中，因此费老提出在现代化的实践道路上需要有一种文化自觉的态度；同时，江村的研究有助于展现长三角区域发展的整体关联。费老也通过"行行重行行"，开展不同地区-区域发展模式的比较，探讨城镇化和区域经济的关系，思考全国一盘棋的发展格局。因此，从学术脉络的角度看，江村（而非其在燕京大学或在大瑶山）的调查构成了费老学术研究的起点。

一、 且行且思：我的江村"考察史"

从费老的《江村经济》面世，特别是 20 世纪 80 年代随着社会学恢复重建和费老重访江村，并重新展开其第二波的学术工作以来，我国学界对于江村的访问调查和相关研究已经非常丰富，开始形成一个成长中的"江村学"。这使江村这个普通的江南乡村成为一个具有文化意义的地标。然而，从社会研究

---

* 任远，复旦大学社会发展与公共政策学院教授、博士生导师（yren@ fudan. edu. cn）。

的角度看，这也导致江村日益成为"被污染的田野"，即更加成为一个被外部世界聚焦和干预过后的发展样本，被一些宣传、设计、改造和注解之后的乡镇发展案例。其因此似乎更具有的是纪念的意义、宣传的意义，而不是作为发展案例的意义。

但是即使如此，拨开文化地标的外衣，通过对江村和其所在的乡镇地区的深入调查，也仍然可以从中看到我国（特别是长三角地区）城乡生活和城镇化发展的过程与变化。正如生命科学家仍然可以从被污染的样本中观察发现有机体演化的内在规律，而且有的时候作为污染的样本本身，还帮助展现出生命过程中新的机制和未被认识的规律，例如青霉素的发现。那么在江村成为文化地标、宣传样本而影响了城乡居民生活的本来面目的时候，也有助于发现文化的力量正在构成新的因素参与到城乡发展过程中。费孝通和江村已经构成了一种文化力量的资本，嵌套在江村和七都的发展过程中，并为城乡发展提供了新的资源，同时也影响着地区发展路径的选择。在费孝通光环笼罩下的江村虽然可能并不再是一个普通的分析样本，但如果能综合考虑这些不普通的外在因素和普遍性的内在机理，开展整体性的深入观察，还是可以使学者从现实生活中发现社会变迁的规律和机制。

我第一次来到江村是在 20 世纪 90 年代，那时我还是复旦大学社会学系的本科生，同长期开展江村研究的刘豪兴教授来到江村开展调研。刘老师是我们本科班级的学术导师，带领学生去江村"朝圣"是其经典做法。现在看来，这样的调查实践，能够帮助学生学习社会调查的方法，有助于他们了解中国社会学史并培养对现实民生福祉的社会关怀。在此以后的数十年里，我在城乡发展和城镇化研究领域继续开展着学术工作。上海和长三角地区是我研究较多的地区，对当地的工业化经济发展和城镇区域发展演化总体上是熟悉的，对城乡发展和城镇化也在进行不断的积累和思考。但尽管我在长三角地区也调研了不少地方，却并没有再去过江村。

第二次来到江村，也是因为向费先生致敬的学术活动。2016 年中国社会学界在江村召开纪念费孝通《江村经济》调查工作 80 周年的会议，我在这次会议上以一篇"城镇化过程中小城镇的新发展"为题的文章进行了会议交流。会议之后，我很高兴地陪同刘豪兴教授一起再去了江村的村落，参观了介绍费孝通和江村关系的专题纪念馆。对于费先生的人生历程，我总体是熟悉的，在参观纪念馆的过程中，我进一步感受到一代学术大家成长的不易。各地学人对于江村的持续关注和研究，也在总体上展现出长三角地区和中国社会发展变迁的一个侧影。

　　第三次访问江村仍然是和刘豪兴教授结伴而来,仍然有着向费孝通先生学术致敬的部分目的。在 2019 年的夏天,刘老师找到我,提到其为了纪念费老诞辰 110 周年,计划开展一次七都再调查的研究工作。刘老师可以说是江村的荣誉公民了,最近还刚刚主编完成了《江村志》。作为一个"八零后一代",刘老师仍然宝刀不老,活到老、学到老、工作到老,精神令人敬佩。我在 2000 年左右,也曾参与了刘老师对七都调查研究的一部著作,当时结合着自己对江南乡村工业化和城镇化发展的研究,和刘豪兴教授合作了一篇"因地制宜和随势应变:论苏南模式和苏南农村发展道路"的论文,该文也收录在七都调查项目的著作《乡镇社区的当代变迁:苏南七都》(刘豪兴、冯月根等,2002)中。

　　因 30 年前开始和江村与七都研究结缘,我也很想看看当前在长三角城市群框架下和在长三角一体化示范区工作实践中,东部地区城镇化和城乡发展发生的新变化,所以欣然参加这个对七都继续跟踪研究的项目,希望更新和深化自己对城乡发展的思考,并以此向费先生的学术成就致敬。本次陪同刘豪兴教授再来江村,我希望对这个研究工作开展调查,收集一些资料,也希望利用这个机会深化对此相关问题的认识。

　　正如刘老师对我说:"从实求知,力求在基层中走走,观察,感受老乡生活,也能长知识。"社会科学的研究需要多接触社会实际,我从来深以为然。当前的社会学及人口学研究有一个倾向,重视围绕着数据开展分析。特别是随着定量数据越来越多,这自然为研究者提供了难得的资源和便利,但是很多情况下简单地从数据到结论,却是"不识数据真面目,只缘身在模型中"。学术研究仍然需要回到真实的现实世界,才能增强对社会运行机制的理解和把握。基于这种从实求知的探索,以及不断提高研究方法的运用分析能力来增强研究发现,并用研究发现贡献于国家与社会的发展和人民的生活幸福,以及在此过程中培养新一代的社会实践人才和学术人才,大约才是一个科学研究工作者完整的学术态度。

二、 市场深化和乡村的农业

　　在当前七都的地方生产总值中,第一产业的比重是 3.8%,第二产业占 53.11%。近年来,工业经济的增长速度在下降,占地方经济的比重也在下降。

第三产业的比重在提高，这主要是由于房地产业的发展。

农业主要包括农林牧副渔。七都的农业以渔业和种植业为主。渔业自然是当地具有突出优势和较大利益的产业，例如在调研的这几天，我们在湖边品尝了太湖白鱼、刀鱼、鳜鱼、湖虾和银鱼等，还有六月黄的螃蟹，味道都非常鲜美。

对于农业发展来说，苏州市在 2006 年编定了四个百万亩的农业产业布局规划，包括百万亩优质水稻、百万亩特色水产、百万亩高效园艺、百万亩生态林地。分解到七都，规划要求维护一万亩的基本农田。而七都的农田耕地面积实际上并不足一万亩，大约还差了数千亩，因此实行了退渔复耕的工作，将部分陆地养殖的鱼塘重新填埋成为耕地。

在这个农地规划重新调整的过程中，由于农地和渔业用地的收益差别，会出现对农民利益的损害，政府需要通过财政资金来补贴农户退渔还田的损失。这不禁令我想到，如果鱼塘相对于耕地是具有更高收益的，渔业活动的收入高于耕地，退渔还田的农地调整就不仅仅会带来经济利益的损失，而且也会增加填埋复垦的成本。这样的农地利用调整，从市场的角度看可能未必是最优的。

农业在地方经济中已经占不到 5% 的比重。这使我产生出另一个疑问：如果一个地区的农业已经可有可无，那么是否有必要坚持这个一万亩的耕地？类似的问题是，如果一个地区的城镇建设用地非常短缺，在另一些地区建设用地指标却相对富余甚至出现大片空城，这都说明土地资源的配置并非最优的。当前国家已经在推动城市建设用地指标进行跨地区交易和调剂，通过地区内、区域内和区域间的土地市场交易，来促进土地资源配置优化。同样，农业用地的结构如果能够更加尊重不同地区的资源禀赋和遵循市场规律，实现宜鱼而渔、宜耕而农、宜果而林，在土地利用上，通过更大范围内的市场交易开展用地结构的调整，以及更多地听取农民的用地需求来进行用地调整，那么应该能够更有利于优化农地利用的结构，并促进农业经济的结构调整，更好地挖掘地方农业经济的发展潜力。

渔业用地调整的另一个原因，是出于生态环境整治的要求。七都有 6 万亩左右的农业用地，主要用于水产养殖。基于生态环境整治的要求，七都已经退出太湖围网养殖，并将部分水质不能达标、农户有意愿退出、规模较小的鱼塘退渔还田。地方政府通过地力保护费、生态补偿费弥补农户农地转换的经济损失。

1980 年代以来，乡村工业化和小城镇发展的基本经验是，通过"无工不富"

以及"以工补农",构成地方经济发展和协调城乡、工农关系的基本准则。在这个关系中,一个基本现状是,农业被认为是弱势经济部门和弱势产业。七都镇作为长三角经济繁荣地区的乡镇,不仅农业活动在整个经济总产值的比例已经非常低,现实生活中农民通过农业获得的经济收益也是相对微薄的。

小农农业已经在发生改变。农民将粮食种植广泛地流转给种植大户或者公司,农民通过土地租赁获得部分租金。农地租赁每年的租金大约每亩1000—1200 元,由于农户家庭土地面积本身不多(5 亩左右),所以农地租金的年收益实际上并不高。实际上,即使是种植大户和家庭农场的收益也不高,种植 500 亩已经达到当地种植能力的上限,一般是 200 亩。除去农业生产的投入和人工,粗算下来,家庭农场的每年农业收入也就是数万元,仍然远低于当地工业部门的从业人员工资。这也说明,要么将农业的规模化和机械化水平达到更高的程度,否则,在当前情况下农业的经济收益仍然远低于工业和服务业部门。

但是,农业如何能够成为一个可以赚钱的产业,似乎也已经有迹可循。例如,通过农业产业园区的模式,发展当地农业特色品种的种植。七都农业服务中心的负责人告诉我们,当地正在建设大头菜和香青菜的种植基地,通过农业服务中心和大学合作,建设种植基地。经济作物农业的盈利能力相对更高。

关于农业的发展,不仅需要农业经营方式转变,将小农转变为农业工人,同时需要农业技术创新。在当地,我们了解到有农户在进行盆栽水稻和金县水蛭的混合种养,当然这与其说是在提高耕地种植,不如说是一个养殖业项目,是种植业和养殖业的生态农业的模式。虽然已经有全国各地的人来此学习和举行培训班,但是在当地农村,这些项目却没有加以推广。我询问了一下原因,因为开展这些项目本身需要较大投入,其他农户很难学习。这也说明,农业发展同样需要相关金融体系的支持。

农业的发展需要构造更加丰富的农业产业链。例如,粮食加工的利润比粮食生产高,更加丰富的农业产业链能够提高农业部门收益。产业链的构造需要对农业部门投资及发展相关农业关联企业。当地的农业特色产品是大头菜和香青菜,因为是季节性产品,所以很容易腐坏而造成浪费。如果切片晾干、加工存储,其经济利益就能够得到提高。农业产业链建设还包括更强的物流服务。现代农业的发展需要丰富的农业产业链,分散的小农经济并不具备这个条件。因此,农业发展需要农业组织化的合作,通过发展电商,或者帮助农业产品进入超市,能够帮助农业进入市场。

农业产业链越丰富,就越能够增强产业链相关环节的经济收益。以当地的草莓种植来看,草莓的收购价是 8 元,而市场价最高是 40 元,农业产品商业流通利润远高于种植业的利润。我们对当地一个草莓种植大户作了调研。建设个人家庭农场开展草莓种植的创业,投资每年在 180 万元左右,加上人工的投入,每年成本在 240 万元左右。家庭农场每年产出 3500 斤草莓,每斤平均 8 元,那么应该有 280 万左右的收入。在目前的经营中,草莓种植户每年约有数十万的利润。因此,通过扩展农业经济的产业链,构造更完整的城乡市场联系,能够增加农业利益,以及使农户得到农业经济活动和农业关联产业的更大价值增值。

同时,农业的发展还需要发挥企业家的作用。仍然以刚才提到的草莓种植项目为例,该公司的沈老板已经可以利用麦肯锡人力资源管理方法来管理农业企业中雇佣的劳动力,其对于企业内部治理结构和未来发展也有积极的憧憬。企业家精神不仅对制造业和服务业创新非常重要,对于农业经济部门的创业活动也具有价值。农业企业家可以说是农村经济的塑造者,是农村市场网络的构建者。这也进一步说明,经济发展的最重要资源仍然是人才,企业家对于农村发展具有重要作用。

人们往往先验地认为农业是弱势,因此要"以工补农""以工建农"。在当地农村经济的经济产值中,农业在总量上也似乎可有可无,成为补贴性的经济部门。但是从另一个方面看,农业可以通过发展进步,转成能够盈利的现代农业。通过市场的力量,可以发展出具有特色优势的农业,带动农业结构调整和土地利用优化配置,发展出丰富的产业链和经济利益,从而带动投资,以及通过市场来实现农业创业活动,等等。市场的力量构成了农业发展进步的基础。

在刘易斯城乡两部类的经济模型中,农业作为传统经济部门的弱势是其相对更低的劳动生产率和大规模农业剩余劳动力决定的。但是,在农村剩余劳动力已经吸纳干净以后,农业却未必必然是弱势产业。农业的发展进步,需要其从远离市场的传统农村经济,嵌入到市场体系中,通过城乡紧密互动的市场深化来实现自身的现代化。通过深化市场、发展现代农业,扩展农业产业链,才能增强农业收益、实现农业产业结构调整、进行农地资源优化配置。通过农业市场体系的构造,农业发展才能具有出路。在一个相当发达的城镇化地区,虽然农业只占整体经济产值的极小部分,但也说明,通过依托市场和实现市场的深化,农业仍然能够走出增长和壮大的道路。

三、 小城镇，新发展

从民国时期开始，江南就是市镇密集、具有较高城镇化程度的地区。镇是传统社会的市场服务中心，为相对自给自足的农村社会提供基本生活需要的商品服务，城市部门中的借贷资本也通过小城镇进入乡村。

对江南农村来说，改革开放以后的小城镇建设伴随着乡村工业化的过程，并以乡村工业化为动力得到发展。这个过程实际上从 20 世纪六七十年代就开始了，当时是基于社队工业的发展，利用上山下乡的技术人员和上海等城市"星期六工程师"的力量，通过城市的工业及人才转移逐步成长起来的。

20 世纪八九十年代的苏南地区农村工业化模式，被总结为著名的"苏南模式"，即通过社队工业和镇办工业开展工业生产，吸纳农村劳动力，增加农民收入，通过农村工业化扩展市场联系，推动小城镇建设，并带动农村地区的商贸服务、生活服务和文化服务等。为了进一步带动小城镇化发展，地方政府在 20 世纪 80 年代取消了乡镇分治，实行"镇管村"的体制，从而增强了小城镇发展地方工业经济的能力。费孝通于 1983 年 9 月 21 日在"江苏省小城镇研究讨论会"上发言，提出"小城镇，大问题"（费孝通，1983）[1]，正是看到了社队工业和乡镇发展成为地方经济中充满活力的力量。这样的一种"苏南模式"，以及在我国其他地区乡村和小城镇中表现出来的各种因地制宜的发展，在改革开放以后启动了我国农村工业化和城镇化发展，形成了离土不离乡的就地城镇化模式。这样一条从实践中来的发展道路，构成了我国城镇化整体过程的重要组成部分。

20 世纪 90 年代以后，随着经济开放程度的提高，乡镇经济开始进入国际市场，国际直接投资有巨大增长。更重要的变化在于，在 20 世纪 90 年代以后企业经历了普遍的股份化改革和民营化，政府和企业关系发生改变，以乡镇企业为基础的"地方法团主义"的发展模式结束了。随着政企分开、产权明确，企业和政府的关系转变为生产者和管理服务者的关系。农村工业化发展进入新的发展阶段，而后城镇化也进入新的阶段。工业化的发展通过股份制为地方

---

[1] 后来，费孝通先生据此写成《小城镇 大问题》一文，并收录于《费孝通文集》（第九卷）（北京：群言出版社 1999 年版）。

财政提供积累，为城镇化发展提供了巨大的经济来源，例如在七都镇形成了包括亨通、德尔、凯伦建材等在内的大型股份制企业，它们成为上市企业，成为地方经济、就业和产业发展的支柱，为小城镇发展提供经济支持。

在工业经济快速发展的过程中，小城镇的建设空间则显得不够用了。因此到了 2000 年以后，农村工业化和小城镇发展又进一步升级。从 2000 年初开始，苏南地区积极推动小城镇的合并，提高镇的功能。同时，推动镇和开发区的合并，通过行政体制改革提高镇的资源配置能力。地方经济社会发展逐步强化了"增长机器"的发展模式，也就是以土地为杠杆，通过建设用地扩张来增强建设地面积，通过土地抵押贷款和土地批转以积累资金，通过建设用地扩展来招商引资、吸纳产业和扩充就业，形成了地方小城镇经济发展"螺旋式的扩张"。在调查中了解到，进入本世纪以后，七都进入了快速城镇化的阶段，在小城镇建设中建设安置房，一些镇边上的村庄逐步消失，农村城镇化得到发展。

这种以土地城镇化驱动的，通过土地财政来推动产业发展和城镇建设的模式并不特别。这最先是在上海等大城市率先推行，然后成为我国城镇化发展的基本模式。这种城镇化发展模式显得非常成功。这一时期，城镇建立投资融资机构，以土地道路等公共资产为抵押，向银行贷款。然后地方政府的财政能力得到巨大提升，可以投资建设公共设施、发展公共事业。城镇化发展以土地为杠杆，形成了以经营土地为核心的地方增长模式，通过土地整备来获取土地租金，然后招商引资，通过分级地租获得财富利益，并招商引资发展产业。正是在土地财政基础上，不同地区的城镇化速度推进很快。在很多时候，城镇建设的发展规划是相当科学理性的。例如在整个吴江区，地区的城镇化发展具有相当完整的规划，吴江规划发展了松陵、盛泽、震泽等不同中心，在空间规划的基础上发展产城融合（梁一波，2014）。我们所调查的七都小城镇也制订了从 2012—2030 年小城镇发展的总体规划。基于乡镇财政能力得到的极大提升，小城镇建设能够进行更大投入，小城镇面貌发生了巨大改变，通过较大规模的道路建设，形成了城镇的基本骨架，完成了小城镇和城乡发展的基本形态建设。

但是显然，这样的基于建设用地扩张和土地抵押债务基础上的城镇化发展模式，如果和工业化经济有良好的共同促进关系，将推动工业化和城镇化的积极发展；但是在 2008 年全球金融危机以后，我国开始出现产业发展放缓的趋势，这种工业化和城镇化的模式则会越来越会引发风险。产业发展放缓会恶化地方债务的危机。中央政府已经意识到这种基于土地财政的工业化和城镇化模式所隐藏的危机,开始着手进行防止地方债产生风险的财政和金融政策调整,例如要求地方必须通过财政资金来开展城镇建设,不允许银行借贷。2014 年以后在新型城镇化发展计划下城镇化发展方式得到了相关调整。在七都的调研中,我们也看到地方政府采取了一些办法来缓解或者拖延这种债务危机,例如通过扩大分期支付以减少财政的压力,通过削减三公经费来减少公共财政的其他支出,等等。这些都说明,传统城镇化的发展道路已经显得越来越不能持续,我国的城镇化发展越来越需要实践一条新型城镇化的发展道路。

通过对当地发展发展部门的调研,对于近年来的七都小城镇建设和发展(具体说大约是 2015 年以后的小城镇发展),我们也了解到一些新的变化:

第一,相对于在 2000—2015 年的小城镇建设重视形态建设,如基础设施和道路等,2015 年以后的小城镇发展更加重视功能建设。例如,七都镇建设了8000 平方米的文体中心,主要具备教育、培训和体育健身的功能,这样的大型民生性公共服务设施的建设,标志着城镇的建设更加重视人民的生活和需求。另外,小城镇建立了为民服务中心,提供一站式的行政事务服务;建设养老中心、卫生院,开展老旧小区的改造和有关自来水、燃气、绿化、雨污分流、外立面与家装电梯等方面的改造。可以看到,小城镇发展在住房、道路、交通等基本骨架建立以后,出现了更加重视人民生活、更加重视民生的转变。

第二,七都小城镇发展的第二项突出工作是发展特色小镇。2017 年,国家住房和城乡建设部将七都镇列为国家第二批特色小镇。七都镇的定位是"太湖国学音乐小镇"。在特色小镇建设的背景下,七都镇的地方政府提出建设"从容七都,精致小镇",努力打造和工业化乡镇不同的未来发展。

近年来,对于费孝通和江村的文化资源也越来越得到人们的重视,位于七都的江村是费孝通先生于 1936 年调查江村经济的地点,在此基础上费先生完成了其享誉世界的博士论文《江村经济》。从 20 世纪 80 年代以后,费孝通也26 次访问江村,对江村的和对吴江乡镇的研究,构成了费先生提出小城镇发展重大发展战略的实践起点。费老在 1996、1998 年两次访问七都,对七都镇以电信电缆为支柱产业,形成的"一镇一品"的特色工业化给予了高度关注和评价。七都也是我国民国时期著名社会学家孙本文的祖籍地。因此,七都拥有的社会学文化历史特色本身构成了一个显著的地方发展资源。

第三,接轨长三角一体化。七都及其所在的吴江是正在开展的长三角一体化示范区的重要组成部分。示范区建设将强烈影响七都镇的发展定位和未来发展路径。在长三角一体化示范区中,七都的生态环境功能得到强调。七都临靠太湖，拥有太湖岸线23公里，太湖也是长三角的水源地。为了生态绿色一体化的目标，规划已经规定离开太湖岸线50米，未来基本不能发展任何经济产业；一公里以内不允许任何工业。当地政府感到在长三角一体化的规划下，七都的经济发展面临着很大限制。但是，从积极的方面看，长三角一体化要求七都产业的布局、产业的层级进一步提高。作为太湖边的小城镇，七都的未来不是工业城镇，而是需要开展生态城镇的建设。长三角一体化总是带来挑战和机遇，生态城镇建设可能预示着地方发展新的发展机遇和更美好的未来。

第四，城乡一体化的发展。如果说以前的小城镇建设更加重视城镇建设，近年来，七都小城镇的发展更加重视在城乡一体化的框架中开展城乡整体规划，提供覆盖城乡的公共服务。沿着城乡统筹发展的建设思路，特别是2015年以后，通过乡村振兴和美丽乡村建设，七都镇强调城乡融合发展。城乡融合发展意味着要以缩小城乡发展差距为主要目标，建立健全城乡融合发展体制机制和政策体系，推进公共资源合理配置，重塑新型城乡关系。

作为长三角地区小城镇发展的一个案例，七都镇的发展成就，证明了"小城镇，大问题"的本质是以农村工业化为动力的小城镇化发展。这构成了我国城镇化发展的起步，成为农村经济发展的典型模式。七都镇的发展历史证明，江南地区发展的经验是"无工不富"，工业化带动的经济发展和公共积累的提高，是城镇发展的根本动力，是民生幸福的根本保证。在工业化发展的不同阶段，其资源配置具有不同方式，小城镇发展和建设表现出不同特征，并在随势应变中展现出不同的发展模式。这种随势应变，也说明了在工业化和城镇化发展过程中，随着新的问题不断出现，江南地区的小城镇也在不断探索和应对解决这些新的问题。

经济产业的升级、生态环境的维护、城乡发展的整合、长三角一体化的实现，这些都对七都发展带来新的要求。如何在更高的层面实现"小城镇，新发展"，推动乡镇的经济和社会发展，需要基于地方具体实际，探索实践新型城镇化的发展道路。

四、 工农互补，城乡整体发展

小城镇位于城市体系的底端，而广大的乡村地区构成城镇服务的腹地，因此小城镇具有城乡发展枢纽的地位。在费孝通的理想中，通过农村工业化带动小城镇发展,使农民离土不离乡地进入小城镇,然后通过以工补农、以城带乡,发挥小城镇对乡村经济的商业流通、政治和文化辐射作用,从而实现城乡共同的发展(费孝通,1983)。

现实状况是令人乐观的。江南地区城乡一体化和城乡整体发展水平较高,可以说,这里是全国城乡差别最小的地区之一。农村居民的生活已经相当城镇化了,公共交通将镇村沟通起来,农村中有自来水和各类公共设施,农村的生活条件和在城市中的并没有显著不同。一些城市居民具有的福利,农村居民也正逐步拥有。

而且,令农民颇为自得的是,农村居民还有着城市居民所不具有的宅基地和农地产权利益。一些成功的乡村企业家在农地上盖建了豪华别墅。这些深宅大院有的颇有欧洲风格,气派豪华;有的古色古香,类似传统社会中贵族的田园居所。这令我这个在城市中蜗居的读书人到此一看,不觉心生羡慕。"采菊东篱下,悠然见南山。"推窗见古木,漫卷读圣贤。古人有"田园将芜胡不归"之叹,现在的城市居民却已经是"不见田园无归处"了。乡村中的宅基地和农地是农村居民切实的利益,以至于不少大学在读的学生不愿意将户口迁出,迁出的人口还希望将户口迁回乡村。这在相当大程度上说明,在江南地区的城乡差别正逐步减少,城乡一体化已取得显著进展。

我们应该客观认识到,农村居民的收入水平、教育水平仍然相对较低,城市和城镇的生活条件和服务能力仍然是农村地区无法具备的,如商业、餐饮、教育、医疗等。但是在硬件环境、居住条件、制度保障等方面,城乡生活已经渐渐接近,逐步在实现相互交织的一体化。

这说明,通过农村工业化带动小城镇建设,推动城镇化和城乡发展,这样一条具体的实践道路是利民富民的。基于农村工业化的经济驱动和镇村集体财力的积累,实现以工补农、以城带乡,支持了乡村发展。

最近几年来,以工补农、以城带乡的具体抓手,是持续不断地加强对乡村发展的投入和开展美丽乡村建设。2015 年以后,七都镇对乡村发展有较大投入,主要体现在加强了人居环境和生态环境建设。这些建设投入包括:(1) 乡村生活污水治理,即厕所革命。这些费用需要一年投入 1 亿左右,其中 30%由乡镇财政投资,70%区里补助;(2) 人居环境整治,包括 228 个自然村上百万的基础环境建设,由镇村共同投入;(3) 农村自来水全部进行改造,自来水厂出一半的投入,另一半由镇村承担;(4) 生态环境建设,包括太湖水源地沿线围网清除,对 1 万多亩池塘开展标准化改造,对太湖周围的生活污水纳管处理等。

美丽乡村建设的基础是三星级康居村建设。该项工作覆盖所有行政村,估计要 400 万的建设费用,吴江区和苏州市提供政府财政支持 130 万左右,镇村两级提供另外的 270 万资金投入。经过建设,村庄内建起了公共厕所、停车位等公共设施,村庄内还建有健身场地,如篮球场、乒乓球台等,村庄环境得到改善,建设起游园、驳岸,进行道路硬化,开展屋前屋后的整治,一些村庄的绿化已经做得比很多城镇小区更好。

七都镇美丽乡村建设的重点是开展江村特色田园乡村建设。这个项目先是申请了区级的特色田园乡村项目,然后又获得市级的特色田园乡村项目,2020 年还获批了省里的特色田园乡村项目。因此由区长挂帅,成立了六个部门支持的建设委员会。江村特色田园乡村建设的内容,首先是发展特色产业,包括太湖大闸蟹养殖园区、香青菜的种植基地;其次,是发展江村文化,建设"美美江村",包括建设费孝通纪念馆、发展江村旅游、建立农贸市场,以及建设乡村礼堂、民宿,构成了"农文旅融合"的综合发展模式;再次,是建设特色生态,包括小金河、三角荡,发展农村绿化,建设村庄内的观景平台等。

这些都说明,由于当地市县和乡镇的工业化能力和财政能力比较强,使"以工补农、以城带乡"得以可能,有利于当地乡村的建设和发展。我在乡镇城市建设部门的调研中了解到,镇的工作重点正转向农村。原来城镇的城建工作不下农村,现在有一半的力量在农村。农村原来的基本面貌是"脏乱差",现在乡镇发展已经有更大的力量向农村扩展,带来乡村面貌的具体改善。

这种"工作重点的转向"引起了我的兴趣。我觉得这意味着城乡发展发生了一项有意义的改变,即从 2015 年以后,小城镇的发展不是单纯重视以镇为中心强化小城镇的工业化能力和集聚能力,不仅关注城镇本身的建设,而且开始从集聚到扩散,将城乡整体发展构成城镇建设的内容。具体来说,是将城乡整体的基础设施和生态环境建设、城乡经济产业的链接,以及将城乡公共服务和社会保障建设、城乡基层社会治理纳入乡镇发展的整体工作。其结果是,基层的乡镇发展从城乡二元的、更加以城镇为中心的"以工补农、以城带乡"的阶段,日益过渡到一个更加城乡一体化的"工农互补、城乡整体发展"阶段。

关于实现城乡一体的发展,基础设施和生态环境建设相对属于硬件的投入,其改善是外在的,也容易被观察到。城乡一体发展更为核心的内容,则是城乡市场体系、城乡公共服务、城乡管理制度和体制机制建设,这些改善并不明显,却标志着更深层次的城乡一体化发展。

在城乡发展中日益实现城乡一体化,这在近年来的基层社会经济发展中有明显表现。从 2015 年前后开始,当地加强了乡村振兴和城乡融合发展工作。从工作内容来看,主要包括产业兴旺、生态宜居、治理有效、乡风文明、生活富裕。这个表述本身,就说明当前的工农关系和城乡关系已经超越了"以工补农、以城带乡",城乡发展已经不同于旧有的工农之间、城乡之间的二元体系,而是展现出城乡整体发展的内容,更加重视城乡产业的联动,城乡公共服务和社会管理制度的衔接,以及城乡社会治理的整合。

关于城乡产业的联动,我们已经可以从乡村的农业发展中发现,农业要实现现代化,需要以城镇为枢纽的市场深化,对接更大的市场体系,增强城乡间更加紧密的产业合作。城乡经济的发展,不是城镇发展工业、农村发展农业的二元性关系,而是通过密切的农业产业链、工业产业链和服务业产业链,将城市和乡村密切交织在一起,通过产业链依托的市场扩展,将城乡经济整合在区域经济、国民经济乃至全球经济中。因此,对于工农关系,已经不是"以工补农",而是"工农互补",通过多种产业相互嵌套构成产业网络,共同支持城乡发展。

城乡整体发展包括城乡公共服务、社会管理及相关制度体系的一体化建设。例如,现在虽然仍然存在城保、农保和失地保险等不同保障计划,但是这些保障计划在逐步整合,城市居民社会保障计划和农村居民的社会保障计划在日益整合为覆盖城乡的保障体系。在江村,我们了解到当地的老人也有长期护理保险,农村居民也能得到照料和护理服务。农村保障似乎就是一个低版本的城镇保障服务体系,城乡之间不是"有"和"无"的差别,或者是"A 系统"和"B 系统"的差别,而更加类似于同一个系统中"A+"和"A−"不同水平的差别,因此可以通过对农村基本公共服务投入更多的财政支持,实现社会服务体系的衔接。

城乡整体发展也包括城乡治理体系的一体化。村庄有乡规民约、乡村议事会制度。通过自治、德治、法治、政治和智治,乡村治理的内容在不断深化,如通过乡贤议事会来推动地方发展,通过法官驿站推进法治建设,通过党建引领加强基层队伍建设,培养乡村发展的带头人。这表现出城市不仅将现代生活方式逐步外溢到农村,也将社会治理模式逐步外溢进入农村,改造农村公共事务的治理。在此过程中,逐步实现城乡治理体系的日益整合。

通过城乡之间的紧密联系和整体发展的制度机制构建,乡村的经济生产、社会生活、制度结构和治理体系在逐步转变,城乡二元性结构正逐步过渡为城乡一体化的结构。

在江南地区的七都,城乡之间的差别仍是客观存在的。但是通过以小城镇为核心、农村的"乡脚"为腹地,通过工农互补和城乡整体发展,为实现城乡一体化提供了发展的路径。可以预见,现代化的乡村、现代化的小城镇将会共同得到发展,最终实现城乡发展的一体化,并逐步迈上区域整体现代化的道路。

基于这种功能整体论的观点来看待小城镇和乡村,费孝通曾认为,小城镇构成了乡镇地方社区的细胞核,而农村地区是整个细胞核的外围,即表现为传统定义的"乡脚"(费孝通,1983)。在乡镇地方社区发展的初期,工业化和乡镇建设构成了基层社会发展的推动力,小城镇通过以工补农、以城带乡带动农村发展;而在乡镇地方社区发展的后期,则能够过渡到工农互补、城乡整体发展,地方社区的发展从城镇为中心的发展过渡到城乡整体的发展,从而使城乡二元结构逐步被打破,通过城乡整体发展逐步实现城乡一体化的目标。

从这种城乡整体观的视野来看工农关系和城乡关系,工农关系不简单是二元经济部类之间的关系,城乡关系也并不是二元制度结构的对立产物。工农之间具有相互渗透的产业链关系,城乡之间具有紧密联系的制度衔接,从而能够在工农之间、城乡之间形成相辅相助的经济配合,形成资源要素的流动和循环。同时,通过良好的城乡整体规划、城乡整体性的公共服务和社会管理,以及城乡整体性的治理体系的建设,逐步实现城乡一体化。在此过程中,长三角地区基层社会的变迁,正从小城镇为驱动的发展,逐步过渡到城乡整体的发展和治理。在现代国家的建设发展过程中,只有实现基层细胞的良好整合,城乡二元结构才能得到破解。城乡整体发展逐步扩展开来,区域整体发展的现代化道路才能得以实现。

参考文献

费孝通,1983,《小城镇　大问题》,《费孝通文集》(第九卷),1999,北京:群言出版社。

——,2012,《江村经济》,北京:北京大学出版社。

梁一波,2014,《新型城镇化的吴江实践》,苏州:古吴轩出版社。

刘豪兴、冯月根等,2002,《乡镇社区的当代变迁:苏南七都》,上海:上海人民出版社。

七都镇人民政府,2020,《2010—2019 工作报告》。

周晓虹、张静、乐江主编,2019,《江村调查与社会科学的中国化》,北京:社会科学文献出版社。

为苦难的中国提供书籍而非子弹

——"奇人"王云五

王 立[*]

《王云五先生墓志铭》有云:"中国读书人鲜有未读商务书者。商务曾四度毁于国难,而先生四度使之复兴。故言商务必言先生。"(周荐,2019:242)的确,中国读书人鲜有未读商务书者,然很长时间里,言及商务,未必言王云五。虽然我从知道四角号码字典开始便听说了王云五,但那时读书人提到王云五总是三缄其口,我自是不可多问。

从知青回城重拾书本,到后来站上三尺讲台,几十年间,自然少不了读商务的书。20世纪80年代,为凑齐一套"汉语语法丛书",我曾专门致函商务印书馆求购其中几部大作。当然,学术中人更以能在商务出版一部专著为荣。尽管曾经进出王府井大街的商务印书馆数次,也知道王云五是商务前辈,却未引起我的关注。一直到2009年,我"重走联中路,寻访联中人"的湖北战时教育研究起步后,王云五的名字才开始频频进入我的视线。

1937年11月21日,《武汉日报》全文登载了王云五于1937年11月16日晚在长沙广播电台的演讲《战时教育问题》(图1)。在全面抗战初期广泛开展的"战时教育问题"大讨论中,王云五及时发表了他的战时教育主张。循着这条线索,我翻开了王云五为着"不使信史失传",以其所藏一手资料亲撰的《商务印书馆与新教育年谱》(王云五,1973),由此走近这位与教育结缘

图1 《战时教育问题》演讲
(王云五,1937)

* 王立,江汉大学人文学院教授(wanglier@ yeah. net)

的出版家。

　　辛丑春,澳门理工学院语言学家周荐教授惠赠近作《王云五评传:多重历史镜像中的文化人》,两帧王云五墓园的照片顿入眼帘,其中一帧的幕墙上镌刻着"门人金耀基恭撰,达县张光宾敬书"的《王云五先生墓志铭》(图 2)。照片是周荐 2018 年 6 月底应邀参加"王云五先生诞辰 130 周年纪念学术研讨会",提前一天赶赴台北,专程前往王云五先生墓园拜谒时所摄。在"未入黉门,矢志育英"一章中,周荐教授写道"王云五一生与教育结缘较早,且投入了极大的热情,故而论述教育的演讲、论著也格外多",其中关于王云五"1937 年11 月 16 日,曾在长沙广播电台播讲《战时教育问题》"(周荐,2019:45)的记述,引起我深深的共鸣。

图 2　台湾新北市王云五墓园,墙上镌刻的墓志铭系其学生金耀基所撰(周荐　摄)

　　辛丑夏,收到南京大学周晓虹教授主编的《重建中国社会学:40 位社会学家口述实录(1979—2019)》,首篇即是社会学家、台湾"中央研究院"院士、香港中文大学前校长、王云五先生的弟子金耀基教授的口述回忆。文中,金耀基教授再次忆及恩师王云五:"你想,一个没有读过大学的人,他的英文居然可以教胡适之;一个没有什么学位的人,最后竟然指导出了几十个博士,成了'博士之父';他还将美国的科学管理模式用于出版业的管理,这也是第一人。"(周晓虹,2021,14)这位被金耀基教授看作"奇人"的王云五,更有一个令我惊奇的地方,便是那些曾经的国立中学、湖北联中的学子,耄耋之年依然深深眷恋着烽火岁月中陪伴他们的那套大型丛书"万有文库"——主编王云五。

　　于是,我开始有意识地回望"奇人"王云五,从我最初知道这个名字的时候开始。

一

很多人认识王云五，多因为四角号码检字法。民国时期，文化教育界诸学人热衷研究汉字检字法。据统计，民国时期新发明的检字法有百二十余种（平保兴，2014），当时出版的汉语字典、词典等工具书大致使用音序、部首、笔画及四角号码等几种检字法，唯四角号码检字法冠以"发明人王云五"。

"横一垂二三点捺，叉四插五方框六，七角八八九是小，点下有横变零头。"这首四角号码检字口诀，依由胡适的《笔画号码歌》"一横二垂三点捺，点下带横变零头，叉四插五方块六，七角八八小是九"演变而来。

由此我知道了初时所做《笔画号码歌》的胡适原是王云五的学生。那时我想，胡适是大名鼎鼎的学者，他的老师一定是比他更牛的鼎鼎大名的大学者。但不禁又想，胡适挨"批判"，王云五是"战犯"，他俩岂不是一丘之貉？

因四角号码检字法知道王云五的人不少，20世纪二三十年代，四角号码曾独领风骚，字典辞书、图书文献、档案资料等几乎都按照四角号码检索，学校中成立有"四角号码学会"（刘公任，1929），社会上举办有"四角号码检字研究班"（佚名，1932）。直到五六十年代，许多人仍是因为四角号码检字法知道王云五的，如两位《王云五评传》的作者，一位历史学者郭太风教授，一位语言学者周荐教授，最初都是循着"四角号码"知道王云五，进而评说王云五的。

历史学教授郭太风所撰《王云五评传》之"作者自序"说：

> 记得20世纪50年代中期，我8岁那年，在我父母的书房"白雁楼"里乱翻书，发现一本四角号码词典，出于好奇，对照胡适编写的检字口诀，强记了一些主要的笔画和符号，不到2小时便大致学会了使用四角号码检字法。从那时起，初识了王云五的姓名，知道他是这种便捷的检字法的发明人，觉得他的脑袋特别灵，缠着我的父母提问，想知道他究竟是什么样的一个人物。（郭太风，2015：1）

语言学教授周荐则在其所著《王云五评传》的"跋"中说：

> 那是六十年代初，整个社会经历了动荡，刚开始从"三分天灾，七分人

祸"造成的大饥荒中慢慢走出来,家父又重拾起他的业余爱好,为报纸写些小稿子。他每晚伏在桌前台灯下,手里总在翻阅一些边边角角都已卷起的字典,其中就有《四角号码小字典》《新华字典》,常说这些字典就是他的老师。父亲在我心中形象一直十分高大,因为凡我不认识的字,父亲似乎全都认识,经常纠正我的误读。我纳闷:还有什么书如此神奇,能做父亲的老师? 一日,父亲上班走后,我毕恭毕敬地打开那些纸页颜色泛黄的字典,第一次看到了"商务印书馆"这五个字,看到了"王云五"这个名字。(周荐,2019:363)

与两位《王云五评传》的作者不同,我不是在父母的书房中看到四角号码字典的。我开蒙自汉语拼音,是《汉语拼音方案》颁行后最初的受益者。20 世纪 50 年代末 60 年代初,我在大木仓高教部幼儿园学习汉语拼音,长我几岁的哥哥姐姐们上小学时学习的还是注音符号。那时节,母亲买了一本商务印书馆刚刚出版的以汉语拼音字母音序和汉字部首排印的《学生字典》送给我,开启了我使用字典识字阅读的求知之路。上山下乡时,母亲为我准备了一大一小两本《毛泽东选集》,再加一本《新华字典》,叮嘱我:晚上在煤油灯下读《毛选》,看这本大的,外出开会学习时带上这袖珍本的《毛选》,不认识的字就查《新华字典》。

记忆中,第一次见到四角号码字典是在"文革"期间。那会儿,小学尚未毕业的我在家待着无事,见到一些残破的甚或撕掉封面封底的书便拿回家悄悄阅读,这些书多是《家》《三家巷》《林海雪原》《晋阳秋》《小城春秋》之类的"文革"前的小说。一次,我无意中看到一本纸张泛黄边角卷起的《四角号码王云五小字汇》,它和我使用的《学生字典》不一样,又是繁体又是竖排,且用我完全不认识的注音符号注音。我不知道如何使用这部字典,不过由此知道了有一个叫王云五的人发明了"四角号码检字法"。

招工回城后,我从单位图书馆借到一本《四角号码新词典》。我所在的单位知识分子成堆,办公室的几位老大学生们围着我手中的这本词典背起了四角号码检字口诀,我于是痴迷地用了一阵《四角号码新词典》。然而,我自己的词典和工具书几乎都是汉语拼音音序检字和汉字部首检字的,四角号码检字法离我渐行渐远,王云五便也离我渐行渐远。

虽说王云五淡出了我的视野,然商务印书馆乃是我心目中向往的知识传播圣殿。百余年来,商务印书馆坚定不移地昌明教育、弘扬国故、传播新知、开启民智，出版的各种辞书、典籍、丛书、期刊，深深烙印在几代国人心中。

商务印书馆的十大民国期刊，让我知道了流芳中国新文学史、教育史和出版史的一批大师——郑振铎、沈雁冰、叶圣陶、张元济、夏瑞芳、高凤池、鲍咸亨、鲍咸昌、高梦旦、陆费逵、章锡琛、杨贤江、杜亚泉、黄觉民、胡愈之、鲁迅、巴金、冰心、老舍……

陆陆续续，许地山的《注音字母歌》让我记住了《儿童世界》；茅盾的《学生与社会》让我记住了《学生杂志》；费孝通的《龙怪》让我记住了《少年》杂志；鲁迅的《端午节》让我认识了《小说月报》；叶圣陶的《春谧琐谭》让我认识了《妇女杂志》；周建人的《生物的记忆》让我认识了《自然界》；竺可桢撰《论夏季拨早钟点之利弊》，梁启超著《清代学者整理旧学之总成绩》，恽代英译《英哲尔士论家庭的起源》让我知道了《东方杂志》；王云五的《战时教育问题》、黄觉民的《战时战后学校改变办法的再检讨》以及各界同仁发表战时教育主张的"专号"让我知道了《教育杂志》……

二

我父母那代人求学于抗战期间的湖北联中、国立中学、国立西南联大等大中学校，20 世纪 70 年代末，听当年就读湖北联中的校友们说起 1938 年 10 月武汉沦陷前夕，他们随校迁往鄂西鄂北山区上学，穷乡僻壤，黉府弦歌，学校图书馆的全套"万有文库"便是陪伴他们的良师益友。而我这个小学没读完、升入初中上了两年"工业基础知识""农业基础知识"课便前往广阔天地的知识青年，初次听到"万有文库"有如天方夜谭。细问起来，才知是 20 世纪二三十年代商务印书馆王云五主编的一部由多种丛书组成的综合性大型丛书，王云五将其"始定名为'万有文库'，隐寓一万册为最终目标之意"（王云五，1967：111）。尽管最终因战乱而未能达到以"一万册为最终目标"，但因其收录的书目从国学经典到西学名著，从哲学、社会、人文到自然科学乃至现代问题，内容广泛，包罗万象，倒也不负"万有文库"之称。

"万有文库"从 1929 年 11 月出版第一集，到 1937 年 5 月第二集发行结束，两集累计 1712 种 4441 册。

"万有文库"第一集 1000 种，含：国学基本丛书初集 100 种；汉译世界名著初集 100 种；学生国学丛书 60 种；国学小丛书 60 种；新时代史地丛书 80 种；百科小丛书 300 种;农学小丛书 50 种;工学小丛书 65 种;商学小丛书 50 种;师范小丛书 60 种;算学小丛书 30 种;医学小丛书 30 种;体育小丛书 15 种。此外尚有重要图籍 10 种:《三民主义与建国大纲》《建国方略》《国民政府法令大全》《国际条约大全》《词源》《中国人名大辞典》《中国地名大辞典》《历代名人生卒年表》《中国形势一览图》《世界形势一览图》。

"万有文库"第二集 700 种,含:国学基本丛书二集,300 种;汉译世界名著二集,150 种;自然科学小丛书初集,200 种;现代问题丛书初集,50 种。另附大本参考书《十通》《佩文韵府》2 种。

由"万有文库"第一集、第二集目录,便可看出"万有文库"不失为一部阐扬旧学、介绍新知的综合性丛书。事实上,"万有文库"的发行,确实对传播文化知识、推行大众教育起到了重要作用:一方面"万有文库"充实了一批省市级和大中学校图书馆馆藏;另一方面,一些县镇凭借一部"万有文库"开办了小型图书馆。"万有文库"在海外也产生了颇大影响,欧、美、日一些大学和图书馆也购置了这套丛书。

1930 年 3—9 月,新任商务印书馆总经理的王云五赴欧、美、日,考察九国的出版机构及其管理机制,适逢《纽约时报》驻中国首席记者哈雷特·阿班(Hallett Abend)回国休假,他在美国访问了王云五。1930 年 6 月 1 日,《纽约时报》刊登了哈雷特·阿班采写的文章,题为《为苦难的中国提供书籍而非子弹——王云五讲述一部通过出版进行大众教育的巨著》(Books for Troubled China in Place of Bullets—Y. W. Wong Tells of a Great Work of Mass Education Through Publishing)。该文介绍了商务印书馆成立 30 多年来取得的成就,赞扬了王云五倾力出版"万有文库",为同胞的教育事业做出的贡献。

这篇《为苦难的中国提供书籍而非子弹——王云五讲述一部通过出版进行大众教育的巨著》的文章,讲述了王云五教育立国的抱负和情怀。王云五说:"中国人民的唯一希望在于教育的普及,以及交通线路的迅速延伸。没有了教育、公路和铁路,国家的统一就成了一个难题。"(叶新,2017)正因如此,促成了王云五本次对欧、美、日等国出版业和图书馆的考察。王云五希望他主持的商务印书馆,能够为解决中国的教育问题提供基础性的支持,帮助中国大众更容易地接受教育,而不是只为赚钱。他期待通过这次考察,学习外国同行的一些先进管理方法,使商务印书馆能够更高效地推进这一事业。

《纽约时报》是美国极具权威性的报纸,具有广泛的影响力。这篇报道,让世界知道了王云五,知道了"万有文库",知道了商务印书馆。它更让世界看到,处在内忧外患中的中国,还有一群秉承教育立国的出版人为之求索和奋进。王云五为此十分欣慰,"我在离美赴欧以前,曾受《纽约时报》记者 Abend 之访问,畅谈商务印书馆情形,及我主编之《万有文库》二千册事。该记者认为如此大规模之图书,在世界上得未曾有,竟以巨幅之叙述,为我宣传,并将该报寄我驻英使馆转交我"(王云五,1967:144)。

因书建馆,因馆读书,正是王云五主编出版"万有文库"的初衷:

> 我创编万有文库的动机,一言以蔽之,不外是推己及人。就是顾念自己所遭历的困难,想为他人解决同样的困难。我少年失去入校读书的充分机会,可是不甘失学,以努力自学补其缺憾。读书,爱书与聚书之癖也就与日俱增。久而久之,几于无书不读;因爱书而聚书,既漫无限制,精力物力也就不免有许多非必要的浪费。中年以后,渐有觉悟。适主持商务印书馆编译所,兼长东方图书馆。后者以数十万册的私藏图书公开于读书界,前者又有以优良读物供应读书界的可能。自从东方图书馆以专供商务印书馆编译所同人参考的涵芬楼为基础,而改组公开以后,我的次一步骤,便想把整个的大规模东方图书馆化身为千万个小图书馆,使散在于全国各地方、各学校、各机关,而且可能还散在许多的家庭,我的理想便是协助各地方、各学校、各机关,甚至许多家庭,以极低的代价,创办具体而微的图书馆,并使这些图书馆的分类编目及其他管理工作极度简单化;得以微小的开办费,成立一个小规模的图书馆后,其管理费可以降至于零。这一事经过了约莫两年的筹备,卒于民国十八年四月具体化,而开始供应于全国。这便是万有文库的印行。(王云五,1973:250)

王云五年少时自学求知的切身经历,使他遍尝读书的益处和求书的不易,其由读书而爱书、由爱书而聚书的心路历程,造就他让普天下渴望读书之人不必花费很大气力便能有书读、读好书的心愿。又因其在商务印书馆主持编译所兼长东方图书馆,深刻体验到图书馆在传播知识、普及文化方面的作用与功能,进而产生了"以极低的代价,创办具体而微的图书馆"的想法,以此创造民众读书的便利,让寻常百姓从书本中获取智识。这种对于国民素质和大众教育的关怀,是植根于王云五内心深处的教育情怀,这种情怀,贯穿王云五一生。

2011 年 9 月,我与湖北联中校友、米寿之年的华中科技大学建筑学系教授张良皋先生一同前往鄂西,重走联中学子当年负笈求学路。这是我第二次踏上西去恩施的列车。火车一过宜昌铁路长江大桥，我的心便激动不已，我久久凝视着窗外的群山，我知道，我脚下的车轮正行进在 70 多年前联中学子们行走的山路上，我努力想象着当年热血沸腾的他们是如何用双脚一步步走过安安庙、走过木桥溪、走过贺家坪、走过榔坪、走到野三关、走进三里坝的。

在湖北省建始县三里坝乡原湖北联中建始中学分校旧址，张良皋教授指着校园内的一块空地告诉我：70 多年前，学校的图书馆就建在此处。

然而此时，我不敢问及学校的实验室，那是刻在联中师生心中永远的痛。

学校西迁时，实验室仪器设备和图书馆藏书都是从武汉先由长江水运，再经人挑肩扛运抵学校。不幸的是装运湖北省立武昌高中和省立第一中学两所重点学校实验仪器设备的柏木船，行至西陵峡时触礁沉没，船上的实验仪器设备尽沉江底。所幸两校图书馆藏书历尽艰险平安运抵，其中一套"万有文库"可谓弥足珍贵，全校师生备加珍惜，轮流借阅。

无独有偶，华中师范大学前校长、著名历史学家、教育家章开沅先生抗战期间就读国立九中。每次听章先生说起他在九中求学的往事，必言学校图书馆的"万有文库"。章先生念念不忘当年读书的情景：

> 图书馆里我用得最多的是商务印书馆出版的《万有文库》。《万有文库》方方面面都有。那时我们虽然身处四川一个很偏僻的跟外界几乎隔绝的山区农村，但是我们懂得很多东西。我们除了懂得苏格拉底、柏拉图，还懂得爱因斯坦，因为《万有文库》就有爱因斯坦。那时还看一点相对论，知道一些基本理论，尽管是一些皮毛。文学就更多，中国文学，西方文学，天文。白天在家看书，晚上就在外面看星座。（章开沅，2017）

20 世纪 80 年代初，我从家中沉睡在储藏室内多年的木头书箱中翻出一些纸张已经泛黄的老旧书籍，其中黎锦熙编《国语运动》，王力著《罗马文学》，柯尔著《社会论》，林光澂、陈捷编《中国度量衡》几本书，封面都印有"万有文库""王云五主编""商务印书馆发行"等字样。

直到此刻，我方与"万有文库"作一面之交，那是何等的惊喜与感叹，我不禁羡慕起那些早在抗战烽火中即浸润在"万有文库"之中的学子们。

那一刻，我脑海中闪现出一幅挥之不去的烽火与弦歌辉映的中华民族战时教育的悲壮画卷。我对父兄们得以在连天战火中走进一座座深山黉府——几十所因抗战而生的国立中学，以及湖北省立联合中学的几十所分校——心生感念。正是从这些国难中的中等学校中,父兄们得以走进西南联大、中央大学、武汉大学、中华大学、华中大学等几十所国立或私立或教会大学深造,成为抗战胜利后中华民族复兴大业的生力军。

从那一刻起,我开始思索:忧患的中国何以在国难当头之际,秉持教育救国的方略,使烽火与黉府同在,炮声与弦歌和鸣。

三

多年后,寻着父母求学的足迹,我踏上了"重走联中路,寻访联中人"的回望抗战教育之旅。历经数载,2018 年 2 月,湖北联中组建 80 周年前夕,拙著《黉府弦歌烽火中——抗战烽火中的湖北联中(1938—1946)》(王立,2018)面世。

湖北联中全称"湖北省立联合中等以上学校",武汉会战期间,亦即湖北省政府西迁前夕,由湖北四十几所公私立中等以上学校合组而成,下设 22 所分校(其中一所大学专科学校)。校长由时任第六战区司令长官、湖北省政府主席陈诚亲任,副校长则由湖北省教育厅厅长陈剑脩兼任。

湖北联中虽是省立中学,然其组建背景与国立中学一脉相通,都是因应了战时教育紧急应变之策。1937 年 7 月 7 日,中国抗日战争全面爆发,战时教育何去何从,这一关系中华民族前途和命运的问题引发了政府和社会各界的广泛讨论。虽为出版人,但素有教育情怀的王云五,对事关中华民族复兴与文化赓续的战时教育去从问题给予了极大的关注。

"八一三"淞沪抗战爆发之初,商务印书馆将大部分的机器、纸张、书籍抢运到还算安全的上海租界中,维持日常运营。为战时计,商务印书馆一方面充分利用"一·二八"后在香港设立的工厂印刷书籍,以供全国之用;一方面迁往长沙加速设立新工厂,以保战时之需。王云五因而辗转香港、长沙两地。10 月初,王云五由上海乘船赴香港,布置商务印书馆在港诸项事宜。十余天后,王云五即乘飞机至汉口再转赴长沙,安排商务印书馆在长沙编审部、杂志社及工厂的一应事务。

即使承受着商务印书馆外迁的巨大压力和极度繁忙,11 月 16 日,王云五仍亲往长沙广播电台作了扣人心弦的《战时教育问题》演讲。王云五开宗明义:"我以为战时教育的涵义比平时教育更广。"在论述战时教育的重要性后,王云五指出：

> 至于战时教育的范围，按受教育者的性质，可分为三种：
> （一）对于未受教育者施以战时民众教育；
> （二）对于已受教育者施以战时补充教育；
> （三）对于正受教育者，按照战时情势，变通其内容与方式，施以适应战时的教育。（王云五，1937）

在此前后，以《战时教育问题》为题，《八一三》《文化战线》《汗血周刊》《大时代》《创导》《新兴评论》等杂志分别发表了沈云龙、杨东莼、胡叔异、殷允南、王玖兴、廖年华等人的讨论文章。还有许多人士则以各种标题，从各个角度，提出各自对于战时教育的观点和主张。尽管社会各界关于战时教育的讨论持续不断，但战时教育的实际工作已在紧锣密鼓地进行中。国民政府教育部开始内迁战区学校，并在后方设立临时大学和临时中学。

1938年3月底，《抗战建国纲领》《战时各级教育实施方案纲要》在武昌召开的国民党全国临时代表大会上获得通过，战时教育方针得以确立。

仅就中等教育而言，国民政府教育部始在河南淅川、四川合江、贵州铜仁等地成立了国立河南、四川、贵州临时中学，之后改为国立中学，继之陆续设立了多所国立中学。武汉沦陷后，战区扩大，接近战区的一些国立中学改向后方迁移。拙著《黉府弦歌烽火中》上编第一章"抗战建国诞联中"所写的湖北联中在武汉沦陷前夕，举全省之力紧急组建，迁至鄂西鄂北办校的艰难曲折之经历，正是中国战时教育的一个缩影。

在这样一个关乎国家前途和命运、保存中国教育实力的特殊时期，王云五坚定地施行其战时教育主张，带领商务印书馆在外迁长沙、香港、重庆等地的辗转中，一边坚持出版主业，为战时的大众提供精神食粮，一边坚守《教育杂志》阵地，肩负起呼吁和传播教育救国、文化抗战的时代使命。

为适应战时需要，"七七"卢沟桥事变爆发后，商务印书馆在印行中国文化建设协会主编的"抗战小丛书"的同时，即印行了商务自编的"战时常识丛书"，以及"战时经济丛书""战时手册""抗战丛刊"等，适时地将抗战常识灌输于国民。且不待国民政府教育部规定，便先行编印了"小学战时补充教材"和中学社会、自然两科的"战时补充教材"。这些战时丛书和补充教材，分门别类地介绍了国际形势、中日关系、战时经济、防空防毒、兵器火药、战地救护等常识，使民众及时了解和学习应对突如其来的战争的必要知识。

为坚持战时学校教育,商务印书馆由编印中小学教科书,扩展至编印出版"大学丛书",既解决高校教材,又促进学术发展。

为推动民众读书运动,商务印书馆专门编印了一套"民众基本丛书"。王云五为此丛书制定的目标是:一要引起民众的读书兴趣;二要供给民众实用智识;三要使民众可以无师自通。该丛书第一集分为 16 类:读书指南类、公民修养类、社会类、法律类、语文类、自然类、卫生类、实业类、歌谣谚语类、诗歌剧本类、游戏类、寓言类、故事类、小说类、传记类、史地类,共 160 册。为方便初识文字的民众阅读,"全书用浅显流利的语体文。所有生字、成语、术语、史实等,都加注解。正文单字,遵照教育部令,一律附加注音符号,兼标四声。凡是读完识字课本和同等程度的人,采用本丛书,均可自力阅读,无师自通。不论用于都市或农村均极合宜"(王云五,1973:682)。由此足见王云五推行大众教育之良苦用心。

作为出版人,王云五自觉使命在身,1937 年 7 月下旬,他应邀参加庐山国是谈话会,不等会议结束,提前数日下山,途经南昌、金华、杭州返沪,沿途部署商务印书馆各分馆应变处置具体办法。鉴于当时国内各种教育期刊几近停顿,王云五深感战时《教育杂志》正常出刊的重要性,随即将黄觉民任主编的《教育杂志》迁至长沙继续刊行,"冀于全面抗战有所贡献"(《教育杂志》编辑部,1937)。

12 月 10 日,刊载王云五《战时教育问题》、黄觉民《从战时校舍问题说到改革学校制度》、潘公展《战时教育行政》以及论及战时职业教育、高等教育、中小学校教育、儿童教育、妇女教育、社会教育、生产教育、防毒教育等方方面面文章的《教育杂志》第 11—12 期合刊在长沙出版发行。本期杂志还登载了"未毁前之南开学校"(图 3)和"毁灭文化的暴行——日机滥炸我文化机关"(图 4)等 17 幅照片。遭日机轰炸的中央大学教学楼、化学实习室、图书馆,上海市博物馆,真如暨南大学校舍,真如东南医学院的惨状,激起民众愤怒,唤起民众觉悟,凝聚起中华民族抵御外敌、全民抗战的共同信念。

1941 年 12 月太平洋战争爆发,商务印书馆香港分馆遭受巨大损失,《教育杂志》被迫停刊。从全面抗战伊始到太平洋战争爆发,《教育杂志》坚守的 4 年间,正是中国抗日战争纵深发展的艰难时期。不论在长沙还是在香港,《教育杂志》会聚了文化教育界的专家学者、行政官员及社会贤达,他们各抒己见,所发文章既具学术性、理论性,为战时教育建言献策,又有实践性、操作性,引领战时教育的方向。同时,《教育杂志》又以教育通讯、调查统计、研究报告等多种形式,特别是"教育文化史的新页"栏目,传递战时各级各类教育机构的信息,实时记录了战时各地教育状况及其发展过程,成为迄今研究中国战时教育的珍贵史料。

图 3　遭日机轰炸之前的南开校园　　　图 4　遭日机炸毁的中大、中南医学院校园

　　从《教育杂志》的史料中,我清楚了 1938 年年底西南联大入滇后的学生人数、校舍安置、各院系院长及系主任的人选等实时情况:

　　　西南联大,于去年 12 月 1 日开学,定 8 日正式上课,昆华农校拟作文法商理师范学院课室。至各院系同学宿舍,将移往昆华中学及昆华工校等处。此三处房舍,刻正积极修理,一俟工竣即可迁往,工院仍在迆西会馆,不另更动。现全校新旧同学及转学者,计一千六百余人,补考学生,亦将于日内放榜,以后当再有增加。该校组织仍多照旧,惟院系主席人选,略有变更。文学院院长冯友兰,中国文学系主席朱自清,外国文学系叶公超,历史社会学系刘崇鋐,哲学心理教育系汤用彤,法商学院院长陈序经,政治学系主席张奚若,法律学系燕树棠,经济系陈岱孙,商学系丁佶,理学院院长吴有训,算学系主席江泽涵,物理学系饶毓泰,化学系杨石光,地质地理气象系孙云铸,生物系李继侗,工学院院长施嘉炀,土木工程系主席蔡方荫,机械工程系李辑祥,电机工程系赵友民,化学工程系张大煜,航空工程系庄前鼎。师范学院院长黄子坚,教育学系邱椿,公民训育系,国文

系,英语系,史地系,算学系,理化系,均未下聘。(《教育研究》编辑部,1939a)

《教育杂志》对战时延安鲁迅艺术学院的情况也有客观报道,以至于我们现在还可以了解到鲁迅艺术学院师生们当年的生活、学习、工作情况,在如此艰苦的学习环境中锻炼出来的艺术青年,不但可以拿起笔,也可以拿起枪:

> 副院长是沙可夫先生,教员有周扬、徐懋庸、沙汀、何其芳、丁里、沃渣、胡一川、吕骥、向隅、左明、张庚、崔嵬、王震之等,还有洛甫、成仿吾、丁玲等在百忙中,抽空到那里去演讲。这些人都能放弃过去养尊处优的生活,而穿起草鞋,吃小米,住窑洞,不断地为抗战为艺术而努力。因为教员和物质的缺乏,主要的仍是靠学生自动的学习。因此,在土窑洞里,在青草地上,在山崖边,经常可以见到他们热烈的集体的学习,开讨论会、排戏、练歌、绘图、写作。他们都孜孜不倦的争取一分一秒的学习时间。(《教育研究》编辑部,1939b)

至于我所关注的有关战时中等教育的资料,《教育杂志》有不少报道。虽然没见到有关湖北联中的直接报道,但有不少关于国立中学的创设背景、发展演变的讯息,使我备感亲切,因为我的长辈中,不仅有人就读湖北联中,也有人就读国立中学。翻阅这些资料,犹如听到长辈们讲述他们在烽火中辗转求学的历程:

> 抗战发生,战区中等学校,多遭破坏,员生奔走流离,失业失学。教育部为实施救济并发挥战时教育,增加抗战力量起见,特设国立中学以收容之。自二十六年底起,先后在豫、川、黔、陕、鄂、甘、湘等省成立国立中学。国立河南中学收容冀、察、绥、苏等省退出之员生,国立四川中学收容苏省之员生,国立贵州中学收容苏、浙、赣、皖等省退出之员生,国立山西中学收容晋省之员生,国立甘肃第一第二中学收容冀、晋、鲁、豫等省退出之员生,国立安徽第一第二中学收容皖省退出之员生。学生大多数均由校供给膳食,并发给制服费。教职员体给差别甚微,平均每月五十元。课程内容分精神训练、体格训练、学科训练、生产劳动训练、特殊教学及战事后方服务训练等五项。各国立中

学之名称,初以所地的省名名之,兹以战事转入第二期后,各校校址有量予迁移者为免校名的经常更动起见,各国立中学特改以数字顺序名之……(顾岳中,1939)

透过这些战时教育的珍贵史料,我仿佛看到一个个湖北联中、国立中学、西南联大的学子穿过历史的烟尘而来,仿佛王云五正从《教育杂志》的字里行间缓缓隐现,慢慢地向我走来,朦朦胧胧,且行且近,因着战时教育的那段情缘。

王云五一生与教育结缘,耄耋之年倾其满腔激情,将其精心所藏资料编撰成一部《商务印书馆与新教育年谱》,1973 年在台北出版。该书百万余言,以编年体叙事,详细记录了其亲历的商务印书馆和近现代中国教育的历史。从中国历次重要教育会议的召开及决议案、历届政府部门的教育章程和法规、各级各类学校的设立、战时教育的发生发展全过程,到商务印书馆各个时期历经的大小事件、编印出版的各类图书乃至目录,以及王云五本人各个阶段的工作计划、总结、讲话、评论等各类文章,均一一记录在案,真正实现了他"不使信史失传"的夙愿,留给后世一部史事记载清晰明确、分析论述有理有据的了解中国近现代教育发生发展历程的珍贵史实论著。我从这部《商务印书馆与新教育年谱》中受益良多,也由此体会到王云五这位出版家毕生的教育情怀。

参考文献

顾岳中,1939,《抗战建国中我国普通教育概况》,《教育杂志》第 10 期。

郭太风,2015,《王云五评传》,北京:北京师范大学出版社。

《教育研究》编辑部,1937,《编者余谈》,《教育杂志》第 11—12 期合刊。

——,1939a,《西南联合大学现况》,《教育杂志》第 2 期。

——,1939b,《抗战中的鲁迅艺术学院》,《教育杂志》第 2 期。

刘公任主编,1929,《校闻:四角号码学会消息》,《中公学生》第 2 期。

平保兴,2014,《民国时期汉字检字法史论》,《辞书研究》第 4 期。

王立,2018,《黉府弦歌烽火中——抗战烽火中的湖北联中(1938—1946)》,北京:九州出版社。

王云五,1937,《战时教育问题》,《武汉日报》11 月 21 日;另刊于《教育杂志》1937 年

（12月10日）第二十七卷第11—12期合刊。

——,1967,《岫庐八十自述》,台北:商务印书馆。

——,1973,《商务印书馆与新教育年谱》,台北:商务印书馆。

叶新,2017,《英美大报视野中的早期商务印书馆》,《中华读书报》8月16日。

佚名,1932,《四角号码检字研究班》,《香港青年》第2期。

章开沅,2017,《读书人的三重境界》,《青年教师》第9期。

周荐,2019,《王云五评传:多重历史镜像中的文化人》,上海:上海辞书出版社。

周晓虹主编,2021,《重建中国社会学:40位社会学家口述实录(1979—2019)》,北京:商务印书馆。

Table of Contents & Abstracts

Special Column

Localization of Chinese Sociology: Evolution and Self-Post Consciousness

Zhou Feizhou

Abstract: Reviewing the evolution of the localization of Chinese sociology, this paper sorts out the three waves of localization debates in the development of sociology. With Yenching School's contribution to the premise of this issue, subsequent discussions have expanded the main topics of localization. However, the core issue of localization is to establish the self-post consciousness (*benwei*) of Chinese sociology. On the one hand, it is necessary to make a systematic and deep reflection on the philosophical presupposition of western sociological theories and methods; on the other hand, we need to study and reflect on Chinese traditional social thoughts and culture.

Key Words: Chinese sociology; localization; evolution and self-post consciousness

Theme Panel Ⅰ : Gender and Intimacy

Labor Division, Gendered Practices and Promotion Constraints: A Field Research on Female Police Officers in J City

Yang Lijing, Liu Tingting

Abstract: This paper focuses on how female police officers in China arrange and imagine their career development in a highly masculine vocation and how they respond to the social expectation on them of becoming good wives and mothers. Through in-depth interviews and non-participatory observation of 32 policewomen in a provincial capital city in southern China, this paper finds that Chinese policewomen significantly embody the gender traits that this paper summarizes as *danwei* female subjectivity. First, in the career selection process, female police officers expect a stable employment relationship and more flexible and freer workplace space under the *danwei* system. Second, in their routine work, female police officers are highly involved in the gendered division of labor, where the male police officers are responsible for outdoor work, which is more adventurous and more promising for promotion, and their female counterparts responsible for supporting, administrative desk jobs, characterized by regular work hours. In addition, we find that policewomen are capable of switching skillfully along the continuum of femininity from gentleness to firmness, according to different features of tasks. They also show a certain degree of differentiation from other professional women. Furthermore, as police functions become more service-oriented and people-friendly, women police officers have taken up a large number of clerical and service jobs, but due to the performance evaluation characterized by "criminal cases first and administration second", they are granted with no more promotion opportunities than before.

Key Words: policewoman; *danwei* female; subjectivity; femininity; police function

Continuous Inequality or Progressive Equality: Power Pattern Between Husband and Wife in China and Factors in Its Transition Dynamics (1990-2010)

Li Yinghui, Zhang Yixue, Li Yixuan

Abstract: In an age of modernization between 1990 and 2010, China's spousal power patterns show a gradual yet uneven turn: the husband's power has weakened and there has been an overall move toward a more egalitarian pattern, however, the wife's decision-making power over major affairs has lagged behind that over daily routines. The mechanism of factors influencing spousal power pattern reflects the modern rational logic based on the improvement of female individual ability, which has helped realize the exchange of power resources: the wife's education and income level, which is not lower than that of her husband, is crucial to the egalitarian pattern, or even the wife dominance. The relative advantage of the wife's income has greatly enhanced her decision-making power over major issues during the two decades. However, inequality and resistance based on traditional gender norms still exist: within the family community, the cooperative contribution of wives to more household tasks does not necessarily lead to her acquisition of decision-making power over major matters, but only increasingly endows her with that over marginal everyday businesses. The positive impact of gender equality awareness on the direction of equal rights and wives' rights also tends to diminish over time.

Key Words: spousal power; relative resource; gender consciousness; division of housework; transition of time

Methods and Limits of the Intervention by State Law into Intimate Relations: Centred Around Obligations of HIV-Infected People to Inform Their Sexual Partners and Spouses

Duan Zhizhuang

Abstract: Whether or not HIV-infected people need to perform their obligation to inform sexual partners and spouses has aroused much discussion at the legislative level. In addition, with the significant progress in "cocktail therapy" and other medical advances, such as the protective measures (the condom), the detection of HIV virus load and other factors, sexual contact and HIV transmission have been separated to a certain extent. With the fulfilment of the duty to inform, although the rights of HIV-infected people are not damaged directly in the legal sense, they have to face the possibility of being unable to achieve their rights on the factual level. In law, the establishment of this obligation to inform embodies a contradiction between whether the national law can carry out a preventive intervention in intimate relations and how to impose substantive interference. Undoubtedly, the legal subject in intimate relations cannot be "completely autonomous" without the coverage of rights and obligations, but the problem is that the law does not seem to be able to set a certain legal obligation based on a moral proof.

Key Words: AIDS; obligation of informing; intimate relations

Theme Panel Ⅱ : Policy Innovation and Implementation

China's Public Spending on Agriculture in the Past Seventy Years: The Transition of Its Volume, Structure and Distribution

Yang Liangsong

Abstract: From the view of volume, structure and distribution, this paper examines China's public spending on agriculture in the past seventy years. We have four major findings. Firstly, China's public spending on agriculture has increased a lot in the past seventy years. Meanwhile, the intensity and importance attached to it have been obviously enhanced. Secondly, the structure of agricultural spending has improved radically. We find out that agricultural spending has shifted focus from agricultural production and water conservancy constructions to support in all important sections of agriculture, famers and rural areas. Thirdly, although the central government once played an important role in infrastructure construction, local governments account for most agricultural spending in most years. Fourthly, regional differences in agricultural spending still exist but are getting smaller. In short, in the past seventy years, China has transformed from "taking" to "giving" in agriculture, rural areas and farmers, and successfully built a financial support framework of urban support to rural areas and balanced allocation of public resources between urban and rural areas; however, there is still room for improvement in terms of efficiency and structural reform in the expenditure of agricultural support.

Key Words: public spending on agriculture; public spending on agriculture, forestry and water conservancy; expenditure structure; intergovernmental relations; regional disparity

How Is It Possible for Local Governments to Make Sustainable Innovation: A Study of Chengdu's Social Governance Policy Innovation Under a Multi-stage Policy-making Framework

Guo Shengli, Yang Weiwei

Abstract: Promoting local governmental sustainable policy innovation has become an important proposition in both theory and practice. By constructing the analytical framework of "multi-stage policy-making", this paper studies the historical experience of Chengdu social governance policy innovation for more than ten years with the process tracking method of case study, and expounds the conditions and mechanism of local sustainable policy innovation by analysing the correlation mechanism between different historical stages of Chengdu policy innovation. It is found that the policy innovation of local governments in specific fields usually goes through a multi-stage and long-term process. The performance and cost (including risk) of innovation in a specific stage will affect the understanding of policy makers and the recognition of policy implementers in the subsequent stage. The clear and positive performance will activate the structure of subsequent policy innovation together with the cost, restrict the motivation of local political flow to innovate and provide conditions for sustainable policy innovation. The mechanism of sustainable innovation is that the initial concept of policy innovation can stably define problems, select schemes, and build a policy system with consistent objectives and means in the subsequent stage. The establishment and diffusion of the concept is the product of the conscious cooperation between various agents in the field of local policy innovation.

Key Words: innovation of local governments; sustainability policy; innovation performance; cost; idea

How Does Public Will Affect Policy Implementation: Based on the Invalidation of the "Remedial Class Ban" in Huxian County

Zhu Yunpin

Abstract: In the previous research on the deviation of policy implementation, the figure of the people as the policy target group has been vague, and its impact on the effectiveness of policy implementation has been relatively neglected. Based on the implementation in the county society of the "Remedial Class Ban", which prohibits in-service teachers from participating in the organization of paid tutors, this paper attempts to explain the reasons for the failure of the policy from the bottom-up perspective of people's will, and on this basis, to explore the mechanism of people's will for the practice of policy implementation. The study finds that the substantial opposition of the public subjects, including most students, parents and teachers, to the ban, is the source of the secret but stable operation of tutoring activities in the grass-roots society. This public will has an impact on the implementation of the policy from the aspects of practice, discourse, system and culture through the three paths of "secrecy making", "public opinion pressure" and "relationship asylum".

Key Words: public will; paid tutors; in-service teachers; effectiveness of policy implementation; county society

Articles

Between the Individual and Society: A Sociological Analysis of the Narrative in *The Years in Chi Le Plains*

Liu Yaqiu

Abstract: The autobiographical novel *The Years in Chi Le Plains* presents three interrelated themes: the sense of mission of the educated youths, the memory of confession, and the prominence of social subjectivity. The educated youths' narration is no longer "egocentric", instead, their suffering is weakening from the perspective of the "other". Their confession functions to clear a part of the social and cultural ills as well as a certain part of the deep self; by telling the guilt, the individual educated youth gains clarity. Recognition and respect for the subjectivity of the other has also made the personality of the individual educated youth. The "subjectivity of the other" is the society and culture from the subject's perspective, not an external pure object; it needs to be "recognized" by the subject. Regarding the question of "how an individual adapts to society", it is especially necessary to pay attention to the process of individual "recognition". Only based on this can individual personality strike a balance between society and individual, and thus find an appropriate entry point between *personal* self-*cultivation* and social education.

Key Words: educated youth narrative; sense of mission; social subjectivity; self-cognition

Social Transition and Knowledge Production: A Study of Knowledge Sociology on the Issue of China's "Social Inequality" Since the Reform

Xu Hongzhi, Liu Jiankun

Abstract: Social inequality is a key issue of human society. From the perspective of knowledge sociology, this paper analyses the evolutionary trajectory of "social inequality" as a knowledge in the context of transitional China. Based on the topic modelling of literature related to inequality in the CNKI database (1979-2016), this paper identify two categories of inequality episteme: the "inequality of political identity" and the "inequality of social resources", which vary distinctly in terms of research topics and analytic discourse. Meanwhile, the production of knowledge on "social inequality" in domestic academic circles has its temporal and spatial characteristics. With the deepening of the Reform, the "inequality of social resources" episteme has gradually become the mainstream of inequality studies. Besides, the time series analysis of macroeconomic data shows that the changing of actual inequality status and the development of academic community are the dual mechanisms of the production and evolution of "social inequality" knowledge during the transition period: the former constitutes the actual needs, perception base and empirical materials of the relevant knowledge production, while the latter provides organizational support, professional guidance and institutional incentives for related knowledge production.

Key Words: social inequality; social transition; knowledge sociology; text analysis; topic models

Overconfidence and Financial Fraud Losses: An Empirical Evidence from Chinese Households

Jia Nan

Abstract: Under the background of increasingly serious financial fraud in recent years, this paper attempts to explain the reasons why households suffer from fraud losses from the perspective of individual psychology. Using the micro data of China Household Finance Survey, this paper studies the impact of overconfidence on the probability and amount of fraud loss. After using the instrumental variable method to overcome the potential endogenous bias and a variety of robustness tests, this paper finds that overconfidence is an important cause of financial fraud losses; it has a significant positive impact on the probability of individual suffering from fraud losses, but does not affect the amount of fraud losses. Individual financial knowledge has a moderating effect on overconfidence in that it reduces the degree to which overconfidence affects the probability of fraud losses. The mechanism of financial fraud caused by overconfidence is not due to the difference in individual risk preference, but based on the bias of risk perception.

Key Words: overconfidence; fraud loss; financial knowledge

Sympathy and Industrial Development: Research on the Life of Modern Water Conservancy Expert Hu Buchuan

Hu Wei, Wang Yanyu

Abstract: To study the way how Chinese people adapt their traditional sympathy to modern industrial society, this article studies modern water conservancy expert Hu Buchuan and analyses the social interaction under specific historical space and time in the six domains of sympathy: "the inspired", "the domestic", "opinion", "the civic", "market" and "industry". Research findings are: although ingrained cultural tradition may hinder the establishment of industrial society, the individual actor can reinterpret traditional sympathy to adapt to industrial society through down-to-earth social interaction regardless of fame and wealth with focus on harmony, unity and innovative inheritance. This article hopes to offer a new angle to reflect the current development of industrial society.

Key Words: the enlightenment of sympathy; empathy; value rationality; active citizen

Self-Consistent Closed Loops: Mutual Construction of Social Engineering and Actors—A Survey Based on the Oral History of the "Third-Front" in Guizhou

Chen Yong

Abstract: Based on the investigation of Guizhou's Third-Front oral history, under the dual interpretation framework of social engineering vs actors, this paper analyses why the "Third-Front Construction" has been possible and the mechanism behind the "localization" of the constructors. The "Third-Front Construction" as social engineering includes three elements, namely discourse, system and organization; and the Third-Front constructor as an actor embodies three elements, namely value, psychological world and life course. Each of the two forms an internal self-consistent system, and together with the three elements of each, they form a network of an interactive influence pattern. They finally lead to a two-way mutual construction relationship of modelling and counteraction and form a self-consistent closed-loop mechanism, which manifests in the militarization of national strategy, the loyalty-dominating politics and the two-way influence of the life course and the unit.

Key Words: Third-Front Construction; social engineering; the actor; mutual construction; loyalty politics; industrialism

Reviews and Research Notes

City Politics Between Tradition and Modernity: On *Rickshaw Beijing: City People and Politics in the 1920s* by David Strand

Hu Chengguang

Revisiting Jiangcun, a Landmark of Anthropology and Sociology

Ren Yuan

Providing Books, Not Bullets, for a Suffering China: The Legend of Wang Yunwu

Wang Li

《中国研究》稿约

一、刊物宗旨

《中国研究》是以当代中国为研究对象、面向全球中国学界的社会科学类中文刊物,创刊于 2005 年,由南京大学社会学院暨当代中国研究中心与社会科学文献出版社联合编辑,社会科学文献出版社出版发行。自 2021 年起,改由南京大学当代中国研究院编辑,商务印书馆出版发行。

《中国研究》坚持宏观视野和问题取向,推崇开放而又务实的精神。它注重学科的综合性,欢迎不同研究领域学者的广泛参与;提倡着眼于中国基层社会的经验性研究,但也鼓励深入的理论探讨;《中国研究》赞赏朴实平易的学风和文风,倡导平和的学术批评氛围。自 2012 年起,《中国研究》已被中国社会科学研究评价中心遴选为"中文社会科学引文索引"(CSSCI)来源集刊,并被中国知网(CNKI)中国期刊全文数据库全文收录。

二、栏目设置

《中国研究》每年出版两辑,出版时间为每年春季和秋季,春季卷截稿日期为 2 月 28 日,秋季卷截稿日期为 8 月 30 日;每期容量为 25 万—30 万字,设有"专题研讨""学术论文"和"书评与随笔"等固定栏目,2021 年起增设"特邀文稿"——"学人专栏"。论文一般以 1.5 万字左右为宜,最长不超过 2.5 万字;书评和随笔一般不超过 8000 字。除特邀文稿外,本刊坚持赐稿的唯一性,论文一经刊用,即寄奉样刊。

三、投稿方式

《中国研究》真诚地欢迎来自全球中国研究学界的赐稿和监督批评,尤其欢迎年轻学者和博士研究生投稿。投稿请登录南京大学当代中国研究院网址(chinastudies. nju. edu. cn),在网站主页"在线办公"一栏进入"作者投稿系统"投稿。4 个月未获得采用通知者,即可自行处理稿件。

编辑部地址:中国江苏省南京市栖霞区仙林大道 163 号南京大学河仁楼

（社会学院）当代中国研究院《中国研究》编辑部（邮编 210023）。

电子邮箱：cnstudy@ nju. edu. cn。

四、文章体例

文章要求如下：

（1）稿件采用中文（在作者无法提供中文稿的情况下，其英文稿将由编辑部负责委托同行译成中文，由编辑部支付译者稿酬），并请附有英文或中文标题、各 200 字以内的中英文摘要、中英文关键词。

（2）文章编排及注释采用 APA 格式，具体参见本刊投稿系统说明。凡引用他人资料或观点的，务必加注说明。在引文后加括弧注明作者、出版年度及页码，详细文献出处作为"参考文献"列于文末，以作者、出版时间、著作或论文名称、出版单位或期刊名称排序。文献按照作者姓氏的第一个字母顺序排列，中文在前、英文在后。作者本人信息的注释采用当页脚注。文中所用图表应达到出版标准。

（3）在首页以脚注方式说明论文作者姓名、学位、单位、学衔（职称），并注明一位作者的电子邮件，在无特殊说明的情况下，此为论文的通讯作者。

五、著作权使用说明

本刊已许可中国知网等网络知识服务平台以数字化方式复制、汇编、发行、信息网络传播本刊全文。本刊支付的稿酬已包含网络知识服务平台的著作权使用费，所有署名作者向本刊提交文章发表之行为视为同意上述声明。如有异议，请在投稿时说明，本刊将按作者说明处理。

《中国研究》编辑部

2021 年 1 月

图书在版编目（CIP）数据

中国研究．第 28 期 / 周晓虹，翟学伟主编 ．— 北京：
商务印书馆，2022
ISBN 978-7-100-21037-9

Ⅰ．①中… Ⅱ．①周… ②翟… Ⅲ．①社会发展—研
究—中国—现代—丛刊 Ⅳ．① D668-55

中国版本图书馆 CIP 数据核字（2022）第 063496 号

中国研究

第 28 期

周晓虹　翟学伟　主编

商　务　印　书　馆　出　版
（北京王府井大街 36 号　邮政编码 100710）
商　务　印　书　馆　发　行
江苏凤凰数码印务有限公司印刷
ISBN　978-7-100-21037-9

2022 年 5 月第 1 版　　开本 700×1000　1/16
2022 年 5 月第 1 次印刷　印张 22¼

定价：98.00 元